Beiträge zur Geschichtswissenschaft
Herausgegeben von Ernst Piper

Tanja Hetzer

»Deutsche Stunde«
Volksgemeinschaft und Antisemitismus
in der politischen Theologie
bei Paul Althaus

Das Buch wurde 2007 als Dissertation von der University of Sussex/England angenommen.

Wir danken der Stiftung Irène Bollag-Herzheimer (Basel) und der Axel-Springer-Stiftung (Berlin) für ihre großzügige Unterstützung.

Weitere Informationen über den Verlag und sein Programm unter:
www.allitera.de

Bibliografische Information der Deutschen Nationalbibliothek
Die Deutsche Nationalbibliothek verzeichnet diese Publikation in der Deutschen Nationalbibliografie; detaillierte bibliografische Daten sind im Internet über http://dnb.d-nb.de abrufbar.

Juli 2009
Allitera Verlag
Ein Verlag der Buch&media GmbH, München
© 2009 Buch&media GmbH, München
Umschlaggestaltung: Kay Fretwurst, Freienbrink, unter Verwendung eines Fotos des Stadtarchivs Erlangen, Zuhörer im Kolosseumssaal bei der Hitlerrede am 3. Juli 1931 (Signatur: VI.F.b.360).
Herstellung: Books on Demand GmbH, Norderstedt
Printed in Germany · ISBN 978-3-86520-328-1

Inhalt

Einleitung 9

1 Entnazifizierung in der Theologie 23
   1.1 Entnazifizierung – im eigenen Haus 24
   1.2 Die Entlassung 29

2 Christliche Apologetik oder Kampfgemeinschaft 33
   2.1 Das Fundament: Elternhaus 33
   2.2 Die Verbindung: Nicaria 35
   2.3 Geistige Väter: Adolf Schlatter und Karl Holl 37
   2.4 Theologische Konzepte: Erlanger Schule und Eschatologie . 41
   2.5 Blick in andere Disziplinen:
       Leopold Ranke und Max Lehmann 44

3 Beginn des Ersten Weltkriegs und die Volksgemeinschaft ... 46
   3.1 Einsatz als Mobilisierungsprediger 48
   3.2 Kampf für deutsche Identität in der
       kulturellen Grenzlage 50
   3.3 Engagement für die völkische Bewegung 52
   3.4 Althaus' Blutideologie 54
   3.5 Luther und die deutsche Volksseele 55

4 Kriegstheologie 58
   4.1 Offenbarung, Reinigung und Läuterung 59
   4.2 Volksseelsorgerische Berufung 62
   4.3 Opferhingabe für die Volksgemeinschaft 64

5 Niederlage als Gemeinschaftserfahrung 67
   5.1 Überwindung des Individuellen und Partikularen 71
   5.2 Kirche als höhere Volksgemeinschaft 74
   5.3 Neue Bedrohung: Schmutz und Zersetzung 76

6 Pazifismus im Visier christlicher Ethik 78
   6.1 Lebendige Gerechtigkeit:
        Wider den Idealismus des Friedens 79
   6.2 Werden und Vergehen: Die Idee vom »tüchtigen« Volk .. 81
   6.3 Wille, Recht und Macht: Die Ethik der Volks-Existenz .. 83
   6.4 Volk und »geschichtlicher Beruf« 85
   6.5 Die Völkergemeinschaft:
        Eitle Schwärmerei wider Gottes Walten 88
   6.6 Neue Beziehung von Religion und Volkstum 89

7 Weimarer Republik: Nach dem Krieg ist vor dem Krieg 92
   7.1 Politische und theologische Positionierung 92
   7.2 Eine dogmatische Moral von Unterwerfung und
        Gehorsam 97
   7.3 Intellektuelle Vernetzung und theologische Urteile 101
        Kampf mit doppelter Front: Beiträge zur Förderung
        christlicher Theologie 103
        Urteile des Glaubens: Zeitschrift für systematische Theologie . 106

8 Ruf nach Erlangen – Hochburg der Lutheraner 110
   8.1 Die neue Generation: Elert und Althaus 113
   8.2 Studenten kämpfen gegen »schädliche Toleranz« 119

9 Die Judenfrage – ein theologischer Alleinkampf 127
   9.1 Gegen eine mystische Annäherung an Christus bei
        Constantin Brunner 127
   9.2 Abwehr Martin Bubers mystischer Gottesauffassung
        und Betrachtung des Urchristentums 130
   9.3 Mit Peinlichkeit des Körperlichen gegen Max Brod 133
   9.4 Keine »gemeinsame Entdeckungsreise« mit
        Franz Rosenzweig 136

10 Schöpfungstheologie und Antisemitismus 142
   10.1 Ethik und Ordnung der Volksgemeinschaft 142
   10.2 Seelsorge am Antisemitismus 149

11 In politischer Mission 157
  11.1 Eine deutsche Stunde 157
      Boykott und Gewalt gegen Juden 160
      (Selbst-)Arisierung der Universität Erlangen 164
      Wider undeutschen Geist 166

  11.2 Ein Arierparagraf für die Kirche:
     (Selbst-)Gleichschaltung? 171
      Frage nach Rasse oder Bekenntnis 171
      Ein Wort aus Erlangen 174
      Ablehnung und Zuspruch 177
      Praxis der Entlassungen 181

  11.3 Streit um theologische Wahrheit und
     kirchenpolitischen Einfluss 182
      Die Bekennende Kirche formiert sich in Barmen 182
      Mit lutherischer Stimme dagegen 183
      Theologen von Weltruf in einer unheilvollen Allianz 184
      Elerts Bekenntnis zu Blut und Boden 186
      Althaus' Bekenntnis in alle Richtungen 188
      Unwertes Leben aus Sicht der Schöpfungstheologie 189

  11.4 Im Einsatz für den völkischen Auftrag der Kirche 191
      Als Vermittler zwischen den Fronten 192
      Mit im Boot: Das »Befriedungswerk« des Reichskirchenministers 198
      Althaus' Schöpfungstheologie als Vorbild für die Mission . 201

  11.5 Volksgemeinschaft und Staatspositivismus 205
      Eine göttliche Volksgemeinschaft 207
      Schützenhilfe von Elert 209
      Prediger des Herrn 210

12 Nach Kriegsende: Von der Volksgemeinschaft zur
Schicksalsgemeinschaft 213
  12.1 Die Enkelgeneration beginnt zu fragen 214
  12.2 Eine entblößende Verteidigung 220
  12.3 Der mühsame Weg der Kirche zur Verantwortung 222

12.4 Deutsche Schuld – ein Verhängnis? 224
12.5 Von der Ordnungstheologie zur unpersönlichen Schuld ... 227
12.6 Ein theologisches Problem: Verrat, Entweihung und Befleckung 231

Schluss 235

Dokumente

Paul Althaus: Rede zur Enthüllung des Kriegerdenkmals
(1. Juli 1930) 245
Theologisches Gutachten über die Zulassung von Christen jüdischer Herkunft zu den Ämtern der Deutschen Evangelischen Kirche (Erlanger Gutachten, 25. September 1933) 251
Der »Ansbacher Ratschlag« zu der Barmer »Theologischen Erklärung« (1934) 257
    A. Die Grundlagen. 257
    B. Die Aufgabe. 258

Dank 260

Quellen- und Literaturverzeichnis 265
    Unveröffentlichte archivalische Quellen 265
    Zeitschriften und Heftreihen 265
    Veröffentlichte Quellen und Literatur von Paul Althaus 266
    Veröffentlichte Quellen und Literatur bis 1945 278
    Literatur seit 1945 280
    Bildnachweis 291
    Personenregister 292

Einleitung

1933 unterzeichnete Paul Althaus für die theologische Fakultät der Universität Erlangen das *Gutachten zum Arierparagraf.* Damit befürwortete er eine innerkirchliche Arisierung nach dem Vorbild des *»Gesetzes zur Wiederherstellung des Berufsbeamtentums«* vom 7. April 1933. Ein Jahr später unterschrieb er den politisch ebenso problematischen *Ansbacher Ratschlag,* worin propagiert wurde, dass Gott sich nicht allein in Christus, sondern ebenso in Familie, Volk und Rasse offenbare. Die Unterzeichner glaubten, auch im nationalsozialistischen Staat und dessen Führer Adolf Hitler eine gottgegebene Ordnung zu erkennen, die Offenbarungscharakter besitze.

Was bewegte den Erlanger Theologen Althaus, den Systematiker, Neutestamentler und Lutherforscher, den bedeutenden und viel gelesenen theologischen Autor und beliebten akademische Lehrer und Prediger zu einer solchen politischen Stellungnahme? Wie steht diese Übereinstimmung mit der antisemitischen Politik und Ideologie des Nationalsozialismus im Verhältnis zu seinem übrigen theologischen Schrifttum?

Seiner intensiven Korrespondenztätigkeit und Gesprächsbereitschaft verdankt Althaus eigentlich den Ruf eines Vermittlers: er gilt noch heute als Theologe mit einem selbst gewählten Standort in der Mitte.[1] Es ist genau dieses scheinbar stimmige Bild eines Theologen in der Mitte, das es zu untersuchen lohnt. Wie verhält sich ein solcher Vermittler zur Judenfrage oder: Wie antisemitisch war eigentlich die Mitte?

Auch für die protestantischen Theologen lag zwischen offenem Widerspruch und freiwilliger Unterstützung des Antisemitismus ein breites Spektrum von Verhaltensweisen. Die entscheidende Frage lautet nicht nur, was Paul Althaus vor und während des Dritten Reiches zur Verbreitung des Antisemitismus beitrug und ob er dem Antisemitismus der nationalsozialistischen Ideologie und der konkreten Judenverfolgung im Dritten Reich zustimmte. In dieser Studie geht es auch um die Frage, in welchen Denkkategorien und Metaphern sich Antisemitismus bei ihm äußerte und entwickelte. Welche theologischen Begründungsmuster wurden beigezogen? Welche ethischen Maßstäbe benutzte Althaus im Zusammenhang mit der Verteidigung der deutschen Volksgemeinschaft? Was bedeutete »Gottes Wille« oder »Gottes Gerechtigkeit« in diesem Kontext?

---

[1] ERICKSEN, Theologen, 1986.

Angesichts antisemitischer Traditionen sowohl im konservativen Protestantismus als auch im völkischen und neokonservativen Milieu, denen Althaus angehörte bzw. nahe stand, stellt sich die Frage, inwiefern nach 1933 neben einem Bruch auch eine Kontinuität zur Weimarer Zeit bestehen blieb.[2]

Eine einfache Gegenüberstellung von religiös und politisch geprägten Formen der Judenfeindschaft würde dabei zu kurz greifen.[3] Denn der rassistische Antisemitismus des Nationalsozialismus nutzte neben rassistischen auch religiöse Motive, um die behauptete rassische Differenz zu popularisieren und hatte in dem tief verwurzelten religiösen Antijudaismus einen großen Vorrat »von nahezu automatischen antijüdischen Reaktionen« zur Verfügung.[4] Zudem war seit der wilhelminischen Zeit die christliche Judenfeindschaft mit den Ideen der politischen Romantik, des Nationalismus und des Sozialdarwinismus verschmolzen. Die neuen nationalen, völkischen und rassenideologischen Rechtfertigungsmuster des Judenhasses lösten die alten antijudaistischen, religiös und wirtschaftlich motivierten Stereotype nicht einfach ab, sondern überlagerten sie. Deshalb lässt sich zwischen einem traditionellen Antijudaismus und einem modernen Antisemitismus auf motivgeschichtlicher Ebene keine klare Trennlinie ziehen. Sinnvoll scheint es vielmehr, das Phänomen Antisemitismus im Kontext anderer zeitgenössischer Ideologien zu betrachten.[5] Für die Interpretation des Antisemitismus in den Publikationen von Althaus gilt es deshalb auch zu fragen, welche anderen zeitgenössischen Strömungen er rezipierte und in welchen politisch-theologischen Netzwerken er sich bewegte.[6]

---

[2] Einen Überblick zur älteren Forschung zu Protestantismus und modernem Antisemitismus bei BERDING, Antisemitismus, 1988, insb. S. 86–226; basierend auf einer umfangreichen Analyse von kirchlichen Amtsquellen und protestantischem Schrifttum verschiedenster Provenienz zeichnet Heinrichs mentalitätsgeschichtlich das »Judenbild« im Protestantismus des Deutschen Kaiserreichs nach: HEINRICHS, Judenbild, 2000; zum Antisemitismus in der völkischen Ideologie: BREUER, Ordnung, 2001, insb. S. 327–369.
[3] KATZ, Kontinuität, 2001; zur Bedeutung der Begrifflichkeit: HEIL, Antijudaismus und Antisemitismus.
[4] FRIEDLÄNDER, Reich, 1999, S. 98; vgl. auch WALZ, Antisemitismus, 1995, S. 747.
[5] Der Zusammenhang von Nationalismus und Antisemitismus wird erstmals systematisch analysiert bei HOLZ, Antisemitismus, 2001.
[6] Der Begriff »Antisemitismus« wird im folgenden ganz allgemein als Sammelbegriff für negative Stereotype über Juden, für Ressentiments und Handlungen, die gegen einzelne Juden als Juden oder gegen das Judentum insgesamt sowie gegen Phänomene, weil sie jüdisch seien, gerichtet sind, verwendet. Zur grundlegenden Definition des Begriffs Antisemitismus vgl. auch BENZ, Antisemitismus, 2004, S. 234–241.

Die Verknüpfung von Politik-, Theologie- und Kirchengeschichte stellt in der bisherigen historischen Forschung zum Antisemitismus in der Theologie noch immer in vieler Hinsicht ein Desiderat dar. Die (kirchen-)historische Forschung zum Protestantismus im Dritten Reich ist zwar (auch) äußerst umfangreich, doch konzentriert sie sich noch bis in die 1990er Jahre stark auf den Kirchenkampf und die ersten Jahre des NS-Regimes.[7]

Die vorliegende ideengeschichtliche Studie spannt einen weiteren Bogen als bisherige Arbeiten zur Theologiegeschichte im Nationalsozialismus: Die Einbeziehung der biografischen und intellektuellen Entwicklungsgeschichte des Theologen Althaus und die gleichzeitige Verortung seiner Ideologie im theologischen und politischen Umfeld und seiner Generation sollen zeigen, wie sich sein Weltbild weit vor der Machtübernahme der Nationalsozialisten festigte. Das sozialwissenschaftliche Modell der »politischen Kohorte« (oder auch »politischen Generation«) erweist sich dabei nicht nur für die Einordnung des politischen Denkens des 1888 geborenen Althaus sondern auch für sein Wirken nach 1945 aufschlussreich.[8] Harold Marcuse wendet dieses Modell erstmals auf Erfahrungen und Einflüsse verschiedener Altersgruppen hinsichtlich ihrer Erlebnisse im Nationalsozialismus und ihrer Verarbeitung nach 1945 an. Althaus ist in diesem chronologisch angelegten Kohorten-Modell, das Björn Krondorfer fruchtbar auf die Theologieforschung übertragen hat, den sogenannten 1890ern zuzuordnen, die 1868 bis 1890 geboren wurden. Zu ihnen gehörte auch die Gründungsgeneration des Nationalsozialismus wie Hitler, Göring, Heß und Himmler. Auch wenn hier eine exemplarische Studie zu Althaus vorliegt, lassen sich durch Querbezüge zur Forschungsliteratur Spezifika dieser Theologengeneration erkennen. Besonders deutlich wird dies in der Rückschau der Theologen nach 1945, wie im Schlusskapitel skizziert.

---

[7] In ihrem historiografischen Überblick kritisieren Ericksen und Heschel insbesondere den fehlenden Einbezug der Antisemitismusforschung und fordern eine Einbindung der Geschichte der Kirchen in die allgemeine Sozialgeschichte. ERICKSEN/ HESCHEL, Churches, 1994.

[8] MARCUSE, Cohorts, 2001. Anwendung des Kohorten-Konzepts auf die autobiografischen Zeugnisse deutscher Theologen – eine vernachlässigte Quellengattung in Theologiegeschichte – bei: KRONDORFER, Nationalsozialismus, 2006. In den Sozialwissenschaften wird unter einer »politischen Kohorte« eine bestimmte Altersgruppe verstanden, die aufgrund einer politisch formativen Lebensphase und bestimmter Schlüsselereignisse gemeinsame »Einstellungen, Verhaltensdispositionen und Handlungspotentiale« teilt, mit der sie die politische Ordnung und Wirklichkeit beurteilt. Vgl. FOGT, Generationen, 1982.

Für diese Studie wurden nicht nur seine wissenschaftlichen Werke, sondern auch seine populären Schriften und Predigten untersucht, die eine ungleich größere Breitenwirkung hatten und vielfach politisch eine deutlichere Sprache sprechen. Sie richteten sich oftmals an Multiplikatoren, die an der öffentlichen Meinungsbildung mitwirkten.[9]

1977 veröffentlichte Klaus Scholder den ersten Band seiner umfangreiche Studie *Die Kirchen und das Dritte Reich*, in dem der Tübinger Kirchenhistoriker die Entwicklung vom Beginn der Weimarer Republik bis zum ersten Regierungsjahr Hitlers darstellt.[10] Die Studie wertet die Quellen zur Kirchengeschichte so umfassend aus, dass fortan jede weitere kirchengeschichtliche Arbeit darauf aufbauen konnte, aber auch kaum je eine Arbeit über den von Scholder gesetzten Zeitraum (1933/34) hinausführte. Im Rückblick erweist sich zudem Scholders Engführung der sogenannte Judenfrage als historisch, aber auch historiografisch problematisch: Er beschränkte diesen Begriff lediglich auf die Auseinandersetzung um die Einführung des Arierparagrafen im Kirchenbereich. Dies scheint lange Zeit den Weg zu einer differenzierten Analyse der über den Kirchenkampf hinausgehenden Haltung der Kirche wie auch der Theologie zur NS-Judenpolitik verstellt zu haben. Zudem war das durchgehende Thema des Kirchenkampfes nicht – wie die Forschung nach Scholder den Eindruck erweckt – die Judenfrage, sondern eigentlich die »Kirchenfrage«. Es ging nicht um das Verhältnis zwischen Christen und Juden, sondern um die Frage der »wahren Ekklesia« und die Autonomie der Kirche gegenüber dem Staat.[11]

Die älteren Überblicksdarstellungen zur Kirchengeschichte, die sich

---

[9] Auf diesen Umstand weist 1990 schon Rainer Hering in seiner Übersicht zum Forschungsstand hin. HERING, Wissenschaft, 1990, S. 20. Ino Arndt legte 1960 eine Dissertation in der er den Antisemitismus der evangelischen Sonntagsblätter von 1918–1933 untersuchte und kam zu einem deutlichen Ergebnis: Die evangelische Presse half in großem Umfang mit breits in der Weimarer Republik, Juden als »artfremde Rasse«, als »minderwertige Menschen« u. v. m. zu brandmarken. Mit der Kirchenpresse wurden doppelt so viele Leser wie Gottesdienstbesucher erreicht. ARNDT, Judenfrage, 1960.
[10] Der erste Band *Vorgeschichte und die Zeit der Illusion 1918–1934* erschien 1977. Der zweite Band stellt die entscheidenden Weichenstellungen des protestantischen Kirchenkampfes, die Bildung der Bekennenden Kirche sowie die Synoden von Barmen und Dahlem dar. Der Band *Das Jahr der Ernüchterung 1934 Barmen und Rom* erschien 1985. Das über 1000-seitige Werk beschreibt schwerpunktmäßig die protestantische Kirche, nimmt aber auch die katholische Seite angemessen in den Blick. SCHOLDER, Kirchen, 2 Bd., 2000.
[11] Vgl. die Kritik am Kanon der Kirchenkampfgeschichtsschreibung SIEGELE-WENSCHKEWITZ, Wissenschaft, 1980, S. 15.

vorwiegend an einer Institutionengeschichte orientieren und die Ideologiegeschichte vernachlässigen, gehen letztlich davon aus, dass die Haltung der Kirche gegenüber dem NS-Regime als Versuch verstanden werden müsse, die eigene Institution zu schützen.[12] Zugespitzt führt dies zu der These, dass die Kirche, hätte das Dritte Reich länger gedauert, das »nächste Opfer« der NS-Politik geworden wäre.[13] Unlängst konnte der Historiker Manfred Gailus in seiner sozialgeschichtlichen Fallstudie zu Berlin nachweisen, in welchem Maße das protestantische Kirchenmilieu selbst von nationalsozialistischen Auffassungen durchdrungen war.[14] Daneben zeigen mehrere neuere Arbeiten, dass auch die Bekennende Kirche von antisemitischen Vorstellungen geprägt war.[15] Allerdings wird durch die empirische Studie von Gailus ebenso deutlich, dass die historische NS-Forschung die theologischen Fragen und konfessionellen Zusammenhänge in ihrer Bedeutung zuweilen noch großzügig unterschätzt.

Erst im Herbst 1988 haben zahlreiche Gedenkfeiern und Veröffentlichungen zur Erinnerung an das Judenpogrom vom 9./10. November 1938 das öffentliche Interesse erneut auf das Verhältnis und das Verhalten von protestantischer Theologie und Kirche gegenüber der antisemitischen Judenpolitik gelenkt.[16]

Die dann 1990 von Marikje Smid veröffentlichte Studie *Deutscher Protestantismus und Judentum 1932/1933* setzte diesbezüglich einen wichtigen Akzent: In ihrem Vergleich unterschiedlicher Strömungen innerhalb der Kirchengeschichte, sowie der Systematischen und Praktischen Theologie kann sie überzeugend zeigen, dass auch die im Luthertum wirksamen Vorurteile gegenüber Juden und dem Judentum nicht zwangsläufig zu einer Duldung und Unterstützung

---

[12] Beispielsweise bei CONWAY, Kirchenpolitik, 1969. Bemerkenswert allerdings, dass diese 1968 in Englisch erschienene Arbeit – im Gegensatz zu Scholder – bereits die gesamte Zeit des Dritten Reiches untersucht.
[13] Beispielsweise bei SCHOLDER, Kirchen 1, 2000; auch HELMREICH, Churches, 1979.
[14] GAILUS, Protestantismus, 2001. Von dieser Durchdringung ist wenig erkennbar bei BESIER, Kirchen, 2001.
[15] Zum Antisemitismus der Bekennenden Kirche vgl. GERLACH, Zeugen, 1993; BÜTTNER/GRESCHAT, Kinder, 1998.
[16] Jochen-Christoph Kaiser stellte in der Einleitung zu dem von ihm und von seinem Kollegen der Kirchengeschichte, Martin Greschat, herausgegebenen Sammelband gar fest, dass das Thema nur ansatzweise aufgearbeitet sei. Verhältnis von Kirche KAISER/GRESCHAT, Holocaust, 1988, S. IX.

der nationalsozialistischen Judenpolitik führen mussten.[17] Aber auch ihre Arbeit geht über das Jahr der Machtergreifung nicht hinaus. Eberhard Röhm und Jörg Thierfelder erweitern in ihrer vierbändigen Darstellung und Dokumentensammlung diesen engen Zeitraum. Sie dokumentieren anhand von Einzelschicksalen das Verhalten von Christen während der Judenverfolgung, besonders den Umgang der Kirche mit ihren sogenannten »judenchristlichen« Pfarrern und den getauften Juden.[18] Erst 2001 findet schließlich das Werk von Scholder über die Kirchen im Dritten Reich seine Fortsetzung: Gerhard Besier präsentiert sie in seinem Buch über die Geschichte der beiden großen Kirchen zwischen 1934 und 1937.[19] Ebenso akribisch wie sein Lehrer Scholder rekonstruiert Besier auf fast 1300 Seiten minutiös die Politik des NS-Regimes gegenüber den Kirchen. Besier widmet schließlich auch ein Kapitel der NS-Judenpolitik, worin aber auch er sich vor allem mit der Haltung der Kirchen gegenüber den zum Christentum konvertierten Juden und Jüdinnen, deren Selbstorganisationen (»Reichsverband der nichtarischen Christen«) und Hilfsorganisationen beschäftigt; er bleibt damit letztlich dem klassischen Themenkanon der Kirchenkampfgeschichtsschreibung verhaftet.[20]

Im Unterschied zu den kirchengeschichtlichen Forschungen zum Dritten Reich wird von der Theologiegeschichte, einer Sparte der systematischen Theologie, durch eine allzu binnentheologischen Perspektive oftmals der zeitgeschichtliche Kontext unterschlagen. Dennoch ermöglichten diese Arbeiten mit ihren oftmals akribischen (theologischen) Textanalysen mir als »Profanhistorikerin« – wie Theologen mich bezeichnen würden – einen Zugang zu den manchmal schwer erschließbaren Texten.[21] Wie fruchtbar indes auch ein theologiegeschichtlicher Ansatz sein kann, zeigt Heinrich Assel, der die weltanschauliche Disposition der Lutherrenaissance, die in den 1920er Jahren ihren An-

---

[17] Smid zeigt dies am wohl berühmtesten Vertreter der Bekennenden Kirche: Dietrich Bonhoeffers entschiedene Wendung gegen die Judendiskriminierung im April 1933 zeigen, dass er sich von den ersten antisemitischen Maßnahmen des NS-Staates an auf einem anderen Weg befand als seine lutherischen Kollegen. SMID, Protestantismus, 1990, insb. S. 415–454.
[18] RÖHM/THIERFELDER, Juden, 1990–2004.
[19] BESIER, Kirchen, 2001.
[20] Ebd., S. 807–902.
[21] Empfehlenswert für den Laien ist die ausgezeichnete einführende Theologiegeschichte zur Systematischen Theologie, die den zeithistorischen Kontext überzeugend einbezieht. FISCHER, Theologie, 1992. Andere theologische Arbeiten, aber eher hagiografischen Genres, sind entsprechend in den Fußnoten kommentiert.

fang nahm und zu der auch Paul Althaus zählte, in Bezug zur NS-Ideologie setzt und ihre teilweise Kompatibilität mit dieser nachweist.[22]

Wegweisend sind nach wie vor die Arbeiten der Theologin Leonore Siegele-Wenschkewitz: Mit ihrer dezidiert interdisziplinären Studie über den Antisemitismus des Tübinger Neutestamentlers Gerhard Kittel setzte sie einen wichtigen Impuls in der Theologiegeschichte.[23] Aufsehen erregte ihre Studie auch deshalb, weil sie mit Kittel einen der prominentesten Theologen untersuchte und damit auch die Geschichte theologischen Fakultäten während der NS-Zeit ins Zentrum der Forschung rückte.[24] Ihr Ansatz wurde allerdings von der Theologiegeschichte nicht rezipiert. So sah sie sich fünfzehn Jahre später noch zu Recht zu ihrem Plädoyer veranlasst, die Interpretation theologischer Äußerungen nicht darauf zu beschränken, die innere Logik der protestantischen Polemik nachzuzeichnen, sondern vielmehr den Zusammenhang mit der rechtlichen, ökonomischen, sozialen und kulturellen Lage der jüdischen Gemeinschaft im Blick zu halten.[25]

Die weitgehende Marginalisierung der Haltung verschiedener protestantischer Richtungen gegenüber der NS-Judenpolitik in der Forschung scheint auf eine besondere perspektivische Verengung zurückzuführen zu sein: So beschränkte sich sogar die Forschung zur Glaubensbewegung der Deutschen Christen, deren deklariertes Ziel eine Synthese zwischen Christentum und Nationalsozialismus war und die ein explizit antisemitisches Programm vertraten, lange weitgehend auf eine organisationsgeschichtliche Perspektive.[26] Erst in der Studie der amerikanischen Historikerin Doris Bergen gelang es, die ideologische Zielsetzung der Deutschen Christen und ihre Position innerhalb der nationalsozialistischen Weltanschauung einzuordnen und Antisemitismus als zentralen Bestandteil dieser Weltanschauung nachzuweisen.[27] Der bereits erwähnte Robert P. Ericksen – auch ein

---

[22] ASSEL, Aufbruch, 1993.
[23] SIEGELE-WENSCHKEWITZ, Wissenschaft, 1980.
[24] SIEGELE-WENSCHKEWITZ/NICOLAISEN, Fakultäten, 1993; MEIER, Fakultäten, 1996; ERICKSEN, Fakultät, 1998.
[25] SIEGELE-WENSCHKEWITZ, Wissenschaft, 1995, S. 628.
[26] Bei Kurt Meier fehlen Fragen nach der Ideologie der Deutschen Christen und ihrer Verwurzelung in der protestantischen Theologie. MEIER, Christen, 1967; marginal behandelt ist der Antisemitismus der Deutschen Christen bei SONNE, Theologie, 1982; ebenso auf die Organisationsgeschichte und den Kirchenkampf beschränkt bleibt die schon 1978 erschienene Regionalstudie zu Bremen: HEINONEN, Anpassung 1978.
[27] BERGEN, Cross, 1996.

amerikanischer Historiker – zeigte schließlich, dass die antisemitische Ideologie der Deutschen Christen durchaus zum *mainstream* der Theologie zählte und auch in der Universitätstheologie verankert war.[28] Möglicherweise brauchte die deutsche Forschung diese Impulse aus den USA, um die ideologische und personelle Verstrickung der theologischen Wissenschaften in die NS- Zeit aufzudecken. Wie in anderen Disziplinen verhinderten sicherlich auch in der Theologie die Abhängigkeitsverhältnisse von jungen Forschern und Forscherinnen zur Generation der Väter, die als Professoren den Zugang zur Wissenschaftscommunity verwalteten und selbst noch ideell oder durch direkte familiäre Loyalität mit der NS-Zeit verbunden waren, eine kritische Forschung. Dabei ist gerade in der protestantischen Theologie die dichte Vernetzung durch Verwandtschaftsverhältnisse besonders auffällig: Nachfolge der Söhne als Professoren, Heiraten innerhalb von Theologen- und Pastorenfamilien. Außerdem wird in keiner anderen Disziplin wie in der Theologie der Verortung der eigenen wissenschaftlichen Positionierung durch die Namen der akademischen Lehrer solche Bedeutung zugemessen, was alleine dadurch zum Ausdruck kommt, dass in kaum einer biografischen Notiz die Namen der Professoren fehlen, was in andern Disziplinen längst nicht so ausgeprägt ist. Darüber hinaus sind Wissenschaftler jedes Faches – sobald es um die Geschichte des Nationalsozialimus geht – nicht nur in Loyalität gegenüber ihrer Disziplin verhaftet, sondern selbst auch wieder in hohem Masse durch ihre persönliche Familienbiografie geprägt, die aber selten reflektiert geschweige denn transparent diskutiert wird.[29]

Inzwischen sind die theologischen Ansichten und kirchlichen Programme des radikalen Flügels der Deutschen Christen, als dessen markanteste Vertreter die sogenannten Thüringer Deutschen Christen gelten, in vieler Hinsicht erforscht.[30] Ebenso ist das 1939 mit Zustim-

---

[28] ERICKSEN, Theologen, 1986; Die Haltung von prominenten Kirchenvertretern zum Antisemitismus bleibt beispielsweise in den Untersuchungen zum Reichsbischof Ludwig Müller und zu Heinrich J. Oberheid, Landesbischof im Rheinland, größtenteils ausgeklammert. SCHNEIDER, Reichsbischof, 1993; FAULENBACH, Oberheid, 1993; Untersuchungen zu Institutionen wie etwa dem Reichskirchenministerium und der Leitung der Deutschen Evangelischen Kirche hinsichtlich ihrer Haltung zur NS-Judenpolitik fehlen weiterhin.
[29] Die Historikerin Hanna Schissler weist auf die damit einhergehende methodische Verengung in der historischen Zeitgeschichte, die sich im Versuch der »Vergangenheitsbewältigung« selbst blockiere [»coming to terms with the past«]. SCHISSLER, Zeitgenossenschaft, 2007, S. 361.
[30] BERGEN, Cross, 1996; SIEGELE-WENSCHKEWITZ, Antijudaismus, 1994. Zum

mung von drei Vierteln der deutschen evangelischen Landeskirchen gegründete Eisenacher »Institut zur Erforschung und Beseitigung des jüdischen Einflusses auf das deutsche kirchliche Leben« in den Fokus grundlegender Forschung genommen worden.[31] Unterbelichtet ist aber jener Teil der Deutschen Christen, die als gemäßigt galten und die ihre Fühler auch zu konservativen Kräften innerhalb der Landeskirchen ausstreckten, um eine überkonfessionelle Nationalkirche zu realisieren. Paul Althaus war genau an dieser Grenze tätig: Er versuchte die moderaten Deutschen Christen für die »Mitte« zu gewinnen.

Von dem 1888 geborenen Althaus heißt es in gängigen theologischen Lexika: Er war lutherischer Theologe ohne konfessionelle Enge und für alle bibelkritischen Probleme offen, aber extremen Positionen abgeneigt.[32] Tatsächlich verband Althaus die Erneuerung des Erbes Luthers mit einer Offenheit für die zeitgenössischen Fragen der systematischen und historischen Theologie. Doch worin bestand diese Offenheit und wem gegenüber galt sie? Seine Ethik ist klar lutherisch orientiert: Die Lehre von zwei Reichen – dem geistlichen und dem weltlichen – war für ihn Grundlage seiner theologischen und politischen Ausrichtung.[33] Mit dem Dogmengeschichtler Werner Elert prägte Althaus den Ruf der Erlanger Fakultät als Hort des Luthertums. Seine Sozialethik wurde von ihm konsequent als Ethik der Ordnungen entfaltet. Althaus wirkte als Wissenschaftler nach 1945 weit über den Bereich der bayerischen Landeskirche hinaus und prägte eine ganze Theologengeneration entscheidend mit.[34]

Beim Evangelischen Kirchentag in Nürnberg im Jahr 1979 zeigte sich die besondere Brisanz dieses Themas beim Versuch, die antisemitische Verstrickung der Erlanger Theologie im Dritten Reich zu beleuchten.[35] Mitglieder der Theologischen Fakultät der Universität Erlangen beschäf-

---

Leiter dieses theologischen Instituts, Walter Grundmann: HESCHEL, Theologen, 1994.

[31] JERKE, Volkstestament, 1994; VON DER OSTEN-SACKEN, Evangelium, 2002.
[32] BAUTZ, Althaus, 1958, Sp. 130–131; sowie ALTHAUS, RGG, Nr. 1076.
[33] Seine erste Publikation zur Ethik erschien 1929: ALTHAUS, Leitsätze zur Ethik, 1929; eine Neubearbeitung erschien unter 1931: ALTHAUS, Grundriss der Ethik, 1931. In einem kurzen Text *Luther und das Deutschtum* (1917) führt der junge Althaus, damals Gouvernementspfarrer in Łódź, sein Verständnis von Luthertum aus. Bemerkenswert darin ist seine Verknüpfung von spezifischen Eigenschaften und Tugenden der Deutschen mit seinem Bild von Luther. ALTHAUS, Luther, 1917.
[34] Die Bedeutung von Althaus für die Ausbildung der Pfarrer in Bayern ist in der hervorragenden sozialhistorischen Studie von Mensing herausgearbeitet. MENSING, Pfarrer, 1998.
[35] EVANGELISCHER PRESSEDIENST, Dokumentation, 1980.

tigten sich dabei eingehend und kritisch mit ihrem bis dahin unter Laien häufig wenig bekannten Erbe, dem Gutachten zum Arierparagrafen der Erlanger Theologen Paul Althaus und Werner Elert aus dem Jahr 1933. Dieses Ereignis rief ein großes öffentliches Echo hervor und löste eine heftige Kontroverse aus. Im Jahr 1989 verursachte die Vergangenheit der Erlanger Fakultät erneut eine heftige Diskussion. Anlass war diesmal ein Aufsatz des Erlanger Kirchenhistorikers Berndt Hamm zur Erlanger Theologie im Nationalsozialismus mit dem Titel *Schuld und Verstrickung der Kirche*.[36] Damit sah der emeritierte Erlanger Kirchenhistoriker Karlmann Beyschlag seine akademischen Lehrer so verunglimpft, dass er sich zu einer scharfen Kritik provoziert fühlte.[37]

Mit der Studie *Eine Frage der Rasse?* von Axel Töllner liegt seit kurzem eine empirisch fundierte Forschungsarbeit zur Auswirkung des Arierparagrafen und des von Althaus mitverfassten Gutachtens auf die bayerischen Pfarrerfamilien mit jüdischen Vorfahren vor. Nebst der umfangreichen regionalgeschichtlichen Quellenarbeit liegt ein Akzent der Arbeit auf der Beleuchtung des damaligen theologie- und mentalitätsgeschichtlichen Klimas, das den Hintergrund für die Reaktionen auf die Forderung bildete, die Kirche dem NS-Staat entsprechend zu »arisieren«. Damit setzt Töllner einen expliziten Fokus auf die Bedeutung des Antisemitismus.[38]

Eine umfassende Biografie über Paul Althaus entsteht zur Zeit in Erlangen von dem Politikwissenschaftler Gotthard Jasper, dem der gesamte private Nachlass von Paul Althaus zur Verfügung steht. Hierbei wird erstmals auch der komplette Briefwechsel des Theologen mit einbezogen. Die frühesten Briefe, die Althaus als 18 bis 19-jähriger Student an seine Eltern schrieb, sind dabei aus historischer Sicht ein besonderer Fund. Sie dokumentieren die familiäre Tradition eines positiv kirchlich orientierten

---

[36] HAMM, Schuld, 1992. Inzwischen hat Hamm seine Thesen präzisiert und weitere Forschungen dazu veröffentlicht: HAMM, Christ, 1992; HAMM, Elert, 1998.

[37] BEYSCHLAG, Althaus/Elert, 1990/91; ausführlicher dann: BEYSCHLAG, Theologie, 1993. Die Historiografie zur Erlanger Theologie lässt unschwer erkennen, dass die Geschichte längst nicht abgeschlossen ist. Die Privilegien der alten Netzwerke sind durch Lehrer-Schüler-Loyalitäten im Elfenbeinturm der Universität wohl noch immer wirksam. Dies wurde insbesondere in Beyschlags Publikation deutlich.

[38] Axel Töllner verdanke ich wertvolle Hinweise zur aktuellen Nürnberger Debatte um Meiser. Außerdem stellte er mir sein damals noch unveröffentlichtes Manuskript zur Verfügung, das 2007 veröffentlicht wurde. TÖLLNER, Frage, 2007. Seine Arbeit nimmt den Impuls auf, den die bayerische Landessynode im Jahr 1998 mit ihrer Erklärung zum Thema »Christen und Juden« zur Erforschung der Geschichte der bayerischen Christen jüdischer Herkunft im Dritten Reich gab.

lutherischen Pfarrhauses und geben Eindruck vom Studentenleben und Theologiestudium in Tübingen zu Beginn des 20. Jahrhunderts.[39]

Roland Liebenberg widmet seine kürzlich erschiene Studie *Der Gott der feldgrauen Männer* der theozentrischen Erfahrungstheologie von Paul Althaus während Ersten Weltkriegs.[40] Diese innovative Arbeit erschließt unzählige bisher nicht bekannte Schriften von Althaus, die er in seiner Studienzeit und als Pfarrer in Łódź veröffentlichte.[41] Seine weit über einen theologischen Ansatz hinausweisende Vorgehensweise ermöglicht es, die mentalen Prägungen Althaus' im Bildungsbürgertum und sein stark verinnerlichtes soldatisches Männerideal überzeugend darzustellen.

Die 2007 erschienene materialreiche Studie von Roland Kurz zum *Nationalprotestantischen Denken in der Weimarer Republik* vergleicht die Schriften von drei prominenten Protestanten aus dem Bereich Universitätstheologie, Kirchenpolitik und Publizistik: Paul Althaus, Otto Dibelius und Wilhelm Stapel.[42] Dabei scheut der Autor zuweilen die historisch-politische Kontextualisierung zugunsten einer vorwiegend theologischen Hermeneutik. In seinem Fazit stellt Kurz dann auch nicht die Ordnungstheologie von Althaus vor dem Hintergrund ihrer politischen Wirkung in Frage, sondern widerspricht ihr in erster Linie aufgrund der Nichtverifizierbarkeit der Beziehung zwischen Gott und der Weltgeschichte. Dabei verharmlost er Althaus' fundamentalistische Forderung der totalen Hingabe an die göttliche Ordnung als »Fehleinschätzungen«. Kurz favorisiert zudem die Interpretation, dass die Wirkung von Althaus' Ordnungstheologie als Wegbereiter für die NS-Ideologie »sicherlich nie in seiner Absicht lag«, ohne die vermeintliche Absicht wiederum verifizieren zu können.[43]

---

[39] Gotthard Jasper danke ich an dieser Stelle, dass er mir Einblick in seine laufende und noch nicht veröffentlichte Forschungsarbeit bot und mir zahlreiche Hinweise und Details über Althaus zugänglich machte, obwohl ein systematischer Zugang »von außen« noch nicht möglich ist. Mit der Arbeit von Jasper wird der Nachlass auch systematisch erschlossen. Die einzelnen Dokumente, die ich einsehen konnte, sind noch nach der momentanen Einsortierung in Schachteln mit wenig differenzierter Unterordnung gekennzeichnet.
[40] LIEBENBERG, Gott, 2008.
[41] Liebenberg stellte mir freundlicherweise den gesamten Quellenkorpus sowie sein damals noch nicht veröffentlichtes Manuskript zur Verfügung. Die 1958 zusammengestellte Bibliografie ist unvollständig LOHFF, Bibliographie, 1958. Liebenberg ergänzte diese Bibliografie mit unzähligen bislang unbekannten Texten von Althaus. LIEBENBERG, Gott.
[42] KURZ, Denken, 2007.
[43] Ebd., S. 497f.

Meine Studie beginnt mit der *Entnazifizierung* der Theologischen Fakultät an der Universität Erlangen. Überraschenderweise war Paul Althaus zuerst Vorsteher des Entnazifizierungsausschusses, wurde dann jedoch selbst angeklagt und vorübergehend aus dem Universitätsdienst entlassen. Nach seinem Freispruch kehrte er unbeschadet schon ein Jahr später auf seinen Lehrstuhl zurück. Die Grundlage seiner Anklage bildeten zunächst zwei Bücher: *Deutsche Stunde der Kirchen* (1933) und *Führertum und Obrigkeit* (1936). Der Inhalt dieser Publikationen und ihre Bedeutung im Gesamtwerk von Althaus wird im Fortgang der Studie beleuchtet werden.

Sein theologischer und (kirchen-)politischer Werdegang wird als Rückblende seit seiner Studienzeit (1906–1914) rekonstruiert, wobei die Frage nach der Kontinuität und den Brüchen in seiner ideengeschichtlichen Entwicklung im Zentrum steht. Die Rückblende beginnt mit der Studienzeit in Tübingen und Göttingen und beleuchtet seinen darauf folgenden Einsatz als Gouvernementpfarrer im besetzen Polen während des Ersten Weltkrieges. Wie erlebte der junge Akademiker im Grenzgebiet die Kultur der dort schon vor der Besatzung ansässigen Deutschen? Wie positionierte er sich als Theologe zum Krieg? Welchen ideologischen Strömungen fühlte er sich verpflichtet? Gibt es erste Anzeichen von Antisemitismus in seinen Schriften?

In der Weimarer Zeit widmete sich Althaus der Entwicklung seiner bekannten Schöpfungstheologie. In Abgrenzung zu völkisch-radikaler oder rassistisch-gewalttätiger Diskriminierung von Juden formulierte er in einem Text von 1927 einen im Vergleich dazu »gemäßigten« Antisemitismus, den er euphemistisch als »Seelsorge am Antisemitismus« bezeichnete. Eine genaue Textanalyse nicht nur dieser sondern auch seiner ethischen Schriften will zeigen, worin die spezifische Qualität der von Althaus vertretenen politischen Theologie liegt. Bedeutsam für sein Geschichtsverständnis sind seine Beiträge zur Eschatologie, die ebenfalls einer kritischen Analyse unterzogen werden. Dabei wird in dieser Studie auch das weitverzweigte akademische Netzwerk von Althaus und das Klima an der Universität Erlangen beleuchtet: Auf welchem Nährboden entwickelte Althaus seine Theologie und in welchen Kreisen wirkte er?

Wie stark Althaus die viel diskutierte Judenfrage beschäftigte, wird am Beispiel eines bisher in der Forschung m.W. nicht berücksichtigten Vortrages mit dem Titel *Frage des modernen Evangeliums an das moderne Judentum*, den er 1930 in der von ihm herausgegebene *Zeitschrift für systematische Theologie* veröffentlichte, seine antisemitische Haltung im Spiegel der Zeitgeschichte interpretiert werden.

Dem revolutionären Umbruch im Geiste des Nationalsozialismus, der nach der Übergabe der Regierungsgewalt an Adolf Hitler am 30. Januar 1933 weite Teile der Gesellschaft erfasst, stellte sich auch Althaus. Sein theologisches Engagement für das herbeigesehnte Regime und seine kirchenpolitischen Aktivitäten werden hier hinsichtlich seiner Haltung zur NS-Judenpolitik reflektiert.

Die Erlanger Theologie tat sich nach 1945 schwer mit einer kritischen Reflexion des Erbes ihrer theologischen Väter. Erst nach der Ausstrahlung der Fernsehserie »Holocaust« wagten junge Studierende der theologischen Fakultät ihre akademischen Lehrer mit Fragen zur ideologischen Verstrickung der Fakultät mit dem Nationalsozialismus zu konfrontieren. Wie sich Althaus nach Kriegsende zur Schulddebatte äußerte, wie er sein Konzept der »Volksgemeinschaft« in eine »Schicksalsgemeinschaft« umdeutete und dabei die Ideen der Ordnungstheologie beibehielt, ist Thema des abschließenden Kapitels.

Als Grundlage nutzt die Studie in erster Linie das umfangreiche wissenschaftliche Opus sowie die populären Schriften und Predigten des Theologen und Kirchenpolitikers Paul Althaus. Wenn Althaus hier in seiner Rolle und Wirkung als Theologe beleuchtet wird, deute ich seine Texte im zeitgeschichtlichen Kontext, die Persönlichkeit von Althaus tritt dabei eher in den Hintergrund.[44]

Zuletzt sei bemerkt: In der Beschäftigung mit dem Dritten Reich, mit Antisemitismus und Judenverfolgung stellt sich immer wieder die Frage nach der wissenschaftlich korrekten Begrifflichkeit. Wie viele Anführungszeichen sind angemessen? Hinzu kommt, dass mit den Quellen ein theologisches Gedankengut in meine Arbeit hineinwirkt, das ebenso nach einer kritischen wissenschaftlichen Distanz verlangt. Ich habe mich entschieden, nur dann Anführungszeichen zu verwenden, wenn es mir anders nicht möglich ist, meine Distanz als Autorin zu den diskriminierenden zeitgeschichtlichen Begriffen oder zu den theologischen Glaubenskonzepten zum Ausdruck zu bringen.

---

[44] Dass Angehörige und Freunde, Kollegen und Schüler Paul Althaus als liebenswerte, kommunikative und verbindliche Persönlichkeit erlebten, soll damit nicht angetastet werden. Der Würdigung des Persönlichen kann vermutlich Gotthard Jasper in seiner Biografie besser gerecht werden, zumal ihm auch diesbezüglich aussagekräftiges Material zur Verfügung steht und er Aussagen von Zeitgenossen und Schülern von Althaus mit in die Darstellung einbeziehen kann.

Die amerikanische Militärbehörde ließ sich von einem Zehnerausschuss, den sie Ende Mai 1945 eingesetzt hatte, über die politische Vergangenheit des Lehrkörpers unterrichten. Vorsitz hatte Paul Althaus, der hier rechts an der Stirnseite des Tisches zu erkennen ist.

1 Entnazifizierung in der Theologie

Die evangelischen Kirchen habe die »deutsche Wende von 1933 als ein Geschenk und Wunder Gottes begrüßt«, schrieb Paul Althaus in seinem Buch *Die deutsche Stunde*, welches im darauffolgenden Jahr drei Auflagen erlebte. Ein Staat, der wieder anfange, nach »Gottes Gebot zu regieren«, bedürfe nicht nur des Beifalls, sondern auch der »freudigen und tätigen Mitarbeit der Kirche«.[45] Wer war dieser Mann, der den Ereignissen von 1933 gar religiöse Bedeutung zumaß? Wie kam es, dass dieser Erlanger Theologe die »Wende« als »Gnade aus Gottes Händen« bezeichnete und empfand, dass Gott damit das deutsche Volk vor dem »Abgrund und aus der Hoffnungslosigkeit« gerettet habe?[46] Nur ein peinlicher Ausrutscher? Oder ist dies ein Fehltritt eines ansonsten würdigen Gelehrten, wie Althaus in Theologenkreisen gerne bezeichnet wird?[47] Oder hat der Systematiker alles gar nicht so gemeint und gewollt, wie ihm etwa einer seiner Fakultätskollegen, Hermann Sasse, attestierte?[48]

Außerhalb theologischer Kreise ist der Theologe und Kirchenmann aus Erlangen bislang kaum bekannt. Doch Paul Althaus (1888–1966) prägte als Lehrstuhlinhaber für systematische Theologie in Erlangen nicht nur eine ganze Theologengeneration, sondern wirkte auch als Kirchenmann und Kraft seiner wissenschaftlichen Autorität weit über die bayerische Landeskirche hinaus. Die Bedeutung Althaus' als theologischer Lehrer könne kaum hoch genug eingeschätzt werden, würdigte ihn einer seiner theologischen Biografen, Walter Sparn, schließlich habe sich auch niemals Zweifel an der Lauterkeit seiner Motive und an der »Noblesse seines Charakters« erhoben, sondern er habe allenthalben dankbaren Respekt genossen.[49]

---

[45] ALTHAUS, deutsche Stunde, 1933, S. 5.
[46] ALTHAUS, deutsche Stunde, 1933, S. 19.
[47] Meiser bezeichnete die Veröffentlichung von 1933 – die Stellungnahme Althaus' zum Arierparagraph – als »unerfreulich« und den Nachgeborenen mit Scham erfüllende Veröffentlichung: MEISER, Althaus, 1993, S. 222–225.
[48] LOEWENICH, Erlebte Theologie, 1997, S. 134f.
[49] SPARN, Althaus, 1997, S. 3.

1.1 Entnazifizierung – im eigenen Haus

Am Nachmittag des 16. Aprils 1945 rückten amerikanische Streitkräfte in die nahezu unzerstörte Stadt Erlangen ein. Eugen Herrigel, der noch bis zum 31. Mai als Rektor amtierte, und sein Vorgänger, der Direktor der Frauenklinik Herman Wintz, hatten den Kampfkommandanten Oberstleutnant Lorleberg darin bestärkt, die Stadt Erlangen kampflos zu übergeben. Die Universität Erlangen hatte keinerlei Kriegsschäden zu beklagen, während die Universität München zu ungefähr 80 Prozent und die Universität Würzburg zu 90 Prozent zerstört war.[50]

An dem auf den Einmarsch folgenden Sonntag (22. April 1945) sprach Paul Althaus in seiner sonntäglichen Universitätspredigt von der Hand Gottes als Richter:

> »Von Monat zu Monat ist unter uns die Schar derer größer geworden, die erkannt haben: einen Niederbruch wie diesen kann man nicht nur politisch-militärisch verstehen [...] Wir haben es schon lange gefühlt: der Segen Gottes lag nicht mehr auf unserm Wege.«[51]

Die amerikanische Umerziehungs- und Entnazifizierungspolitik hatte zunächst die Schließung aller Bildungseinrichtungen der US-Zone zur Folge. Aus der Sicht der amerikanischen Besatzungsmacht waren auch die Universitäten aufgrund ihrer geringen Resistenz gegenüber dem Nationalsozialismus als »Brutstätten des Faschismus« diskreditiert.[52] In besonderer Weise traf dies auf die Universität Erlangen zu. Die positive Reaktion von Erlanger Professoren und Studenten auf die Machtergreifung von 1933 trübte das Ansehen der Universität erheblich. Doch gleichzeitig gab es auch die Direktive, dass nach rascher Entnazifizierung auf jeden Fall bereits jene Fakultäten wieder eröffnet werden sollten, deren Ausbildungsangebot im Rahmen der Arbeit der Militärregierung und der Besatzungspolitik als notwendig und nützlich erachtet wurde; gedacht war dabei in erster Linie an die medizinische und theologische Fakultät.

Ausgehend von der Annahme, dass ein regulärer Lehrbetrieb an den Hochschulen der amerikanischen Zone erst etwa 1947 möglich sei, wurde eine Wiedereröffnung auf der Basis eines »interim program« umgesetzt. In der Zwischenzeit sollte eine sorgfältige Rekrutierung des Lehrkörpers, die Revision der Lehrinhalte und der Entwurf einer

---

[50] MÜLLER, Schließung, 1993, S. 127.
[51] Zit. in: WENDEHORST, Geschichte, 1993.
[52] MÜLLER, Schließung, 1993, S. 128.

neuen Hochschulverfassung erfolgen. Die Universität wurde nun also geschlossen, doch Rektor und Dekane wurden bis zum 31. Mai 1945 kommissarisch in ihren Ämtern belassen. Ein Zehnerausschuss unter dem Vorsitz des Theologen Paul Althaus führte danach die Geschäfte, und er hatte die Aufgabe, der Militärregierung über die politische Vergangenheit der Angehörigen des Lehrkörpers zu berichten.[53] Die darin wichtigste Funktion übernahm Ende des Jahres 1945 ein »Berufungsausschuß in Wiedereinstellungsverfahren der Universität Erlangen«, dessen Vorsitzender Professor Eduard Brenner, auch Rektor der Universität ab 1946, wurde.

Paul Althaus, der 1933 noch begeistert Hitler zugejubelt hatte, wurde nun von der örtlichen amerikanischen Militärregierung in Erlangen mit der Ernennung zum Vorsitzenden des Entnazifizierungsausschusses höchstes Vertrauen entgegen gebracht.[54] Dass er der Autor des eingangs erwähnten Buches *Die deutsche Stunde* war, musste von den Amerikanern zu diesem Zeitpunkt übersehen worden sein.

Am 5. März 1946 verordnete der Alliierte Kontrollrat die sogenannte Entnazifizierung mit dem »Gesetz zur Befreiung von Nationalsozialismus und Militarismus«.[55] Sonderinstanzen, sogenannte Spruchkammern, die mit honorigen, doch überwiegend juristisch nicht vorgebildeten Leuten besetzt wurden, hatten nun über Personen zu urteilen, welche als Systemträger des Nationalsozialismus galten. Sie sollten diejenigen, die als »betroffen« galten, in die Kategorien »Hauptschuldige«, »Belastete«, »Minderbelastete«, »Mitläufer« und »Entlastete« (Amnestierte) einstufen.

Als Mitglied des Entnazifizierungsausschusses gelang es Althaus, einige Professoren, die zuerst von der amerikanischen Besatzungsbehörde von ihren Stellen suspendiert worden waren, wieder einzusetzen und sie in ihrer Positionen zu bestätigen. Vielleicht hatte Althaus seine Ernennung gar seinem Fakultätskollegen Hermann Sasse zu verdanken, obwohl er mit ihm schon seit vielen Jahren in theologischen und politischen Auseinandersetzungen stand;[56] Sofort nach der Besetzung Erlangens am 16. April 1945 forderte die amerikanische Militärregierung nämlich den Juristen und ehemaligen DNVP-Reichstagsabgeordneten Friedrich Lent auf, ein politisches Gutachten über sämtliche

---

[53] WENDEHORST, Geschichte, 1993, S. 219.
[54] VOLLNHALS, Kirche, 1989, S. 173.
[55] WENDEHORST, Geschichte, 1993, S. 224.
[56] Zum ultralutherischen Konfessionalismus von Hermann Sasse und seiner Auseinandersetzung mit Althaus: LOEWENICH, Erlebte Theologie, 1997, S. 133.

Universitätsprofessoren zu erstellen. Für die theologische Fakultät beauftragte Lent den Theologen Sasse als Gutachter, der wenig später von der Militärregierung zum Prorektor der Universität benannt wurde.[57] Sasse war von Beginn an ein entschiedener Gegner des NS-Regimes und warf sowohl den Deutschen Christen, der Reichskirche wie auch der Bekennenden Kirche Verfälschungen des lutherischen Bekenntnisses vor. Mit dieser Position hatte er während des Dritten Reiches keinen leichten Stand unter seinen Kollegen an der Fakultät, es machte ihn aber nach Kriegsende bei der Besatzungsbehörde vertrauenswürdig. Sasses Gutachten entsprach, wie der Erlanger Kirchenhistoriker Walther von Loewenich in seinen Lebenserinnerungen urteilt, vollkommen den Tatsachen, wenn es auch nicht frei von persönlichen Ressentiments gewesen sei.[58] Sasse bezeichnet Althaus darin als einen Mann der Synthese, ein Theologe des »Sowohl-als-auch«, der schon deshalb kein Nazi habe werden können. Mit seiner Lehre von der göttlichen Ordnung des Volkstums sei er aber auch, ohne es zu wissen und ohne es zu wollen, ein Wegbereiter der Deutschen Christen geworden. Sasse gab in seinem Gutachten keine Hinweise auf einzelne Schriften, obwohl er durchaus Belastendes über seinen Kollegen hätte äußern können. Im Gegenteil, er empfahl in seiner Beurteilung die Weiterbeschäftigung all seiner Kollegen, auch diejenige von Althaus. Letzterer wurde daraufhin tatsächlich weiterbeschäftigt. Sein Gutachten machte Sasse als »Vertrauliches Memorandum« am 28. April 1945 den Mitgliedern der theologischen Fakultät und Landesbischof Meiser zugänglich, was ihm allerdings starke Animositäten seiner Kollegen einbrachte.[59]

Am 26. September 1945 verfügte die Militärregierung die Einsetzung des Juristen Theodor Süss als Rektor und des Theologen Hermann Sasse als Prorektor.[60] Paul Althaus wurde als kommissarischer Dekan der theologischen Fakultät ernannt. Nachdem im Laufe des Wintersemesters alle Fakultäten, zuerst die Theologische, zuletzt die Medizinische, die Arbeit wieder aufgenommen hatten, wurde die Universität

---

[57] VOLLNHALS, Kirche, 1989, S. 171f.
[58] LOEWENICH, Erlebte Theologie, 1997, S. 134.
[59] Loewenich referiert den Inhalt des Gutachtens. Ebd., S. 134f. Eine Abschrift befindet sich im LKAN, NL Meiser, 45.
[60] Süss übernahm schon am 1.6.1946 die Leitung der Abteilung für höheres Schulwesen im bayerischen Kultusministerium und trat deshalb als Rektor zurück. Auf seinen Vorschlag hin führte der Jurist Hans Liermann als kommissarischer Rektor, bis dann zum 20.7.1946 der von der Militärregierung geschätzte Sozialdemokrat Eduard Brenner zum Rektor gewählt wurde. WENDEHORST, Geschichte, 1993, S. 221f.

am 5. März 1946 in Redoutensaal in Anwesenheit des Kultusministers Fendt und von Vertretern der Militärregierung förmlich wieder eröffnet. Der Zulauf von Studenten an die Friedrich-Alexander-Universität mit ihren unzerstörten Bibliotheken, Klinken und Forschungseinrichtungen setzte rasch ein.

Knapp zwei Jahre später, im Februar 1947, wurde Paul Althaus zusammen mit drei weiteren Erlanger Professoren, Hermann Strahtmann, Hans Preuß und Friedrich Hauck aus dem Universitätsdienst entlassen.[61] Keiner von ihnen war im Dritten Reich Parteimitglied gewesen. Warum traf es gerade Paul Althaus, der zuvor noch selbst als Vorsitzender im Entnazifizierungsausschuß tätig gewesen war? Der Leiter der Hochschulabteilung der Militärregierung für Bayern, van Steenberg, begründete die Entlassungswelle damit, dass die Universität Erlangen seit Mai 1945 die Möglichkeit besessen habe, den Lehrkörper allmählich zu entnazifizieren, um so eine Gefährdung des Lehrbetriebs zu vermeiden. Sie habe aber ihre Chance nicht wahrgenommen, sondern die Entnazifizierung verschleppt und somit die Militärregierung zum Eingreifen gezwungen. Dafür wurde nun auch Paul Althaus zur Verantwortung gezogen.

Anlass war eine Serie von amerikanischen Presseberichten, die der Militärregierung völliges Versagen bei der Entnazifizierung vorwarfen. Dabei geriet insbesondere Althaus als Vorsitzender des Entnazifizierungsausschusses ins Visier.[62] Einen ersten Anlass hierfür bot ein Vortrag Martin Niemöllers vor der Erlanger Studentenschaft im Januar 1946, der durch aufgebrachte Studenten gestört wurde. Niemöller nahm in dieser Rede pointiert zum Stuttgarter Schuldbekenntnis Stellung:

> »Es ist viel Jammer über unser Elend, über unseren Hunger, aber ich habe in Deutschland noch nicht einen Mann sein Bedauern aussprechen hören von der Kanzel oder sonst über das furchtbare Leid, das wir, wir Deutsche, über andere Völker gebracht haben, über das, was in Polen passierte, über die Entvölkerung von Russland (Empörung, Scharren und Zwischenrufe: ›Und die Schuld der anderen?‹) und über 5,6 Millionen toter Juden! Das steht auf unseres Volkes Schuldenkonto, das kann niemand wegnehmen! [...] Wir fühlen uns schuldig deshalb, weil wir unserer Verantwortung, die wir tragen, nicht gerecht geworden sind.«[63]

---

[61] VOLLNHALS, Kirche, 1989, S. 177.
[62] Ebd., S. 174.
[63] Bericht der Neuen Zeitung vom 15.2.1946 über Niemöllers Vortrag in der Neustädter Kirche in Erlangen am 22.1.1946; zitiert in ebd., S. 174. vgl. auch GRESCHAT, Schuld der Kirche, 1982, S. 193f.

Einige Zuhörer scharrten mit den Füßen, andere verließen unter lautem Türenschlagen die Veranstaltung. Die anwesenden Pressevertreter interpretierten die Zwischenrufe als einen Beweis für das Fortleben nationalsozialistischer Gesinnung unter der Erlanger Studentenschaft, zumal am gleichen Abend mehrere Gebäude mit Parolen wie »Niemöller – Werkzeug der Alliierten«, beschmiert wurden.[64] Als im März und April 1946 die amerikanische Presse die Militärregierung scharf angriff, die Entnazifizierung nicht konsequent durchzuführen und damit der Weiterbeschäftigung zahlreicher reaktionärer Kräfte Vorschub zu leisten, ließ sich Lucius D. Clay, der stellvertretende Militärgouverneur der US-amerikanischen Besatzungszone, nunmehr täglich über den Stand der Dinge unterrichten.

Im Juli 1946 schließlich geriet die Erlanger Universität erneut in den Fokus der Medienberichte: Linke Studenten würden von ihren Kommilitonen verprügelt, ohne dass die Universitätsleitung einschreite, hieß es in einem Bericht der Presseagentur DANA.[65] Sie sei vielmehr damit beschäftigt, namentlich genannte Nazi-Professoren zu decken. Verantwortlich dafür sei unter anderem auch Althaus als Vorsitzender des Entnazifizierungsausschusses und Verfasser der Schrift *Die deutsche Stunde der Kirche* (1933). Die Abteilung für Erziehung und religiöse Angelegenheiten (Education and Religious Affairs Branch ERA) versuchte vergeblich, diese Meldung im letzten Moment zu verhindern. Herbert Gressner, ein demokratischer Kommentator von Radio München, griff die Vorwürfe auf und kritisierte in einer Sendung ebenfalls Althaus für die unterbliebene »Selbstreinigung«. Einen Tag später musste Althaus vor einer Kommission, bestehend aus dem sozialdemokratischen Kultusminister Franz Fendt und dem Leiter des ERA, Dr. Barnett zu den Vorwürfen Stellung nehmen und es wurde die Überprüfung seiner Schriften beschlossen. An der DANA-Meldung war Sasse nicht unbeteiligt: Er hatte im Gegensatz zu Althaus frühzeitig begriffen, dass jeder Verschleppungsversuch der politischen Säuberung schwer auf die Universität zurückschlagen musste. Voller Sorge wurde er mehrfach beim Kultusminister vorstellig.[66]

Inzwischen schwappten die Nachrichten sogar nach Berlin. Unter dem Titel *Es ist etwas faul in Erlangen* berichtete die Berliner Zeitung am 16. August 1946 über die Zustände an der fränkischen Uni-

---

[64] VOLLNHALS, Kirche, 1989, S. 174.
[65] TENT, Mission, 1982, S. 92f.
[66] VOLLNHALS, Kirche, 1989, S. 175.

versität.⁶⁷ Die neu begründeten studentischen Verbindungen, denen hauptsächlich ehemalige Offiziere angehörten, seien eine »Brutstätte« reaktionären Verhaltens. Die Haltung der Studentenschaft werde verständlich, so berichtete die Berliner Zeitung weiter, wenn man die Einstellung der Professoren kenne. Über Althaus hieß es darin:

> »Der Dekan der theologischen Fakultät, Prof. Dr. Althaus, ein alter Deutschnationaler, der sogar Deutscher Christ war, behauptete vor seinen Hörern, es wäre ungerecht, die Offiziere jetzt verächtlich zu machen und sie vor Gericht zu stellen. Offizier und Geistlicher seien die einzigen anständigen Berufe des Dritten Reiches gewesen.«⁶⁸

Was war wahr an dieser Polemik aus Berlin gegen den bei den Erlanger Studenten so beliebten Professor für Systematische Theologie?

1.2 Die Entlassung

Im Herbst 1946 entschloss sich die Militärregierung zu einem neuen Kurs und erließ am 21. September an alle Ländermilitärregierungen die genannte OMGUS-Direktive, wonach nur noch solche Personen in öffentlichen Schlüsselstellungen der Regierung und Verwaltung eingesetzt werden sollten, welche die für die weitere demokratische Entwicklung Deutschlands notwendigen positiven politischen, liberalen und moralischen Qualitäten besäßen.⁶⁹ Über das negative Auswahlkriterium der Nichtmitgliedschaft in der NSDAP hinaus galt nun für den weiten Bereich des gesamten Erziehungswesens der Nachweis demokratischer Gesinnung als unabdingbare Voraussetzung.

Ein ad hoc zusammengestelltes Inspektionsteam untersuchte die einzelnen Universitäten. Für die Untersuchung wurden die im März des Jahres definierten fünf Kategorien, welche das Maß der Täter- beziehungsweise Mittäterschaft erfassen sollten, weiter präzisiert und verschärft. Während nach den alten Richtlinien nur Personen der Schuldvermutung in Gruppe I und II (Hauptschuldige und Belastete) automatisch zu entlassen gewesen wären – woran sich allerdings die universitären Entna-

---

⁶⁷ Die *Berliner Zeitung* greift dabei auf Berichte aus der *Fränkischen Landeszeitung* zurück. Ähnliche Polemik auch im Nacht-Express (Berliner Abendzeitung) vom 6.5.1946, Titelseite.
⁶⁸ Der Zeitungsausschnitt vom 6.5.1946 der Berliner Abendzeitung liegt auch im Nachlass von Althaus.
⁶⁹ VOLLNHALS, Kirche, 1989, S. 175.

zifizierungskommissionen oft nicht einmal gehalten hatten –, so wurde nun der Personenkreis auch auf die Gruppen III und IV (Minderbelastete und Mitläufer), zum Teil auch auf V (Entlastete), ausgeweitet. Die zweite Entnazifizierungswelle erfasste in Erlangen mit 30 betroffenen Professoren und Dozenten im Vergleich zu anderen Universitäten prozentual den höchsten Anteil, insgesamt 27 Prozent des Lehrkörpers.[70] Hermann Sasse war inzwischen schon selbst als Prorektor zurückgetreten, da er die weitere Verschleppung der Entnazifizierung nicht mehr mitverantworten wollte. Nun wurde der noch im Frühjahr 1945 von der Militärregierung zum Rektor der Universität ernannte Theodor Süss zusammen mit Althaus als Vorsitzendem der universitären Entnazifizierungskommission sowie Staatssekretär Hans Meinzolt, ehemals langjähriger Vizepräsident des Landeskirchenrates, zur Rechenschaft gezogen. Süss hatte selbst mehreren NS-Gliederungen angehört und wurde aber dennoch im Herbst 1946 als Abteilungsleiter für das höhere Schulwesen in das bayerische Kultusministerium berufen. Die Militärregierung hielt der Universitätsleitung vor, dass sie zahlreiche Professoren weiterbeschäftigte, obwohl sie der NSDAP angehört hatten, oder sie gar der Militärregierung als entlassen meldete und trotzdem weiter beschäftigte. So wurde beispielsweise ein Arzt beschäftigt, der an der Universitätsklinik in großem Umfang Abtreibungen und Zwangssterilisationen an Zwangsarbeiterinnen vorgenommen hatte. Im Gutachten des Entnazifizierungsausschusses unter Althaus war über ihn zu lesen: »Wir treten mit besonderer Wärme für die Beibehaltung des wertvollen wissenschaftlichen Arbeiters und tüchtigen, beliebten Arztes ein.«[71] Überdies waren einige Professoren nach Erlangen berufen worden, obwohl sie bereits an anderen Universitäten aus politischen Gründen entlassen worden waren. Für die Kommission stand fest: »Prof. Althaus is more than anyone else accused by the few Anti-Nazi elements of the university for having sabotaged denazification.«[72]

Eine Untersuchung der theologischen Fakultät ergab zwar, daß keiner der 16 Professoren und Dozenten, einschließlich der emeritierten, der NSDAP angehört hatte.[73] Im weiteren Verlauf der Untersuchung fand

---

[70] Ebd., S. 175.
[71] Die Akten des Inspektionsteams sind im National Archiv in Washington, Bestand RG 260. Hier zitiert aus: VOLLNHALS, Kirchen, 1989, S. 176.
[72] Ebd.
[73] Im Oktober 1946 gehörten der Fakultät an: Otto Procksch, Hermann Strathmann, Hans Preuß, Paul Althaus, Friedrich Baumgärtel, Werner Elert, Walther von Loewenich, Gerhard Schmidt, Gustav Stählin, Georg Kempff, Karl Schornbaum, Walter Künneth, Friedrich Hauck, Oskar Grether, Leohnhard Goppelt. Einzig Wil-

sich dennoch reichhaltiges Material gegen immerhin vier Professoren[74]: Althaus wurden vor allem seine Schriften *Deutsche Stunde der Kirchen* (1933) und *Obrigkeit und Führertum* (1936) zum Verhängnis. Strathmann wurden zwei Artikel in den renommierten *Theologischen Blättern* angelastet, in denen er 1939/40, auf dem Höhepunkt der siegreichen Feldzüge, Hitler als einen von Gott geschenkten Führer bezeichnet und das Urteil angefügt hatte: »Mit den Sätzen der Moral des Alltags ist dem gewaltigen Geschehen überhaupt nicht beizukommen.«[75] Friedrich Hauck wurde als Verfasser mehrerer Schulgebete zu Ehren des »Führers« entlassen. Hans Preuß schließlich hatte jahrelang Hitlers Nationalismus durch eine geistesgeschichtliche Brücke des deutschnationalen Geschichtsbildes von Luther zu Hitler glorifiziert.[76] Die vier Erlanger Theologieprofessoren, die von dieser zweiten Entlassungswelle erfaßt wurden, waren sicherlich keine liberalen Demokraten gewesen; nach dieser Richtlinie hätte aber fast alle Theologieprofessoren absetzen können. Doch sollte mit ihnen wohl ein Exempel statuiert werden. Für die Entlassung der vier hatte ein weiteres Gutachten von Hermann Sasse, dass er auf Wunsch der Militärregierung angefertigt hatte, eine Rolle gespielt. Als »der zuständige amerikanische Offizier dieses Gutachten an Prof. Strathmann aushändigte, war der Teufel los«, berichtet Walther von Loewenich in seinen Memoiren.[77] Sasse verließ die Landeskirche, nahm eine Gastprofessur in den Vereinigten Staaten an und folgte schließlich 1949 einem Ruf an das Theologische Seminar im australischen Adelaide.[78]

In einem Brief an einen Kollegen beschwerte sich Althaus über das Verfahren:

> »Wir [...] werden verurteilt und gestraft ohne jedes Gehör und Verfahren! Solche Methoden nennen wir Deutschen nazistisch. Wir waren naiv genug, 1945 zu erwarten, daß wir von ihnen erlöst werden sollten. Wir sind gründlich von dieser Illusion geheilt. Man kann sich denken, welche moralischen Eroberungen die Demokratie mit diesen Proben bei uns macht.«[79]

---

helm Vollrath gehörte den Deutschen Christen an und war Parteimitglied. Er hatte Erlangen aber bereits 1940 verlassen. Ebd., S.171.
[74] Referiert bei ebd., S.177.
[75] STRATHMANN, Ethik, 1939, Sp. 316f; STRATHMANN, Wendung, 1940, Sp. 171f.
[76] PREUSS, Luther und Hitler, 1933, S. 970ff., 994ff. Aufschlussreich dazu: LEHMANN, Preuß, 1999.
[77] LOEWENICH, Erlebte Theologie, 1997, S. 212.
[78] Eine biografische und theologische Würdigung in: SCHILD, Sasse, 1997.
[79] Althaus an Haußleiter vom 9.2.1947, aus dem Bestand des National Archives in Washington zitierte in: VOLLNHALS, Kirche, 1989, S. 178.

Jene beiden Werke, welche die amerikanischen Besatzungsbehörden veranlassten, Althaus zu entlassen, dürften vor allem wegen der deutlichen Absage an die Demokratie der Weimarer Republik und die Befürwortung des diktatorischen Nazi-Regimes Gründe hierzu geliefert haben. Antidemokratie und mehr noch Politische Theologie und der damit verknüpfte Antisemitismus haben bekanntlich in der protestantischen Theologie eine lange Tradition[80], aber nicht nur ganz im Allgemeinen, sondern insbesondere auch bei Paul Althaus.

---

[80] Basierend auf eine umfangreichen Analyse von kirchlichen Amtsquellen und protestantischem Schrifttum verschiedenster Provenienz zeichnet Wolfgang Heinrichs mentalistätsgeschichtlich den tief verwurzelten Antisemitismus im Protestantismus im Deutschen Kaiserreichs nach: HEINRICHS, Judenbild, 2000.

2 Christliche Apologetik oder Kampfgemeinschaft

2.1 Das Fundament: Elternhaus

Seit der zweiten Hälfte des 18. Jahrhunderts gingen aus der Familie Althaus mehrere Generationen reformierter Pastoren hervor. Erst im 19. Jahrhundert trat der Großvater von Paul Althaus, August Althaus, zum Luthertum über und wurde Superintendent in Fallersleben in der Hannoverschen Landeskirche. Er war fest verwurzelt in der dortigen Erweckungsbewegung und sein Interesse galt besonders auch der sogenannten Äußeren Mission.[81] Drei seiner vier Söhnen studierten Theologie und die drei Töchter heirateten Pastoren.

Paul August Wilhelm Althaus kam am 4. Februar 1888 in Obershagen bei Hannover als erstes Kind von sechs Geschwistern seines Vaters Paul Johannes Althaus d.Ä. und der Mutter Augusta Althaus, geborene Grethen, zur Welt.[82] Als Erstgeborener Sohn bekam er den Vornamen des Vaters: In der Literatur wird deshalb zwischen Althaus d.Ä. und Althaus d.J. unterschieden. Seine Kindheit verbrachte er in einem klassischen Pfarrershaushalt – sein Vater besorgte die Pfarrstelle der kleinen Gemeinde Obershagen.[83] Das Pfarrhaus war die Grundlage für

---

[81] Im Gegensatz zu seinem Großvater und seinem Vater wandte sich Paul Althaus mehr der innerchristlichen Missionierung zu, der sogenannten Inneren Mission. Die stark auf Johann Hinrich Wichern zurückgehende Bewegung wird als kirchliche Antwort auf die Soziale Frage des 19. Jahrhunderts verstanden. Das soziale Elend – bei Althaus dann die nationale Misere nach dem Ersten Weltkrieg – wird dabei auf die Entchristlichung der Gesellschaft zurückgeführt, die moralische Maßstäbe außer Kraft setze. Die Innere Mission stellte sich zur Aufgabe, die Gesellschaft zu religiösem Leben zu bewegen, womit sie auch einen Heilsgedanke verbanden. Zur Säkularisierungstendenzen vgl. LEHMANN, Christentum, 2001.

[82] JASPER, Theologiestudium, 2006, S. 254.

[83] Über die Familie der Mutter ist in den überlieferten Dokumenten von Paul Althaus nur wenig zu finden. Die familiären Informationen, die er ausführlich in einer erstmals 1928 in der AELKZ veröffentlichten Lebensskizze über seinen an Ostern 1925 verstorbenen Vater verfasste, beziehen sich hauptsächlich auf die väterliche Linie der rheinisch-westfälischen, reformierten Familie Althaus. Die theologische Heimat des Großvater August Althaus (geb. 1807) und späteren Superintendenten war die seit den 1830er Jahren dem lutherischen Konfessionalismus zuneigenden hannoveranische Erweckungsbewegung. Vgl. ALTHAUS, Leben, 1928; zu Althaus d.Ä. vgl. auch MULERT, Althaus, 1928.

Sein Studium in Theologie begann Paul Althaus 1906 in Tübingen.

sein tiefes Vertrautsein mit und sein frühes Interesse an Theologie und Kirche. Die prägende Verknüpfung von literarischer und musischer Bildung, von verinnerlichter Frömmigkeit und lutherischer Kirchlichkeit stellten das Erbe seines Elternhauses dar. Als sein Vater 1897 dem Ruf auf eine Professur für Systematische und Praktische Theologie nach Göttingen folgte, wo er auch das Amt des Universitätspredigers ausübte, besuchte der Sohn bereits das Gymnasium.[84] Offenbar stand auch sein Entschluss Theologie zu studieren weit vor dem Abitur fest und war diesbezüglich »nie ernstlich unsicher gewesen.«[85]

2.2 Die Verbindung: Nicaria

Auf Anraten des Vaters trat Paul Althaus mit Beginn seines Studiums der Nicaria, einer christlich orientierten Studentenverbindung aus dem Schwarzburgbund bei.[86] Die Nicaria war keine schlagende Verbindung und maß den äußerlichen Formen und Ritualen, wie es für andere Verbindung typisch war, wenig Bedeutung zu, was Althaus sehr entsprach. In den Briefen an seine Eltern berichtete Althaus die Aktivitäten des Verbindungslebens: Gemeinsame Wanderungen, Stiftungsfeste und wöchentliche Sportübungen, Kneipenbesuche und wissenschaftliche Diskussionsabende füllten den Alltag des Studenten voll aus.[87] Denn nicht nur in den Briefen an die Eltern berichtete Althaus über die Verbindungszeit, sondern auch in zahlreichen Zeitschriften, wie beispielsweise der Zeitschrift des Schwarzburgbundes.[88] Er beschreibt sich selbst darin als einen Verbindungsstudenten, der den bündischen

---

[84] Vater Althaus wird 1912 auf eine Professur für Systematische Theologie und Neues Testament in Leipzig berufen. Vgl. Biographisch-Bibliographisches Kirchenlexikon, Althaus d. Ä., 1990.
[85] Einige biografische Details sind in Althaus' Eintrag in das Goldene Buch der Universität Erlangen vom 23.11.1927 enthalten. Hier würdigte er auch seine Lehrer. Universitätsarchiv Erlangen, Goldenes Buch, Nr. 139, o.S. Die Quelle ist erstmals veröffentlicht in: LIEBENBERG, Gott, 2008, S. 583–585.
[86] Auch sein Vater war schon Ehrenmitglied einer Schwarzburgbundverbindung, vgl. JORDAN, Krieg und Zusammenbruch, 1919.
[87] Althaus an seine Eltern, 6.5.1906; abgedruckt in: JASPER, Theologiestudium, 2006.
[88] In seiner detailreichen Studie führte Liebenberg nicht nur Althaus' Mitgliedschaft in der Nicaria aus, sondern stellte die größeren kulturpolitischen Zusammenhänge des um die Jahrhundertwende auch von Theologen stark gepflegten Verbindungslebens dar. LIEBENBERG, Gott, 2008, S. 111–156. Zur Geschichte der deutschen Studentenverbindungen vgl. JARAUSCH, Studenten, 1984; VONDUNG, Bürgertum, 1975; SCHÜMANN, Vivat, 1990.

Gesinnungs- und Erziehungsvorgaben zunächst distanziert gegenüberstand. In zwei längeren Abhandlungen schilderte er die Geschichte der christlichen Studentenverbindungen in Europa und Amerika.[89] Ihn interessierte in dieser Zeit vor allem die protestantische Prägung der deutschen Studentenverbindungen, was ihm den Vorwurf konfessioneller Enge einhandelte. Zwar betonte er, den Zugang von Katholiken nicht reglementieren zu wollen, doch stellte er es letztlich als Tatsache hin, dass die christlichen Studentenverbindungen nicht nur historisch im Protestantismus wurzelten, sondern auch in ihrer »geistigen Art« als protestantisches Konzept zu begreifen seien, worin alles aufgehe: Denn der Aufforderung, sich mit der Innerlichkeit zu beschäftigen und mit den Zielen des Lebens zu befassen, fasste er als zentrale Aufgabe der Verbindungen auf. Darin drückte sich für ihn per se die protestantische Geisteshaltung aus.[90] Die Bedeutung der bündischen Frömmigkeitspraxis sah er vor allem im Missionierungspotenzial, die Programme der christlichen Studentenverbindungen als wirksames Mittel gegen die »Entchristlichung« des deutschen Volkes.[91]

Zu Beginn des Ersten Weltkrieges wandelte sich sein eigenes Verständnis der Studentenverbindungen und er wurde sich bewusst, wie eng seine eigene Verbundenheit mit dieser Männergesellschaft in Wirklichkeit gewesen war. Während er als Feldprediger nah an der Front den Wehrwillen und die Opferbereitschaft der Männer fürs Vaterland stärken sollte, konnte er auf die sittlichen Erziehungsideale seiner früheren Verbindungszeit zurückgreifen. In der Zeitschrift des Schwarzburgbundes von 1926 hielt Althaus rückblickend fest, dass es vor allem das Begreifen der einzelnen Verbindung als Lebens- und Erziehungsgemeinschaft mit dem Ziel war,

> »Männer zu erziehen und zusammen zuhalten, die unserem Volk an ihrem Posten als ein christlicher Adel deutscher Nation untadelig dienen durch das, was sie tun, und durch das, was sie sind«,

was ihn zum Beitritt in die Verbindung bewegt hatte.[92]

Die Kultivierung eines Gemeinschaftslebens standen hier für Althaus schon klar im Dienste einer deutschen Nation und sind ein erstes Signal für sein Engagement für eine deutsche Volksgemeinschaft.

---

[89] ALTHAUS, Studentenverbindung, 1913/14.
[90] ALTHAUS, Gespensterfurcht, 1914, S. 82.
[91] ALTHAUS, 25 Jahre, 1912, insbesondere S. 122f.
[92] Abgedruckt in: JASPER, Theologiestudium, 2006.

2.3 Geistige Väter: Adolf Schlatter und Karl Holl

Sein Studium der Theologie begann Paul Althaus 1906 bei Adolf Schlatter, der in Tübingen geradezu eine charismatische Anziehungskraft auf junge Theologen entfaltet hatte.[93] Auch wenn er nicht vollends seine theologischen Auffassungen teilte, lernte er die Verknüpfung exegetischer und systematischer Fragestellungen zu schätzen und traf in ihm eine Frömmigkeit im Sinne der Erweckungsbewegung, die dem Studenten Althaus entsprach.

Intensiv studierte Althaus in seiner Tübinger Zeit gerade auch die Wirkung seiner Professoren als Prediger, wie es aus den Kommentaren in den Briefen an seine Eltern deutlich wird.[94] Als Gouvernementpfarrer in Łódź, als Universitätsprediger in Rostock und später dann jahrzehntelang in Erlangen hat er seine eigene große Redegewandtheit als Prediger entfaltet, wofür ihm insbesondere Schlatter ein großes Vorbild gewesen sein dürfte. Um seine Wirkung auch nachhaltig zu gestalten, veröffentlichte er seine Predigten kontinuierlich.

Althaus übernahm von Schlatter die Haltung, die theologische Urteilsbildung stets auch auf die Wahrnehmung von Erfahrung zu gründen: Stets wollte er das tatsächliche Betroffensein der Menschen durch Gott mit in seine Theologie einbeziehen. In wichtigen dogmatischen Fragen

---

[93] In seiner umfangreichen Biografie stellt Werner Neuer die charismatische Ausstrahlung von Schlatter überzeugend dar. Wie Schlatter aus Sicht der Studenten wirkte, kann nun mit den bei Jasper veröffentlichten Briefen ergänzt werden. JORDAN, Krieg und Zusammenbruch, 1919; Neuer verliert jedoch etwas an kritischer Distanz, wenn es um die Einstellung von Schlatter zur Judenfrage geht, wie beispielsweise in dem 1935 von Schlatter veröffentlichten Text *Wird der Jude über uns siegen?* Neuer kommentiert Schlatters Meinung, dass die NS-Judenpolitik 1935 ihr Ziel erreicht habe, während nun der Kirche eine Entrechtung und Unterdrückung drohe, auf befremdlich naive Weise: »Dieser Eindruck war insofern nicht völlig aus der Luft gegriffen, als sich das deutsche Judentum damals noch (gerade aufgrund der staatlich erzwungenen Separation!) einen gewissen kulturell-religiösen Freiraum bewahren konnte, der sich der nationalsozialistischen Gleichschaltung entzog.« NEUER, Schlatter, 1996, S. 760. Schlatter war im Übrigen ein langjähriger und enger Freund und Weggefährte von Adolf Stoecker, der die erste programmatisch antisemitische Partei Deutschlands, die »Christlich-soziale Arbeiterpartei« 1881 gegründet hatte. SCHLATTER, Schlatter, 1952, S. 187. Zu Schlatters Antisemitismus gerade in dieser Schrift: SIEGELE-WENSCHKEWITZ, Schlatter, 1994.

[94] Über die Predigten von Schlatter beispielsweise: Althaus an seine Eltern, 13. Mai 1906, abgedruckt in: JORDAN, Krieg und Zusammenbruch, 1919. Vergleiche auch JASPER, Theologiestudium, S. 257f.

berief sich Althaus auch später auf sein Vorbild Schlatter.[95] Dieser zählte zu den »positiven«, kirchlich orientierten Theologen, und grenzte sich ebenso von der Liberalen Theologie wie auch von der religiös-sozialen Bewegung und den Anhängern der Religionsgeschichtlichen Schulen deutlich ab. So trat Althaus in die theologischen Fußstapfen seines Vaters, der selbst bei dem engsten Kollegen und Freund Schlatters, Hermann Cremer, in Greifswald studiert hatte.[96] Vater Althaus wurde nach seinem Studienabschluss 1896 von Cremer und Schlatter aufgefordert, sich für den zweiten Lehrstuhl für Systematische Theologie in Göttingen zu bewerben, um an der Fakultät einen Ausgleich zur liberalen Theologie zu schaffen.[97] Althaus d. Ä. war der sogenannten »Älteren Erlanger Theologie« verpflichtet und bildete in Göttingen zusammen mit dem Kirchenhistoriker Nathanael Bonwetsch eine »feste Kampfgemeinschaft«[98] des kirchlich-konservativen Luthertums gegen die in Göttingen vorherrschende Religionsgeschichtliche Schule, die dort von Wilhelm Heitmüller und Wilhelm Bousset vertreten wurde. Die fundamentale Dimension der Grabenkämpfe an der theologischen Fakultät in Göttingen zeigt sich beispielsweise, als Vater Althaus, unter Androhung seines Rücktritts, die Besetzung der zweiten Predigerstelle an der Universität durch den Neutestamentler Heitmüller verhindert. Die Loyalität des Sohnes mit der weltanschaulichen Haltung von Althaus d. Ä. war in seinen frühen Briefen bereits zu erkennen, insbesondere dann, wenn er sich gegenüber den anderen theologischen Richtungen abgrenzte. An seinen Vater schrieb der junge Althaus im Mai 1906, dass er ihn unbedingt in seinem Vorhaben, liberale Theologen als Universitätsprediger zu verhindern, unterstütze, denn es sei seine »Pflicht, solche Elemente fernzuhalten«.[99]

Die Attraktivität von Schlatters Lehre lag für Althaus wohl vor allem in ihren aktuellen politischen und kulturellen Implikationen.[100]

---

[95] SPARN, Althaus, 1997, S. 2.
[96] Zum theologischen Einfluss Schlatters auf Althaus d. J. vgl. LIEBENBERG, Gott, 2008, 51ff.
[97] Die Berufung von Althaus d. Ä. wurde zwar von der liberalen Fakultätsmehrheit abgelehnt, aber im Ministerium hielt man es für angebracht, den »zweiten systematischen Lehrstuhl mit einem Manne des Vertrauens bei der kirchlichen Rechten zu besetzen«. ALTHAUS, Leben, 1928, S. 23. 1912 folgte Althaus d. Ä. dem Ruf nach Leipzig als Professor für Systematische Theologie und Neues Testament.
[98] ALTHAUS, Leben, 1928, S. 25.
[99] Althaus an seine Eltern, S. 20.5.1906, abgedruckt in: JASPER, Theologiestudium, 2006.
[100] Überzeugend und ausführlich dargestellt in der innovativen theologiegeschichtlichen Studie: LIEBENBERG, Gott, 2008, S. 65ff.

So eröffnete sich beispielsweise durch Schlatters Insistieren auf einer sogenannten Selbstoffenbarung Gottes die Möglichkeit eines theologischen Brückenschlags zur der neuen Religiosität, wie sie durch die von Paul de Lagarde, Houstan Stewart Chamberlain und Julius Langbehn inspirierte völkische Bewegung hervorgebracht wurde.[101] Althaus sah in Schlatters Theologie eine »Weite«, die in allen natürlichen und kulturellen Lebensäußerungen des Menschen Vorgänge zu entdecken und zu beschreiben sucht, »durch die sich Gott uns beweist, indem er uns mit sich in Gemeinschaft setzt«.[102] Das gesamte menschliche Leben als Existenzbeweis Gottes zu begreifen, stellte die Grundidee der Selbstoffenbarungslehre von Schlatter dar. Sein »Tübinger Meister«, wie Althaus seinen Lehrer in einem Gedächtnisband nante, habe damit den »Kantianismus und die defensive Apologetik, die atheistische Naturphilosophie und die skeptische Geschichtsbetrachtung« durchbrochen und den Weg in die theologische Zukunft gewiesen.[103] Mit ihr schien sich der schon von Schlatter beklagte »Riss« zwischen einer zunehmend völkisch grundierten Naturfrömmigkeit und einem auf Christus gerichteten Glauben überbrücken zu lassen. Dass dieser im Zuge der Aufklärung entstandene Riss überwunden werden müsse, darin waren sich Schlatter wie sein Schüler einig.[104] Eine eigenständige Auseinan-

---

[101] Die völkische Bewegung war keineswegs ein Produkt des Ersten Weltkrieges. Ihr Ursprung lag vielmehr im Kaiserreich. Uwe Puschner schließt die Forschungslücke zur Entstehungsgeschichte der völkischen Bewegung im Kaiserreich in seiner Darstellung über die Entwicklung, Organisationsstruktur und die weltanschaulichen Determinanten der völkischen Bewegung in Deutschland. Vgl. PUSCHNER, Bewegung, 2001; Zur Genese der völkischen Denktraditionen, die in das 18. Jahrhundert und zur antinapoleonischen-nationalen Bewegung am Beginn des 19. Jahrhunderts zurückführen, liegen eine Reihe von Detail- und Überblicksstudien vor. Vgl. etwa MOHLER, Revolution, 1972; sowie MOSSE, Volk, 1979; jüngst auch BREUER, Grundposition, 1999; auch GIESEN/JUNGE/KRITSCHGAU, Giesen / Junge / Kritschgau, Patriotismus, 1994. Das in interdisziplinärer Zusammenarbeit entstandene, 1996 erschienene Handbuch zur völkischen Bewegung mit seiner institutionellen und personalistischen Konzeption ist eine erste Annäherung an das schwer fassbare Phänomen der völkischen Bewegung, akzentuiert jedoch besonders die völkische Kulturbewegung und marginalisiert die theologische Rezeption der völkischen Ideologie. Vgl. PUSCHNER/SCHMITZ/ULBRICHT, Handbuch, 1996.
[102] ALTHAUS, Schlatter, 1938, S. 33.
[103] Ebd., S. 32.
[104] SCHLATTER, Erlebtes, 1924, S. 94. Althaus folgte seinem Tübinger Lehrer mit seiner eigenen später ausformulierten Ur-Offenbarungslehre bis zu seinem Lebensende. Selbst der Missbrauch der Theorie von der allgemeinen Offenbarung Gottes durch die »Deutschen Christen« änderten nichts an seiner Haltung: »Freilich,

dersetzung mit dem völkischen Gedankengut setzte bei Althaus allerdings erst 1915 durch seine Mitarbeit in der deutsch-völkischen Bewegung in Łódź ein.

Neben Schlatter war es vor allem der Kirchenhistoriker Karl Holl, von dem der Student Althaus in seiner Tübinger Zeit theologische Impulse erhielt. Die Überzeugung der Selbstoffenbarung Gottes, wie er sie von Schlatter übernahm, verband Althaus mit dem theozentrischen Gottesgedanken von Karl Holl, der genau der an Autorität, Macht und Strenge gewöhnten wilhelminischen Mentalität entsprach.

Im Gegensatz zur liberalen Theologie eines Ernst Troeltsch, der die Sünden- und Gnadenlehre für einen überholten Bestandteil vormoderner Theologie hielt, die nur dazu diene, die freie persönliche Frömmigkeit an eine vermeintlich übernatürliche göttliche Instanz wie die Kirche zu binden, vertrat Holl die Meinung, dass gerade dem aufgeklärten modernen Menschen die Rechtfertigungslehre vermittelbar sei.[105] Die moderne Wissenschaft erfasse die Welt in ihrer ganzen Ausdehnung als Einheit. Genauso könne das moderne religiöse Bewusstsein die Allgegenwärtigkeit Gottes erfahren, anstatt ihn bloß auf einzelne Aspekte des Lebens zu reduzieren. Die Wucht der allgegenwärtigen Gotteserfahrung konfrontierte den Menschen im Glaubensverständnis von Holl mit der Verwerflichkeit seines eigensüchtigen Wollens. Vor Gottes Gericht erfahre sich der Mensch als ein Nichts: »Es bleibt bei dem, was uns die Reformatoren gesagt haben, dass der Mensch ganz und gar verderbt ist und dass er nicht anders kann als verzweifeln, wenn ihm die Majestät Gottes erscheint.«[106] Für Holl gab es nur den von Luther praktizierten Ausweg aus der Verzweiflung: der Glaube, dass der gleiche Gott, der den Menschen zerschmettere, ihn

---

die ›Deutschen Christen‹ haben den Gedanken der allgemeinen Offenbarung Gottes schlimm missbraucht«, räumte Althaus in einer Gedenkrede zur zehnten Wiederkehr des Todestages von Schlatter ein, »aber dürfen wir ihn deswegen aus der Theologie verweisen?« ALTHAUS, Schlatter, 1950, S. 105.

[105] Ausführlicher zu Holls Einfluss auf Althaus vgl. LIEBENBERG, Gott, 2008, S. 57-64.

[106] HOLL, Rechtfertigungslehre, 1906, S. 41. Hier mündete die Wucht der Gotteserfahrung in der völligen Vernichtung des Selbstbildes. Die Gotteserfahrung war für Holl eine rein geistige. Dahingegen kannte die christliche und jüdische Mystik – wovon sich Althaus vehement distanzierte – auch eine körperlich empfundene Gotteserfahrung. Diese Art von mystischer Gotteserfahrung mündete in der Erfahrung des Gottähnlichen des Menschen, der inneren Größe. In Anwendung von Simund Freuds Begriffen lässt sich die geistige Gotteserfahrung dem ÜBER-ICH und die ganzheitliche, körperliche dem ES zuordnen. Anm. d. Autorin.

mit souveräner Gnade dazu erhebe, durch ihn und vor ihm zu leben.[107] Das sittliche Moment lag für Holl darin, dass die absolute Macht Gottes eine unbedingte Unterwerfung und einen selbstvergessenen Gehorsam jeglichen Handelns verlange. Holl vertrat mit Carl Stange, dem Nachfolger auf dem Lehrstuhl von Paul Althaus d. Ä. in Göttingen, die sogenannte »Luther-Renaissance«, die den jungen Althaus stark beeinflusste.[108]

Wenn Althaus Luther als »Helfer für die Gegenwart« bezeichnete, dann eben im Sinne der »radikalen Strenge« der lutherischen Rechtfertigungslehre, die er von Holl kennen gelernt hatte.[109] Holls Gehorsamsethik entsprach einem ausgeprägten Hang zum Autoritären im bürgerlichen Milieu, der angesichts der wahrgenommenen Erschütterungen von Kultur und Gesellschaft eher zunahm.[110] Die Zeit war reif, resümiert Althaus rückblickend über die Wilhelminische Zeit, dem »Humanismus in der Gotteslehre und der Auffassung des Evangeliums« den Abschied zu geben.[111] Diese Gehorsamsethik ist für Althaus einer der Grundbausteine für sein 1936 publiziertes Buch zur politischen Herrschaft und zum evangelischen Staatsethos unter dem Titel *Obrigkeit und Führerstaat*.[112]

2.4 Theologische Konzepte: Erlanger Schule und Eschatologie

Nach drei Semestern in Süddeutschland setzte Althaus sein Studium in Göttingen, wo auch sein Vater lehrte, »im Elternhaus«, wie er es selbst formulierte, fort.[113] Sein theologisches Examen absolvierte er 1913 in Hannover und promovierte im selben Jahr mit Auszeichnung, was ihm bereits 1914 die Habilitation und erste Erfahrungen als Privatdozent ermöglichte.[114] Von seinem Vater erbte Althaus vor allem die Tradition

---

[107] HOLL, Rechtfertigungslehre, 1906, S. 41.
[108] Zur »Luther-Renaissance« vgl. insbesondere ASSEL, Aufbruch, 1993.
[109] ALTHAUS, Bedeutung der Theologie, 1961, S. 17.
[110] Martin Doerry zeichnet in seiner Studie vier mentale Konstanten in den Krisenjahren des Kaiserreiches nach: Autoritätsfixierung, Anpassungsbedürfnis an eine fest umrissene soziale Identität, Harmonieorientierung und den Hang zur Aggressivität. DOERRY, Übergangsmenschen, 1986.
[111] ALTHAUS, Bedeutung der Theologie, 1961, S. 18.
[112] ALTHAUS, Obrigkeit und Führertum, 1936.
[113] Dies hielt Althaus in seinem Eintrag ins Goldene Buch der Universität Erlangen 1927 fest. Abgedruckt in: LIEBENBERG, Gott, 2008, S. 383–385.
[114] Die folgenden biografischen Details zur Studien- und Ausbildungszeit sowie zu

der »Erlanger Schule«.[115] Die Erlanger Fakultät war im 19. Jahrhundert zur führenden Kraft der neulutherischen Theologie geworden. Diese in der Erweckungstheologie verwurzelte Bewegung hatte, so Althaus rückblickend im Jahr der Machtübernahme Hitlers, einen wesentlichen Anteil an der Überwindung der »Dürftigkeit und Flachheit der Aufklärung«.[116] Insbesondere dem Engagement für eine stärkere Verkirchlichung der Gesellschaft und der Identifikation der eigenen Erfahrung mit der reformatorischen Lehre, die durch die Erlanger Theologen des 19. Jahrhunderts zu einer konfessionell-lutherischen Erfahrungstheologie ausgebaut wurde, fühlte sich Althaus zeitlebens verpflichtet – ein Ausrichtung, die im theologischen Diskurs auch zur »Apologetik« gezählt wird. Diese christliche Apologetik war um die Jahrhundertwende, wie es der junge Werner Elert bereits 1911 formulierte, als ein »Kampf gegen die gegenwärtig konkurrierenden Geistesmächte« verstanden worden.[117] Dabei war die Überzeugung vom absoluten Wahrheitsgehalt des christlichen Glaubens eine klare Prämisse.

Althaus' apologetisches Interesse fand außer bei Holl und Carl Stange vor allem bei dem Systematiker Ludwig Imehls reichlich Nahrung, der ebenfalls als Vertreter der Offenbarungstheologie galt.[118] Ihmels vertrat eine pointierte Christologie: Seine existentielle Begründung der Glaubensgewissheit in Inkarnation und Passion, in Kreuz und Auferstehung Christi als Tatoffenbarung Gottes bildet den Kern seines systematischen Entwurfs. Er selbst war im akademischen Rahmen genauso als Theologe tätig – bis 1898 in Erlangen und ab 1902 in Leipzig – wie auch als Kirchenmann: Im Jahre 1907 wurde ersten zum Vorsitzenden der Allgemeinen evangelisch-lutherischen Konferenz berufen, 1922 erfolgte seine Wahl zum Landesbischof von Sachsen. Ihmels

---

seinem freiwilligen Einsatz als Krankenpfleger und Lazarettpfarrer sind aus der sorgfältigen Zusammenstellung von Jasper entnommen. Für das folgende vgl. JASPER, Theologiestudium, 2006, S. 252–260. Darüber hinaus auch: LIEBENBERG, Gott, 2006.

[115] In der Theologiegeschichte wird zwischen der alten und neuen Erlanger Schule unterschieden. Für Althaus beginnt die »alte Erlanger« Schule mit der Berufung von Adolf von Harless (1806–1879) und Johann Wilhelm Höfling (1802–1953) und endet mit Theodor Zahn (1838–1933).

[116] ALTHAUS, Beruf, 1933, S. 208. Zu Althaus' theologischer Prägung im Studium in Göttingen und während seiner ersten Jahren als Dozent in Erichsburg ausführlicher bei: LIEBENBERG, Gott, 2008, S. 65–84.

[117] ELERT, Geschichtsphilosophie, 1911, S. 98; zur Geschichte der in der Weimarer Republik gegründeten »Apologetischen Centrale« vgl. PÖLLMANN, Kampf, 1998.

[118] Althaus' Anlehnung an Ihmels zeigt LIEBENBERG, Gott, 2008, S. 70f.

steht beispielhaft für viele Theologen, die ihren apologetischen Standpunkt im Sinne einer Rechtfertigungslehre des Christentums 1933 in einen Glauben an die nationale Wiedergeburt transferieren und sich fortan für die Verteidigung des Nationalen stark machen. Als nämlich der amerikanische Kirchenbund am 24. März 1933 eine Stellungsnahme gegen die Judenverfolgung in Deutschland veröffentlichte, die am 25. März in der *New York Times* erschien, waren die Reaktionen auf diese Erklärung in Deutschland in ihrer Schnelligkeit wie in ihrer Entschiedenheit für die sonst langsam und vorsichtig arbeitenden kirchlichen Behörden ohne Beispiel. Namhafte deutsche Kirchenvertreter wie der Generalsuperintendent Otto Dibelius aber auch der sächsische Landesbischof Ihmels verwerten sich gegen die sogenannte Greuelpropaganda und mangelnde Vertrauen der ausländischen in die deutsche Kirche, die ihre Pflicht als Gewissen ihres Volks ohne Einmischung selbst zu waren wisse.[119]

Althaus' kämpferischer Geist fand allerdings auch im Lager seiner theologischen Gegner, den Liberalen, zusätzliche Impulse. Die Lehre der Eschatologie – die Lehre von den letzten Dingen, dem Endschicksal der Menschen und der Welt – bekam durch die Veröffentlichungen des liberalen Theologen Albert Schweitzer eine neue Wende: Der Straßburger Schweitzer führte darin einen heroischen Feldzug gegen die Moderne, woran Althaus gerne anknüpfte.[120] Grundlegend war die Vorstellung, dass das Entscheidende an der Überlieferung des Lebens Jesu nicht das Historische sei, sondern der Gedanke der Auferstehung, der letztlich die Voraussetzung für eine bleibende innerlich-geistige Präsenz Jesu sei. In einer verunsicherten bürgerlichen Gesellschaft am Ende des Kaiserreichs wollte Schweitzer mit seinem dezidiert ahistorischen Standpunkt zu einer kämpferischen Weltbejahung entgegen der Dekadenz der Moderne aufrütteln. Althaus nimmt diese Ideen der »absoluten Eschatologie« von Schweitzer in seiner 1922 veröffentlichen Monografie *Die letzten Dinge* als Ausgangspunkt auf.

Bemerkenswert ist nun allerdings, dass Schweitzer trotz seiner ahistorischen Theologie und seiner Überzeugung, in einer Zeit der Dekadenz zu leben, Zeit seines Lebens der Idee der Humanität verpflichtet blieb. Davon gibt seine Ethik, die er mit dem Begriff »Ehrfurcht vor

---

[119] SCHOLDER, Kirchen 1, 2000, S. 375–377..
[120] Zum Einfluss von Schweitzer auf den jungen Althaus vgl. LIEBENBERG, Gott, 2008, S. 72–78.

dem Leben« zusammenfasste, ein eindrucksvolles Zeugnis. Ahistorismus und Kritik an der Moderne führten eben nicht zwangsläufig zu einer Absage an die Idee der Humanität.[121]

2.5 Blick in andere Disziplinen: Leopold Ranke und Max Lehmann

Zur gleichen Zeit, als sich in der protestantischen Theologie die eschatologische Wende mit ihrer deutlichen Absage an die historische Vernunft abzeichnete, erfuhr die Geschichtswissenschaft eine neue Hochschätzung. Geschichte wurde als Medium verbindlicher Gegenwartsorientierung erkannt und gewann gerade vor dem Ersten Weltkrieg sogar noch an Bedeutung.[122] Besonderen Aufschwung bekam die normative Bedeutung von Geschichte durch eine Ereignis- und Politikgeschichte, wie sie in der historischen Wissenschaft von Schülern Leopold Rankes gelehrt wurde. Dieses Geschichtsbild umfasste eine Verherrlichung der Staatsmacht und des Krieges, so dass es sich für die außenpolitischen Großmachtträume und die Kultivierung eines Nationalmythos bestens funktionalisieren ließ: Das Geschichtsbild diente vor allem dazu, im historischen Bewusstsein der spätwilhelminischen Gesellschaft den Kriegsfall als den historischen Regelfall erscheinen zu lassen, eine neue Kriegsbereitschaft zu fördern und die Unvermeidbarkeit des Krieges zu beschwören. Eine Rückbesinnung auf die deutschen Heroen und Großereignisse förderten diesen Nationalmythos ebenso, wie das Aufkommen von Jubiläumsfeierlichkeiten und historischen Umzügen, der Bau von Denkmälern und die geschichtsschwülstigen Reden die nationale Geschlossenheit vorantrieben.[123]

In seiner Göttinger Studienzeit befasste sich der junge Althaus nicht nur intensiv mit den Werken Rankes, sondern besuchte auch fast alle Vorlesungen und Seminare des Ranke-Schülers Max Lehmann.[124] Zum sittlichen Anspruch an das deutsche Volkstum, den er von seinem Vater aus lutherischer Perspektive kannte, lernte er hier ein kulturethisches Programm kennen, dass sich auf die Geschichte berief. Lehmann, der in einer freundschaftlich-kollegialen Beziehung zu Althaus' Vater

---

[121] LIEBENBERG, Gott, 2006, S. 76, Anm. 220.
[122] Zur Bedeutung der Geschichte im Protestantismus vgl. bspw. GRAF, Theologie, 1992.
[123] BURKHARDT, Kriegsgrund, 1996, S. 78f.
[124] Das folgende vgl. LIEBENBERG, Gott, 2008, S.78f.

stand, war ein um Sachlichkeit bemühter und betont kritischer Historiker, der sich von einem zeitgenössischen Nationalismus, der zu einer »neuen Religion« zu werden schien, distanzierte. Gegen diese Sakralisierung des Nationalismus formulierte Lehmann eine Einstellung zur nationalen Idee, die sich mit der protestantischen Tradition verbinden ließ.

Die Durchdringung der Nation mit dem Geiste des »Deutschtums« führte Lehmann sogar auf das Wirken Luthers zurück und verlieh damit der nationalen Idee bzw. dem Deutschtum einen ontologischen Status, der sich einer historischen Infragestellung und Relativierung entzog, und dem ein Konzept von einer nationalen Gemeinschaft eindeutig protestantischen Ursprungs zu Grunde lag. Eine historische Perspektive voranstellend führte Lehmann geschickt eine enthistorisierte Komponente ein, die Liebenberg treffend als »protestantische Geschichtsimprägnierung« bezeichnet, worin der Bezug zum Glauben letztlich höher bewertet wird als die Nation.

Lehmanns Aneignung der Geschichte im Kontext seines Glaubens an einen protestantischen Staat stellte für den jungen Althaus eine wichtige Wegmarke in der Entwicklung seines eigenen Geschichtsverständnisses dar. Der Göttinger Historiker vermittelte ihm eine Einstellung zum Nationalismus, die sachlicher schien und seiner lutherischen Prägung mehr entgegen kam als die ideologischen Impulse einer rein nationalistisch gesinnten Geschichtsschreibung.

3 Beginn des Ersten Weltkriegs und die Volksgemeinschaft

Im August 1914 war Althaus wie viele seiner Zeitgenossen vom Aufbruch eines ganzen Volkes in den großen Krieg ergriffen. Die Begeisterung der Augusttage nahm er als Vorbild für eine neue Volksgemeinschaft wahr, die sich freudig in den Dienst eines starken Staates stellte. Als »Segen der deutschen Notzeit« betrachtete Althaus das Gemeinschaftserlebnis des deutschen Volkes im Krieg: »Seit dem August 1914 wissen wir wieder, was ein Volk ist und daß wir zu einem Volke gehören.«[125] In einer seiner Predigten im besetzten Polen erzählte er im Januar 1915 rückblickend folgende Anekdote zum Kriegsausbruch:

> »Am ersten Mobilmachungstage in Deutschland fragt ein Freund den anderen: Mußt Du mit? Wenige Tage später trifft er ihn wieder: Gehst du mit? Und wieder nach einigen Tagen: Darfst du mit? Ja, dieser Mann und mit ihm Tausende haben es in jenen ersten herrlichen Augustwochen begriffen, daß die höchste Pflicht, für das Vaterland zu streiten, höchstes, seliges Recht ist.«[126]

Althaus war keine Ausnahme: Theologen verschiedenster Couleur leisteten dieser Ideologisierung des Krieges Vorschub.[127] Auch der liberale Theologe Adolf von Harnack erklärte Ende September 1914 beispielsweise:

> »Aber jetzt haben wir unser Vaterland; in jedem Einzelnen lebt es; es ist auf einmal die große Wirklichkeit geworden. Wie ist es herrlich, daß diese – ich will nicht sagen, Idee – ich will sagen, daß diese Kraft uns jetzt alle eint!«[128]

---

[125] ALTHAUS, Erlebnis der Kirche, 1919, S. 839, vgl. auch die etwas überarbeite Fassung von 1924, hier S. 5.

[126] Predigt von Althaus: Unsere Losung in Gottes heiligem Kriege, 6. Januar 1916, Woclawek, in: ALTHAUS, Kriegspredigten, 1915, S. 40.

[127] In seiner Studie zur Einstellung der deutschen Hochschullehrer zu den politischen Grundfragen des Ersten Weltkrieges zeigt Klaus Schwabe, dass die Theologen zusammen mit den Philosophen den größten Anteil an akademischen Kriegsschriften bzw. Erklärungen zwischen 1914 und 1915 publizierten. Althaus fällt hier nicht ins Sample der Untersuchung, weil er zu diesem Zeitpunkt noch keinen Lehrstuhl inne hat, aber dennoch genau dazu rege publizierte. SCHWABE, Wissenschaft, 1969.

[128] HARNACK, schon gewonnen, 1914.

Hier klingt der Jubel über das Hervortreten des Ganzen und die Überwindung des Partikularen an, wie wir es bei Althaus in seiner Auseinandersetzung mit dem Ersten Weltkrieg genauso finden werden.

Andere europäische Staaten waren genauso wie Deutschland von einer ungeheuren nationalistischen Erregung ergriffen. Die Kasernen waren mit Freiwilligen überfüllt und in den Soldatenbriefen der ersten Tage und Wochen wurde diesem Rausch der Gefühle immer wieder Ausdruck verliehen.[129] Die Ursachen der Kriegsbegeisterung waren in den einzelnen Staaten unterschiedlich geprägt durch die jeweilige geschichtliche Tradition und die politischen Verhältnisse der Gegenwart. In einem trafen sie jedoch alle zusammen: Alle waren überzeugt, in einen Verteidigungskrieg zu ziehen, und die Regierungen sprachen von einem »aufgezwungenen« Krieg, der von feindlichen Mächten allein zu verantworten sei. Aus deutscher Sicht wurde gegen den »englischen Konkurrenzneid« und den »französischen Revanchismus« gekämpft, für den »Platz an der Sonne« und gegen eine als lähmend und schmachvoll zugleich empfundene »Einkreisung« gefochten. Es herrschte ein Gefühl vor, von einer deutschfeindlichen Umwelt bedroht zu sein, wobei immer wieder das Wort vom »Existenzkampf« fiel.[130]

Die spezifische Gesellschaftsstruktur in Deutschland gehörte zu den Voraussetzungen des *nationalen Aufbruchs* vom August 1914: Während das adlige Offizierskorps als tonangebende Schicht galt, war für das Bürgertum der Reserveleutnant die Symbolfigur schlechthin. Die wirtschaftliche Kraft und die politische Unmündigkeit dieses Bürgertums, eine politische Verfassung des Obrigkeitsstaates, die Klassengegensätze überlagerte, eine Ideologie des aggressiven Imperialismus und ein Militarismus, der ebenso nach innen wie nach außen gewandt war, kennzeichnen die deutsche Gesellschaft des späten Kaiserreichs.

---

[129] Rürup, Geist von 1914, 1984, S. 3. Jeffrey Verhey stellt überzeugend dar, dass der patriotische Enthusiasmus der Intellektuellen wesentlich dazu beigetragen hat, dass die meisten Historiker bisher das »offizielle Narrativ« übernommen haben, Deutschland sei in jenen Augusttagen in einen Begeisterungstaumel geraten. Damit wurde ein nationaler Mythos kreiert, der verdeckte, dass der Krieg nicht wie ein frohes Ereignis, sondern eher aus Entschlossenheit und tiefem Pflichtgefühl bejaht wurde. Verhey, Geist, 2000.

[130] Rürup, Geist von 1914, 1984, S.5ff.

3.1 Einsatz als Mobilisierungsprediger

Angesichts seiner bisherigen mentalen Prägung, seiner politischen und theologischen Weltanschauung ist nicht verwunderlich, dass auch Althaus diese Kriegsideologie teilte. Seine Kriegseuphorie brachte er vielfach zum Ausdruck und nahm dabei den Kriegsaufruf von Kaiser Wilhelm II. als einen Ruf Gottes zum »heiligen Opfer für das Vaterland« begeistert auf.[131] In Althaus' Verständnis war es ein Ruf zu einem »Heiligen Krieg«, den er gleichsam als »Gottesdienst« bezeichnete.[132]

Althaus wurde aus gesundheitlichen Gründen nicht zum Wehrdienst eingezogen. Da er noch nicht als Pfarrer ordiniert war, konnte er zunächst auch nicht als Militärseelsorger in den Kriegsdienst aufgenommen werden. So meldete er sich nach der Bekanntgabe der Mobilmachung umgehend freiwillig als Krankenpfleger zum Lazarettdienst an die Front. »Der Krieg riß mich aus dem glücklichen Dasein eines jungen Privatdozenten,« schrieb Althaus 1927 rückblickend ins Goldene Buch der Universität Erlangen.[133] Nach Einsätzen in der Provinz Westpreußens und Polen zog Althaus mit der deutschen Armee Mitte November in das bis dahin vom Zarenreich kontrollierte Kongresspolen. Schon als Krankenpfleger hielt er regelmäßig Lazarettandachten. Wohl nicht zuletzt wegen der wachsenden Nachfrage von Seelsorgern wurde er im Osten als Pfarrer ordiniert und von der Heeresleitung nach einem halben Jahr als Lazarettpfarrer übernommen.[134] Ab August 1915 wirkte er als Gouvernementspfarrer in Łódź, wo er in der dortigen großen deutschen Gemeinde eine außerordentliche Wirkung als Prediger entfaltete. In Łódź lernte er auch seine zukünftige Frau Dorothea Zielke aus Warschau kennen, die Tochter einer alteingesessenen deutschen Familie, mit der er vier Kinder bekam.[135] In dieser kulturellen Grenzlage und mit der Erfahrung innerhalb einer deutschen Minderheit entwickelte Althaus seine Konzepte zu Volkstum und Deutschtum, die später die Grundlage seiner Schöpfungstheologie bildeten und die das Produkt seiner Auseinandersetzung mit der völkischen Ideologie darstellten.

---

[131] ALTHAUS, Eindrücke, 1915, S. 388.
[132] Predigt von Althaus: Kriegsdienst und Gottesdienst, 21. Februar 1915, Brzeziny, in: ALTHAUS, Kriegspredigten, 1915, S. 47.
[133] Abgedruckt in: LIEBENBERG, Gott, 2008, Anhang.
[134] ALTHAUS, Lazarett, 1914.
[135] Die biografischen Hinweise finden sich in Althaus' Eintrag ins Goldene Buch der Universität Erlangen 1927 fest. LIEBENBERG, Gott, 2008, Anhang.

Paul Althaus meldete sich 1915 freiwillig als Krankenpfleger an die Front.

3.2 Kampf für deutsche Identität in der kulturellen Grenzlage

Łódź hatte bereits eine bewegte Geschichte hinter sich: Zu Beginn des 19. Jahrhunderts zählte das Städtchen gerade mal 800 Seelen und wuchs dann in nur einem Jahrhundert im Zuge der Industrialisierung zu einer Großstadt mit einer halben Million Einwohner heran. Die Stadt war seit dem Wiener Kongress unter russischer Herrschaft, bis die Deutschen im Sommer 1915 einzogen. Eine Besonderheit von Łódź war seine ethnisch und sozial sehr heterogene und schwankende Bevölkerungsstruktur.[136] Der Anteil der Deutschen sank Mitte des 19. Jahrhunderts knapp unter 50 Prozent und fiel dann bis 1914 auf rund 12 Prozent. Hoch war auch die Migrationsquote der jüdischen Minderheit. Während es Mitte des 19. Jahrhunderts noch ca. 10 Prozent Juden in Łódź gegeben hatte, stieg ihre Zahl bis zum Ersten Weltkrieg auf rund 36 Prozent an. Erst zu diesem Zeitpunkt machten Polen mehr als 50 Prozent der Stadtbevölkerung aus.[137] Die industriellen Betriebe waren im 19. Jahrhundert noch mehrheitlich in den Händen von Deutschen, auch viele Juden hatten es zu größerem Wohlstand gebracht. Als Althaus in Łódź einzog, hatte die rasante Entwicklung der Stadt auch krasse soziale Gegensätze wie in keiner anderen polnischen Metropole wachsen lassen, die sich in allen ethnischen Gruppen widerspiegelten. Die Not der deutschen Bevölkerung nahm Althaus wohl wahr, während er für die anderen Ethnien kaum einen Blick hatte.[138]

Die seit mehreren Generationen in Polen lebenden Deutschen beschäftigten Althaus so sehr, dass er sich in seinen Sonntagsbetrachtungen in der von den Łódźer Deutschen herausgegebenen *Deutschen Lodzer Zeitung* und in der *Deutschen Post* eingehend mit der Geschichte, der zeitgenössischen Situation und Entwicklung dieser Volksgruppe beschäftigte.[139] Seine gesammelten Zeitungsartikel stellte er in seinem ersten *Lodzer Kriegstagebüchlein* von 1916 zusammen.[140]

---

[136] Ein differenziertes Bild der Stadtgeschichte gibt der Sammelband HENSEL, Polen, 1999.
[137] PIETROW-ENNKER, Weg, 1999, S. 115.
[138] ALTHAUS, Polen, 1915, 84f.
[139] Mehrere Beiträge in dem Sammelband von Jürgen Hensel zeigen deutlich, wie stark gerade die Historiografie von Łódź durch die ethnische Zugehörigkeit der Autoren bis heute geprägt ist. Althaus war darin natürlich keine Ausnahme. HENSEL, Polen, 1999.
[140] ALTHAUS, Kriegsbüchlein, 1916.

Er verfolgte damit einen doppelten Zweck: Er widmete das Büchlein einerseits den »Lodzer Deutschen«, die durch den Krieg sich selbst und ihres Deutschseins wieder bewusst werden sollten und anderseits den Deutschen in der Heimat, um sie auf die Situation des »Deutschtums« in Polen aufmerksam zu machen. In seinen drei einleitenden Aufsätzen – *Zur Geschichte des Deutschtums in Polen, Ich und wir, Deutschtum und lutherische Kirche in Polen* – sowie den folgenden 36 Sonntagsbetrachtungen, die sich über den Zeitraum von August 1915 bis hin zum März 1916 erstrecken, entwickelte Althaus das Fundament seiner spezifischen völkischen Auffassung. Hier in Łódź wurde er auf die besondere Identitäts- und Nationalitätsproblematik einer im Exil lebenden deutschen Minderheit aufmerksam und zog daraus Schlüsse für die allgemeine deutsche Identitäts- und Nationalitätsproblematik.[141]

Mit großem Engagement begann er sofort, diese Rückbesinnung aufs Deutschtum zu unterstützen sowie in seiner Heimat für das Verständnis dieser komplexen Problematik zu werben und an ein Verantwortungsgefühl für die »Brüder« in Polen zu appellieren.[142] Stets vereinte er dabei seine Einschätzung der politischen Lage und des Kriegsverlaufes, die sozio-kulturelle Situation der polnischen Deutschen und sein theologisches Verständnis. Es waren keine theologischen Texte im eigentlichen Sinn, es sind politische, hoch brisante Stellungnahmen, die sich theologischer Argumente bedienten. Die radikal völkischen Einsichten, die der junge Althaus dabei gewann, können nur aus dieser spezifisch geopolitischen Erfahrung verstanden werden.[143] Immer wieder betonte er, dass sich »geschichtliches Werden« und »Weltgeschichte von überragender Bedeutung« an der Front entscheiden würden, aber dass hinter der Front auch ein bedeutsamer Kampf um deutsche Identität und Kultur gefochten werde: »Auch hier [...] wird gekämpft um deutsches Blut, das seiner selbst und seiner Art

---

[141] Neuere Forschungen zur Beziehung zwischen Angehörigen der jüdischen und deutschen Kultur in Polen zeigen, dass gerade in Łódź auch eine Aufweichung der Grenzen und eine Annäherung zumindest innerhalb des Bürgertums feststellbar war, während in den kleinbürgerlichen Kreisen und der Arbeiterschaft die kulturellen Grenzen schärfer ausgeprägt blieben. GUESNET, Bekenntnisse, 1999, S. 166, 170.

[142] ALTHAUS, Kriegsbüchlein, 1916, bspw. S. 4.

[143] Manfred Gailus stellt für die Radikalisierung der Pfarrer, die in Grenzgebieten im Osten tätig waren, Ähnliches fest für die Zeit kurz vor der Machtergreifung. Gerade diese zum Teil noch sehr jungen Pfarrer wurden zu glühenden Vertretern der radikalen Deutschen Christen. GAILUS, Protestantismus, 2001.

vergessen wollte, um deutsche Zukunft: auch hier werden, wills Gott, deutsche Siege in matt gewordenen, völkisch-entarteten deutschen Herzen erfochten.«[144]

3.3 Engagement für die völkische Bewegung

Zum einen verlieh Althaus dem Krieg in affirmativer Weise eine theologische Bedeutung und zum andern entwickelte er für seine theologische Volkstumsideologie eine immer deutlichere kriegerische Sprache. Althaus' Engagement für die völkische Bewegung begann mit seinem Aufenthalt in Łódź, wo er sich aktiv im *Deutschen Verein* und seiner Zeitschriften für eine Wiederbelebung des deutschen Volkstums einsetzte.

Die Ursprünge der völkischen Bewegung liegen bereits im letzten Jahrzehnt des 19. Jahrhunderts, als sich mit der »deutschen Bewegung« eine Vorform zu konstituieren begann und 1896 mit dem *Deutschbund* und der Zeitschrift *Heimdall* zwei ihrer einflussreichsten, Ideologie bildenden Institutionen vor dem Ersten Weltkrieg gegründet wurden. Die Mehrzahl der völkischen Vereinigungen und die mit ihnen an Zahl und Vielfalt korrespondierenden Publikationsorgane wurden erst im 20., als dem nach völkischer Auffassung »germanischen Jahrhundert«, ins Leben gerufen.[145]

Sprache – Rasse – Religion sind die drei Schlüsselbegriffe der völkischen Weltanschauung. Wie in den folgenden Kapiteln deutlich wird, sind dies auch die Koordinaten, in denen sich der Theologe Althaus wieder fand.[146] Auch wenn die völkische Bewegung ein sehr heterogenes und schwer fassbares Phänomen war, so hat sie doch ein intensives und umfangreiches Schrifttum hervorgebracht. Althaus unterstützte die geistige Strömung, die in Łódź das deutsche Kulturleben wiederbeleben und die deutsche Sprache kultivieren wollte. Er wurde zwar nicht Mitglied eines Vereins oder einer Gruppierung, aber in seinem eigenen emsigen Schrifttum diskutierte und popularisierte auch er völkisches Gedankengut. Der Deutsche Verein dankte Althaus in seinem Jahrbuch von 1918 für sein völkisches Engagement, dass er durch Vorträge gezeigt habe.[147]

---

[144] ALTHAUS, Kriegsbüchlein, 1916, S. 5.
[145] PUSCHNER, Bewegung, 2001, S. 14.
[146] Diesen Begriffen entlang gliedert sich die Studie zur völkischen Bewegung von Uwe Puschner. Ebd.
[147] Jahrbuch des Deutschen Vereins, Lodz 1918, S. 17.

Wie im folgenden deutlich wird, schlug er dabei durchaus kämpferische Töne an und teilte die völkische Vision einer deutschen Wiedergeburt. Im Grenzgebiet erlebte er das Spannungsfeld von kultureller und nationaler Identität und formulierte seine ersten biologistischen Überlegungen zur deutschen Blutsgemeinschaft, die er auf geschickte Weise scheinbar theologisch und nicht biologisch zu deuten versuchte. In dieser Zeit lag sein Fokus auf dem identitätsstiftenden Moment, er versuchte das, was er als das Völkische erkannte, inhaltlich zu fassen. Da er noch nicht die Abgrenzung von dem, was das Volkstum bedrohen könnte, im Blick hatte, lassen sich auch keine expliziten antisemitischen Äußerungen finden. Was er mit der völkischen Bewegung teilte, ist die heilsgeschichtliche Vision der Volks- bzw. Blutszugehörigkeit. Die Theologie lieferte nicht nur die Rechtfertigung für die Idee der völkischen Abstammung, sie war auch die Grundlage für die Zustimmung zu einem antiegalitären Gesellschaftsmodell.

In einem historischen Rückblick zeichnete Althaus die deutsche Einwanderungs- und Kolonialisierungsgeschichte in Polen nach.[148] Sein Augenmerk lag auf dem Spannungsverhältnis zwischen Bewahren der deutschen Identität und der Assimilation innerhalb der polnischen Gesellschaft. Mit großer Freude stellte er fest, dass es immer wieder Einwanderungswellen gab, die das Deutschtum stärkten.[149] Er pries die »kolonisatorische Arbeit« der preußischen Herrschaft über Polen (1795-1807), die dem Land einen wirtschaftlichen Aufschwung beschert und »Ordnung und Entwicklungsmöglichkeiten« geschaffen habe. Denn erst die Einwanderung deutscher Bauern zu jener Zeit ermöglichten diese Modernisierung.[150] Und gerade die Bauern seien diejenige Bevölkerungsgruppe, die sich am stärksten mit ihrer deutschen Herkunft identifizierte und diese auch pflegten. Deutsche Dörfer in Polen seien Musterdörfer für »Sauberkeit, rationelle Wirtschaft und gute Erträge« und wiesen alle Vorzüge eines freien Bauernstandes auf.[151] Beim Einzug der deutschen Truppen zu Beginn des Weltkrieges seien sie gerade von den Bauern »als Brüder freundlich« aufgenommen worden, während in den Städten die Angst vor der Rückkehr der Russen und vor den Polen Zurückhaltung bewirkte. Althaus differenzierte die verschie-

---

[148] Zur Geschichte des Deutschtums in Polen, in: ALTHAUS, Kriegsbüchlein, 1916, S. 6–18.
[149] So hätten die Zuwanderung im ausgehenden 16. 17. und 18. Jahrhundert eindeutig die deutsche Identität gestärkt. Ebd., S. 7f.
[150] Ebd., S. 8.
[151] Ebd., S. 9 und das folgende S. 10ff.

denen sozialen Schichten deutscher Einwanderer und hob die Bauern als das »beste Element des polnischen Deutschtums« hervor, die sich nicht durch das Polentum »ankränkeln« ließen und Mischehen außerhalb der deutsch-protestantischen Gemeinschaft strikt vermieden. Mit Freude stellte Althaus überdies fest, dass immerhin bei der städtischen Jugend – auch wenn die »Eltern vaterlandslos« seien – eine starke Idealisierung und Begeisterung für alles Deutsche festzustellen sei.

3.4 Althaus' Blutideologie

Dem existenziellen Dilemma, dem sich die deutschen Polen durch den Krieg ausgesetzt sahen, sich zwischen nationaler und kultureller Identität zu entscheiden, setzt Althaus eine eigenwillig theologisch fundierte Blutideologie entgegen:

> »Alle Staatstreue und alle geschriebenen Eide löst der ewige Gott selbst in einem Augenblick, in dem deutsches Blut in aller Welt verfolgt wird; heute gehört – und gäbe es ein Losreißen von heiligen Verpflichtungen – jedes deutsche Herz auf die deutsche Seite, getreu dem ersten, heiligsten, ungeschriebenen Eide, dem Treuschwur gegen das eigne umhetzte und zum Tode verurteilte Volk und Blut!«[152]

Hier finden wir also schon früh den Gedanken, dass es eine unumstößliche göttliche Ordnung der Völker gäbe, die sich bei Althaus in den Nachkriegsjahren zu seiner Schöpfungstheologie ausformulieren wird. Der junge Pastor verurteilt in der Folge alles, was diesem Konzept widerspricht und greift sogar die geistlichen Kollegen, die evangelischen Pastoren in Polen an, die der »Polonisierung« keinen Einhalt gebieten würden. Sie seien in die »völkische Schuld« verstrickt.[153] Bedenkt man, dass es sich in der Vorstellung von Althaus um eine göttliche Ordnung handelt, ist hier nicht weniger als von einem Vergehen und einer Schuld gegen die Schöpfungsordnung die Rede.

Damit noch nicht genug: Althaus sieht gerade im Ausbruch des Krieges eine Rettung des polnischen Deutschtums, denn dadurch sei eine Rückbesinnung auf die deutschen Wurzeln erst richtig in Gang gekommen. Ansonsten – so seine Befürchtung – hätte die »Polonisierung« zumindest die städtische Gesellschaft vollkommen erfasst oder wie er es ausdrückt: »bald die ganze deutsche Gesellschaft angefres-

---

[152] Ebd., S. 14.
[153] Ebd., S. 16.

sen«.¹⁵⁴ Tatsächlich ließ der Anteil der deutschen Bevölkerung im Vergleich zur Mitte des 19. Jahrhunderts einen deutlichen Rückgang erkennen, aber eine Polonisierung des Deutschtums, wie sie Althaus zu sehen glaubte, kann für diese Zeit nicht festgestellt werden. Außerdem war der deutsche Bevölkerungsanteil durch seine Berufs- und Sozialstruktur wirtschaftlich nach wie vor dominant.¹⁵⁵

Der Krieg und die Begegnung mit den deutschen Soldaten – so die Überzeugung von Althaus – gab der deutschen Bevölkerung nun den nötigen Halt. Während das Heer an der Front kämpfte, hätten die deutschen Polen nun die Chance, für ihre Sprache, ihren Glauben und ihre Herzensart zu kämpfen.¹⁵⁶ Da der Ausgang des Krieges noch nicht absehbar sei, müsse dieser Kampf in »blinder Treue« erfolgen, was Althaus als die größte deutsche Tugend bezeichnete.¹⁵⁷

3.5 Luther und die deutsche Volksseele

Im polnischen Łódź wandte sich Althaus im August 1916 an eine Gruppe von Pastoren mit der Forderung, dass die Kirche »völkischen« Themen gegenüber eine positive Haltung einnehmen solle. Er beschrieb die deutsche »völkische Bewegung« als eine wachsende Kraft, hielt dies für eine heilige »Gewissenssache« und war der Ansicht, dass die Kirche allgemein Stellung beziehen solle.¹⁵⁸ Mit dieser Haltung entfernte sich Althaus früh von der traditionellen lutherischen Unparteilichkeit in politischen Dingen und folgte derjenigen Lutherrezeption, die sich eher auf den ›jungen Luther‹ bezog und als ›Lutherrenaissance‹ in die Theologiegeschichte einging. Mit Bezug auf die Lehren des Reformators legitimierte Althaus das Erlebnis des sogenannten völkischen Aufbruchs und gab dem Engagement der Kirche für das deutsche Volk und sein Vaterland höchste Priorität. Die Texte aus der Zeit des Ersten Weltkrieges sind auch die ersten schriftlichen Zeugnisse seiner politischen Theologie, in der er das deutsche Volkstum zu einem der wichtigsten ethischen Orientierungspunkten wählte. Der Ausbruch des ersten Weltkrieges radikalisierte die völkische Orientierung in einer breiten Bevölkerungsschicht. In Deutschland war das Werden des

---

[154] Ebd., S. 17.
[155] MROCZKA, Sozialstruktur, 1999, S. 64f.
[156] ALTHAUS, Kriegsbüchlein, 1916, S. 20.
[157] Ebd., S. 20.
[158] ALTHAUS, deutsche Stunde, 1933, S. 18.

Nationalstaates und das nationale Erleben des Volkes mit drei erfolgreichen Kriegen[159] verknüpft, und so erfuhr auch die nationalistische, imperialistische und militaristische Propaganda im Ersten Weltkrieg einen massiven Aufschwung.[160]

Als »heimlichen Kaiser der Deutschen« bezeichnete der junge Althaus schwärmerisch den deutschen Reformator Martin Luther in einem kleinen, in Łódź verfassten Aufsatz mit dem paradigmatischen Titel *Luther und das Deutschtum*.[161] Bemerkenswert an dem kleinen Text ist, wie Althaus seine eigene Vorstellung der deutschen Eigenart in der Person und Botschaft Luthers wiederfand. Der aus der thüringischen Bauernschaft stammende Luther habe mit seinen Lehren weit über Deutschland hinaus gewirkt, sei aber als »Prophet« nirgends so tief verstanden worden wie in Deutschland.[162] Luthers Art des Ringens und Zürnens, Sinnigkeit und Mannestrotz, tiefste Gewissensernste und die mächtige Freiheit seines Wesens entspreche ganz und gar der deutschen Wesensart. Um seiner Überzeugung Ausdruck zu verleihen, dass Luthers Glaube diejenige Religion sei, in der die »deutsche Seele« zu sich selbst komme, beschrieb Althaus differenziert, worin die Geistesverwandtschaft bestand.[163] Schließlich habe Luther als tiefste Kraft in der deutschen »Volksseele« weiter gelebt.[164] Diese Aussagen sind insofern spannend, als Althaus darin positive Bilder über das Deutsche und das deutsche Volk deutlich werden ließ: Das lutherische Christentum verkörpere geradezu die »deutsche Innerlichkeit und Geistigkeit«, die Althaus als innerseelische Religionserfahrung und Sehnsucht nach einer sinnlichen Verkörperung der gelebten Religion kurz beschrieb. Als zweiten wichtigen Punkt hob Althaus Luthers Verständnis von Sünde und Gnade hervor, womit der Reformator das abendländische Christentum wie kein anderer zutiefst geprägt hatte. Luther begriff beides als Teil der persönlichen Beziehung zwischen Gott und Mensch. Gerade dies korrespondierte nach Althaus mit dem starken Bedürfnis der Deutschen nach persönlicher Vertrauens- und Treuebeziehung, die

---

[159] Deutsche Befreiungskriege gegen das napoleonische Frankreich (1813–1815), Preußisch-Österreichischen Krieg (1866) und Deutsch-Französischer Krieg (1870/71).
[160] Diese Propaganda schürten Organisationen wie der mächtige *Alldeutsche Verband*, der populäre *Flottenverband* oder seit 1912 auch der extrem nationalistische *Wehrverein*. RÜRUP, Geist von 1914, 1984, S. 7.
[161] ALTHAUS, Luther, 1917.
[162] Ebd., S. 1.
[163] Ebd., S. 5.
[164] Ebd., S. 5.

sich historisch beispielsweise im deutschen Lehnswesen und Rechtssystem widergespiegelt habe, worin persönliche Treue, Vertrauen und Gehorsam eine entscheidende Bedeutung hätten.[165] Hinzu kam der sogenannte Gewissensernst: Luther habe seine Erkenntnisse in tiefster Gewissensnot empfangen, genauso wie die Reformation im deutschen Volk des 15. Jahrhunderts aus tiefster Not unbefriedigter Frömmigkeit entsprungen sei. In all dem nun sah Althaus Luthers Christentum als Vollendung der »deutschen Art«.[166]

Als verbindendes Element zwischen deutschen Polen und Deutschen in der Heimat erkannte Althaus wieder den Reformator Martin Luther. Die Reformationsgeschichte wurde für Althaus zum entscheidenden Faktor für die gemeinsame deutsche Identität, mehr noch als die sogenannte Blutsverwandtschaft: »Nicht der gemeinsame Boden, nicht das gleiche Blut schon rettete Menschen zum Volke, sondern erst die gemeinsame Geschichte der Blutsbrüder.«[167]

Im zweiten Kriegsjahr war Althaus noch recht überzeugt, dass ein deutscher Sieg in greifbarer Nähe liege und dass die Erfolge des deutschen Heeres Gottes Werk seien, der Gnade walten lasse für das deutsche Volk.[168] Um so deutlicher forderte er die »selbstvergessene Opferhingabe«, wie sie Jesus seiner Interpretation nach vorgelebt habe, und betete, dass der Geist, der die Deutschen im August 1914 getragen habe – »Geist des Glaubens und der Treue, des Opferwillens und der Zucht« –, weiter erhalten bliebe.[169] Sichtlich Mut machen wollte er dann in seiner Weihnachtlichen Botschaft, in der er zuversichtlich verkündete, dass alles auf einen Sieg der Deutschen hindeutete.[170]

---

[165] Ebd., S. 8.
[166] Ebd., S. 16.
[167] ALTHAUS, Kriegsbüchlein, 1916, S. 22.
[168] Ebd., S. 41.
[169] Ebd., S. 43 und S. 52.
[170] Ebd., S. 62.

4 Kriegstheologie

Schon früh nutzte Althaus verschiedene Publikationsformen, mit denen er sich nicht nur an die theologischen Fachkreise richtete, sondern an die viel breitere kirchliche Laienöffentlichkeit. Er trug beispielsweise regelmäßig zur wöchentlich erscheinenden *Allgemeinen Evangelischen-Lutherischen Kirchenzeitung* bei. 1915 publizierte er darin einen sich über zwei Ausgaben erstreckenden Artikel mit dem Titel *Der Krieg und unser Gottesglauben*.[171] »Sind sie nicht zwei unversöhnliche Gegensätze?«, fragte sich Althaus im zweiten Kriegsjahr, und ist nicht etwa die »christliche Religion der flammende Protest gegen den Krieg und der Krieg der schmähliche Bankrott des Christentums?«[172] Um dann schon im zweiten Absatz des Artikels seine persönliche Position klarzustellen: Es gebe Situationen, in welchen der Krieg eine politische Notwendigkeit darstelle. Der gegenwärtige Krieg sei ein solcher, denn es ginge nicht bloß um die »Ehre und Machtstellung« des deutschen Volkes, sondern um »Sein oder Nichtsein«, um die »nationale Selbstständigkeit« und es stehe die gesamte wirtschaftliche und kulturelle Zukunft auf dem Spiel.

> »Der Haß und die Niederträchtigkeit unserer Feinde, die unter der heuchlerischen Maske des Kampfes gegen deutschen Militarismus und Barbarismus in Wahrheit nichts geringeres gegen uns im Schilde führen, als uns zu verderben, deutsche Art und Wesen auszurotten, haben diesen unerhörten Krieg uns aufgenötigt und zur Verteidigung unserer Volksexistenz die Waffen uns in die Hand gezwungen.«[173]

Althaus folgte der damals verbreiteten Vorstellung, der erste Weltkrieg sei ein reiner Verteidigungskrieg. Was dies nun mit dem Gottesglauben in einer Religion, die sich zum Gott der Liebe bekennt, zu tun habe und welche Haltung sie gegenüber dem kriegerischen Geschehen einnehme, beschäftigte ihn im Fortgang des Textes. Nach den schrecklichen und grauenhaften Erfahrungen der ersten beiden Kriegsjahre sei es eigentlich fraglich, wie man noch den Mut finden könne, dem Christentum eine irgendwie ausschlaggebende Bedeutung für den Krieg beizumessen.[174] Er gab selbst zu, dass er Mühe habe angesichts der ent-

---

[171] ALTHAUS, Krieg, 1915.
[172] Ebd., S. 602.
[173] Ebd.
[174] Ebd., S. 603.

setzlichen Kriegswirklichkeit an seinem Gottesglauben festzuhalten.[175] Für Althaus setzte der Krieg aber die sittlichen Normen des christlichen Glaubens außer Kraft und wurde rein nach politischen Gesichtspunkten geführt.[176] Dennoch hielt er fest, dass in einer solchen Zeit immer mehr Menschen in der Religion Trost und Halt suchten, gerade auch wenn sie direkt von Krieg betroffen seien, Verlust von geliebten Menschen oder ihr Hab und Gut zu beklagen hätten. Schließlich sei es eine Tatsache, dass durch Krieg die »Tiefen religiösen Lebens und die schlummernden Kräfte der Volksseele« geweckt würden. Gleichzeitig gebe es auch »leuchtende Züge« des Krieges, worunter Althaus die vaterländische Begeisterung, die Opferbereitschaft des Einzelnen, die kriegerischen Leistungen des Heeres, seine Tapferkeit, unerschütterlichen Heldenmut und seine zähe Ausdauer zählte. Nur wenn es gelinge, den Punkt zu finden, wo Krieg und Religion sich einen, könne man diese Zerrissenheit zwischen Mutlosigkeit und Verzweiflung auf der einen und dem »Rausch ungesunder Kriegsleidenschaft« auf der andern Seite auflösen.

4.1 Offenbarung, Reinigung und Läuterung

Die Neubelebung des religiösen Lebens durch Krieg sah Althaus in der Geschichte mehrfach erwiesen: Das Volk Israel sei in seinen Kämpfen gegen heidnische Völker einer göttlichen Mission gefolgt. Der Dreißigjährige Krieg habe die Religiosität des deutschen Volkes vertieft. Zeugnis für das unerschütterliche Gottvertrauen in Zeiten dieser Kriegsnot seien die zahlreichen Gebete und geistlichen Lieder. Auch die Befreiungskriege gegen das napoleonische Frankreich hätten sich als eine »weckende, aufrüttelnde, läuternde Macht« erwiesen. Der religiöse Tiefstand einer Zeit von »sittlicher Erschlaffung und leichtfertiger Frivolität« sei durch den Krieg überwunden worden und das Volk habe sich wieder demütig unter die Hand Gottes gestellt. Dazu zitiert Althaus auch Ernst Moritz Arndt, einem der Vorreiter des modernen Antisemitismus:

> »Das haben wir nicht getan, das waren wir nicht, das hat Gott getan, das war von Gott! Gott gab uns die Kraft, Gott gab uns das Glück, Gott wollte, wir haben wollen müssen.«

---

[175] Ebd., S. 627.
[176] Ebd., hier und das Folgende S. 627ff.

Hier klingt schon an, was uns später in der Schulddebatte nach 1945 wieder begegnen wird: Die strenge Offenbarungslehre, die auch von Althaus vertreten wurde, sah in der Geschichte den Willen von Gott verwirklicht. Damit wurde jede Handlung, jede Tat eine von Gott geleitete und gewollte. Wie Arndt implizierte, entfällt jegliche menschliche Entscheidungsfreiheit und damit kann auch eine eigentliche individuelle oder kollektive Verantwortung für begangenen Taten nicht mehr erwiesen werden.

Durch den Kriegsbeginn von 1914 habe den religiösen Glauben in der Seele des »deutschen Volkes leuchtend aufgeflammt«. Da es eine geschichtliche Tatsache sei, dass unter den gewaltigen Erschütterungen eines Krieges längst versiegt scheinende Quellen religiösen Lebens wieder hervorsprudelten, sei dies auch diesmal zu erwarten und bereits vielerorts zu beobachten. Für Althaus bewirkte der Krieg eine religiöse Rückbesinnung im Volk und sogar unter den kämpfenden Soldaten, die ganz in seinem Sinne war, auch wenn er fortwährend anmerkte, wie schwer die Kriegsgeschehnisse zu ertragen seien.

In der folgenden Ausgabe der *Allgemeinen Evangelisch-Lutherischen Kirchzeitung* führte Althaus dann ebenfalls unter dem Titel der *Krieg und unser Gottesglauben* seine zunehmend gereifte Auffassung der Offenbarungslehre hinsichtlich des Kriegsgeschehens aus:

> »Was hat der Meuchelmord durch Rußland, was haben die gallischen Revanchegedanken, was der wirtschaftliche Brotneid und der brutale Egoismus Englands oder schändliche Treuebruch Italiens mit Gott zu tun? Der grenzenlose Jammer der Schlachtfelder, die Tausende von niedergeschlagenen oder verstümmelten Menschenleibern, die brennenden Dörfer, die zerstampften Saaten, die obdachlos flüchtenden Einwohner, die trauernden Mütter und Witwen, die verwaisten Kinder – hat Gott das getan? Erscheint nicht das alles wie ein Hohn auf den christlichen Vorsehungsglauben?«[177]

Mit einem geschickten Rückgriff auf eine theologisch-wissenschaftliche Erklärung argumentierte Althaus nun mit dem Transzendenz- und Immanenzgedanken. Innerweltlich sei Gott der Welt und jeder einzelnen Kreatur allgegenwärtig nahe und präge den Lauf der Dinge. Geschichte wurde somit zur Widerspiegelung von Gottes Wille – so auch der Krieg – herangezogen. Zugleich aber erinnerte Althaus, dass es eine höhere Lebensordnung – eine transzendente Ebene – gäbe. Der Glaube an das »ewige Reich seiner Gnade und Herrlichkeit« – einer Wirklichkeit im Jenseits – ermögliche eine freudige Hoffnung, jenseits

---

[177] Ebd., S. 627, das Folgende S. 628–632.

der schrecklichen diesseitigen Wirklichkeit. Die irdische Existenz sei voll von Widerständen gegenüber dem Reich Gottes, die zu überwinden seien. Das »Böse« nehme Raum auf Erden und die Großmacht der Sünde sei die bestimmende Macht. Der Krieg – so Althaus' tiefste Überzeugung – komme aus der Sünde: »Der Krieg kommt her aus dem Bösen, er wurzelt, wie alles Übel der Welt, in der Sünde.«[178]

Schließlich diagnostizierte er – mittels rhetorischer Fragen – dem deutschen Volk, bereits seit Jahrzehnten nicht nur in zunehmender Gottentfremdung und Entchristlichung gelebt zu haben, sondern beklagte auch den Mangel an sittlichem Pflichtbewusstsein, an Selbstzucht, an sozialem Gemeinsinn und Opferwilligkeit.

> »Waren nicht unter dem Sonnenschein des Friedens der letzten Jahrzehnte weithin in deutschen Landen Friedenssünden in erschreckendem Maße emporgesproßt wie giftige Wucherblumen? Ein Hang zur Genußsucht und Üppigkeit, eine geistige Verflachung und sittliche Verweichlichung, energielose Tatenscheu, eitle Modetorheit, Sensationslüsternheit und andere bedauerliche Erscheinungen undeutschen und unchristlichen Wesens? Ein langer Friede kann zum Fluche und Verderben für ein Volk werden, wie die Geschichte tausendmal gezeigt hat. Die Ideale des Volkes siechen dahin, das Mark der moralischen Tatkraft verzehrt sich.«[179]

So gesehen, gäbe es auch einen Krieg im Frieden und der Krieg mit Waffen sei nur eine Erscheinungsform und Auswirkung dieses Zustandes. Außerdem sah er den Anlass des Krieges ebenso in menschlicher Sünde und Bosheit, berechnende Gewinnsucht, Rachsucht und Hinterlist.

Dies alles wie auch den Auslöser des Krieges lastete Althaus den gegnerischen Kriegsparteien an. Wieder argumentierte er innerhalb seines theologischen Verständnisses von der Gerechtigkeit Gottes, womit er den tiefsten Sinn des Krieges zu erschließen glaubte: »Im Kriege wirkt sich nicht nur die Sünde der Völker aus, sondern im Kriege ergehen zugleich Gottes Gerichte über die Sünde der Völker.«[180] In dieser theologischen Betrachtungsweise wird die Weltgeschichte zum Weltgericht ernannt, während Gottes Wille und Gericht sich in der »Geschichtsheimsuchung« zeigen. Das Konzept des »liebenden Gottes«, wie es dem Christentum eigen ist, wurde hierbei so verstanden, dass es sich um eine »heilige Liebe« handle, die auch zürnen sowie hart und schonungslos strafen könne.

---

[178] Ebd., S. 629.
[179] Ebd.
[180] Ebd., S. 630.

Althaus bezeichnete diese Vorstellung als »ethischen Gottesbegriff«, aus dem es nachvollziehbar sei, dass Gott gegenüber den Sünden seiner Kinder nicht gleichgültig sei und sie mit Strafe gerechterweise ahnde. Die Strafen Gottes – seine »Züchtigungen und Geschichtsheimsuchungen« – stünden letztlich aber im Dienste seiner Heilsabsichten: Die Strafen deutete Althaus als Zeichen, dass Gott die Menschheit nicht »ungezüchtigt die Wege der Sünde wandeln« lassen und damit vollends der »Macht des Bösen zu überlassen« werde.[181] Im christlichen Glauben eröffnete sich so für den Erlanger Systematiker eine für ihn überaus klärende Perspektive auf das Rätsel des Krieges. Gott löse nämlich die Menschheit durch sein Gericht innerlich von der »Herrschaft des Bösen«, er reinige und läutere sie, lasse sie die Sünden überwinden und erziehe sie dadurch für das »ewige Reich seiner Herrlichkeit«.

Abschließend versicherte er, auch wenn der Ausgang des Krieges vollends in den Händen Gottes liege, so bestünde die Gewissheit, dass Gott mit dem »reichbegabten und hoch begnadeten deutschen Volke […] noch etwas Großes im Sinne hat für die Förderung seines Reiches auf Erden.« Dies sei nicht nur eine Glaubensfrage, vielmehr sei im Krieg auch so viel »Großes und Gewaltiges, so viel Leuchtendes und Hoffnung erweckendes an unserem deutschen Volke und seinen kämpfenden Söhnen« geschehen, dass dieser Glaube berechtigt sei. Mit pathetischen Worten schloss er den Artikel ab: »Er [Gott] möchte einen neuen Frühling heraufführen über unserem Vaterlande, eine Neugeburt an uns vollziehen, eine Rückkehr zu dem heiligen Erbe unserer Väter, zu neuer Frömmigkeit und neuer Sittlichkeit.«[182]

4.2 Volksseelsorgerische Berufung

Im Dienste als Lazarettpfarrer, zeitweise als Gouvernementpfarrer in Łódź stationiert, war Althaus in besonderer Weise mit den Problemen konfessioneller und nationaler Diaspora konfrontiert. Er glaubte ge-

---

[181] Ebd., S. 631.
[182] Ebd., S. 632. Die Metapher des »Frühlings« nahm Althaus in seiner Sonntagspredigt *Deutscher Frühling* im März 1916 wieder auf. Wohl um die Hoffnung auf einen »Deutschen Sieg« zu bestärken, pries er pathetisch die Jahreszeit des Aufbruchs als »Deutschen Frühling«, der nicht nur für die Wiedergeburt der Natur stehe, sondern auch der »Sonne deutschen Sieges« Gewissheit verspreche. In: ALTHAUS, Heimat, 1916, S. 39. Zur protestantischen Kriegstheologie vgl. GRESCHAT, Krieg, 1986.

rade in der Diaspora die erste Verwirklichung der deutschen Volksgemeinschaft zu erleben.[183]

In seinem zweiten *Lodzer Kriegstagebüchlein* von 1917 stellte er paradigmatisch deutsch-völkische und christliche Betrachtungen in einem Bändchen unter dem Titel *Um Glauben und Vaterland* zusammen. Auch der größte Teil dieser Sammlung sind Sonntagsbetrachtungen, die wöchentlich in der *Deutschen Lodzer Zeitung* erschienen. Als »heilig und eindringlich« würden die Menschen in den Kriegstagen die Erfahrung von »Opfer, Dienst, Gemeinschaft, Sieg für die Seele« erfahren, schrieb Althaus in der Einleitung des Bändchens, mit dem er den Deutschen nicht nur das Wort Gottes predigen, sondern sie auch zum völkischen Bewusstsein aufrütteln wollte.[184] In einer Andacht zur Einweihung eines deutschen Gymnasiums mahnte er beispielsweise, dass es gerade der Weltkrieg sei, der wieder »Stolz und Freude an den reichen Gaben« lehre, die Gott ins deutsche Volk gelegt habe.[185] Als Gottes Gaben an die Deutschen hob Althaus hier Dinge hervor wie das deutsche Lied, die Herrlichkeit der deutschen Kaisergeschichte, die echte deutsche Treue, die zarte deutsche Gewissenhaftigkeit, die Wucht und der Ernst deutscher in Gott gegründeter Kraft. All diese Eigenschaften, die er in Martin Luther verkörpert sah, legte er den Lehrern und Lehrerinnen des Gymnasiums ans Herz, sie den ihnen anvertrauten Schülerinnen zu vermitteln. Mit großer Leidenschaft appellierte er an die geistige Erneuerung des deutschen Volkes. Denn als schönste Arbeit – als Arbeit des Friedens und als Kriegsarbeit – betrachtete er das »Ringen eines Volkes um die Seele seiner Jugend, das Kämpfen um seine eigene Zukunft«.[186]

Im August 1916 zog Althaus bei einer Pastorenkonferenz besondere Aufmerksamkeit auf sich: Es sei die Aufgabe der Pastoren, den Landsleuten in den östlichen Gebieten »ihr Deutschtum heilig« zu machen.[187] Es müsse schließlich das Interesse der Kirche sein, sich um diese »heilige« und »tiefste Gewissenssache« verdient zu zeigen, denn sonst würde sie auch dort, wie in den städtischen Gebieten, der »unwillkürlichen

---

[183] ALTHAUS, Heimat, 1916; ALTHAUS, Kriegsbüchlein, 1916; ALTHAUS, Glauben und Vaterland, 1917.
[184] ALTHAUS, Glauben und Vaterland, 1917, S. VI.
[185] Paul Althaus: Andacht bei der Einweihung des deutschen Luisen-Lyzeums in Łódź, am 28. April 1916 in der Aula des Gymnasiums, S. 23 in: ALTHAUS, Glauben und Vaterland, 1917, S. 21–25.
[186] Ebd.
[187] Paul Althaus: Die Stellung der Kirche im Volksleben. Ein Wort zur allgemeinen Pastorenkonferenz des Warschauer Konsistorialbezirks am 8. und 9. August 1916, S. 26, in: ALTHAUS, Kriegsbüchlein, 1916, S. 25–36.

Entdeutschung« Vorschub leisten.[188] Gerade in einem Gebiet wie Polen, in dem verschiedene Nationalitäten nebeneinander lebten, forderte Althaus von den versammelten Pastoren, eine den »völkischen« Themen gegenüber neutrale Haltung der Kirche aufzugeben.[189] Genauso wie es als Selbstverständlichkeit gelte, dass der Einzelne zu seiner eigenen Individualität finde und sich ganz nach seinen Gaben entwickle, gelte dies auch für das ganze Volk. Mit einer rhetorischen Frage brachte er seine Haltung zum Ausdruck »Völkische Flatterhaftigkeit, die keine charaktervolle Treue kennt, sollte der Kirche, der die Seele des Volkes befohlen ist, nicht Anlass zu ernstester Seelsorge bieten?«[190]

In dieser Textstelle führte Althaus schließlich aus, dass es für die Treue zum eigenen Volkstum keineswegs bedeutete, die Überlegenheit der deutschen Art über andere nachzuweisen. Die Pflicht bestünde vielmehr in darin, die gottgeschenkte Eigenart zu wahren, ohne Rücksicht darauf, welche Vorzüge sie aufweise. Denn jede Individualität sei heilig, auch die bescheidene.

> »Wir halten an unserem Deutschtum nicht deshalb fest, weil wir uns etwa als die Edelrasse der Menschheit, als das auserwählte Volk fühlen, sondern weil wir Deutsche sind und unsere Eigenart in jedem Falle als Gottes besondere Gabe heilig halten sollen.«[191]

Das Festhalten am Deutschtum betrachtete er als dringlichste Aufgabe der Gegenwart. Die Pastoren forderte er dazu auf, sich nicht damit zu begnügen, ihren christlichen Gemeindemitgliedern beizustehen, sondern vielmehr Anteil zu nehmen und einzugreifen für die Sache des deutschen Volkstums. Darin sah er regelrecht einen volksseelsorgerischen Beruf![192]

4.3 Opferhingabe für die Volksgemeinschaft

Mehrfach appellierte Althaus 1916 an den Wehr- und Durchhaltewillen der Soldaten und des Deutschen Volkes, denn er glaubte mit völliger Klarheit zu wissen, dass ein Friedensschluss keineswegs an der

---

[188] ALTHAUS, Glauben und Vaterland, 1917, S. 30.
[189] Ebd., S. 32f.
[190] Ebd.
[191] Ebd.
[192] Ebd., S. 35f.

Zeit sei.[193] Es sei ein völliger Irrglaube zu denken, der Krieg sei eine Todsünde gegen das Christentum. Dieser Krieg sei als »Notwendigkeit« über die Deutschen hereingebrochen und es obliege völlig Gottes Wille, wann der Zeitpunkt für Frieden gekommen sei. Jeder, der nun in »weichherziger und müder Stimmung« das Heer zurückhalten wolle, handle gegen den Willen Gottes, denn der Kampf um das Leben Deutschlands sei noch nicht entschieden. Es sei ein Akt der »Sünde«, hier nicht kampfbereit zu bleiben.[194] Im Juli ließ er in der *Deutschen Lodzer Zeitung* verlauten, der Zeitpunkt des Friedens liege nicht in Deutschlands Hand. Deshalb gelte es um keinen Preis aufzugeben:

> »Ein Schlaffwerden und Zusammenknicken in dem größten Augenblick deutscher Geschichte würde seine vergiftenden Folgen bis in unser aller persönliches Leben, bis in die Familien, bis in den Charakter des nächsten Geschlechtes hineintragen. Schlaffheit würde auch im kleinen einziehen, Opfergeist und Kraft der Selbstverleugnung, ohne welche Ehe und Familie und Frieden nur erbärmliches Behagen und Sünde sind, würden sterben.«[195]

Althaus stellte sogar in Frage, ob Deutschland noch ein Recht zu leben habe, wenn es seine Seele so verderbe! An dieser Stelle fügte Althaus eine interessante Deutung der Kreuzigung Jesus an. Als der Jünger Petrus sah, wie Jesus als Gefangener abgeführt werden sollte, packte ihn die Wut und er zückte sein Schwert, um seinen Herren zu befreien. Jesus aber sprach zu ihm: »Stecke dein Schwert in die Scheide«. Althaus deutete diese Geschichte so, dass Jesus seinem Jünger Petrus das Schwert verboten habe, nicht etwa weil er Gottes Sache verloren gab und gewillt war, der Macht des Bösen ihren Willen zu lassen, sondern weil er eine viel schärfere Waffe wusste als das Schwert: »den Gehorsam gegen Gott bis in den Tod, die duldende Liebe bis zum letzten Atemzuge.« Wenn auch in der altgermanischen Deutung die Wehrhaftigkeit von Petrus verehrt wurde, so sei die eigentliche Botschaft Jesu an Petrus, dem Willen Gottes Folge zu leisten. Da Althaus im Kriegsgeschehen ebenso den Willen Gottes verwirklicht sah, sei die Kampfbereitschaft und Wehrhaftigkeit oberstes Gebot.[196] Gehorsam gegenüber Gott be-

---

[193] Ebd., S. 41, siehe auch S. 88.
[194] Ebd., S. 41f.
[195] Ebd., S. 88.
[196] Althaus bezog sich in dieser Sonntagspredigt auf Joh. 18,11. In der Luther-Übersetzung geht der Text wie folgt weiter: »Stecke Dein Schwert in die Scheide! Soll ich den Kelch nicht trinken, den mir mein Vater gegeben hat?« Ebd., S. 43. Es ist bemerkenswert, dass Althaus für diese Predigt nicht die Parallelstelle bei Matth. 26,52. gewählt hatte, wo es nach Luther weiter heißt: »Stecke dein Schwert an sei-

deutet in seiner Glaubensvorstellung letztlich auch die »Opferbereitschaft« des Einzelnen für das Ganze. In seiner Osterpredigt vom April 1916 mit dem Titel *Der Sieg des Lebens* versuchte er schließlich die Zuhörerschaft mit großer Überzeugung auf diese Opferbereitschaft einzuschwören.[197] Christliches Leben bedeutete nicht Atmen und Essen, Trinken und Genießen, Erwerben und Geselligkeit. Das »rückhaltlose Dienen für andere« sei die Botschaft der Passionsgeschichte und gerade dies sei wichtig für die gegenwärtige Kriegslage:

> »Deutsches Wesen und deutsches Volk hat nur dann eine Zukunft und erlebt nur dann im Weltkriege sein Ostern, wenn es ehrlich und ernstlich seinen Karfreitag durchlebt, mit schonungslosem Bußernste und freudiger Opferhingabe für einander.«[198]

Und er tröstete seine Gemeinde damit, dass gerade im »Sichopfern«, wie es die gefallenen Soldaten für das deutsche Volk täten, das wahre Leben bestünde und auf das Leben im Jenseits verweise.[199] Wie schon in seinem Artikel über Krieg und Gottesglauben, bestärkte er ein Jahr später in einer weiteren Sonntagsbetrachtung *Deutsche Pfingsten* seine Ansicht, dass sich eines Tages der Sinn dieses grauenvollen Krieges entschlüsseln werde und er selbst sei sich auch schon der Erkenntnis gewiss: Der Krieg diene dazu, die »Geschichte des menschlichen Geistes, seiner Weltbeherrschung und seiner Vertiefung« in sich selbst voranzubringen. Dies sei eine »stolze und herrliche Geschichte«.[200] In einem solchen historischen Moment sei jegliche Form von »Neutralität« eine schwere Sünde für jeden, »in dessen Adern deutsches Blut fließt«, warf Althaus im September 1916 der Leserschaft der *Deutschen Lodzer Zeitung* zu. Weltbürgergeist möge sonst ein gutes deutsches Erbteil sein, momentan allerdings einzig und allein »Verrat am deutschen Volk und bequeme Flucht vor dem entschlossenen Ernste deutscher Treue, die auch zum Opfer bereit ist.«[201]

---

nen Ort! Denn wer das Schwert nimmt, der soll durchs Schwert umkommen. Oder meinst du, daß ich nicht könnte meinen Vater bitten, daß er mir zuschicke mehr denn 12 Legionen Engel?«, da letztere Textstelle eine kriegsbejahende Deutung fast unmöglich macht.

[197] ALTHAUS, Glauben und Vaterland, 1917, S. 52.
[198] Ebd., S. 53.
[199] Ebd., S. 54.
[200] Ebd., S. 74.
[201] Ebd., S. 104.

5 Niederlage als Gemeinschaftserfahrung

Für viele Theologen in der Altersgruppe von Paul Althaus bedeuteten die Erfahrungen während des Ersten Weltkrieges und das Kriegsende einen lebensgeschichtlichen Bruch. Die Niederlage Deutschlands löste in dieser Generation einen kollektiven Schockzustand aus. Am 11. November 1918 unterzeichnete eine deutsche Delegation unter Führung des Zentrumsabgeordneten und Staatssekretärs Matthias Erzberger im Wald von Compiègne den Waffenstillstand mit der Entente. Die Tatsache, dass das deutsche Heer, das sie in den großen Offensiven der letzten Kriegsmonate dem ersehnten Sieg so nah geglaubt hatten, geschlagen war, erschien vielen Christen beider Konfession als unbegreiflich. Sie witterten Verrat. So fiel die Legende vom »Dolchstoß« vaterlandsloser Gesellen in den Rücken des heldenhaft kämpfenden Vaterlandes auch in den Kirchen auf fruchtbaren Boden.

Das Ende des Krieges ging mit dem Untergang der Monarchie einher und bedeutete auch ein Zusammenbruch einer ganzen Weltanschauung und die Zerstörung jener Fundamente, auf denen bisher die politische Form und Kultur geruht hatte. Für die deutschen Protestanten war das Sekuritätsbewusstsein im Kaiserreich als Staatskirche, der Glaube an feste Ordnungen, an Recht und Gesetz in der Kriegsniederlage und Novemberrevolution damit erst einmal zerbrochen.

Die Identifikation mit dem Krieg verlief bei den meisten Intellektuellen über die deutsche Kriegspolitik und den Verdun-Mythos, der in zahlreichen deutschen Kriegsromanen in der Zeit der Weimarer Republik stilisiert wurde. »Verdun« wurde dabei zum Sinnbild des modernen, vollständig industrialisierten Krieges, wobei es nicht mehr um Sieg oder Niederlage ging, sondern um die kollektive Erfahrung und das dadurch bestärkte Gemeinschaftsgefühl. Nicht die kritische Nachbetrachtung, sondern das Erleben der Schlacht stand im Mittelpunkt des deutschen Verdun-Mythos. Anhand der Kriegsdenkmäler wird offensichtlich, wie die Niederlage verdrängt oder in einen Sieg sogar uminterpretiert wurde. Die überwiegende Mehrheit der deutschen Kriegsdenkmäler ist durch einen – oft christliche verbrämten – dumpfen Heroismus geprägt. Denkmäler, die Trauer vermitteln, sind sehr selten; solche hingegen, die einen unverhohlenen Revanchismus verkünden, wurden zahlreich errichtet.[202]

---

[202] JEISMANN/WESTHEIDER, Bürger, 1994, S. 29.

Paul Althaus, der als Gouvernementspfarrer im besetzten Kongresspolen selbst nicht direkt in Kampfhandlungen involviert war, allerdings zwei Brüder[203] an der Front verlor, verarbeitete das Kriegsthema auf eine ihm ganz spezifische Weise: Mit der Niederlage wurde nämlich nicht nur Althaus' große Hoffnung auf einen deutschen Sieg genommen, sondern vor allem seine Überzeugung, dass das Kriegserlebnis eine Stärkung der kirchlichen Gemeinschaft zur Folge haben werde. Inzwischen wieder Privatdozent in Göttingen, resümierte Althaus in der *Allgemeinen Evangelisch-Lutherischen Kirchenzeitung* ein Jahr nach Kriegsende, dass das deutsche Volk dem Krieg immerhin zu verdanken habe, dass es durch das »Vaterlandserlebnis« vom August 1914 sein völkisches Bewusstsein wiedergefunden habe.[204] Seither sei eigentlich ein »volksloser Individualismus und ein übervölkischer Kosmopolitismus« unmöglich geworden. Bitter erschien ihm die Tatsache, dass dieses »Vaterlandserlebnis« nun in der Resignation über die Niederlage fast vergessen worden sei. Sogar Intellektuelle schämten sich, erinnere man sie an jene Stunde, als man in dem »Volkstum« eine geschichtliche Größe und Wirklichkeit sah. Als Reaktion auf die jahrelange Einfügung in die Ordnung im Heer, wo persönliche Lebenswünsche und der eigene Wille dem militärischen Gehorsam untergeordnet waren, habe sich nun unter den heimgekehrten Soldaten ein »unmäßiger Individualismus« ausgebreitet. Aber Althaus war sich gewiss, dass die derzeit »überreizte und überforderte Seele« sich rasch erholen werde, und bald die Worte »Volk und Vaterland und deutsche Geschichte wieder vielen im Herzen brennen wie im ersten Kriegsjahre« würden.[205] Und er fuhr mit Überzeugung fort:»Ein Geschlecht, das einmal unter innerstem Erbeben gespürt hat, was es heißt: ein Volk und Erbe einer opferreichen Geschichte sein, kann das auf die Dauer nicht wieder vergessen.«[206] Das Gemeinschaftserlebnis bestand in der gemeinsamen Hinnahme des großen Schicksals eines Volkes, wobei der einzelne sich als Werkzeug des »Volksschicksals« fühlte. Darin sah Althaus die Überwindung des Partikularen und des Individualismus und eine Hinwendung zum Ganzen. Volk und Volkstum waren die Werte, für die sich Althaus fortan politisch verpflichtet fühlte, und als Kirchenmann setzte er sich für eine deutsche Volkskirche ein, womit er sich in

---

[203] Wilhelm Althaus fiel 1916 im Alter von 25 Jahren, Gerhard Althaus ein Jahr später. Auch seinen dritten Bruder Walter, überlebte Paul: Walter Althaus starb 1923 nach längerer Krankheit. KURZ, Denken, 2007, S. 213.
[204] ALTHAUS, Erlebnis der Kirche, 1919, S. 838.
[205] Ebd., S. 839.
[206] Ebd.

Opposition zu den gesellschaftlichen Entwicklungen auf der Basis der neuen Staatsverfassung setzte.

Ende Januar 1919 legt der Staatsrechtslehrer Hugo Preuß den Entwurf einer künftigen Reichsverfassung vor. Darin stand erstens, dass niemand mehr verpflichtet sei, seine Zugehörigkeit zu einer Religionsgemeinschaft offenzulegen und zweitens, dass keine Religionsgemeinschaft mehr durch den Staat bevorzugt zu behandeln sei.[207] Beide Kirchen sorgten sich, dass dies das Ende der christlichen Kulturhegemonie bedeutete. Die Protestanten fürchten zudem, ihre Vormachtstellung als Staatskirche zu verlieren. In dieser Umbruchsphase von 1918/19 reagierte der Protestantismus zum einen mit einer Reorganisation der Kirchenstrukturen unter dem Leitbegriff *Volkskirche* und zum andern mit der Bemühung einer verfassungspolitischen Sicherstellung der Kirche als Körperschaft des öffentlichen Rechts. Zudem wurden jene Kräfte in Politik, Geistesleben und Wirtschaft gestärkt, die im Sinne der christlichen Kulturkonzepte handelten. Ein Staat, der sich der Religionsfreiheit verpflichtete und sich als weltanschaulich neutral verstand, wirkte im protestantischen Lager als religionsfeindlich.[208]

In den ersten Monaten des Jahres 1919 organisierten evangelische Aktionsgruppen regelrechte Petitionsbewegungen an die in Weimar tagende Nationalversammlung. Gefordert wurde die Erhaltung der konfessionellen Schulen, Garantien für die Militärseelsorge und die Weitergewährung der staatlichen Finanzierungszuschüsse. Im Verfassungsausschuss der Nationalversammlung sorgten ehemalige protestantische Geistliche, die Pfarrer Friedrich Naumann (Deutsche Demokratische Partei) und Gottfried Traub (Deutschnationale Volkspartei) und der katholische Moraltheologe Joseph Mausbach (Zentrum) dafür, dass den Interessen der Kirchen Rechnung getragen wurden.

In der am 11. August 1919 verabschiedeten Weimarer Verfassung erschienen die Kirchen nun unter dem Stichwort Religionsgesellschaften. Die neue Verfassung betrachtete die Freiheit der Bildung einer Religionsgemeinschaft als Bestandteil der verfassungsmäßig garantierten Religionsfreiheit. Entgegen den schlimmsten Befürchtungen der Kirchen wurde aber keine absolute Ausgliederung der Kirchen geschaffen. Schulischer Religionsunterricht und Heeresseelsorge sowie der Sonntags- und Feiertagsschutz blieben unangetastet. Trotz dieser weitgehenden Privilegierung der Kirchen in der Weimarer Republik fielen die

---

[207] NOWAK, Geschichte, 1995, S. 207f.
[208] Ebd.

Reaktionen verhalten aus. Verfassungsrechtlich standen die Kirchen nun auf der gleichen Ebene wie alle andern Körperschaften des öffentlichen Rechts, was einen kräftigen Säkularisierungsschub bedeutete. In den Kirchen herrscht die verbreitete Auffassung, die weltanschauliche Neutralität des Staates sei gleichbedeutend mit seiner Religionslosigkeit oder gar mit Religionsfeindlichkeit.[209]

Der junge Theologe Althaus stimmte indes nicht in das Klagelied über den Statusverlust der evangelischen Kirche mit ein. Mit seinem Optimismus sah er anders als viele seiner Kollegen geradezu eine große Stunde gekommen. Die Kirche habe nun die Chance noch einmal um das Volk zu ringen:

> »Seit 1918 sind alte Bindungen und Hemmungen, die die Freiheit der Kirche lähmten, dahingefallen. Nicht mehr vom Staate bevormundet und gegängelt dürfen die deutschen evangelischen Kirchen nunmehr zeigen, was in ihnen lebt an freier Kraft des Glaubens und der Liebe.«[210]

Das Ringen um das deutsche Volk, so schrieb Althaus weiter, müsse die Kirche nun auf neue Weise tun. Enthusiastisch zählte er darauf, dass dies »in der Freude und Frische der Jugend, mit der kühnen Beweglichkeit des Glaubens und der Liebe« geschehe und damit neue Formen des Wirkens und der Gemeinschaft möglich würden. Und anders als manche seiner Zeitgenossen sah Althaus auch die damit aufgebürdete Verantwortung vor allem positiv: »Aber in allem Ernste der Zeitenwende, die uns beben macht, können wir doch dem heimlichen Jubeln nicht wehren, mit dem unsere Seele die neue Stunde der Kirche grüßen will.«[211]

Das revolutionäre Aufbegehren, dass in diesem Zitat spürbar wird, fügte sich in diejenige protestantische Theologie ein, die in den zwanziger Jahren eine neue Rezeption von Martin Luther in die Wege leiteten. In der historisch-kritischen Rekonstruktion von Leben und Werk des jungen Luthers, wie sie vom Berliner Kirchenhistoriker Karl Holl ausging, entdeckte nun eine ganze Theologen- und Historikergeneration einen Anknüpfungspunkt und einen Rettungsanker für die als Krise erlebte Gegenwart. Im theologischen Anliegen der Lutherrenaissance spielte das Bestreben zur Gesundung des »nationalen Lebens« aus konservativem Geist eine entscheidende Rolle.[212] In dieser Phase kam

---

[209] Ebd., S. 211.
[210] ALTHAUS, Erlebnis der Kirche, 1919, S. 31.
[211] Ebd.
[212] Eine knappe Übersicht zur Lutherrenaissance bei FISCHER, Theologie, 1992, S. 54–75. Das neue Interesse an Luther wurde einerseits durch die provozierenden Thesen

bei Althaus seine spezifische Verknüpfung von Protestantismus und Volkstum, von Luthertum und Deutschtum, immer deutlicher zum Ausdruck, die auf seiner Prägung in der christlichen Studentenverbindung und seiner Erfahrung im Ersten Weltkrieg aufbaute.

Inzwischen war Althaus verheiratet, seine erste Tochter Ingeborg wurde bereits am 9. Dezember 1918 geboren.[213] Er war zunächst vertretungsweise als Leiter des sächsischen Predigerseminars auf Erichsburg in Northeim tätig, prüfte verschiedene berufliche Möglichkeiten, begab sich zunächst als theologischer Dozent in der Diakonissenausbildung in den Bodelschwinghschen Anstalten nach Bethel und kehrte dann wieder als Privatdozent nach Göttingen zurück. Im Herbst 1919 erhielt er seinen ersten Ruf: Er nahm einen Lehrstuhl für Systematische Theologie in Rostock an und entfaltete dort als Universitätsprediger sehr rasch seinen Wirkungskreis im kirchlichen Gemeindeleben.

5.1 Überwindung des Individuellen und Partikularen

Inspiriert vom Gemeinschaftsgefühl des deutschen Volkes, versuchte Althaus das »Gemeinschaftserlebnis Kirche« wieder ins Bewusstsein der christlichen Lehre und Praxis zu rufen. Die Hoffnung, dass der Krieg dem deutschen Volk auch zu einem kirchlichen Gemeinschaftserlebnis verhelfe, wie er in seinen beiden *Lodzer Kriegsbüchlein* noch freudig erhoffte, sah er mit Bedauern nicht verwirklicht.

> »Aber was es um die Gemeinschaft der an Gott Gläubigen sei, ist wohl nur ganz wenigen – außer den engsten Kreisen, die es immer wußten – neu aufgegangen. Unser Volk weiß nicht mehr, was Kirche ist, und gerade die vielen ›Suchenden‹, ›Religiösen‹ haben nichts davon erlebt. Sie bekennen sich zum religiösen Individualismus; die Armen!«[214]

---

des liberalen Theologen Ernst Troeltsch veranlasst. Er ordnete Luther mehr dem Mittelalter zu und verstand ihn keineswegs als Initiator der Neuzeit. Hinzu kam die katholische Lutherdeutung, welche die bekannte konfessionelle Polemik wirkungsvoll erneuerte und die evangelische Theologie gleichzeitig mit kritischen Fragen konfrontierte. Dieser im Ergebnis doppelte Negativ-Effekt gab der protestantischen Luther-Forschung einen neuen Impuls. Die Vorlesungen aus Luthers Frühzeit wurden wiederentdeckt, ediert und neu ausgewertet. In diesem Sinne paradigmatisch wirkten insbesondere die Lutherstudien von Karl Holl (1866–1926). Ebd., S. 56.

[213] Personalakte Althaus, Universitätsarchiv Erlangen-Nürnberg, F2/1 Nr. 2186b.
[214] ALTHAUS, Erlebnis der Kirche, 1919, S. 839.

In den zu bedauernden religiösen Individualisten sah Althaus aber eine tiefe Sehnsucht, einen »grenzenlosen Hunger nach Gemeinschaftlichem«, worin er die unbewusste Sehnsucht nach Kirche und Gemeinde zu erkennen glaubte.

Als Theologe und Pfarrer empfand er es als Gebot der Stunde zu helfen – »wenn wir heute nicht lernen, was Kirche ist – wann sollten wir es je lernen?« –, die Bedeutung des »kirchlichen Erlebnisses« für Gläubige wieder erfahrbar zu machen. In seinem Text rekapitulierte er das religiöse Verständnis von »Gemeinschaftserleben«. Dabei ist eine interessante Entwicklung gegenüber dem noch zwei Jahre zuvor erschienenen Artikel *Luther und das Deutschtum* auszumachen, in dem er den deutschen Hang zur Individualität noch als besonders »adlige« aber zuweilen auch problematische, ja sogar »krankhafte« Eigenschaft pries.[215] Die lutherische Befreiung und Berufung des Einzelnen zur völligen religiösen Verantwortung habe, so in jenem Text, dem »deutschen Wesen« völlig entsprochen. Althaus bemerkte schon da, dass dies nicht nur ein Vorzug, sondern auch eine Schranke zur Kirchlichkeit bedeuten könne. Den Deutschen fiele es schwerer als anderen Völkern, von der individuellen Wahrhaftigkeit zur Freude an der religiösen Gemeinsamkeit zu finden. Nach dem Krieg und in Enttäuschung über die fortschreitende Entkirchlichung und Säkularisierung in Deutschland stellte er die Rezeption Luthers in Frage.[216] Auch wenn es außer Frage stünde, dass die (evangelische) Religion eine Gewissenssache des Einzelnen sei, so sei es nur die halbe Wahrheit, Luther ausschließlich als den Begründer des religiösen Individualismus zu begreifen, wie dies besonders unter intellektuellen Christen der Fall sei.[217]

Aus der Ambivalenz von Individuum und Gemeinschaft in diesem älteren Artikel hatte sich nun innerhalb zweier Jahre ein eindeutiges Plädoyer gegen die Individualisierung entwickelt. Luther habe, auch wenn er im damaligen Kontext in der Auseinandersetzung mit dem Papsttum der katholischen Kirche stand, das Wort »Kirche« vermieden und eher

---

[215] Dies und die folgenden Zitate: ALTHAUS, Luther, 1917, S. 10.
[216] Einen Überblick zu Entkirchlichung und der Reaktion der protestantischen Kirche bei HERING, Säkularisierung, 2001.
[217] In Abgrenzung zur katholischen Kirche und seinem Papstum richtete Luther seinen Fokus auf die Beziehung des Einzelnen zu Gott. Im Glauben, dass ein jeder in der Stunde seines Todes alleine vor Gott bzw. vor Gottes Gericht stehe, müsse jeder selbst darauf gerüstet sein, mit Tod und Teufel zu kämpfen. Deshalb forderte Luther von seinen Glaubensgenossen Eigenverantwortung im religiösen Leben und stärkte das Bewusstsein einer direkten Beziehung des einzelnen Menschen zu Gott. ALTHAUS, Erlebnis der Kirche, 1919, S. 840f.

von Gemeinde und Volk gesprochen und sehr wohl um deren Bedeutung gewusst. Schuld an der gesellschaftlichen Individualisierung, die sich auch auf das religiöse Bewusstsein auswirke, sei die Renaissance und die Aufklärung, in der das Selbstbewusstsein des denkenden Ich zur zentralen Kategorie wurde. Gefördert werde eine solche Tendenz auch von gegenwärtigen Staatslehren aus, beklagt sich Althaus, die den Staat als einen Vertrag von Einzelnen verstünden. In Analogie werde dann die Kirche als »Verein« deklariert, was Althaus schon bei Friedrich Schleiermacher in seinen *Reden über die Religion* vorfand, auch wenn der Philosoph in entscheidenden Punkten über die Aufklärung hinausginge. Es sei schließlich auch Schleiermachers Verdienst, dass er seinen »aufgeklärten und romantischen Zeitgenossen, denen das ewige Recht des Einzelnen geradezu Eckstein der Weltanschauung war, von ihren Voraussetzungen aus das Erlebnis der Kirche vermittelte.«[218] Doch Schleiermacher gehe vom Einzelnen aus und rechtfertige so die Kirche als religiöse Gemeinschaft: Der Mensch müsse sich mitteilen, vor allem seine Gefühle. Diese Erklärung werde allerdings weder soziologischen noch religiösen Kriterien gerecht. In soziologischer Hinsicht hielt Althaus dogmatisch fest, dass der Einzelne doch eine ganz und gar »wirklichkeitsfremde Abstraktion« darstelle, analog dazu sei es daher auch nicht möglich, die Volksgemeinschaft vom Einzelnen her zu erklären und zu rechtfertigen. »Volk« wurde bei Althaus wie bei dem Göttinger Theologen Emanuel Hirsch, der allerdings das nationalstaatliche Element noch stärker hervorhob, zum Inbegriff des den Individuen übergeordneten Ganzen.[219] Seinem langjähriger Brieffreund Hirsch kam innerhalb der Lutherrenaissance insofern eine Sonderstellung zu, dass er am entschiedensten seine historischen Untersuchungen zur Theologie Luthers und zum deutschen Idealismus verbunden hat und auf dieser Grundlage die zeitgenössische Gesellschaftspolitik reflektierte. Diese Verknüpfung war in polemischer Abgrenzung gegen den liberalen Theologen Ernst Troeltsch von der Überzeugung geleitet, dass sich ein historischer und sachlich notwendiger Zusammenhang von reformatorischem Christentum und modernem Denken nachweisen lasse. Mit diesem politisch-theologischen Denken wurde Hirsch nach dem Ersten Weltkrieg zur führenden Figur eines national gesonnenen Luthertums, der die Weimarer Republik entschieden ablehnte. Er verstand sie als das den Deutschen aufgezwungene Produkt des Sieges westeuro-

---

[218] Ebd.
[219] Das folgende siehe auch FISCHER, Theologie, 1992, S. 58ff.

päisch-demokratischer Ideen über das nationalstaatliche Prinzip und begrüßte deshalb 1933 den nationalsozialistischen Staat als die notwendige Korrektur einer seit 1918 für Deutschland verhängnisvollen geschichtlichen Entwicklung. Konstitutiv für die Theologie von Hirsch ist die jeweilige geschichtliche Wirklichkeit.[220]

Im Fortgang dieses mehrteiligen Artikels in der *Allgemeinen Evangelischen Kirchenzeitung* entwickelte Althaus nun sein Konzept von »Volk« und »Gemeinschaft« als grundlegenden ethischen Bezugspunkt und zwar sowohl in gesellschaftspolitischer wie auch religiöser Hinsicht.[221] Als Schlüsselzitat kann folgende Stelle betrachtet werden:

> »Das Volk ist vor dem Einzelnen da, zeitlich und wesentlich. Es gibt im Grunde keinen Einzelnen. Wir kennen jeden nur als Glied des Volkes, er steht in Gemeinschaftsverhältnissen, die nicht sein bewußter Wille erst schafft; er ist, ob er sie bejaht oder nicht, nur durch sie und nur in ihnen gesetzt. Was ich bin und habe, habe und bin ich aus den Quellen meines Volkes. Ehe wir Volk und Vaterland und Staat mit eigenem Bewußtsein und Willen erschaffen und zu einem Werte unseres Lebens erheben, gehören wir ihm. In Notstunden vaterländischer Geschichte wird diese ganz ursprüngliche Verwurzelung und Verpflichtung unseres Daseins in Leben und Geschichte des Volkes unmittelbar erlebt: ob es uns lieb war oder nicht, wir spürten im August 1914 das heilige Recht des Volkes auf uns als mächtige Wirklichkeit, der keiner von uns ausweichen konnte. Wir erlebten darin, daß ein Volk etwas anderes ist als der Zweckverband von Einzelnen, die willentlich zusammentreten.«[222]

5.2 Kirche als höhere Volksgemeinschaft

In der Tradition von Luthers »Zwei-Reiche-Lehre« setzte Althaus das »Volk« in ein bestimmtes Verhältnis zur Kirche:[223] Auch für die Kirche gelte nämlich, dass Gott den Einzelnen durch sie zur Gemeinschaft rufen und erziehen wolle. In die christliche Gemeinde werde man nicht wie ins

---

[220] Zu Hirsch politischer Rolle und sein Wirken als Dekan an der Göttinger Fakultät für Theologie vgl. ERICKSON, Fakultät, 1998.
[221] ALTHAUS, Erlebnis der Kirche, 1919. Der Artikel ist als separates Büchlein unter gleichnamigem Titel in zweiter Auflage im Verlag Dörffling & Fanke 1924 erschienen.
[222] Ebd., S. 841f.
[223] Der Begriff »Zwei-Reiche-Lehre« taucht allerdings erst 1922 auf. Karl Barth benutzt ihn, um seine Position in der Auseinandersetzung mit Althaus zu charakterisieren. SCHÜTTE, Zwei-Reiche-Lehre, 1978, S. 340f.

Volk hinein geboren, aber dennoch sei es die Gemeinde, die den Christen erzeuge. Geschickt integrierte Althaus das Fundament des Christentums: das individuelle Bekenntnis zur Glaubensgemeinschaft. Es sei nur ein »Ja« zu dem Leben, das durch die Gemeinde ströme und den einzelnen Menschen segnen wolle. Und auch hier schloss er dogmatisch ab: »Die Gemeinde ist vor dem Einzelnen da. Sie ist das Erste und das Letzte.«[224] Die Gemeinde tradiere sich durch das geistige Erbe der Väter der Kirche und die Jahrhunderte alten Sitten, die als Stütze der Frömmigkeit dienten. Mit mahnenden Worten beendet er den ersten seiner Artikel in der Kirchenzeitung: Wenn der Einzelne sich nicht als Teil der Gemeinschaft begreife, verstünden die Gläubigen auch nicht, dass sie sich selbst der Kirche schuldeten.[225]

Die religiöse Bedeutung der christlichen Gemeinschaft steigerte Althaus noch in seinem zweiten Beitrag in der *Allgemeinen Evangelischen Kirchenzeitung*. Hier sprach er nun ganz klar davon, dass die Kirche ganz unmittelbar und ursprünglich zentraler Inhalt des christlichen Heilsglaubens sei.

> »Die Seligkeit, für die Gott mich, den Einzelnen, sucht, ist die vollkommene Gemeinschaft. Gott kennt mich und will mich – an diesem seligen ›Individualismus‹ rütteln wir nicht. Aber Gott will mich als Glied des einen Leibes.«[226]

Und: »Gottes Herrlichkeit« wird erst im Erleben der vergangenen und gegenwärtigen Gemeinde spürbar.[227]

Neben der Parallelität zwischen völkischer und kirchlicher Gemeinschaft betont Althaus auch die Differenz. Gott stifte die Gemeinschaft zwischen sich und den Menschen untereinander und befähige damit auch zu volksmäßiger Gemeinschaft, aber Kirche sei dann doch von anderer und höherer Art als Volk, nämlich:

> »das eine Volk Gottes in allen Völkern und Kirchen, die eine überall durch Generationen, Nationen und Konfessionen verstreute Gemeinde derer, denen Gott durch seine Offenbarung in Jesus Christus das Herz abgewonnen hat.«[228]

In Althaus' Weltanschauung hatte Gott zwar jeden einzelnen Menschen mit einer bestimmten Individualität erschaffen, so aber auch die einzelnen Völker, die eben deshalb ihre besondere Gabe heilig halten

---

[224] ALTHAUS, Erlebnis der Kirche, 1919, S. 842.
[225] Ebd., S. 843.
[226] Ebd., S. 862.
[227] Ebd., S. 864.
[228] Ebd., S. 885.

sollten. »Volkstum« war für ihn eine Ordnung der Schöpfung Gottes, Treue zum Volk dementsprechend etwas »Heiliges«, das auf die Religion vorbereitet.[229]

5.3 Neue Bedrohung: Schmutz und Zersetzung

Nach all der Beschwörung auf eine christliche Gemeinschaft hin, in der erst Gottes Herrlichkeit erfahrbar würde, schloß er seine Artikelserie *Das Erlebnis der Kirche* mit einer interessanten Wendung. Erstmals beschreibt er eine mögliche Bedrohung für das heilige Gemeinschaftserlebnis:

> »Dass es doch endlich von allen ›Laien‹ begriffen würde: wir sind alle zum Dienst berufen! Die bittersten Zeiten, in denen Christusfeindschaft und Zerstörungswille und modernes Heidentum aller Farbe und Fahne mehr denn seit langem ihr Haupt erheben und zum Ansturm rüsten, rufen nach bewusst-christlichen Männern und Hausvätern, die sich als verantwortliches Glied der Gemeinde fühlen, verpflichtet und willig zu tapferem Bekenntnis und, wenn es sein muss, zu entschlossener Tat.«[230]

Ein Jahr nach Kriegsende sah Althaus das Christentum in Deutschland in zunehmendem Maße gefährdet. Doch von wem? Sah er den Feind in der fortschreitenden Säkularisierung der christlichen Gesellschaft der jungen Republik und in der damit verbundenen Entkirchlichung? Ein konkretes Feindbild hatte Althaus zu diesem Zeitpunkt noch nicht etabliert.

Einen sehr viel kämpferischeren Ton schlug Althaus später in seiner Ansprache an die Jugend in Rostock anlässlich der neudeutschen Woche von 1921 an, die gedruckt unter dem Titel *Feuer* erschien.[231] Die feurige Rede hielt Althaus zum Sonnenwendtag, an dem nach altgermanischem Ritus ein Holzfeuer angezündet wurde. Im Feuer wollte Althaus »in deutschen Landen das Tote und Unfruchtbare, dürres Geäst, Dornen und Reisig« verzehrt wissen, getilgt werden sollte alles »Unwürdige, die Gier nach schaler Freude und die heimliche Unreinheit«, getilgt der »Verrat an der Not des Vaterlandes, die Gleichgültigkeit und die ekle Selbstsucht«, gefressen werden sollte »Schmutz und

---

[229] ALTHAUS, Glauben und Vaterland, 1917, S. 29.
[230] ALTHAUS, Erlebnis der Kirche, 1919, S. 908.
[231] ALTHAUS, Feuer, 1921.

die Zersetzung und die Schande der Großstädte«.²³² Die Jugend wollte er zu einer Kampfgruppe erwecken, die sich gegen all das Böse, gegen die »Unnatur, Verstellung und Lüge« wehrte. Verzehrt, gefressen, getilgt – martialisch wird die Sprache, wenn der kultivierte Althaus von den Feinden des deutschen Volkes sprach.

Ziel des Lebens müsse es schließlich sein, in »Reinheit und Wahrheit« für Gott zu leben und dies hieß bei Althaus immer, sein Leben als lebendiges Opfer der göttlichen Instanz anzuvertrauen, so wie es Jesus vorgelebt habe: Jesus Leben begrief Althaus als die »reinste Opfertat«, der Sohn habe sich dem noch unbegriffenen Willen des Vaters völlig aufgeopfert. Dieses Opfer war für ihn das »Allerheiligste auf Erden«. Durch die Gottesmacht sei Jesus ermächtigt worden ein »haltlos, beflecktes Menschenleben zu etwas Neuem, Ganzen und Reinem« zu erschaffen.²³³

---

²³² Ebd., S. 1.
²³³ Ebd., S. 7f.

6 Pazifismus im Visier christlicher Ethik

Die Kriegsniederlage polarisiert die Gesellschaft in der Weimarer Zeit in verschiedener Hinsicht. So erhielt der Pazifismus Auftrieb, wenn auch gleichzeitig eine ungebrochene kriegsbefürwortende Ideologie bestehen blieb, die auch Althaus weiterhin vertrat. Mit Althaus' intensiver Auseinandersetzung mit dem Spannungsfeld zwischen der Schrecklichkeit des Kriegsgeschehens und christlicher Ethik, die in seinen Ideen von Gottes Wirken im Lauf der Weltgeschichte und der Rolle des Volkstums gipfelte, war es naheliegend, dass der Pazifismus in seiner Weltordnung keinen Platz finden konnte. Im Gegenteil: Seine kritische, ja vernichtende Abrechnung mit den Ideen des Pazifismus wurde eine wesentliche Voraussetzung für Althaus' Rolle bei der theologischen Fundierung der nationalsozialistischen Idee von Volksgemeinschaft mit ihren verheerenden Folgen für ethnische Minderheiten und den Frieden in Europa.

Die Herausforderung des Pazifismus war Althaus eine kritische Studie wert, die er 1919 als politisch motivierte Buch unter dem Titel *Pazifismus und Christentum* publizierte.[234] Sie spiegelte tatsächlich bereits alle wesentlichen Aspekte der Gedankenwelt von Althaus wieder, die für seinen Einfluss auf den Erfolg der Nationalsozialisten und seine eigene Schlüsselrolle im Dritten Reich entscheidend waren. Differenziert und um Sachlichkeit bemüht stellte Althaus in seiner Studie erst einmal die Situation der pazifistischen Strömungen in Deutschland dar. Indem die deutschen Pazifisten, insbesondere die Theologen unter ihnen noch während des Krieges hofften, dass Deutschland bei einem Sieg zum Hort des Weltfriedens aufsteigen könnte, gewannen sie dem Krieg noch einen Sinn ab. Erst während des langen Stellungskrieges im dritten Kriegsjahr, als ein deutscher Sieg ferner rückte und in der politischen Welt ein Verständigungsfrieden erörtert wurde, hatte der pazifistische Gedanke wieder neue Kraft und Wirkung gewonnen. Die Gegner sahen im Pazifismus derweil Defätismus und fehlenden Durchhaltewillen. Gegenseitig beschuldigten sie sich, der deutschen Sache bei den Kriegsgegnern zu schaden und den Krieg damit zu verlängern. Eine sachliche Diskussion über die Ideen des Pazifismus schien Althaus zu dieser Zeit nicht gegeben. So widmete er sich ein Jahr nach Kriegsende

---

[234] ALTHAUS, Pazifismus, 1919.

vor allem deshalb dieser Problematik, weil die pazifistische Welle sich auch innerhalb der evangelischen Kirche ausbreitete und der Pazifismus von jeher das christliche Ethos für sich beanspruchte.[235] Althaus bewegte die Frage, ob ein Christ dazu verpflichtet sei mitzuwirken, dass kriegerische Auseinandersetzungen zwischen den Völkern beseitigt werden und ob sich die deutsche evangelische Kirche und ihre Führer ebenso wie die katholische Kirche aktiv um die Vermeidung oder Beendigung von Kriegen einsetzen müsse.[236] Oder – so seine Frage – darf sich die deutsche evangelische Kirche guten Gewissens und ohne Verleugnung der Sache Jesu und ihrer heiligen Aufgaben an dieser Stelle auch zurückhalten?

Einzelne Pfarrer hatten sich schon immer in der deutschen Friedensarbeit engagiert. Neu war aber, dass im Oktober 1917 deutsche evangelische Pastoren eine Erklärung verabschiedeten, in der sie allen Glaubensgenossen, auch denen in den feindlichen Staaten, von »Herzen die Bruderhand« reichten. Sie erklärten, dass sie angesichts dieses fürchterlichen Krieges die Gewissenspflicht fühlten, sich im Namen des Christentums mit aller Entschiedenheit dafür einzusetzen, dass der Krieg als Mittel der Auseinandersetzung unter den Völkern aus der Welt verschwinde. Ihnen schlossen sich Hunderte von Pastoren und Laien in ganz Deutschland an. Offensichtlich wurde diese Erklärung von vielen Laien, sowohl an der Front wie auch in der Heimat, mit großem Aufatmen begrüßt, als ein längst erwartetes und schmerzlich vermisstes Wort im Namen des Christentums. Für Althaus schien die Zeit reif, sich nun selbst in die Debatte einzubringen.

6.1 Lebendige Gerechtigkeit: Wider den Idealismus des Friedens

Der konservative Lutheraner Althaus referierte in der Folge erst die Position der religiös-sozialen Strömung, wie sie sich vor allem in der Schweiz ausprägte, dann das pazifistische Ideal der katholischen Theologie[237] und den christlich-sozialen Gedanken in der deutsch-evan-

---

[235] Ebd., S. 430.
[236] Hier bezieht sich Althaus auf eine von Erzbischof von Canterbury am 29. Oktober 1918 zusammengerufene Konferenz und dem dort vertretenen »Aufruf an die Christen England« Ebd., S. 430.
[237] Dem katholischen Pazifismus, auf den hier nur kurz hingewiesen wird, widersprach Althaus radikal: Die Idee, dass Gottes Reich durch die Kirche auf Erden

gelischen Friedensbewegung. Auch wenn er unverhohlen seine Kritik an diesen drei pazifistischen Strömungen darlegte, blieb er noch vergleichsweise moderat, während er dann im letzten Teil seines Textes politisch radikal seine eigene These zur »lebendigen Gerechtigkeit« – ein Kernstück seiner eigenen Theologie – ausformulierte.

Die religiös-sozialen Theologen verstünden die Aufforderung im Evangelium darin, die Welt in allen ihren Verhältnissen zum Reich Gottes umzugestalten. Der Schweizer Hermann Kutter beispielsweise folgte einem Idealismus im Sinne Fichtes, in der die Innerlichkeit alles ist, während das Äußere nur Form und Gestalt des Inneren sei. Gegenüber dem üblichen »Idealismus«, der sich in bloßer Innerlichkeit und Weltabgewandtheit vor allem auch in Deutschland ausdrückte, grenzte sich Kutter allerdings scharf ab. Althaus bezeichnete die Position von Kutter als »aggressiven Idealismus der Praxis« und attestierte ihm einen mangelnden Sinn für die Wirklichkeit aufgrund seines schwärmerischen Idealismus.[238] Althaus' Kritik entsprang seinem dogmatischen Geschichtsbegriff: für ihn hatte eine Theologie nur dann Bestand, wenn sie auf »Gehorsam gegen die Wirklichkeit« beruhte, und diese Wirklichkeit war allein von Gott gegeben:

> »Mir scheint, daß zur Frömmigkeit auch die nüchterne Erkenntnis und der gegen Gottes Ordnung demütige Respekt vor der widerspruchsvollen, herben und tragischen Wirklichkeit unseres irdischen Daseins gehört.«[239]

Den Religiös-Sozialen, mit der seiner Ansicht nach »schwärmerischen Hingabe an das Ideal« wünschte Althaus die Erkenntnis von Martin Luther, für den der Christ, solange er auf Erden lebe, »Bürger zweier Reiche« sei: der rechtlich verfassten, bürgerlichen, staatlichen Welt mit ihren Eigengesetzen und des Gottesreiches der Liebe und Freiheit. Die Spannung zwischen der »Welt der Bergpredigt« und der Welt des wirtschaftlichen und staatlichen Lebens, zu dem Konkurrenz, Kampf und Zwang gehörte, sei sicherlich für einen Christen schwer auszuhalten. Diese »Wirklichkeit« zu ignorieren, wie es die Sozial-Religiösen zu tun pflegten, sei allerdings nicht nur Schwärmerei, sondern – Althaus griff zu radikaleren Begriffen – sei schlicht »Vergewaltigung der Wirklichkeit«. Als »Kindlichkeit« wertete Althaus die idealistischen Gedanken

---

vertreten sei und mit der Unfehlbarkeit des Papstes Anspruch auf schiedsrichterliches Eingreifen in die Streitigkeiten von weltlichen Staaten erhebe, ging für einen Lutheraner wie Althaus völlig fehl. Ebd., S. 441ff.

[238] Ebd., S. 432 und S. 435f.
[239] Dies und die folgenden Zitate ebd.

der Sozial-Religiösen über den Staat ab und sah sie in ihrer optimistischen Einschätzung des Menschen von allem »Wirklichkeitssinn und aller biblischen Nüchternheit verlassen«.[240]

Althaus brachte darin sein eigenes Menschenbild zum Ausdruck: Der Mensch wird von einer »naturhaften niederen Begehrlichkeit« und vom »selbstsüchtigen Glücksverlangen« getrieben, seine Natur ist gebunden im Sinnlich-Materiellen. An den »Mächten des bösen Willens« werde deshalb auch jegliche »Politik des guten Willens« scheitern, ebenso ein sozial-religiöser Idealismus. Das Evangelium hatte für Althaus nichts mit einem »Weltbeglückungsgedanken« zu tun, es wollte nicht, wie die modernen »Kulturpropheten«, die Hebung der Menschheit zum größtmöglichen Wohlstande aller, zum vollendeten Austausch der Kulturgüter voranbringen, sondern das Evangelium wollte etwas viel Ernsteres, »die Menschenseele an Gott ketten und das heimliche überweltliche Reich Gottes, die ›Gemeinschaft der Herzen und der Geister in Gott, im Geiste der Liebe und Wahrheit‹ bauen.«[241]

6.2 Werden und Vergehen: Die Idee vom »tüchtigen« Volk

Im Gegensatz zum sozial-religiösen Idealismus nahm die pietistische Haltung die Verhältnisse des sozialen und staatlichen Lebens so hin, wie sie waren und fasste sie mehr oder weniger als »arge Welt« auf. Doch Althaus bestand darauf, dass die Innerlichkeit des Reiches Gottes der Christenheit niemals das Recht gebe, gegenüber den äußeren Weltverhältnissen gleichgültig zu sein. Er erlebte es als Spannungsverhältnis, zwischen Innerlichkeit und Aktivität gegen Außen eine sinnvolle Balance zu finden. Den evangelischen Kirchen Deutschlands, die staatlich eingebunden und durch die konservativ-lutherische Ausrichtung geprägt waren, empfahl er indes, sich mehr der aktiven Anteilnahme am weltlichen Geschehen zuzuwenden, da sie sich zu einseitig der Innerlichkeit verschrieben hätten.[242]

Althaus fragt nun weiter, ob ein Christ, der sich gegen die kapitalistische Ausbeutung der Arbeiter einsetzte, sich denn nicht gleichermaßen gegen die kriegerischen Auseinandersetzungen zwischen Völkern und Staaten einsetzen müsse. Ausgangspunkt seiner Überlegungen war die

---

[240] Ebd., S. 437.
[241] Ebd., S. 444.
[242] Ebd., S. 446.

kleine Schrift von Johann Gottlieb Cordes, ein wenig bekannter, sozialreligiöser Pfarrer aus der rheinländischen Kirchenprovinz.[243] Althaus diskutierte als erstes die Frage nach der Gleichberechtigung und dem Selbstbestimmungsrecht der Völker und kam zur Überzeugung, dass jedes Volk das Recht, einen eigenen Staat zu bilden, in der Geschichte zu bewähren habe und dieses jederzeit wieder vor Gott verwirken könne.

Auch das »Volk« begriff er als dynamisches Konzept: Zum Volk gehöre der Wille zur eigenen Geschichte und die Bewährung in derselben.[244] Althaus versuchte zu zeigen, dass es sich dabei nicht etwa um einfaches »Ablesen aus der Weltgeschichte« handle, sondern dass es wichtig sei, die »notwendigen Züge des geschichtlichen Lebens der Völker, die jenseits menschlicher Willkür und Sünde begründet seien«, festzustellen. Denn so könne die »Norm der Gerechtigkeit« aus der Geschichte heraus »erhoben« werden. Daraus ergab sich für Althaus ein dynamisches Konzept der Rechtsverhältnisse, die Ausdruck »lebendiger Beziehungen und Machtverhältnisse« seien:

> »Alles ist im Werden und Wandel, im Steigen oder Fallen. Völker kommen und gehen, wachsen und verkümmern, sind jung und altern, verweichlichen oder ermannen sich. Junges bricht sich Bahn unter Altem, Unfähiges wird von Lebenskräftigem zurückgedrängt, wachsendes Leben kommt, indem es die für die Entfaltung seiner Kräfte notwendigen Lebensbedingungen sucht, in Konflikt mit bestehendem älterem Leben.«[245]

Für Althaus stellte also die »lebendige Geschichte« Grundlage für seinen Rechtsbegriff dar. Darin grenzte er sich explizit von demokratischer und konservativer Rechtsphilosophie ab. »Organisch« empfand er die Prozesse der Lebensentwicklung in der Völkergeschichte, und dieser Idee trug er in seiner Theorie Rechnung. Das hieß für ihn, ein Volk wird geboren, wächst, mindert sich und stirbt. Und daraus ergab sich für ihn völlig stringent die Idee, dass »Tüchtigkeit« in diesem als Lebens- und Wachstumsprozess verstanden Volkskonzept die Eigenschaft ist, die zu »Recht« verhilft. Hinzu zählte er in hohem Maße – wie er sie nannte – geistig-sittliche Kräfte: »die Hingabe eines Volkes an seine erkannte geschichtliche Aufgabe, Verantwortungsbewusstsein, Opferwilligkeit, Zucht und Arbeitswille.«

Zur »Tüchtigkeit« zählte er den Körper und den Willen, die Arbeits-

---

[243] CORDES, Pazifismus, 1918.
[244] Dies und die folgende Zitate ALTHAUS, Pazifismus, 1919, S. 450–452.
[245] Ebd.

kraft, die Unverbrauchtheit, Zeugungskraft und Fruchtbarkeit an Leib und Seele; alles Eigenschaften, die wie das Leben des Einzelnen alterten und als Nebenwirkung einer fortschreitenden, verfeinerten, differenzierten Kultur offenbar der »Dekadenz und Zersetzung« anheim fielen. Doch die Bewahrung der »Tüchtigkeit«, aber auch ihre Vergeudung, seien im stärksten Maße »sittlich« bedingt. Letzteres bezeichnete der Lutheraner selbstverständlich als »Sünde gegen die geschichtlichen Lebensgesetze, an denen ein Volk sterben« könne.[246]

6.3 Wille, Recht und Macht: Die Ethik der Volks-Existenz

Die »lebendige Gerechtigkeit« in der Geschichte bringe sich allerdings nicht so zum Ausdruck, wie man es sich in kurzsichtigen Gedanken vorstelle, denn nicht das Gute, das Recht und die gerechte Sache würden triumphieren, der Mechanismus sei ein anderer, schrieb Althaus weiter:

> »Das Junge, Wachsende steigt über das Alternde, Satte empor, das Gesunde über das Morsche, der Wille über die Trägheit.«[247]

In einer Fußnote erinnerte Althaus an dieser Stelle an den Einbruch der Germanenstämme ins römische Weltreich und vertrat die Ansicht, dass solche gewaltsamen Völkerbewegungen die »innere Fortbewegung und Verjüngung« der menschlichen Kultur bedingt hätten.[248] Diese Entwicklungen seien nicht mit den »sittlichen Gesetzen des Einzellebens« zu verwechseln, hierbei handle es sich um »umfassendere organische Lebensgesetze«. Dennoch rächten sich auch innerhalb des organisch Größeren die Verstöße gegen die »sittlichen Gesetze« furchtbar. So könne ein Volk die »Stunde des Aufwachens« verpassen, aber auch die »Stunde zu einem Krieg«. Niemals würden sie diese Chance wieder bekommen, es sei dann schlicht zu spät.[249]

Einschränkend hielt Althaus fest, dass niemals »brutale, massive, materielle Macht als solche auf die Dauer« empor führen würde. Denn »willkürliches, frivoles Zertreten fremden Lebens aus bloßer Macht-

---

[246] Dazu zählte Cordes auch die »Sünde gegen das sechste Gebot [...] Geburtenrückgang, die Alkoholseuche, das Versinken in verweichlichendere Kultur und sattem Wohlleben, die Selbstsucht einzelner Stände und Parteien«. CORDES, Pazifismus, 1918, S. 453.
[247] ALTHAUS, Pazifismus, 1919, S. 453.
[248] Ebd., S. 453, Anm. 1.
[249] Ebd., S. 454.

gier und schrankenlosem Ausdehnungstrieb habe sich immer gerächt.« Gewaltherrschaft ohne den »geschichtlichen Beruf und die sich bewährende Tüchtigkeit« würden immer scheitern. Und wieder finden wir in den Fußnoten den entscheidenden Hinweis auf die Einschätzung seiner politischen Gegenwart. Er prognostizierte, dass dies den Siegermächten passieren werde: »Kraft unerbittlicher, geschichtlicher Lebensgesetze wird sich die furchtbare und brutale Vergewaltigung Deutschlands durch seine Feinde an ihnen rächen. Sie ist geschichtliche Schuld. Aber es ist fromme Sinnlosigkeit, wenn man den Gegnern mit dem Hinweis auf die Liebesethik und Jesus kommt.«[250]

Als »moralisches« Regulativ vertraute Althaus interessanterweise vollkommen auf wirtschaftliche Faktoren: Die Rücksichtnahme auf die anderen Völker würden sich durch das Lebensinteresse des eigenen Volkes ergeben, denn die Völker seien »biologisch« aufeinander angewiesen. »Zügellose Machtpolitik« würde das Vertrauen zerstören und zersetze schließlich auch die Macht.[251]

Mit seinem »biologisch« orientierten Begriff von »Gerechtigkeit« war er überzeugt, nicht etwa einem »nackten Naturalismus« zu folgen. Es sei völlig klar, dass es sich bei dem, was sich in der »lebendigen Geschichte zeige«, nicht um ein »schrankenloses Sich-Ausleben« der Völker im Drange zu wachsen und zu herrschen handle.[252] Sein Gerechtigkeitsbegriff umschloß »Recht« und »Macht« als sich gegenseitig bedingende Kräfte. Althaus nahm sie nicht als Gegensätze wahr, sondern bemerkte, dass sie im wirklichen Leben in Wechselbeziehung stünden. »Recht« habe kein Recht auf Geschichte, wenn es sich nicht mit dem »starken Willen, der sich zum ihm bekenne, verbunden sei.

> »Ein großes Volk, das nicht mit entschlossenem Willen und aller Kraft hinter seinem geschichtlichen Rechte steht, sondern sein ›Recht‹ von der Gerechtigkeit anderer würdelos erwartet, verwirkt eben damit seine geschichtlichen Rechte und hat den Gewaltfrieden, mit dem man es in Fesseln schlägt, nur verdient. Das ist die harte, aber gesunde und männliche Gerechtigkeit der Geschichte.«[253]

---

[250] Ebd., Anm. 2, S. 454f.
[251] Althaus schrieb, dass die Völker »schon rein durch *biologische* Verhältnisse« aufeinander angewiesen seien, führte aber nicht aus, was er unter biologisch verstand. Es liegt nahe, dass er hier die geografischen Gegebenheiten meinte, wie Zugang zu Wasser, Anbauprodukte und Erdschätze und nicht etwa die Vermischung der Völker, die er ja niemals befürwortet hat. Hervorhebung v. der Autorin, ebd.
[252] Ebd., S. 455.
[253] Ebd., S. 456, Anm. 2.

Mit diesem Gerechtigkeitsbegriff ließ sich für Althaus nun auch ein Sinn in den Kriegen der Weltgeschichte erfassen. Selbstverständlich schränkte er sofort ein, dass er damit keineswegs etwa »willkürliche durch dynastische Herrschsucht und rohe Raubgier hervorgerufene Kriege« zu rechtfertigen gedenke.[254] Konflikte entstünden, so seine schlichte Erkenntnis, die er aus der »Wirklichkeit« lerne, überall dort, wo »Willen und die Lebensansprüche und die noch ungelebten Möglichkeiten aufeinanderstoßen, einander durchkreuzen und ausschließen.«[255] Auch wenn sich dies oftmals als eine Tragik in der Menschheitsgeschichte darstelle, seien diese Zusammenstöße organisch bedingt und daher elementar, weil dabei das »Recht des wachsenden jungen Lebens« in das »Recht des Bisherigen« einbreche.

6.4 Volk und »geschichtlicher Beruf«

Kein Volk habe von Anfang an Klarheit über seinen »geschichtlichen Beruf«. Es sei jedes Mal eine große Stunde im Volksleben, wenn ein Volk aufs neue vor der Frage nach seiner geschichtlichen Aufgabe, nach seinem Recht auf Entfaltung und Zukunft stünde. Bei »untergeordneten Dingen«, bei Interessensgegensätzen möge da ein Völkergericht durch Ausgleich manch einen Konflikt verhindern und Missverständnisse beseitigen. Aber wenn es um die »großen Wende- und Wetterstunden in dem Leben der Völker« gehe, sei ein Völkergericht nicht der richtige Schiedsrichter. Mit großer Bewunderung berief sich Althaus auf einen Text seines Freundes Emanuel Hirsch mit dem Titel *Pazifismus*, der 1918 erschienen war:

> »Das ist nun der Streit, den keine menschliche Vernunft in rechnendem Abwägen gerecht entscheiden kann. Wieweit hat das eine Volk ein Recht, seine Art auszuleben, wie weit soll sich neben ihm und vielleicht machtvoller als es das andere entfalten? Wer begrenzt den beiden, den vielen, die nach der Macht, ihr Können zu zeigen, verlangen, die Gebiete ihres Schaffens.«[256]

Das »Recht« eines Volkes, das im Werden begriffen sei, seinen »Beruf« und seine Lebenskraft bereit ist zu entfalten, könne genauso wenig rational festgestellt werden, wie die Situation eines Volkes, das innerlich

---

[254] Ebd., S. 457.
[255] Ebd., S. 458.
[256] Hirsch, Pazifismus, 1918, zitiert in: Althaus, Pazifismus, 1919, S. 459.

morsch geworden und zum Fallen verurteilt sei. Jämmerlich und lächerlich sei es zu versuchen, hier einen »billigen« Ausgleich zu finden. Das bedeute schlicht eine »Vergewaltigung des lebendigen Rechtes, das sich in der Geschichte durchsetzt.« Manchmal verlaufe ein solcher »Wettbewerb« über Jahrhunderte hinweg friedlich, doch es gäbe auch Momente, in denen die Völker plötzlich vor eine geschichtliche Entscheidungsfrage gestellt seien.

> »Dann faßt sich, was sonst im Wettstreite von Generationen ausgetragen würde, in das ungeheure Ringen eines Geschichtlichen Momentes zusammen. Das ist der Krieg. Und die Entscheidung des Krieges ist gerecht. Die lebendige Gerechtigkeit der Geschichte setzt sich in ihm durch.«[257]

Nicht die landläufige Schulstubenmeinung von Gerechtigkeit sei hier gemeint, es ginge vielmehr um eine »unverbrüchliche Gerechtigkeit«, in der Althaus »den Herrn der Geschichte selber gegenwärtig« spürt.[258] Es gewinne nicht die »gerechte Sache«, sondern der zum »geschichtlichen Leben Tüchtige« wird empor geführt. Entscheidend im Krieg sei nicht nur die rohe Kraft, sondern auch Geist und harter Wille sowie die »Urgebundenheit einer unverbrauchten, unvergifteten Volkskraft«. Ideologische Schützenhilfe fand er auch hier wieder im *Pazifismus*-Aufsatz von Hirsch:

> »Die unerbittliche Gerechtigkeit des Krieges ist höher und besser als jede, die wir uns auszudenken vermöchten. [...] Der Krieg bringt einen Staat so weit zu Macht und Ehren, als er den Beruf hat zur Herrschaft. Das ist die große Gerechtigkeit des Krieges. [...] Sein Leben und seine Zukunft kann kein gesund empfindendes Volk von menschlichem Schiedsspruch abhängig machen. Die letzte Entscheidung über sein Geschick soll und darf es empfangen wollen aus den Händen des Herrn der Geschichte selbst.«[259]

Mit dieser Argumentation stellte Althaus den Krieg ausdrücklich in die Nähe der alten Idee vom »Gottesurteil« und verlieh ihm und all seinen Unmenschlichkeiten damit eine unantastbare Heiligkeit. Dass die Entscheidung, die der Krieg gebe, gerecht sei, vertrat Althaus auch in Bezug auf die Niederlage Deutschlands im Ersten Weltkrieg. Frankreich sei ja nur dem Scheine nach Sieger und es handle sich hier keineswegs um ein »Emporsteigen des Tüchtigen über das Morsche«, dies werde sich in den kommenden Jahren noch zeigen. In diesem Weltkrieg

---

[257] Ebd., S. 460.
[258] Ebd..
[259] HIRSCH, Pazifismus, 1918; zitiert in: ALTHAUS, Pazifismus, 1919, S. 461.

sei es um die Entscheidung zwischen Deutschland und den angelsächsischen Ländern gegangen, ob neben der angelsächsischen Weltmacht auch Deutschland »selbstständig die Geschichte« und ein »Stück Welt« gestalten dürfe. Die deutsche Niederlage sei geschichtlich gerecht, meinte Althaus, denn der Krieg habe zutage gebracht, dass den Deutschen die Fähigkeit zur Weltpolitik und wichtige, für ein »führendes Volk unentbehrliche Eigenschaften« fehlten, zumindest noch fehlten. Die Niederlage sei die gerechte Quittung für das völlige Versagen der deutschen Politik seit 1890, die deutsche Unfähigkeit, »entscheidende geschichtliche Augenblicke« zu erkennen, die »jammervolle Enge des Blicks«, die »Zwiespältigkeit und Unstetigkeit des politischen Wollens«. Die »Unreife und Unzulänglichkeit« des deutschen Staates schließe ihn durch die Entscheidung des Krieges vorerst aus der Reihe der führenden Staaten aus.[260]

Althaus fügte nach diesem Urteil über Deutschland noch einen weiteren Aspekt seines Gerechtigkeitsbegriffes ein. Nach seiner Vorstellung waren die »geschichtliche Wirklichkeit« und ihre »Gerechtigkeit« – auch wie sie sich eben im Ersten Weltkrieg gezeigt habe – nicht rationalisierbar, sie seien höher denn alle Vernunft und alle Berechnungen. Denn es sei gerade in der Irrationalität der Völkergeschichte und ihrer Gegensätze der »Herr der Geschichte« selbst spürbar. Gott selbst lasse die Völker kommen und gehen, steigen und fallen nach seinem freien, schöpferischen Willen und seinen »geschichtsimmanenten unverbrüchlichen Gesetzen«. Althaus war überzeugt, dass der Krieg nicht ein Bruch mit dem Recht unter den Völkern bedeutete, sondern gerade dem Durchsetzen des in der Geschichte »lebendigen Rechts« diente. Er verwehrte gleich, dass er nicht etwa den Krieg »preise«, sondern diesen mit tiefem Ernst begreife und sich dabei auf die in dem »geschichtlichen Leben mächtige waltende Gerechtigkeit besinne«. Damit wendete er sich gegen die Kritik der deutsch-evangelischen Pazifisten wie beispielsweise Johann Gottlieb Cordes. Sie lehnten die Vorstellung, dass der Krieg Teil einer gottgewollten Ordnung sei, natürlich ab.[261]

---

[260] Ebd., S. 461, Anm. 2.
[261] Ebd., S. 462.

6.5 Die Völkergemeinschaft: Eitle Schwärmerei wider Gottes Walten

Zum Schluss seines Aufsatzes zum Pazifismus rekapitulierte er nochmals, dass der Pazifismus die Völkerbeziehungen nur scheinbar durch das Aufrichten einer Rechtsordnung sittlich verbessere. In Tat und Wahrheit sei es einfach eine »Vergewaltigung der lebendigen geschichtlichen Gerechtigkeit«. Niemals könne der Pazifismus deswegen eine sittliche oder gar christlich-sittliche Pflicht zur Mitarbeit einfordern. Vielmehr sei der »pazifistische Eifer«, die Geschichte zu reglementieren, schwer mit der Ehrfurcht des Christen vor dem »lebendigen gerechten Walten Gottes in der Geschichte« zu vereinen.[262] Er betonte ausdrücklich, dass für ihn zwischen einer christlichen Ethik und der pazifistischen Weltvorstellung keine Beziehung bestünde.

In dieser Logik lehnt Althaus denn auch die Etablierung eines Völkerbundes entschieden ab und hat für die Befürworter nur scharfe Worte. Es sei eine Art Messiasglaube für den Völkerbund entstanden, der die durch den Krieg leidgeprüften Menschen mit Forderungen eines »Weltgewissens« mobilisiere. Die Befürworter des Völkerbundes wollen eine »Ethik« in die Geschichte der Völkerbeziehungen einbringen und sehen im vorausgegangenen Krieg den einzig erträglichen Sinn darin, dass nun die Menschen und ihre Regierungen reif seien für den Abbau bisheriger Politik und die Begründung des Völkerbundes. All dies lehnte Althaus mit großer Gewissheit für seine eigene Wahrheit als »eitle Schwärmerei« ab und sah darin nur den »Mißbrauch sittlicher Begriffe«.[263] Zumal doch kein Völkergericht nach »Recht und Gerechtigkeit« entscheiden werde, denn es würden sich immer die Interessen der mächtigsten Staaten oder des Staatenblockes durchsetzen, der die größte wirtschaftliche und kulturelle Einflußsphäre und Einflußkraft verfüge. So werde schließlich im Namen des Rechts Gewalt herrschen, und der einzig sittliche Fortschritt sei, dass die Menschheit besser lerne zu lügen. Es möge sein, dass der Völkerbund momentan einen politischen Zweck habe, er entspreche aber genauso wenig wie der Pazifismus der christlichen Ethik.[264]

Schließlich wandte sich Althaus auch gegen die Idee einer Völkergemeinschaft, die sich zudem als ethisches Ideal begreift. Wenn der Pazi-

---

[262] Ebd., S. 463.
[263] Ebd., S. 466.
[264] Ebd., S. 448.

fismus für eine Kulturentwicklung in Richtung internationaler Lebensgemeinschaft einstünde, entspreche dies nicht per se einer christlichen Ethik, sondern sei ein kulturphilosophisches Werturteil. Andere wie er sähen in dem »kraftvollen Eigenleben eines Volkes, in der Wahrung seiner Identität und Selbstständigkeit, das wertvollste Gut der Geschichte,« beurteilten die pazifistischen Ideen als eine Verarmung des geschichtlichen Lebens und hielten das Aufgeben der nationalen Eigenart für einen schweren Schaden. Keine dieser beiden Positionen könne sich auf christlich-sittliche Argumente stützen, denn es handle sich hier um eine kulturphilosophische Frage. Diese Betrachtung ermöglichte es Althaus den Schluss zu ziehen, dass es nicht richtig sei, im Namen der christlichen Ethik für den Pazifismus zu werben.[265] Christen seien vielmehr das Gewissen ihres Volkes.

Ein christliches Leben geht bei Althaus ganz in seinem Volke auf bis hin zur völligen Opferbereitschaft im Falle eines Krieges. Gerade darin könnten sich Christen als Jünger Jesu erfahren. Sie sollen sich unter die Geschichtsgesetze mit der Brutalität des irdischen Lebens beugen mit »männlichem Ernst« wie unter eine Gottesordnung, auch wenn sie die Auswirkungen mit dem Gefühl erleben, dass hier die Mächte des Widergöttlichen, des Teufels, am Werke seien. Nur der Glaube an »Gottes ewiges Reich der Liebe, Gerechtigkeit, Unschuld und Seligkeit« ließe die Menschen die furchtbare Wirklichkeit eines Krieges dann innerlich ertragen.[266]

6.6 Neue Beziehung von Religion und Volkstum

In der Ausnahmesituation des Krieges traten plötzlich Wünsche, Hoffnungen, Ängste und Interessen, die das Denken und Handeln großer Teile des deutschen Volkes bestimmten, sehr viel deutlicher hervor als in Friedenszeiten. Die Hemmungslosigkeit, mit welcher der Krieg als »Erlösung«, als Rettung aus einer offenbar tief empfundenen Ausweglosigkeit, als Überwindung der für unlösbar gehaltenen gesellschaftlichen Gegensätze begrüßt wurde, warf ein scharfes Licht auf die politischen, sozialen und geistigen Verhältnisse Deutschlands vor 1914. Darüber hinaus stand der Versuch, 1918/19 in Deutschland eine demokratische Staats- und Gesellschaftsordnung zu schaffen, durch die

---

[265] Ebd., S. 473.
[266] Ebd., S. 474f.

militärische Niederlage, die schwierigen Friedensverhandlungen und die wirtschaftliche Not unter einer erheblichen Vorbelastung. Auch wenn einige Intellektuelle und Politiker, die sich noch aktiv an der Kriegspublizistik beteiligt hatten, der republikanischen Verfassung zustimmten, waren die konservativen Wert- und Zielvorstellungen von »Volksgemeinschaft«, »Führung« und »Ordnung« für eine große Mehrheit noch ein verpflichtendes Erbe, das im scharfen Gegensatz zu den Grundprinzipien der parlamentarischen Demokratie stand.[267] Die nationalen Kräfte konnten in ihrem Kampf gegen die Weimarer Republik daran genauso anknüpfen wie an den Ideen von »deutscher Kultur«, »Lebensraum« und »Weltmacht«.

Althaus unterfütterte diese Wertvorstellung mit einer theologischen Komponente: Ein Christ sei nie nur Teil seines Volkes, sondern immer auch Bürger des Gottesreiches. Das bedeute aber nicht, dass Christen im irdischen Leben über die Gegensätze der Rassen und Nationen hinweg gehen könnten. Solche »Unnatur und Unwahrheit« würde sich auf jeden Fall rächen, meint Althaus. Nur über das Gebet und den Glauben sei der Einzelne mit dem Gottesreich verbunden.[268] Das Erleben der über die Grenzen hinweg bestehenden christlichen Gemeinschaft dürfe nie dazu verleiten, zur falschen Zeit die »Hand zur Verständigung« zu reichen, denn man müsse wissen, dass ein »Kampf ganz durchgekämpft werden muss«. Aber man dürfe das Vertrauen haben, dass auch die Christen der feindlichen Staaten mit »dem gleichen selbstlosen Ernste der Treu und des Opfers zu ihrem Volke« stünden und dass auch sie unter dem Dualismus von »Reich Gottes und Weltgeschichte« litten. Über eine solche »Bruderhand des Vertrauens« könnten schließlich internationale christliche Arbeitsgemeinschaften entstehen, die sich um die Linderung der Not der Gefangenen und Verwundeten kümmern. Dabei würden sie das eigene Volk nicht verleugnen müssen, wie es der Pazifismus verlange. Christliche Ethik bestand für Althaus darin, sich in den Dienst von Gottes Willen zu fügen und ihm zu dienen.[269]

Wie Hirsch hatte damit auch Althaus ein elastisches und anpassungsfähiges Beziehungsmodell von Religion und Volkstum bzw. Staat und Kirche entwickelt. Sein Modell erlaubte es ihm, sich ge-

---

[267] Jeffrey Verhey zeigt in seiner Gesamtdarstellung zum Phänomen »Geist von 1914«, wie es trotz der Niederlage gelang, einen nationalen Mythos in die Welt zu setzen: Unter dem Namen »Volksgemeinschaft«, so Verhey, sei der »Geist von 1914« durch die Weimarer Republik gespukt. VERHEY, Geist, 2000.
[268] ALTHAUS, Pazifismus, 1919, S. 475.
[269] Ebd., S. 477.

genüber dem Religiösen Sozialismus abzugrenzen, indem er auf der Verschiedenheit beider Größen beharrte. Gleichzeitig betonte er – im Gegensatz zur dialektischen Theologie, die in ihrem Gottesverständnis von einer geschichtlichen Wirklichkeit absieht –, auf welche Weise christlicher Glaube und jeweilige Wirklichkeit aufeinander verweisen. Allerdings war dieses Modell mit einer gefährlichen Ausweitung der neulutherischen Ordnungslehre erkauft. Indem das Volk bzw. die völkische Gemeinschaft in den Rang einer Schöpfungsordnung erhoben wurde, schossen völkisch-nationale Gesichtspunkt in die theologische Reflexion ein, die später Grundlage für das »Erlanger Gutachten zum Arierparagrafen« und für den »Ansbacher Ratschlag« wurden. Die politischen Entscheidungen, die Althaus 1933 und 1934 fällte, waren tendenziell schon hier angelegt und später in seiner »Theologie der Ordnung« systematisch näher begründet.

Paul Althaus gehörte somit zu jenen Theologen, die sich im Gefolge des Ersten Weltkriegs und der Revolution von 1918 zu den frühen Lehren Luthers hinwandten, um auf eine Wiedergeburt der kriegs- und revolutionszerstörten deutschen Nation aus dem Geist des jungen Luthers hinzuarbeiten. Luthers frühe theologische Schriften erhielten in diesen Kreisen zunächst unter historischer Perspektive eine Zuwendung, gewannen dann aber für die theologische Orientierung überhaupt Bedeutung und wurden für die Interpretation und Bewältigung der eigenen Gegenwart aktualisiert. In dem Interesse an der Theologie Luthers berührte sich diese Strömung der sogenannten Lutherrenaissance mit der frühen dialektischen Theologie eines Karl Barth.[270] In der näheren Gestalt dieses Interesses freilich und vollends in der auf das nationale Geschick Deutschlands bezogenen Aktualisierung Luthers trat sie zu ihr schließlich in einen klaren Gegensatz.

---

[270] Siehe FISCHER, Theologie, 1992, S. 54–75.

7 Weimarer Republik: Nach dem Krieg ist vor dem Krieg

Althaus plädierte immer wieder für einen kraftvollen Neubeginn der evangelischen Kirche – *Feuer* oder *Ewige Jugend* heißen Broschüren aus den Anfangsjahren der Weimarer Republik[271] – und argumentierte dabei von Anfang an sowohl auf ethischer als auch dogmatischer Grundlage. Seine ethischen Überlegungen zum Ringen um das deutsche Volk beinhalteten von Anfang an eine Kritik am neuen Staat, der ihm in der sozialen und in der nationalen Frage wie gleichermaßen zu versagen schien.[272] Gleichzeitig entwickelte er in seinen dogmatischen Ausführungen eine theologisch wirksame Verknüpfung von christlicher Endzeitvorstellung mit einer für ihn typischen Geschichtsideologie. Beide Entwicklungen, die eingehend beleuchtet werden, sind von grundlegender Bedeutung, um seine spätere Zustimmung zum Führerstaat und seine Akzeptanz bzw. seine Befürwortung von diskriminierenden Maßnahmen gegenüber Juden zu verstehen.

7.1 Politische und theologische Positionierung

Kurz nach dem Ersten Weltkrieg polemisierte Althaus in einem Text über die »schamlose Selbstpreisgabe der Deutschen« und forderte die Kirche auf, Stellung gegen das »erpresste Schuldbekenntnis« und »Verbrechen von Versailles« zu nehmen. Seine Tirade über die Scham der Niederlage zitierte er selbst nochmals 1933 in seinem Buch *Die deutsche Stunde* und ergänzte hier, dass die Weimarer Republik dazu herausgefordert habe, die traditionell lutherische Unparteilichkeit in politischen Dingen zu überdenken. Luther selbst bezog sich in späteren Jahren in seinen Ausführungen zur Unparteilichkeit dabei auf Römerbrief 13, in dem Paulus absoluten Gehorsam gegenüber der Obrigkeit forderte.[273]

Leidenschaftlich ergriff Althaus in der Weimarer Republik Partei. Der neue Nationalismus, der sich durch das Erlebnis des Ersten Welt-

---

[271] ALTHAUS, Feuer, 1921; ALTHAUS, Feuer, 1920.
[272] ALTHAUS, Sozialismus, 1921; vgl. dazu auch SPARN, Althaus, 1997, S. 5f.
[273] ALTHAUS, deutsche Stunde, 1933, S. 18.

krieges zu legitimieren versuchte sowie das in den zwanziger Jahren aufkommende völkische Gedankengut nahmen seine Aufmerksamkeit vollkommen in Anspruch. In diesem Geistesklima suchte er eine Klärung seiner theologischen Position. Dem Willen zur nationalen Selbstbehauptung glaubten damals viele Deutsche Ausdruck geben zu müssen, sie glaubten auch, dass die Würde und Ehre der Nation nur dann als gesichert gelten würde, wenn eine gefestigte Wehrhaftigkeit zu ihrer Verteidigung bereitstünde. Humanität, Pazifismus und eine friedliche Ordnung der Völkerwelt verloren an moralischer Wirkungskraft gegenüber dem Streben nach nationaler Ehre.[274]

Eine weitere politische Positionierung nahm Althaus in dem 1921 veröffentlichten Buch *Religiöser Sozialismus* vor. Er behandelte darin *Grundfragen der christlichen Sozialfragen* und übte scharfe Kritik am liberalen, anonymen und internationalen Wirtschaftssystem, das in seiner Ausrichtung nach Rentabilität und Expansion die Arbeit des Einzelnen entwerte und die Interessen der Gesellschaft übergehe. Auch wenn er keineswegs zu den Anhängern des Religiösen Sozialismus zu zählen ist, so fand er darin dennoch einen Anknüpfungspunkt für seine eigene Ideologie. Der Solidaritätsgedanke im Sozialismus zeige die Notwendigkeit, dass nicht individuelle Bedürfnisse die Richtlinie sein können, sondern dass es in der Gesellschaft eine strukturelle Ordnung brauche, die auf das Gemeinwohl ausgerichtet ist.[275] Den christlich-sozialen Aspekt habe im übrigen schon Adolf Stoecker vertreten, dessen Kapitalismuskritik seiner Ansicht nach von der offiziellen Kirche viel zu wenig – Althaus sprach von einer »verpassten Schicksalsstunde« – aufgenommen worden sein.[276] Althaus war aber in Anlehnung an Luther fest davon überzeugt, dass Angesichts der Sündhaftigkeit des Menschen verbindliche Ordnungen in einer Gesellschaft notwendig seien und deren Träger der Staat mit seinen Gesetzen sein müsse.[277] An diesem Punkt grenzte er sich ab: Der Religiöse Sozialismus glaubte an die Kraft der Liebe, die als Botschaft von Jesu den christlichen Glauben begründet hatte und durch

---

[274] Sontheimer beschreibt, wie das Kriegserlebnis als Politikum gegen den Pazifismus instrumentalisiert wurde. In der Enttäuschung über die Republik wurde das Kriegserlebnis retroperspektiv umgedeutet. An dieses gemeinschaftliche Erlebnis knüpfte man nun alle die Visionen, die man sich von einem neuen Staat erhoffte. SONTHEIMER, Denken, 1994, S. 109.
[275] ALTHAUS, Sozialismus, 1921, S. 34.
[276] Ebd., S. 52.
[277] Ebd., S. 34f.

welche die Sünde überwunden und rechtliche Ordnung entbehrlich werde. Für Althaus konnten menschliche Beziehungen hingegen nur durch feste, verbindliche Ordnungen funktionieren, die eine »Berechenbarkeit und Stetigkeit des geschichtlichen Daseins in bestimmten Grenzen begründeten.«[278] Um die selbstsüchtige Art und zügellose Willkür der menschlichen Natur in Schach zu halten, war für Althaus eine Rechtsordnung unabdingbar.[279]

Neben dem Wohl der Gemeinschaft und seiner Ordnungstheologie führte Althaus hier auch eine Auseinandersetzung zu den Menschenrechten und der Idee der Gleichheit, die für sein völkisches Verständnis und seine Akzeptanz von Ungleichheit von einzelnen Menschen vor dem Gesetz von Bedeutung war.

> »Im übrigen aber entstellt die Verbindung demokratischer Gleichheitsideale mit Jesus das Evangelium in seiner religiösen Art empfindlich. Die Liebe des Evangeliums ist Wille zur Gemeinschaft, aber nicht Wille zur Gleichheit.«[280]

Althaus wies die für die westeuropäische Sozialphilosophie als grundlegend unterstellte Vorstellung scharf zurück, dass sich aus dem christlichen Freiheitsgedanken Forderungen der bürgerlichen und gesellschaftlichen Freiheit und Gleichheit ableiten ließen. Die Idee, dass die »Menschenwürde, die Gottes Erwählung jedem gibt« durfte in seinem Weltbild nicht einfach als »demokratisches Staatsideal der Gleichheit« umgedeutet werden.[281] Zugespitzt lässt sich folgern, dass für Althaus Menschenwürde nur als Gnade erfahren und nicht als bürgerliches Recht eingefordert werden kann.

In seinem antidemokratischen Denken folgte er letztlich einem ständischen Bewusstsein, worin konkrete Lebens- und Arbeitszusammenhänge den Platz des Einzelnen bestimmten und auch seine Abhängigkeiten zum Ausdruck kommen. Dieses organische Verständnis von Differenz in Stand und Abhängigkeit entsprach Althaus mehr, als das, was er als das demokratische Staatsideal wahrnahm: Die Demokratie wurzelte mit ihren »abstrakten Gleichheits- und Menschheitsgedanken« in der Aufklärung, und gerade dies empfand Althaus als einseitig individualistisch und unorganisch.[282] Althaus war sich der Folgen der

---

[278] Ebd., S. 35.
[279] Ebd., S. 36f. An dieser Stelle pathologisierte Althaus die Abneigung des religiösen Sozialismus gegenüber Macht und Staat als »krankhaft«.
[280] Ebd., S. 49.
[281] Ebd., S. 48.
[282] Ebd., S. 49.

Industrialisierung und der fortschreitenden Arbeitsteilung durchaus bewusst. Daraus folgte bei ihm kein Impuls, die Missstände zu verändern, im Gegenteil, er nahm sie schicksalhaft an, als Prüfung vor Gott. So schrieb er:

> »Unser Jahrhundert muss diese Lasten [des Kapitalismus] tragen und kann sich nicht entziehen. [...] Wir *sollen* an diese Grenzen stoßen und unter diesen weithin unabwendbaren Lasten seufzen. Sie gehören zu dem, was hier die einzelnen, dort ganze Kulturen an ihre Erdgeborenheit und Vergänglichkeit erinnern und uns vor Gott, dem allein Lebendigen und Freien, tief demütigen soll. Wir bleiben hierzulande doch alle die Gebundenen und tragen Sklavenketten.«[283]

Sein organisches Staatsverständnis übertrug er, wie auch in früheren Texten, auf das Machtverständnis zwischen Staaten.[284] Auch wenn es die Aufgabe der christlichen Kirchen sei, über den Nationalismus hinaus zu menschlichem Denken zu führen, so zeige die Lebendigkeit der Geschichte, dass die großen Völker in der Geschichte einem ständigen, organischen Wandel ihrer Lebens- und Machtbeziehungen unterworfen seien. Darin seien auch die Grenzen der »allgemeinen Normen« der internationalen Gerechtigkeit zu erkennen. Diese Normen »werden zur vollendeten Ungerechtigkeit, wenn sie das Leben selber meistern und die Lebendigkeit bannen wollen. Jedes Volk hat seine Zeit, seine Kraft, seinen Beruf.«[285] Da die Geschichte – davon war Althaus völlig überzeugt – keinesfalls nach dem demokratischen Prinzip der Gleichheit und Gleichberechtigung verfasst sei, könne es auch nicht die Aufgabe des Christentums sein, sich selbst und die Völker über die Lebensgesetze der Geschichte hinwegzutäuschen.[286] Die Berufung eines Volkes betrachtete er schließlich als eine transzendente Frage, gleich einer schöpferischen Tat: Im Idealfall wurde dabei die göttliche Prädestination vom Volk erkannt und von einem tatkräftigen Willen bejaht.[287] Ethisches Handeln konnte in dieser Ideologie nicht an der Verwirklichung der allgemeinen Grundsätze der internationalen Gerechtigkeit abgelesen werden, sondern sie bestand »in der Strenge und dem Mute des Gehorsams gegen den ernstlich geprüften geschichtlichen Beruf des Volkes.«[288] Daran schloss sich dann auch Althaus' Kriegsideologie nahtlos an.

---

[283] Ebd., S. 57f.
[284] Vgl. auch ALTHAUS, Pazifismus, 1919.
[285] ALTHAUS, Sozialismus, 1921, S. 61f.
[286] Ebd., S. 62.
[287] Ebd., S. 65f.
[288] Ebd., S. 66.

In *Staatsgedanke und Reich Gottes* vertiefte Althaus 1923 seine politische Theologie und versuchte die strukturellen Aspekte des christlichen Handels zu bestimmen.[289] Dabei orientierte er sich nicht an vertragsorientierten Staatsmodellen, wie sie sich in Westeuropa und den USA entwickelten, sondern griff auf eine deutsch-nationale Tradition zurück, wie sie von Johann Gottlieb Fichte bis Georg Friedrich Wilhelm Hegel, über Leopold von Ranke bis hin zu Otto von Bismarck zum Ausdruck kam. Theologen wie Althaus suchten in dieser Zeit nach einer präzisen Verhältnisbestimmung von Reich Gottes und den tatsächlich vorfindbaren Gemeinschaften, die sowohl deren Unterscheidung wie ihrer Einheit gerecht wurde.[290] Althaus ging es seiner Überzeugung nach weniger um den »Inhalt« des Reich-Gottes-Gedankens als vielmehr »um sein Verhältnis zur Geschichte, zum Kulturwerk der Menschheit, zu Recht und Staat«. Auffällig sind hier wieder die allgemeinen Formulierungen, mit denen Althaus von »Recht und Staat« redete. Sein theologisches Urteil fasste er nicht in Bezugnahme auf eine konkrete »Verfassungsform«, sondern auf die »Heiligkeit des Rechts- und Staatsgedankens überhaupt«[291], seine theologische Kritik an den politischen Verhältnissen blieb damit immer ein Stück im Unkonkreten und Allgemeinen.

Die Weimarer Republik ablehnend, entwickelte er seine eigene Vision von einem Volks- und Führerstaat, dessen kämpferische Ausrichtung er ein wenig durch die lutherische Zwei-Reiche-Lehre zu relativieren suchte. Sein Rückgriff auf deutsch-nationale Staatsideologien implizierte in seinem Verständnis keine konservative Rückbesinnung auf frühere Zustände, im Gegenteil, er verstand sich mit seinen ethisch-politischen Ideen als Modernisierer.[292]

---

[289] ALTHAUS, Staatsgedanke, 1931.
[290] Für andere Theologen wie Karl Holl, Emanuel Hirsch und Heinz-Dietrich Wendland ausgearbeitet bei THAMER, Verstaatlichung, 1989, S. 232ff.
[291] ALTHAUS, Staatsgedanken, 1931, S. 17.
[292] ALTHAUS, Krisis der Ethik, 1926. Zur Debatte um die Legitimität der Weimarer Reichsverfassung in der Theologie wie hier bei Althaus grundlegend: THAMER, Verstaatlichung, 1989.

7.2 Eine dogmatische Moral von Unterwerfung und Gehorsam

Einen großen Teil seiner theologischen Forschung widmete Althaus der sogenannten Eschatologie. Es lohnt sich auch einen Blick auf diesen vordergründig theologischen Diskurs zu werfen, denn er gibt einen tieferen Einblick in Althaus' Menschen- und Weltbild sowie sein Geschichtsverständnis. Seine Theologie und die darauf basierende theologische Forschungsliteratur ist ohne tiefere theologische Kenntnisse kaum zu durchdringen. Mit dem Fokus auf das, was für das Verständnis von Althaus' Menschenbild und Geschichtsverständnis relevant ist, wird dieser sonst fast ausschließlich innertheologisch geführte Diskurs hier in einer Art Übersetzungsarbeit zugänglich gemacht.

Seinen hohen Rang und große Wirkungskraft als systematischer Theologe hat Althaus weniger seinen staatspolitischen Vorstellungen zu verdanken, sondern vielmehr seiner Neubegründung der Eschatologie. 1922 veröffentlichte er ein Buch mit dem Titel *Die letzten Dinge. Entwurf einer christlichen Eschatologie*, ein Werk, das 1970 seine zehnte Auflage erleben sollte.[293] In theologiegeschichtlichen Arbeiten wird diesem Werk die gleiche Bedeutung wie dem Römerbrief von Karl Barth zugestanden.[294] Mit dieser Fassung der *Eschatologie*, die später noch Abwandlungen erfahren hat, vollzog Althaus einen wichtigen Schritt zu seiner dogmatischen Gesamtkonzeption. Er argumentierte streng systematisch-theologisch, antwortete aber gleichzeitig auf spezifische Probleme und Bedürfnisse der damaligen Nachkriegssituation.[295] Verfolgt man die Entwicklung seiner eschatologischen Texte, so ist vor allem für den Zusammenhang dieser Studie ein Begriffswandel von Bedeutung: Während er sich bis 1945 fast ausschließlich der kollektiven Eschatologie widmete, die er auf das *Volk* und *Volkstum* bezog, öffnete er seinen Blick nach 1945 auch auf die individuelle Eschatologie und verwendete die neuen politische korrekten Begriffe *Mensch* und *Welt* und vermied die völkische Terminologie.[296]

---

[293] ALTHAUS, letzten Dinge, 1922.
[294] Barth selbst sah in Althaus eine Zeit lang einen seiner wichtigsten Gesprächs- und Streitpartner. SPARN, Althaus, 1997, S. 6.
[295] Einen fundierten Überblick zur Bedeutung von Althaus innerhalb der systematischen Theologie vgl. FISCHER, Theologie, 1992; zur Eschatologie Althaus' insbesondere S. 61–63.
[296] In seinem Beitrag zur RGG sprach er von der personalen, der universalen und der kosmischen Dimension der Eschatologie. Die Begriffe *Volk* und *Volkstum* tauchten nicht mehr auf, ALTHAUS, Eschatologie, 1956–1965, S. 8603.

Das theologisch mehrdeutige Wort Eschatologie – die *Lehre von den letzten Dingen* – wurde in der Religionsgeschichte meist als Synonym für Jenseitsvorstellungen benutzt.[297] Die Auseinandersetzung mit der Endzeit, wie sie in praktisch allen Religionen in unterschiedlicher Art und Weise zu finden ist, beeinflussen in ethischer Hinsicht den ganzen Lebenswandel eines Menschen, weil dieser für das jenseitige Los eine entscheidende Bedeutung hat.

Althaus beschrieb die christliche Eschatologie als die Lehre von den letzten Dingen, das heißt vom Ausgang und Ziel des Menschenlebens, der Menschheitsgeschichte und der Welt. Die Endzeitvorstellung fasste Althaus nicht nur als eine Spekulation über die letzten Dinge auf, sie war für ihn vielmehr im hohen Grade in einem religiösen Geschichts- und Zeiterlebnis verankert.

Grundsätzlich wird zwischen einer individuellen Eschatologie, womit das Endschicksal der Einzelnen gemeint ist, und der Lehre vom kollektiven Endschicksal der ganzen Menschheit und der Welt unterschieden. Zentraler Glaubenssatz der christlichen Eschatologie ist, dass das Reich Gottes, die Gottesherrschaft, mit der Menschwerdung Jesu bereits begonnen habe und nicht etwa in absolut ferner Zukunft liege. Die Gottesherrschaft wird dabei als Prozess begriffen. Im Himmel sei sie schon realisiert, in der Kirche werde sie immer dann spürbar, wenn diese sich in Gemeinschaft mit Christus begibt.

Geschichtliche Katastrophen und Krisenzeiten haben immer eschatologische Stimmungen ausgelöst, wie sie ihrerseits auch das wissenschaftliche Verständnis für die Eschatologie fördern. Die Zeit wird sowohl als Endzeit (chronos) wie als *end*gültig entscheidende Zeit (kairós) erlebt – im Leben des Einzelnen, des Volkes und der Menschheit. Während noch im 19. Jahrhundert die Eschatologie in der Theologie eine geringere Rolle spielte, brach sich das eschatologische Denken in der Zwischenkriegszeit neue Bahnen. Althaus' eschatologische Schriften standen in einem direkten Bezug zur damaligen Umbruchsituation und berührten sich mit dem wiedererwachenden Interesse an eschatologischen Fragestellungen im religiösen Sozialismus und der frühen dialektischen Theologie von Barth, auf die sich Althaus immer auch explizit bezieht.[298] Der Zusammenbruch des idealistischen Kultur- und

---

[297] Vgl. Begriff *Eschatologie* ebd., S. 8510–8619. Darin auch der Beitrag von Althaus zur religionsphilosophischen und dogmatischen Auffassung von *Eschatologie*, was sein Standing als Experte für Eschatologie bis zur heutigen Zeit markiert.

[298] ALTHAUS, letzten Dinge, 1922, S. 12.

Fortschrittsglaubens mit seiner tiefen Verankerung im Diesseitigen und die Erfahrung des Massensterbens im Ersten Weltkrieg brachten nun verstärkt Sinnfragen hervor, Fragen nach den *letzten Dingen* und dem *Jenseits der Seele* tauchten auf.[299] Diese Tendenzen nahm Althaus auf, und während beispielsweise die biblizistische Theologie eine finalistische Deutung der Eschatologie vorzog, bemühte sich Althaus um eine streng systematische Begründung der Eschatologie. Charakteristisch für Althaus war, dass er eine endgeschichtliche oder gar apokalyptische Eschatologie klar verneinte: »Die Eschatologie hat es ... nicht mit der Endgeschichte oder mit dem Geschichtsende, sondern mit dem Jenseits der Geschichte zu tun.«[300] Für Althaus ging es vielmehr um die Vollendung der Geschichte. In Abwandlung von Rankes bekanntem Votum verhielt sich in seiner Vorstellung jede Geschichtsepoche »unmittelbar zum Gericht Gottes«.[301]

Der Eschatologie von Althaus lagen eine axiologische und teleologische Argumentation zu Grunde. Mit der axiologischen Perspektive brachte Althaus den Aspekt der unmittelbaren Erfahrung des Ewigen im augenblicklichen Moment ins Spiel. Die Unmittelbarkeit wurde nicht aufgrund eigener Handlung erfahrbar, sondern einzig durch das Wirken Gottes. Dabei erfuhr der Mensch oder – Althaus sprach in den 20er Jahren immer das Kollektiv an – das »Volk« das Unbedingte im Bedingten und das Übergeschichtliche im Geschichtlichen. Diese unmittelbare Erfahrung bewirkte einen sittlichen Lebensimpuls und wandelte Zeit als Ort des Vergehenden zur Geschichte mit eschatologischer Tiefendimension.

In der teleologischen Ausrichtung seiner Eschatologie argumentierte Althaus mit dem gekreuzigten und auferstandenen Christus als Faktum und der darauf aufbauenden christlichen Hoffnung. Diese Erwartung bestehe darin, dass Gott die Menschheit vom Bösen erlöse und sie an seiner *Herrlichkeit* Anteil nehmen lassen werde.[302]

> »Beide Male entsteht die Eschatologie an der Christustatsache. Aber in einem Falle ist das ewige Leben Gegenwartsbesitz, in dem die Seele selig ruht, im andern Falle Hoffnungsziel, dem unser weltgebundenes Christenleben in hoher Spannung der Sehnsucht entgegendrängt. Dort erscheint die Zukunft als unmittelbar gewisse Behauptung des gegenwärtigen, zeit- und todüberlegenen Lebensstandes, hier als Vollendung, Entschränkung und Entspannung des in

---

[299] Vgl. FISCHER, Theologie, 1992, S. 62.
[300] ALTHAUS, letzten Dinge, 1922, S. 64f und 95.
[301] FISCHER, Theologie, 1992, S. 63.
[302] So auch in ALTHAUS, Eschatologie, 1956–1965, S. 8610.

sich selbst schmerzlich-paradoxen Christenlebens. Hier sind die Bekenntnisse kampfgeboren und kampfbewusst, dort reden sie die Sprache eines Sieges, in den jede Krisis aufgelöst ist.«[303]

Das christliche Bewusstsein war in Althaus' Vorstellung von der Erfahrung geprägt, dass alles Gegenwärtige, die Menschheit und die Welt voller Widerspruch und daher unvollkommen sei. Für ihn war alles Positive umgeben und durchsetzt von Negativem. Althaus glaubte auch nicht an eine christliche Hoffnung, die sich auf individuelle und innerweltliche Erlebnisse bezog, sondern schrieb alles dem Wirken Gottes zu. Und dieser göttliche Wille bestand im Althaus'schen Glauben darin, dass sich dieser Wille als Schöpfer und Herr dieser Welt in ihr durchsetzen wolle. Der Zeitlichkeit kam damit eine neue Bedeutung zu: Sie bedeutete Geschichte in Sinne einer gerichteten Bewegung, eines Schreitens auf ein Ende und ein Ziel hin, ein Herankommen des Letzten.[304]

Der heilsgeschichtliche Aspekt, der hier zum Ausdruck kommt, erhält bei Althaus eine betont kämpferische Seite, die er noch in seinem 1956 verfassten Beitrag im Lexikon *Religion in Geschichte und Gegenwart* beibehält. So schreibt er darin:

»Die Geschichte ist Mittel Gottes, an sein Ziel zu kommen, Kampfplatz, da es um das Durchsetzen seiner Herrschaft im Ringen mit den ihr feindlichen Mächten geht. Noch ist die Herrschaft nicht verwirklicht. Aber weil Gott Gott ist, muss und wird es dazu kommen.«[305]

Im Ringen um die Herrschaft begegne Gott den Menschen mit Liebe, wie sie im Evangelium verkündet wurde, und mit der Aufforderung, sich verantwortlich für die Einhaltung der Gesetze Gottes zu entscheiden.

In seinen *Leitsätzen zur Ethik* von 1929 klärte Althaus, was diese Aufforderung für ein sittlich rechtes Verhalten bedeutete: Sittlichkeit erfahre der Mensch durch Gott, und um diesem Anspruch gerecht zu werden, gelte einzig und allein der Gehorsam. In dieser Ideologie gab es dann auch nur die Möglichkeit, Gott zu gehorchen oder vor ihm zu versagen.[306] In seiner Ethik entwickelte Althaus den »unbedingten Charakter und den ausschließenden Gegensatz von ›gut‹ und ›böse‹.«[307] Mit einem Hinweis auf das Zeitgeschehen hielt Althaus dann auch nach

---

[303] ALTHAUS, letzten Dinge, 1922, S. 58.
[304] ALTHAUS, Eschatologie, 1956–1965, S. 8598.
[305] Ebd.
[306] ALTHAUS, Leitsätze zur Ethik, 1929, S. 3.
[307] Ebd.

1945 fest, dass das Böse in der Welt seit Jesus Christus noch böser geworden sei.

> »Wie die Weltgeschichte ideologisch ein Gefälle zur Lebenszerstörung hin zu haben und in ein todnahes Altersstadium einzutreten scheint, so muss die Christenheit sich auch auf eine über alles bisherige Maß hinaus gesteigerte Feindschaft wider Gottes Gesetz und Evangelium, auf eine bisher unerhörte Bewusstheit und Dynamik der Gottlosigkeit gefasst machen.«

Gerade in der Radikalisierung des Kampfes zwischen dem Bösen und dem Guten sah Althaus ein Indiz für das baldige Kommen des Reiches Gottes; dem geistigen Kampf aber auch dem konkreten Krieg konnte Althaus so einen eschatologischen Sinn zuschreiben.

Aus der Verknüpfung des Unbedingten und der Geschichte durch Gott schloss Althaus für die christliche Eschatologie auch auf eine religionsphilosophische Aufgabe: Sie habe die Zukunftserwartungen der anderen Religionen kritisch zu analysieren. Diesen systematischen Zusammenhang, seine biblische und reformatorische Begründung nach innen sowie seine apologetische, religionsphilosophische Erklärung nach außen, waren der Inhalt seiner theologischen Publikationen in zwanziger Jahren. Die Auseinandersetzung mit anderen Religionen und anderer Strömungen innerhalb des Protestantismus blieben bei Althaus dabei immer ein Abgrenzungsdiskurs, in dem er die Argumente für seine lutherische Sichtweise der Welt schärfte.

7.3 Intellektuelle Vernetzung und theologische Urteile

Nach dem Antritt seiner ordentlichen Professur in Rostock und mit dem akademischen Aufstieg durch seine Berufung als Systematiker nach Erlangen 1925 begann Althaus als Herausgeber von renommierten, zum Teil von ihm mitbegründeten theologischen Fachzeitungen zu wirken. Während Althaus sich in den Predigten und Kleinschriften an eine breitere Öffentlichkeit wandte und sich auch stetig zum politischen Zeitgeschehen äußerte, positionierte er sich in den theologischen Fachzeitschriften innerhalb der protestantischen Theologie und etablierte sich in einem tragfähigen Netzwerk von politisch und theologisch gleich gesinnten Geistlichen und Akademikern.

Seine erste Professur erhielt Paul Althaus 1920 in Rostock.

Althaus war ein viel gefragter Referent: 1926 trat er bespielsweise als Redner auf der Weltanschauungswoche der Apologetischen Centrale Berlin auf, wo er vor rund 6000 Zuhörern über Luther als Prophet der Deutschen sprach. Althaus wirkte auch als Referent von Pastorenlehrgängen der Apologetischen Centrale und war auch gern geladener Gast der seit 1923 stattfindenden Hochschulwochen in Helmstedt (ehemals Wernigeroder Herbsttagungen), die der Theologe Carl Stange organisierte.[308] Zahlreiche Vorlesungen und Vorträge erschienen in der von Bertelsmann publizierten Reihe *Studien des apologetischen Seminars*.

»Kampf mit doppelter Front«: Beiträge zur Förderung christlicher Theologie

Die Positionsbestimmungen verdeutlichten nicht zuletzt einen Zeitgeist, in der es an den theologischen Fakultäten um eine zum Teil scharf und polemisch geführte methodische Auseinandersetzung um den Ort der Theologie in der modernen Kultur ging.[309] Schon die 1897 von Hermann Cremer und Adolf Schlatter begründeten *Beiträge zur Förderung christlicher Theologie,* bei denen Althaus entscheidend mitwirkte, hatten beispielsweise deutlich gegen jede Art der historischen Kritik an der christlichen Tradition Stellung bezogen, kämpfte doch insbesondere Hermann Cremer, wie Adolf Schlatter noch im Jubiläumsband der *Beiträge* 1920 als Herausgeber erwähnte, gegen die »Herrschaft der Ritschl'schen Gruppe über Kirche und die Fakultäten«, wie sie die historisch-kritische Schule des Theologen um Albrecht Ritschl nannten, der im ausgehenden 19. Jahrhundert das theologische Geschichtsbild entscheidend prägte und die apologetische Strategie von Schleiermacher fortführte.[310] Als Autor wirkte auch der junge Althaus an dieser Zeitschrift mit, die im Gütersloher Verlag Bertelsmann publiziert wurde.[311] Die *Beiträge* waren das größte Projekt, das über einen Zeitraum von fast siebzig Jahren (1897–1966) – mit nur kurzer kriegsbedingter Unterbrechung zwischen 1941 und 1945 – vom Verlag gefördert wurde. Die Herausgeberschaft der *Beiträge* führte Adolf Schlatter mit Hermann Cremer bis zu dessen Tod 1903. Danach gewann Schlatter sei-

---

[308] PÖHLMANN, Kampf, 1998, S. 108, Anm. 295, S. 224 und S. 84–88; 1927 wurde Althaus als Hauptreferent für den Zweiten Kirchentag in Königsberg eingeladen.
[309] Dazu GRAF, Rettung, 1989.
[310] Die *Beiträge* warenweitgehend durch Schlatters Anschauung geprägt. Vgl. auch MILDENBERGER, Geschichte, 1981, S. 127.
[311] Von 1921 bis 1941 schwankte die Auflagenhöhe zwischen 380 und 1 000 Exemplaren pro Ausgabe. FRIEDLÄNDER U.A., Bertelsmann, 2002, S. 216.

nen Greifswalder Kollegen Wilhelm Lütgert für die Mitarbeit, bei dem weitgehend die Autorenauswahl lag. Adolf Schlatter und die »positive Theologie« der sog. »Greifswalder Schule« (Hermann Cremer, Rudolf Kögel, Wilhelm Lütgert und Erich Schaeder) prägten die inhaltliche Ausrichtung der Beiträge maßgeblich.

Lütgert war es zu verdanken, dass in der Zeitschrift neben den etablierten Autoren des Verlagshauses Bertelsmann auch zunehmend jüngere Autoren gefördert und vor allem Dissertationen und Habilitationsschriften abgedruckt wurden. So wurden auch solche Autoren aufgenommen, die später durch eine andere theologische und politische Ausrichtung bekannt wurden: Paul Tillich, der sich später zu einem religiösen Sozialismus bekannte, veröffentlichte noch in jungen Jahren seine Dissertation *Mystik und Schuldbewußtsein in Schellings philosophischer Entwicklung* in den *Beiträgen*.[312] Von Dietrich Bonhoeffer erschien 1931 der Beitrag *Akt und Sein*.[313] Lütgert begründete die Aufnahme der jungen Theologen gegenüber Schlatter damit, dass er den *Beiträgen* eine Bedeutung geben wolle, die in die Zukunft weise. Es müsse unbedingt die Jugend herangezogen werden, um sie für die *Beiträge* zu interessieren.[314] Dennoch sollten dies Ausnahmen bleiben, denn mit Beginn des Naziregimes tauchten sowohl Autoren wie Bonhoeffer als auch der 1933 emigrierte Sozialist Tillich nicht mehr in den *Beiträgen* auf. Althaus jedoch schrieb nicht nur als junger Autor in den *Beiträgen*. Als Schlatter und Lütgert im Jahr 1938 starben, zeichnete Paul Althaus fortan als alleiniger Herausgeber der *Beiträge* sowie der damit verbundenen *Sammlung wissenschaftlicher Monographien* verantwortlich.[315] Nach 1945 wurde die Reihe im Verlag C. Bertelsmann fortgeführt und 1960 an das als Nachfolger des theologischen Verlags gegründete Gütersloher Verlagshaus übertragen. Mit dem Tod von Paul Althaus wurde die Reihe im Jahr 1966 eingestellt.

Die Hefte der *Beiträge* decken ein breites thematisches Spektrum von bibelwissenschaftlichen, kirchen- und dogmenhistorischen bis hin zu dogmatischen und ethischen Studien ab, seltener erschienen auch praktisch-theologische und missionswissenschaftliche Arbeiten. Als »Kampf mit doppelter Front« sah der Herausgeber Adolf Schlatter die

---

[312] TILLICH, Mystik, 1912.
[313] BONHOEFFER, Akt und Sein, 1931.
[314] ELK-Wue, D 40, Nr. 429, Wilhelm Lütgert an Schlatter, 20.6.1920.
[315] Adolf Schlatter regelte die Nachfolge der Herausgeberschaft durch Paul Althaus kurz vor seinem Tode mit Heinrich Mohn. Archiv der BAG, Sammlung UHK, I.2 / 3002, Mohn an Schlatter, 21.3.1938.

Aufgabe der *Beiträge*, um in den lebhaften, immer wieder polemisch zugespitzten Kontroversen der protestantischen Theologie eine neue Position zu etablieren.[316] Die *Beiträge* reflektieren den zeitgenössischen Pluralismus der Theologie in einer unter Theologen geläufigen Kampfmetaphorik und nehmen dabei die verfügbaren Feindbilder in Anspruch. Zum einen wendet sich die Schriftenreihe gegen eine Theologie, die sich zur Religionswissenschaft wandelte. Diese sollte bekämpft werden, weil sie die Theologie historisch relativiere und den spezifisch christlichen Charakter preiszugeben schien. Durch sie werde ein Eindringen liberaler, historisch-kritischer Wissenschaft in die Theologie von »außen« möglich, was es zu verhindern gelte. Die andere Front richtete sich nach »innen«: Der Kampf richtete sich gegen alle »Schul- und Sektenbildung«.[317] Interessanterweise dokumentieren die *Beiträge* die wissenschaftliche Theologie, die scheinbar unberührt von aktuellen kirchenpolitischen Kontroversen und zeitgeschichtlichen Ereignissen ihren eigenen Gang ging. Doch bei genauerer Betrachtung werden im Hintergrund die theologischen Kontroversen sichtbar, welche die protestantische Theologie seit der Aufklärung und dem deutschen Idealismus bestimmten.[318] An der von Paul Althaus 1940 publizierten Abhandlung über *die Wahrheit kirchlichen Osterglaubens* lässt sich dies verdeutlichen.[319] Althaus' Abhandlung bezog sich auf einen im gleichen Jahr erschienenen Text seines Kollegen Emanuel Hirsch.[320] In beiden Texten sind keinerlei Spuren der politischen und kirchenpolitischen Positionen zu finden, über die Hirsch und Althaus in Streit geraten waren. Hirsch dekonstruiert vielmehr systematisch die Auferstehungsgeschichte im Geist der historisch-kritischen Forschung, wogegen Althaus in seinem *Einspruch gegen Emanuel Hirsch* – so der Untertitel seiner Abhandlung – die gleiche Geschichte als Zeugnis des Glaubens verstanden und damit der historischen Kritik entzogen haben möchte.

---

[316] In der Forschungsliteratur wird diese Position oft als »mittlere Linie« bezeichnet. Dass die Beiträge sich vermittelnd und im Diskurs mit anderen konservativen protestantischen Theologen bewegten, ist unbestritten. Lediglich aus einer protestantischen Binnensicht kann jedoch diese Position als »mittlere Linie« begriffen werden. Vgl. FRIEDLÄNDER/HETZER, Antisemitismus, 2002, S. 217.
[317] SCHLATTER, Entstehung, 1920, S. 8.
[318] Eine detaillierte Auswertung der *Beiträge* und den Hinweis den Zusammenhang zwischen den Texten von Althaus, Hirsch und Bultmann in: FRIEDLÄNDER U.A., Bertelsmann, 2002, S. 216–218.
[319] ALTHAUS, Wahrheit, 1940, Diese Ausgabe der *Beiträge* erfuhr sogar einen zweiten Druck und erlangte eine Auflage von 2000 Exemplaren.
[320] HIRSCH, Auferstehungsgeschichten, 1940.

In seinem Einspruch verwendet Althaus Argumente von Rudolf Bultmann, die dieser ein Jahr später in einem für die Theologiegeschichte wichtigen Aufsatz zum *Problem der Entmythologisierung* veröffentlichte.[321] Die hier schon angelegte Debatte wird nach 1945 zum Kern der Mythos- und Ideologiekritik innerhalb der theologischen Wissenschaften.[322]

Urteile des Glaubens: Zeitschrift für systematische Theologie

Mit seinem ehemaligen Lehrer Carl Stange, seinen Kollegen Emanuel Hirsch und Georg Wehrung begründete der junge Althaus 1923 die *Zeitschrift für systematische Theologie*. Sie war das publizistische Hauptorgan der Lutherrenaissance[323], wurde ebenfalls wie die *Beiträge* im Haus Bertelsmann verlegt und richtete sich ausschließlich an ein akademisches Publikum.[324] Bis heute gilt sie in der universitären Theologie als eine anerkannte Fachzeitschrift. Mit diesem ambitionierten Zeitschriftenprojekt versuchten die Herausgeber während der Weimarer Zeit noch einmal jene latent modernitätskritischen und antiaufklärerischen Positionen aufzugreifen, die vor dem Ersten Weltkrieg vielen konservativen Theologen zu eigen waren, und sie durch eine intensive Auseinandersetzung mit dem religionsgeschichtlichen Standpunkt zu relativieren. Letztlich war ihr Anliegen, die konservative Theologie in Rückbesinnung auf Luther für die Anforderungen der neuen Zeit zu

---

[321] BULTMANN, Testament, 1941.
[322] FRIEDLÄNDER u.a., Bertelsmann, 2002, S. 219. Vgl. auch Schluss.
[323] Die Herausgeber der *Zeitschrift für systematische Theologie* repräsentieren die Schule des in Halle wirkenden, reformatorisch und biblisch orientierten Systematiker Martin Kählers und die Schule des Berliner Kirchenhistoriker Karl Holl. Aus dem Umfeld dieser beiden, durchaus sehr verschiedenen theologischen Schulen entwickelte sich in den zwanziger Jahren die »Lutherrenaissance«. Die Schüler des stets sehr eigenständig Liberalen Holl trieb die Gestaltung der neu gewonnenen kirchlichen Selbstständigkeit und die Sorge um den »religiös-sittlichen Zerfall« des deutschen Volkes um. Dahingegen speiste sich die andere Richtung aus den sogenannten positiven Theologen. In diesem Kreis hatte der Göttinger Systematiker und Kähler-Schüler Carl Stange die Funktion eines organisatorischen, wenn auch nicht unbedingt theologischen Mittelpunktes. ASSEL, Aufbruch, 1993, S. 26f.
[324] Entsprechenden klein war die Auflagenzahl: Mit 800 Exemplaren im Jahr 1924 liegt sie deutlich hinter den anderen theologischen Zeitschriften zurück. 1934 geht sie, als ihre Abonnenten kaum mehr die Zahl von 350 erreichte, in den Alfred Töpelmann Verlag (ehemals Gießen) über, der wenige Monate zuvor von dem Berliner Verlagskonglomerat Walter de Gruyter & Co. übernommen wurde. Zum Verlagswechsel: ASSEL, Aufbruch, 1993, S. 27.

adaptieren.³²⁵ Die Zeitschrift war auch von Beginn an als politische Abgrenzung gegen die sich neu formierende dialektische Theologie um Karl Barth konzipiert, die ebenfalls 1923 eine Zeitschrift mit dem Titel *Zwischen den Zeiten* herausbrachte.³²⁶

Mit Karl Barth und Karl Heim zusammen gab Althaus über sieben Jahre eine im Christian Kaiser-Verlag erscheinende wissenschaftliche Reihe *Forschung zur Geschichte und Lehre des Protestantismus* heraus. Er pflegte auch eine intensive Korrespondenz mit seinem theologischen Widerstreiter Barth. Aber offensichtlich bereitete der Münchner Verlag Althaus Schwierigkeiten, wenn es um die Aufnahme von seinen Arbeiten zur systematischen Theologie ging. Althaus vermutete, dass sich der Verlag angesichts der zunehmenden auch öffentlichen Entfremdung zwischen Barth und ihm sich gegenüber Karl Barth keine Schwierigkeiten schaffen wollte.³²⁷

Ziel der *Zeitschrift für systematische Theologie* war die Erneuerung und Vertiefung des religiösen Lebens. Dabei sollte wissenschaftliche Objektivität in der persönlichen Aneignung des Christentums gewonnen werden. In den Anfängen der Zeitschrift sollte insbesondere die Geringschätzung und Gegnerschaft gegenüber dem Christentum, welche die moderne Kultur als Erbe der Aufklärung beibehalten habe, überwunden werden. Gesucht wurde dabei eine Beziehung zum Deutschen Idealismus, aber darüber hinaus erst recht zu Luther und zur Reformation. Im Geleitwort zum ersten Band heißt es: »Es gilt, das Erlebnis der Refor-

---

³²⁵ Dazu ausführlich: Ebd., S. 22–31. Siehe vor allem das von den Herausgebern Stange, Althaus, Wehrung und Hirsch unterzeichnete Geleitwort des ersten Bandes. Ferner: STANGE, Aufgabe, 1924; sowie ALTHAUS, Theologie und Geschichte, 1923/24.

³²⁶ ASSEL, Aufbruch, 1993, S. 26. Als Organ der dialektischen Theologie war *Zwischen den Zeiten* im gleichen Jahr wie die *Zeitschrift für systematische Theologie*, 1923, gegründet. Herausgegeben wurde sie durch Georg Merz, der später ein exponierter Vertreter der BK wurde und den Verlag Ch. Kaiser in München mitbegründete. Im Mitarbeiterkreis standen Karl Barth, Friedrich Gogarten und Eduard Thurneysen – ein Trio, das sich politisch völlig auseinander lebte: Der Schweizer Barth kündigte seine Mitarbeit auf, als Gogarten sich die These zu eigen machte, dass Gottes Gesetz für uns identisch sei mit dem Nomos des deutschen Volkes. Schließlich wurde die Zeitschrift 1933 eingestellt, als Schriftleiter und Verleger sich nicht klar für den einen oder anderen theologischen Weg zu entscheiden vermochten, sondern versuchten, die theologische Diskussion zwischen den unvereinbaren Positionen weiterzuführen. MILDENBERGER, Geschichte, 1981, S. 250.

³²⁷ NL Paul Althaus, Korrespondenz mit Karl Heim, Paul Althaus an Karl Heim, 12.1.1935.

mation zum kritischen Maßstab des Deutschen Idealismus zu machen.« In einem Rückblick auf seine Zeitschrift meinte Althaus 1959, dass sie in »ihrer Weite und Offenheit« auch für Vertreter anderer theologischer Disziplinen und Nichttheologen. Seine Einschätzung über »Weite und Offenheit« muss im Kontext seines eigenen konservativen Horizonts gesehen werden. Die Offenheit vollzog sich vor allem gegenüber dem noch konservativeren theologischen Milieus: Carl Stange kann zu diesem Milieu gezählt werden, das fern von einem liberalen Politikverständnis wirkte, ebenso wie der Göttinger Theologe Emanuel Hirsch, der als ein Hauptvertreter des lutherischen Aufbruchs in der Weimarer Republik galt und sich zunehmend nationalistisch und antisemitisch radikalisiert[328]: Zu Beginn der NS-Herrschaft stand er den Deutschen Christen nahe und entschied sich 1937 zum Parteieintritt in die NSDAP. Hirsch pflegte enge Kontakte zur Reichsregierung, wurde gleich zu Beginn persönlicher Berater des Reichsbischofs Ludwig Müller, wirkte als Vertrauensmann der neuen Regierung in Göttingen als ständiger Dekan und war zeitweilig auch theologischer Gutachter der Reichskirchenregierung.[329] Paul Althaus war seit den 20er Jahren eng mit Hirsch befreundet.[330]

Mit seinem Konzept über Geschichte grenzte sich Althaus in der *Zeitschrift für systematische Theologie* in theologischer, aber auch poli-

---

[328] Hirsch hatte in Göttingen von 1921–1936 einen Lehrstuhl für Kirchengeschichte und von 1936–1945 einen für Systematische Theologie inne. Seine Beteiligung am NS und sein offenes Eintreten für die kirchenpolitischen Ziele der Deutschen Christen führten zu einer frühzeitigen Pensionierung. Seine abschätzige Haltung gegenüber der jüdischen Religion kommt deutlich zum Ausdruck in: HIRSCH, Wesen des Christentums, 1939. In diesem Text verstieg er sich sogar zur Aussage, dass Jesus nicht jüdisch gewesen, sondern heidnischer Herkunft sei. Dabei folgte er der Ideologie der Deutschen Christen. Ebd., S. 223. Hirschs Reaktion auf die Ereignisse vom Frühling und Sommer 1933 und seine Teilnahme daran finden sich in: HIRSCH, kirchliche Wollen, 1933.

[329] ERICKSEN, Theologen, 1986; zu Hirsch insbesondere S. 167–267; zu seinem Parteieintritt S. 227; zur Beziehung zum Reichskirchenminister Ludwig Müller, S. 201. HERMS, Hirsch, 1997, Zu Hirschs Tätigkeit als Gutachter des Reichskirchenministeriums ASSEL, Barth, 1994; ein binnentheologisches und insofern aus historischer Perspektive wohl eher hagiografisches Porträt des prinzipiellen Historismus und der Ordnungstheologie von Hirsch bei HERMS, Hirsch, 1997.

[330] Leider ist der Privatnachlass von Hirsch nach wie vor der Wissenschaft nicht zugänglich. Nebst den Schwierigkeiten, ein differenziertes Bild über Hirsch zu erforschen, bleiben auch die zahlreichen Briefwechsel zwischen Althaus und Hirsch der Forschung vorenthalten. Selbst der im Nachlass Althaus' vorhandene Briefwechsel zwischen den beiden Theologen war mir nicht zugänglich. Es ist zu hoffen, dass Gotthard Jasper in seiner momentan entstehenden Biografie über Althaus wenigstens diesen Teil der Briefe erschließen kann.

tischer Hinsicht von Karl Barth und der dialektischen Theologie ab.[331] Dreh- und Angelpunkt der Auseinandersetzung war auch hier wieder die Frage, inwiefern der Wille Gottes sich in der Geschichte zeige oder theologisch gesprochen: offenbart. Diese Frage hatte eine Tragweite, die über das Fach Theologie entscheidend hinausging. Dessen war sich Althaus auch bewusst, wenn er bemerkte, dass die Frage nach der Offenbarung sich durch alle Fragen des Glaubens und der Ethik hindurch ziehe und selbstverständlich auch die Perspektive auf das politische Weltgeschehen hin präge. Für ihn ist die Beziehung von Christentum und Vaterland dabei nur ein Teilaspekt.[332]

Für Althaus stand nicht nur fest, dass die Geschichte Ausdruck von Gottes Wille sei, sondern dass Gott die Menschen auch zur »Gemeinschaft« aufrufe. »Dass unser Leben sein Dasein und seinen Gehalt von den großen Gemeinschaften, die uns tragen, nimmt, beruft uns zur Hingabe, zur Treue, zum Opfer«.[333] Hier ist wieder ein entscheidender theologischer Paradigmenwechsel zu erkennen, den wir schon aus den Texten aus dem ersten Weltkrieg von Althaus kennen: Das Verhältnis Gott zur Gemeinschaft beziehungsweise zum Volk rückte in den Vordergrund. Damit schuldete der Einzelne nicht nur Hingabe zu Gott, sondern eben auch Hingabe, Treue und Opferbereitschaft zur Gemeinschaft. Wenn die Theologie bis dahin von der Beziehung des einzelnen Menschen zu Gott sprach, so stand nun das Verhältnis des Volkes zu Gott im Fokus der Theologie. In der dialektischen Theologie eines Karl Barth machte Althaus hingegen eine »skeptische Entwertung der Geschichte, des religiösen und sittlichen Lebens« aus und glaubte darin bedenkliche Folgen für den Gottesgedanken zu erkennen.[334] Für die dialektische Theologie zeigte sich Gott nicht durch sein Wirken in der Geschichte und sein Wesen ließ sich auch nicht darin erkennen, sondern Gott sei unabhängig davon bereits existent. Die Vorstellung der Transzendenz göttlichen Lebens gegenüber der Geschichte, wie sie die dialektische Theologie teilte, lösten für Althaus nicht nur den geschichtlichen Offenbarungsgedanken auf, sondern bedeuten letztlich auch den Verzicht auf christliche Ethik in jeglicher Hinsicht.[335]

---

[331] BARTH, Römerbrief, 1919a, Althaus legt seinen Ausführungen Karl Barths Auslegung des »Römerbriefes« in der zweiten, neubearbeiteten Auflage von 1922 zu Grunde. BARTH, Römerbrief, 1919.
[332] BARTH, Römerbrief, 1919a, S. 741.
[333] Ebd., S. 749.
[334] Ebd., S. 752.
[335] Ebd., S. 741.

8 Ruf nach Erlangen – Hochburg der Lutheraner

Zum Wintersemester 1925/26 folgte Althaus dem Ruf an die Theologische Fakultät in Erlangen.[336] Die Entwicklung seiner theologischen Auffassung und Gesinnung in Richtung auf eine Verschmelzung von geistlichem mit weltlichem Gehorsam einerseits und dem Aufgehen des individuellen Christen im deutschen Volkstum andererseits traf hier auf einen denkbar fruchtbaren kulturhistorischen Boden. Eine Rückblende auf die Geschichte der Universität Erlangen zeigt, dass sowohl die geistesgeschichtlichen Wurzeln der Universität als auch der besondere Fokus der Kleinstadtöffentlichkeit einiges dazu beitrugen, dass Althaus' theologisch-politischer Standpunkt im folgenden Jahrzehnt seine ganze Wirkung entfalten konnte.

Die Erlanger Universität, 1743 gegründet, fristete zunächst ein recht bescheidenes Dasein. Mit der Eingliederung der Markgrafschaft Erlangen in das Königreich Bayern 1810 erreichte die Universität ihren Tiefpunkt. Lediglich ihr Privileg, die einzige lutherische theologische Fakultät des Königreiches zu besitzen, schützte sie vor der drohenden Schließung: Schließlich wurden hier die Geistlichen für die protestantische Minderheit im Königreich ausgebildet.[337] Im Zuge der nun folgenden Konsolidierung wurde der Universität 1818 die Schlossanlage vermacht. Aus den Sälen, Zimmern und Salons rund um den Schlossgarten herum – im Herzen der Stadt und ganz in der Tradition der feudalistischen Machtausübung – entfaltete sie ihre Wirkung. Da weder Industrie und noch Politik in der Kleinstadt Erlangen besondere öffentlicher Aufmerksamkeit erregte, stand die Universität leuchtend im Zentrum des gesellschaftlichen Lebens der Stadt und nahm bei praktisch allen wesentlichen gesellschaftlichen Ereignissen eine hervorragende Repräsentationsrolle ein. Somit war die Universität untrennbarer Bestandteil der Identifikation des Erlanger Mittelstandes. Ihre überregionale, ja internationale Bedeutung dagegen lebte wesentlich vom Ruhm der »Erlanger Theologie«, die als Zentrum des Neuluthertums von der Mitte des 19. bis weit in das 20. Jahrhundert hinein das Bild der Universität dominierte, wenngleich die medizinische und

---

[336] LOEWENICH, Theologische Fakultät, 1975, S. 639f.
[337] BLESSING, Universität, 1993, S. 87.

juristische Fakultät die Zahl der Theologiestudierenden seit Ende der 1890er übertraf.[338]

Die Sonderrolle der alten »Erlanger Schule« begründete sich unter anderem in ihrer exponierten Stellung als Zentrum einer Minderheit im katholischen Bayern einerseits und ihrer Rolle als Gegenpol des preußisch »unierten« Protestantentums im Norden. Sie vertrat mit ihrer nationalkonservativen Neubelebung des Luthertums eine Art Gegenbewegung in einer zunehmend rationalisierten und säkularisierten Welt. In Verbindung mit der enormen Produktivität der Erlanger Theologen bewirkte dies eine Ausstrahlung der Erlanger Schule weit über Deutschland hinaus, wenn sie auch nie die vorherrschende Lehrmeinung des Protestantismus wurde.[339]

Neben diesem Blick von und nach Außen stand die Erlanger Universität in der Weimarer Republik im Spannungsfeld zwischen der zutiefst national verwurzelten Honoratiorengesellschaft der Professoren »auf dem Berg« und einem »hartgesottenen fränkischen Kleinbürgertum«[340] nebst einer Arbeiterschaft, welche überdies eine Hochburg der Sozialdemokratie darstellte. Dazwischen bildete sich eine zunehmend nationalistisch-militaristische Studentenschaft aus,[341] zum großen Teil Heimkehrer aus dem verlorenen Krieg, die mit ihrem problematischen Bezug zur politischen Realität anfällig für die Idealisierung überkommener Eliten war.[342]

Die weitgehend deutschnationale Professorenschaft unterstützte und verstärkte diese Entwicklung in der Studentenschaft. So machte beispielsweise der 1922 verstorbene Kirchenhistoriker Hermann Jordan keinen Hehl daraus, welche politischen Konsequenzen er aus der Offenbarungstheologie zog. Es gehe um die »sittliche« Weltordnung, um eine »ethische Politik«, welche die Kriegsziele Deutschlands politischer wie wirtschaftlicher Art geradezu erzwinge, da

> »diese sittliche Ordnung in der östlichen Welt völlig aus den Fugen gegangen ist, ein gut Teil dieser Völker nie fähig war […] die staatliche Ordnung aus eigener Kraft wieder aufzurichten und zu erhalten«.[343]

---

[338] Ebd., S. 88.
[339] BEYSCHLAG, Theologie, 1993, S. 11f.
[340] TRILLHAAS, Vergangenheit, 1976, S. 121.
[341] SANDWEG, Veritati, 1993, S. 313f.
[342] WENDEHORST, Geschichte, 1993, S. 168ff.
[343] Zit. in: FRANZE, Studentenschaft, 1972, S. 48f. Basiert auf: JORDAN, Deutscher Not, 1922, und JORDAN, Krieg und Zusammenbruch, 1919.

Als politisches Glaubensbekenntnis äußerte er weiter: »Ich glaube nicht, dass die Republik die Staatsform ist, mit der wir vorwärts kommen werden.«

Noch deutlicher wurde Friedrich Brunstädt, außerordentlicher Professor für Philosophie in seiner Rede zur *Völkisch-nationalen Erneuerung*: Die Demokratie sei schlicht ein »kultureller Tiefstand«, ein »grauer individualistischer Zivilisationsbrei«, dem der nationale Zusammenhalt verloren gehe, erklärte er im September 1921 auf dem zweiten Parteitag der Deutschnationalen Volkspartei in München.[344] Das »Proletariat« habe durch den schädlichen »Internationalismus« und eine »starke Beimischung slawischen Blutes« die »politische Gestaltungskraft« verloren. Für Jordan sah die entscheidende Frage darin, »ob sich endlich wieder große Führer *deutschen* Blutes finden, die die Flamme nationalen Lebens lebendig erhalten über die Jahre der Not und Armut hinweg zu besseren Zeiten...«.[345] Und 1922 in lutherischer Hingabe an die staatliche Macht:

> »Es ist ein unmöglicher Zustand, wenn Elektrizitätsarbeiter[346] als freie Volksstaatler eine ganze Stadt in ihrer Hand haben, ganze Industrien brachlegen [...] Dagegen hilft nur eines: Die feste staatliche Autorität, das Bewußtsein, eine *Obrigkeit* zu haben, und zwar eine solche – wir dürfen auch das zweite Wort nicht scheuen – der man Untertan ist.«

Dass die vorherrschende Haltung der Professoren deutschnational und weniger nationalsozialistisch war, rief viele scheinbar widersprüchliche Zeugnisse über deren humanitäre Gesinnung hervor.[347] So beschrieb der

---

[344] Zit. in: FRANZE, Studentenschaft, 1972, S. 50f; basiert auf: BRUNSTÄDT, Erneuerung, 1921, S. 6–11.

[345] Zit. in: FRANZE, Studentenschaft, 1972, S. 48f.

[346] Hier dürfte der Industrielle und Politiker Walther Rathenau, Sohn des AEG-Gründers Emil Rathenau, gemeint sein. Rathenau war Mitgründer der Deutschen Demokratischen Partei und wurde am 1. Februar 1922 Reichsaußenminister. Ein halbes Jahr später, am 24. Juni 1922, wurde er in Berlin von rechtsradikalen Offizieren ermordet.

[347] Der Althaus-Schüler von Loewenich war von dem Material, das Manfred Franze in seiner Studie zusammengetragen hat, offenkundig so erschüttert, dass er in seinem Aufsatz LOEWENICH, Theologische Fakultät, 1975, S.656ff. eine lange Widerlegung und Gegendarstellung formulierte. Er scheute sich nicht, den Autor zu diskreditieren, um das Ansehen seiner Lehrer zu retten: »Es ist zu bedauern, daß der Betreuer dieser Arbeit auf den jugendlichen Verfasser [Franze] in dieser Hinsicht [die »Gewichte richtig zu verteilen«] nicht stärker eingewirkt hat.« Dieses Bedürfnis, die Förderung von NS-Politik durch die geliebten Professoren als blinde Entgleisung eigentlich rechtschaffener Männer zu marginalisieren, stand in offenem Gegensatz zu der praktischen Politik auf der Straße, die sehr wohl deutlich und sichtbar machte, worin die Konsequenzen der nationalsozialistischen Gesinnungen lagen.

Student Walther von Loewenich seinen Lehrer Hermann Strathmann, Ordinarius für Neues Testament, und Reichstagsabgeordneter der DNVP als »aufrechten und leidenschaftlichen Kämpfer für Wahrheit und Gerechtigkeit«, dem er »in späteren Jahren [viel] zu danken haben sollte«[348] Strathmann veröffentlichte noch 1931 eine weit verbreitete Broschüre *Nationalsozialistische Weltanschauung?*, in der er die Unvereinbarkeit der rassischen Anschauungen des Nationalsozialismus mit dem christlichen Glauben hervor hob. Ungeachtet dessen stand Strathmann dem NS-Regime nach 1933 überwiegend positiv gegenüber.[349]

Auf diesem Nährboden konnte sich die NSDAP bereits 1924 im Stadtrat Erlangens einnisten und 1929 bereits die Kontrolle über die Studentenvertretung ausüben als erste Studentenschaft in Deutschland.[350]

Mit der Emeritierung des berühmten Mathematikers Max Noether 1919 und dem Ausscheiden des Philosophen Paul Hensel 1929 hatten die letzten jüdischen Ordinarien die Universität verlassen. Die Berufungspraxis stellte schon seit 1919 sicher, dass keine weiteren Juden in den Lehrkörper aufgenommen werden konnten.[351] Der jüdische Anteil unter den Studenten war in den 20ern bereits unterdurchschnittlich niedrig. Aktionen und Krawalle seitens rechter Studentengruppen, bei gelegentlichem Protest linker Studenten, verschärften das Klima insbesondere für die jüdische Minderheit. Der jüdische Student Rudolf Benario, Mitbegründer des Republikanischen Studentenbundes und noch Anfang 1933 in Erlangen promoviert, wurde schon im April 1933 eines der ersten NS-Opfer im KZ Dachau.[352]

8.1 Die neue Generation: Elert und Althaus

Zwischen dem Wintersemester 1923/24 und dem Wintersemester 1925/26 wandelte sich das Bild der theologischen Fakultät Erlangen durch drei Berufungen einer neuen Generation von Theologen funda-

---

[348] LOEWENICH, Theologische Fakultät, 1975, S. 638 und 645..
[349] Die hagiografische Zusammenstellung von Otta Hass über Leben und Wirken von Strathmann kann allenfalls als Sammlung von Zitaten dienen, zumal der Nachlass von Strathmann noch ungeordnet in Universitätsbibliothek Erlangen liegt. Eine historische Kontextualisierung ist in dieser Erlanger Dissertation nicht zu erkennen. HASS, Strathmann, 1933.
[350] FRIEDRICH/STADTMUSEUM ERLANGEN, Universität, 1993, S. 333.
[351] JASPER, Universität, 1999, S. 256.
[352] FRIEDRICH/STADTMUSEUM ERLANGEN, Universität, 1993, S. 353f.

mental: Werner Elert, Otto Procksch und Paul Althaus. Die Bedeutung der neuen Ordinarien lag vor allem darin, dass sie der Fakultät als starke, tief im Luthertum verwurzelte Persönlichkeiten eine große Anziehungskraft für den Nachwuchs verliehen. So stieg der Anteil der Theologiestudenten in Erlangen, der nach der ersten Blütezeit bis 1923 wieder unter 10 Prozent abgesunken war, im folgenden Jahrzehnt – dem Beginn der »Zweiten Erlanger Blütezeit« – auf über 25 Prozent an.[353] Insbesondere die Rolle von Althaus und Elert als Neulutheraner im universitären Klima der Weimarer Zeit soll in unserem Kontext besondere Aufmerksamkeit erhalten.

Werner Elert galt bis heute in Theologenkreisen als ein bedeutender und anerkannter Vertreter des Neuluthertums, der zusammen mit Paul Althaus dem lutherischen Konfessionalismus ein neues Profil zu geben vermochte.[354] 1885 in Heldrungen geboren, studierte er in Breslau, Erlangen und Leipzig nicht nur Theologie und Philosophie, sondern auch Geschichte, deutsche Literaturgeschichte, Psychologie und Rechtswissenschaften.[355] Seine große Leidenschaft galt neben der Theologie der Heeres- und Kriegsgeschichte – einem Thema, dass sich auch durch seine theologischen Publikationen zieht. Elerts patriotisches Herz schlug für Preußen. In seinem Lebenslauf im Album der Erlanger Universität vermerkte er, die Könige von Preußen hätten keinen Krieg geführt, in dem nicht ein Elert mitgekämpft habe.[356] Elert begann seine theologische Laufbahn 1912 als Pfarrer in der pommerschen Provinz Seefeld und übernahm 1919 das Direktorium des altlutherischen theologischen Seminars in Breslau. Während in seinen frühen Publikationen noch dialektische Fragen zur Konzeption der Diastase zwischen Gott und der Welt Thema sind,[357] fokussierte er sich nach seiner Berufung auf den Erlanger Lehrstuhl für Kirchengeschichte im Jahre 1923 auf die Schöpfungs- und Ordnungstheologie.[358] Elerts Neuluthertum

---

[353] LOEWENICH, Theologische Fakultät, 1975, S. 639f.
[354] ALTHAUS, Elert, 1955, S. 400–410. Zur Bedeutung Elerts für die Lutherische Theologie vgl. LESSING, Bekenntnis, 1992, S. 119–128.
[355] Im gegenwärtigen Nachschlagewerk RGG wird Elert als eine der »originalsten, bedeutendsten und wirksamsten Gestalten der modernen lutherischen Theologie, gleichermaßen als Historiker wie als Systematiker, als Forscher wie als Lehrer« beschrieben. RGG Band 12, S. 7771.
[356] LOEWENICH, Theologische Fakultät, 1975, S. 641.
[357] Zur dialektischen Konzeption noch: ELERT, Kampf, 1921.
[358] Biographisches zu Elert in: Biographisch-Bibliographisches Kirchenlexikon, Band I (1990), Spalten 1486–1987; RGB Band 12, S. 7771–7772. Theologische und werkgeschichtliche Literatur zu Elert liegen vor, jedoch keine historisch biogra-

ist in der Erlanger Zeit zunehmend national geprägt. Er befürwortet sowohl die autoritäre Staatsführung als auch die Rassenpolitik des NS-Regimes.[359] Zudem vertrat Elert einen kirchenpolitischen Standpunkt, der den Deutschen Christen sehr nahe kam. Der Kirchenhistoriker Walther von Loewenich erwähnt in seiner Autobiographie, dass Elert nach der Ernennung des Lutheraners Ludwig Müller zum Reichsbischof am 5. Mai 1933 überlegte, den Deutschen Christen (DC) beizutreten, und dass sein Kollege Hermann Sasse ihn in einem Gespräch vor diesem Schritt warnte.[360] Am gleichen Abend hielt der spätere DC-Bischof Kessel eine Rede, in der dieser, wie Loewenich berichtete, so »töricht« über die DC-Ziele sprach, dass Elert dann endgültig von einem Beitritt zu den Deutschen Christen absah.[361]

Es gibt eine tiefe Verwandtschaft zwischen Elerts Gedanken und der theologischen und politischen Auffassung von Paul Althaus. In seinem Hauptwerk *Morphologie des Luthertums* (1931/32) legte Elert die biologische Bindung an das Volk zugleich als sittliche Forderung der lutherischen Soziallehre aus. Er bejahte also die Frage, »ob die Gebundenheit des Einzelnen an sein Volk, der er biologisch nicht entrinnen kann, auch ethische Forderung ist«[362]. Nach Elert »ist es übereinstimmende Auffassung des Luthertums«, dass die ethisch-völkische Forderung »unbedingt gilt, weil es sich dabei um Anerkennung und Realisierung der Schöpfungsordnung Gottes handelt«[363]. Und in einer späteren Schrift *Der Christ und der völkische Wehrwille* von 1937 schrieb Elert, dass der Christ, »gerade weil er sich dem Schöpfer verpflichtet weiß, mit entschlossenem Ernst auch für die biologische Reinerhaltung des deutschen Blutes einsetzen« werde.[364]

Elerts Mitstreiter in Sachen Schöpfungsordnung, Paul Althaus, be-

---

phische Arbeit. Zur historischen Bedeutung Elerts Lehre von Volk und Staat: TILGNER, Volksnomostheologie, 1966, S. 170–179.

[359] ELERT, Wehrwille, 1937, S. 9.
[360] LOEWENICH, Erlebte Theologie, 1997, S. 170.
[361] Ebd.
[362] ELERT, Morphologie, 1953.
[363] Ebd., S. 126. Mensing zeigte in seiner Studie über die evangelisch-lutherischen Pfarrer in Bayern den Einfluss Elerts. Manch ein Pfarrer berief sich auf die Schöpfungstheologie Elerts, um seinen religiös überhöhten Volksbegriff und rassistische Forderungen zu begründen. So forderte beispielsweise Pfarrer Eberhard Rüdel aus Burkersdorf unter Berufung auf die Schöpfungsordnung ein Einwanderungsgesetz für Fremdrassige und eine Bestrafung von »Blutschändern«. MENSING, Pfarrer, 1998, S. 121; weiteres Beispiel S. 110.
[364] ELERT, Wehrwille, 1937, S. 9.

warb sich von Rostock aus auf die 1924 ausgeschriebene Professur für Systematische Theologie in Erlangen – und wurde damit sein Konkurrent. Auch Elert stand auf der Berufungsliste, da seine eigentliche Leidenschaft der Systematischen Theologie galt. Die theologische Fakultät war sich nicht einig. Drei der stimmberechtigten Professoren plädierten für Elert an erster Stelle, die beiden anderen für Althaus. Unmittelbar vor Weihnachten 1924 reichte die Fakultät dieses Ergebnis beim Akademischen Senat ein. Gleich nach Neujahr, am 2. Januar 1925, fand die Sitzung des Akademischen Senats statt. Die Wahl fiel auf Althaus an erster, Elert an zweiter Stelle. Vier Tage später reichten die Elert-Befürworter noch ein Separatvotum gegen diese Entscheidung ein. Dabei wurden sogar theologische Bedenken gegen Althaus ins Feld geführt. Dennoch blieb das Ministerium beim Votum des Senats – Althaus wurde Elert gewissermaßen vor die Nase gesetzt.[365] Trotz ihrer inhaltlichen Nähe schwebte dieses Konkurrenzverhältnis wohl während der gesamten Erlanger Zeit über den beiden Ordinarien und ihren theologischen Schülern. Als Elert 1932 endlich ebenfalls einen Lehrstuhl in Systematischer Theologie zugesprochen bekam, machte er zur Bedingung, dass Althaus niemals zur gleichen Zeit lesen durfte.[366]

Althaus gelang es viel überzeugender als dem unzugänglichen, sachlich kühlen und manchmal schroffen Elert, die Bewunderung und Faszination seiner Schülerschaft auf sich zu ziehen. In den harten Konturen der Schatten betrachtet, welche Althaus' deutliche Ausführungen über Volkstum und ethnische Reinerhaltung, über Krieg und Schöpfungsordnung warfen, erschien das Licht der humanitären Aura, die viele seiner Schüler von ihrem Lehrer zeichneten, geradezu verklärt. Heutige Studenten könnten sich wohl »keine Vorstellung davon machen, welche Begeisterung ein akademischer Lehrer wie Althaus bei seinen zahlreichen Hörern zu erwecken wußte«, erklärte sein Schüler Walther von Loewenich.[367] Er habe stets die vollsten Hörsäle gehabt. Dabei sei er kein Mann der Konfrontation und des Konfliktes: »Es fiel ihm nicht leicht, nein zu sagen; dadurch verlor auch gelegentlich sein Ja an Gewicht.« Seine freundlich anerkennende Art – zumindest innerhalb der zur Volksgemeinschaft zählenden – erzeugte eine neue Offenheit. »Die theologische Atmosphäre in Erlangen wurde durch ihn freier und

---

[365] Personalakte Elert und Althaus, Theologische Fakultät Erlangen.
[366] Vgl. hierzu auch die Fußnote 13. von LOEWENICH, Theologische Fakultät, 1975, S. 643.
[367] Auch das folgende bei: LOEWENICH, Theologische Fakultät, 1975, S. 643f.

bewegter. Viele haben ihm dafür Dank gewußt«. Den Spannungsbogen zwischen seelsorgerischer Grundhaltung und Empathie mit dem Wesensverwandten einerseits, und einem hochaggressiven geistigen Umfeld mit in härtestem Schwarz-Weiß gemalten Feindbildern andererseits zu halten, hatte Althaus wohl spätestens als Militärpfarrer in Łódź gelernt. Dort dürfte er als Hirte der entfesselten Volksgewalt eine emotionale Verbundenheit mit den Kämpfern seiner Volksgemeinschaft erfahren und geübt haben, die seinen in der Elfenbeinturmkultur geschulten Erlanger Kollegen nicht zugänglich war.[368] Gepaart mit seiner offenbar stupenden Gelehrsamkeit, verlieh ihm diese Fähigkeit den Schlüssel zur Sehnsucht seiner Schülerschaft nach einem väterlich sorgenden und gleichsam strengen, ordnenden Idealbild. Diese sahen in ihm eine persönliche Zuwendung und Anteilnahme, die noch aus seinen Schriften strahlte, und konnten darin das

> »unverkennbare Charisma eines begnadeten Seelsorgers erkennen: In der Einheit von geistlicher Vollmacht, hoher akademischer Bildung und kultivierter Humanität lag das Bezwingende von Althaus' Persönlichkeit. [...] Man versteht, daß die Kollegs [...] weithin wie Andachtsstunden höherer Ordnung empfunden wurden, aus denen man anders herauskam, als man hineingegangen war.«[369]

Erst wenn man diese anscheinend außerordentliche Wirkung des Lehrers, Predigers und Autors Althaus im Auge behält, lässt sich ahnen, welche Spuren seine Schriften und Reden wohl in den Herzen und Köpfen der ihn bewundernden Studenten und Gläubigen hinterlassen haben. So dürften dann auch diejenigen politischen Äußerungen, die seine Schüler heute noch mit Fassungslosigkeit und Scham erfüllen, oft auf einen sehr aufnahmebereiten, von aller Kritikfähigkeit baren Boden gefallen sein.[370]

Wo Althaus selbst sich eher in seiner bevorzugten Balance des Sowohl-als-auch bewegte oder harmonisierend auf der Welle der momentanen Stimmung schwamm[371], bot er – gelegentlich durchaus aktiv – radikaleren Stimmen das Trittbrett. Im Laufe der langjährigen Vorbereitungen eines Denkmals für die gefallenen Erlanger Studenten des Ersten Weltkrieges beispielsweise wandelte sich die Intention hinter den Kulissen von Trauer zu einer politischen Vereinnahmung.

---

[368] BLESSING, Universität, 1993, S. 97.
[369] Vgl. hierzu BEYSCHLAG, Theologie, 1993, S. 184.
[370] So bei MEISER, Althaus, 1993, S. 222ff.
[371] Vgl. hierzu SPARN, Althaus, 1997, S. 3.

Nicht bloß der Trauer um die gefallenen Universitätsangehörigen, sondern auch der Hoffnung auf ein Wiedererstarken Deutschlands sollte das Denkmal mit martialischem Pathos Ausdruck verleihen. Die Enthüllung vom 1. Juli 1930 geriet durch die Rede des Studenten Reinhard Sunkel zum Skandal, weil dieser den Umsturz der Regierung zum »obersten Gebot für jeden bewussten Deutschen« deklarierte. Die dort von Paul Althaus gehaltene nationalistische Rede ist hier im Anhang abgedruckt.

Bei der Enthüllung im Schlossgarten 1930 schließlich kam statt eines Mahnmals des gemeinsamen Gedenkens eine Manifestation revisionistischer Gedanken zum Vorschein, gleichsam ein Anti-Versailles-Denkmal. In den folgenden Reden des Rektors und Mediziners Bruno Fleischer und des Theologen Althaus waren diese Töne auch nicht zu überhören, wenn auch noch mit einer gewissen Mäßigung. Der daran anknüpfende, vom NS-Studentenbund gestellte Vertreter der Erlanger Studentenschaft, Reinhard Sunkel,[372] jedoch bekannte sich schließlich rückhaltlos zur völkischen Ideen und forderte seine Kommilitonen auf, die Tradition des großen Krieges aufzugreifen. Die Rede kulminierte in dem Vorwurf an den Weimarer Staat, dass er es verschmähe, »die Ehre der Nation zu vertreten; und darum sagen wir, die wir im Feuer jener Idee leben, für die zwei Millionen Deutsche starben, daß die Be-

---

[372] Reinhard Sunkel war von 1934–36 Ministerialdirektor im Reichserziehungsministerium.

seitigung des derzeitigen Staates oberstes Gesetz für jeden bewußten Deutschen ist.«[373]

Auf diese offene Aufforderung, die Republik zu stürzen, reagierte die Öffentlichkeit mit heftigem Protest: »Statt Totengedenken Hetze gegen den Staat«. Als das Ministerium und die Münchner Staatsanwaltschaft aktiv wurden und ermittelten, schalteten sich Fleischer und Althaus ein und wiegelten mit dem Argument ab, dass der Student in keiner Weise von Gewaltanwendung geredet habe. Lediglich jene Schlussfolgerung sei bedenklich, dass er jedem die Eigenschaft abspreche, ein echter Deutscher zu sein, der nicht nach dem Sturz des Staates trachte. Die Ermittlungen wurden umgehend eingestellt.

8.2 Studenten kämpfen gegen »schädliche Toleranz«

Der nationalistischen Vorfall im Umfeld der Erlanger Universität war kein Einzelfall: Die Studentenschaft der Universität Erlangen unterschied sich von der anderer deutscher Universitäten dadurch, dass sich hier schon vor dem Hitlerputsch von 1923 eine NS-Studentengruppe konstituierte. Im übrigen gehörte mindestens die Hälfte aller Immatrikulierten irgendeiner Verbindung an.[374] Dank einer intensiven Propaganda vermochte sich der Nationalsozialistische Deutsche Studentenbund (NSDStB) Ende der zwanziger Jahre als politisch dominierende Hochschulgruppe durchsetzen. Am 12. Februar 1929 beschloss der Allgemeine Studenten-Ausschuss (AStA) in Erlangen fast einstimmig, für sämtliche deutsche Hochschulen die »Einführung eines Numerus clausus für Nichtdeutsche, besonders aber für Studierende der jüdischen Rasse« zu fordern.[375] In einer ausführlichen Stellungnahme führte er als Begründung dieses Antrags die »israelitische Überbevölkerung« der deutschen Universitäten an. Die Ursache der »zunehmenden Zersetzung deutschen Volkslebens« liege vor allem »in dem fortschreitenden Eindringen des Judentums in die führenden geistigen, politischen und wirtschaftlichen Stellen« des deutschen Volkes. Der AStA setzte zum Kampf gegen die »schädliche Toleranz gegen das Fremde« an.

Erlangen war nicht die erste Universität, an der Studenten eine Be-

---

[373] Zitat und Beschreibung des Vorfalls bei Jasper, Universität, 1999, S. 254. vgl. auch Friedrich/Stadtmuseum Erlangen, Universität, 1993, S. 331.
[374] Sandweg, Veritati, 1993, S. 20.
[375] Das folgende und die Zitat in: Franze, Studentenschaft, 1972, S. 111f.

schränkung der Zulassung »fremdblütiger Studenten« forderten. Bereits zuvor hatten der Deutsche Akademikertag und die Berliner Studentenvertretung die Einführung eines Numerus clausus verlangt. Aber in Erlangen deklarierte der AStA als erster, dass er dies nur als ein »Durchgangs-«, nicht aber als »Endziel« betrachte. Vom Numerus clausus allein würde dem deutschen Volk »keine Rettung« widerfahren; »denn da ein Numerus clausus wahrscheinlich auf Religionszugehörigkeit erstellt würde, würden nur die Religionsjuden betroffen«, nicht aber die vielen anderen, die aus »Zweckmäßigkeit« ihre Konfession aufgegeben hätten. Was die Erlanger Studenten anstrebten, war eine »rassistische Ausschaltung« des Judentums von allen »führenden Stellen.«[376] Dafür reichten sie ihren Antrag bei der Deutschen Studentenschaft ein. Der Gesamtverband hielt aber das Aufrollen dieser Frage für einen Verstoß gegen die Verfassung der reichsdeutschen Studentenschaft und beantragte deswegen beim Spruchhof der Deutschen Studentenschaft, die Erlanger Resolution für ungültig zu erklären. Sämtliche Studentenvertretungen wurden gewarnt, vor dem Entscheid des Spruchhofs selbst in dieser Sache einen Entschluss zu fassen. Vorsitzender des Spruchhofs war Professor Friedrich Lent, Prokanzler der Universität Erlangen. Er erklärte den Antrag zwar für satzungswidrig, nicht aber für ungültig. In der Urteilsbegründung klang sogar eine Art Aufforderung an, die rassische Exklusivität durch eine Satzungsänderung der Deutschen Studentenschaft herbeizuführen. Das Rektorat der Universität Erlangen selbst nahm den Antrag seiner Studenten für einen Numerus clausus mit äußerster Gelassenheit entgegen. Ohne zum Inhalt Stellung zu nehmen, erwog es nur, ob man vielleicht dem Ministerium eine Mitteilung machen solle, ließ aber – als der Spruchhof den AStA-Antrag für satzungswidrig erklärte hatte – die Sache auf sich beruhen. Der akademische Lehrkörper sah dem radikalen Treiben der Rechtsextremisten tatenlos zu und machte sich nicht die Mühe, sich öffentlich von diesen antisemitischen Agitationen zu distanzieren.

In Erlangen waren alle Voraussetzungen gegeben, die Studentenschaft für den Nationalsozialismus zu gewinnen. Um seine Chancen in der Wahl in der Vertretung des Allgemeinen Studenten-Ausschusses (AStA) Ende der Jahres 1930 zu erhöhen, lud der NSDStB am Vorabend der Wahl Adolf Hitler ein.[377] In Begleitung von Baldur von Schirach, dem Führer des Nationalsozialistischen Deutschen Studentenbunds,

---

[376] Ebd.
[377] Das folgende aus FRANZE, Studentenschaft, 1972, S. 126–133.

sprach Hitler am 14. November 1930 vor Professoren, Studenten und geladenen Gästen. Ganz im Geiste ihrer glänzenden Rolle in der Erlanger Gesellschaft tat die Universitätsleitung alles, um dieser Versammlung akademischen Charakter zu verleihen: Die Seminare wurden vorzeitig geschlossen, die Professoren ließen sich 90 Plätze reservieren und auch der Rektor erschien als Zuhörer. Ob Paul Althaus einen dieser Sitze einnahm, lässt sich nicht sicher rekonstruieren, aber das Ereignis ist wohl kaum seiner Aufmerksamkeit entgangen.[378] In seiner Rede stellte Hitler durch einen historischen Vergleich mit dem Dreißigjährigen Krieg die Bedeutung der nationalsozialistischen Ideologie heraus.[379] Er allein sei fähig, die zwei polarisierenden politischen Begriffe »Nationalismus« und »Sozialismus« zusammenzuführen. Sozialismus heiße bei ihm, den »Nutzen der Gesamtheit« vor den »Nutzen des Einzelnen« zu stellen. Damit werde der Sozialismus gleichzeitig zum »wirklichen praktischen Nationalismus«, denn Nationalismus »sei nichts anderes als die letzte Hingabe des Einzelnen an das Wohl der Gesamtheit«.

Hitler überzeugte. Bei einer ungewöhnlich hohen Wahlbeteiligung von 83 Prozent gewann der NSDStB am nächsten Tag die AStA Wahlen mit einer überwältigenden Mehrheit: Sie erreichten 19 von 25 Sitzen. »Ich werde es dieser Universität nie vergessen, deren Jugend die erste war, die sich zu mir bekannte,« kommentierte Hitler – ein Ausspruch, auf den sich die Universität bei offiziellen Anlässen im Dritten Reich gerne bezog.[380] Die Jahre bis zur Machtergreifung gaben einen Vorgeschmack auf die nationalsozialistische Hochschulpolitik. Schritt für Schritt versuchte der nationalsozialistisch orientierte AStA zu bestimmen, was er für die Gemeinschaft als erforderlich erachtete. Dem Einzelnen solle nicht mehr frei stehen, wie er sein Studium gestalten wolle. In Erlangen entschied nun der AStA, dass jeder Student in den ersten fünf Semestern am Arbeitsdienst der Studentenschaft teilzunehmen hatte.[381] Ursprünglich war der Arbeitsdienst nur zu dem Zweck eingerichtet worden, um den Bau eines neuen Universitäts-Sportplatzes zu ermöglichen. Bald aber kam zu dem pragmatischen Zweck ein ideologisches Ziel hinzu: Nicht der wirtschaftliche Ertragswert sollte beim Arbeitsdienst das Entscheidende sein, sondern die Erziehung der Studentenschaft zur »opferwilligen Einsatzbereitschaft und

---

[378] FRIEDRICH/STADTMUSEUM ERLANGEN, Universität, 1993, S. 332f.
[379] Eine Zusammenfassung der Hitler Rede in Erlangen bei: FRANZE, Studentenschaft, 1972, S. 129.
[380] FRIEDRICH/STADTMUSEUM ERLANGEN, Universität, 1993, S. 336.
[381] FRANZE, Studentenschaft, 1972, S. 157f.

körperlicher Ertüchtigung«.[382] Gegner wurden von den nationalsozialistischen Studenten mit Krawallen und Terrorakten systematisch eingeschüchtert. Als nächstes begannen die Studenten den bereits drei Jahre zuvor gestellten Numerus-clausus-Antrag in die Praxis umzusetzen. So fasste im Mai 1932 die medizinische Fachschaft den Beschluss, jüdische Studierende aus ihren Organisationen auszuschließen. Für jüdische Studenten begannen nun noch schwerere Zeiten. Sofern sie in einer Vorlesung erschienen oder in einer Übung aufgerufen wurden, taten die antisemitisch gesinnten Kommilitonen ihr Missfallen über ihre Anwesenheit durch Lärm kund. Aufgrund ihres Beschlusses, jüdische Medizinstudierende auszuschließen, entzog das Rektorat der medizinischen Fachschaft zwar die Anerkennung als offizielle Vertretung der medizinischen Studentenschaft. Doch unternahm die Universitätsleitung nichts gegen die anhaltende diskriminierende Behandlung der jüdischen Minderheit.[383]

Althaus lehrte an einer Universität, die gleichzeitig Hochburg des NS-Studentenbundes war. Damit hatte er täglichen Anschauungsunterricht. Doch wie so viele führende Persönlichkeiten der Deutschnationalen rief er nie zu Bekämpfung der NSDAP auf, sondern hielt an der Möglichkeit ihrer Läuterung durch das Christentum fest. Er glaubte nämlich zwischen der »Bewegung« und der »Partei« unterscheiden zu können:

> »Meine Freunde und ich stehen der Partei kritisch gegenüber und lehnen den ideologischen Ueberbau der Bewegung großenteils scharf ab. Aber die Bewegung geht weder in ihrer Gestalt noch in ihrer Ideologie auf. Sie hat den größten Teil unserer akademischen Jugend mitgerissen [...] der Nationalsozialismus in seinem innersten Kerne ist das Aufwachen der deutschen Jugend aller Stände aus dem unpolitischen Dahindämmern des letzten Jahrzehnts...zu einem stolzen, vaterländischen Freiheitswillen.«[384]

Der Historiker Christoph Weiling geht in seiner Studie zur Christlich-Deutschen Bewegung davon aus, dass man in diesen Kreisen die nationalsozialistische Partei, ihren Machtwillen und ihre Eigendynamik völlig unterschätzte. Noch 1931 ging man davon aus, dass es sich um eine neue, mächtige Jugendbewegung handle, von der man sogar die besondere Bereitschaft erwartete, auf die christliche Botschaft zu

---

[382] Ebd.
[383] Aus Dokumenten des Universitätsarchivs Erlangen (Nr. 235), auszugsweise veröffentlicht in: Ebd., S. 403f.
[384] AELKZ 65, 1932, Sp. 63

hören, so als ob die nationale Begeisterung nicht Glaubenshindernis, sondern »Vorstufe« zum Glauben wäre.[385] Selbst Althaus wiederholte diese Auffassung in einem Vortrag auf einer Tagung der Christlich-deutschen Bewegung im September 1931 in Potsdam. Darin glaubte er in der (Jugend-)Bewegung, die er wieder von der Partei schied, sogar eine »unbewußte« Reich-Gottes-Erwartung unterstellen zu dürfen.[386]

Althaus gehörte zu diesem Zeitpunkt selbst nicht nur der DNVP an, sondern trat 1931 auch der Christlich-deutschen Bewegung (CdB) bei. Diese war 1930 von dem Theologen und DNVP-Politiker Bruno Doehring sowie dem Stahlhelm und der DNVP nahestehenden Kreisen gegründet worden. Gemäß ihren Grundsätzen wollte die CdB wollte die »Liebe zum deutschen Volk und Vaterland« dem christlichen Glauben unterordnen. In der Formulierung widerspiegelt sich die Schöpfungs- und Ordnungstheologie, wie wir sie von Althaus kennen: Das deutsche Volk begriff die CdB als Gottesordnung und ging davon aus, »daß Gott der Herr die deutsche Freiheitsbewegung geweckt und gerufen hat, ihr Liebe und Treue, Opferwillen und Kampfesmut geschenkt hat, um dafür zu kämpfen, daß das deutsche Volk seine ihm vom Herrn anvertraute Sendung erfüllen kann«.[387]

---

[385] WEILING, Bewegung, 1998, S. 224.
[386] Abgedruckt ist der Vortrag in: GLAUBE UND VOLK 1, 1932, hier S. 164. Zit. auch in: WEILING, Bewegung, 1989, S. 242. Die von Heinrich Rentdorff für die Deutsch-christliche Bewegung gegründete Zeitschrift versuchte namhafte Theologen wie Hirsch und Althaus als Autoren zu gewinnen, um der Zeitschrift ein wissenschaftliche Renommee zu geben. Ebd., S. 196.
[387] Beide Zitate aus den Grundsätzen der CdB in: KURZ, Denken, S. 416.

9 Die Judenfrage – ein theologischer Alleinkampf

Die Haltung zur sogenannten Judenfrage stellte auch für Althaus einen Schlüssel zum Verständnis des Verhältnisses von Kirche und Staat dar. Der Theologe sah diese Frage in einem viel weiteren Kontext als die breite Öffentlichkeit, welche mit der Judenfrage vor allem die vermeintliche Überrepräsentanz von Juden in bestimmten Bereichen der deutschen Gesellschaft beklagte. Angetrieben und radikalisiert wurde die Debatte um die Judenfrage seit dem Deutschen Kaiserreich: Antisemitische Kreise lehnten die 1871 erreichte gesetzliche Gleichstellung der Juden und ihre darauf folgende Integration in die nach wie vor vom Christentum geprägte Gesellschaft strikt ab und beschworen die Gefahr, dass Juden diese von Nichtjuden geförderten Integrationsversuche nur zur Dominanz in Wirtschaft, Politik und Kultur ausnutzen würden und diese teilweise schon erreicht hätten. Der Begriff »Judenfrage« wurde damals zum feststehenden Ausdruck des modernen Antisemitismus.[388]

Vorschub erhielt die antisemitische Debatte um die Gleichstellung auch von konfessioneller Seite: Mit seiner Rede zum Thema »Unsere Forderungen an das moderne Judentum« im Jahre 1879 machte der lutherische Hofprediger Adolf Stoecker die *Judenfrage* zu einem viel beachteten öffentlichen Thema und positionierte seine Christlich-Soziale Partei fortan antisemitisch. Aufschwung gab seine Rede vor allem der Berliner Bewegung, die sich der Judenfeindschaft verschrieben hatte und für die Zurückdrängung von Juden aus öffentlichen Ämtern warb. Wenig später löste der konservative Historiker Heinrich von Treitschke den Berliner Antisemitismusstreit aus, indem er in einem Aufsatz die weitere Unterdrückung der jüdischen Religion zugunsten eines preußisch-nationalen Protestantismus forderte.[389] Mit diesem öffentlichen Streit wurde die Debatte um den Antisemitimus im deutschen Bildungsbürgertum etabliert und in die Universitäten hinein getragen. Die langfristigen Folgen dieser Etablierung und der scheinbaren Domestizierung der Judenfeindschaft durch die Integration in

---

[388] Grundlegend: BENZ, Judenfrage, 2002. Erstmals zur evangelischen Kirche und der Judenfrage: KRAUS, Kirche, 1965.
[389] Eine umfangreiche bearbeitete Quellenedition dazu: KRIEGER, Antisemitismusstreit, 2003.

ein christlich-nationales Weltbild waren für die jüdische Bevölkerung einschneidend, auch wenn dessen zerstörerisches Potenzial sich erst seit dem Ersten Weltkrieg offenbarte.

Für Theologen wie Paul Althaus ging es in der Weimarer Zeit um die gesamte Existenz des jüdischen Volkstums und seiner Religion im Lauf der Geschichte. Er widmete sich diesem Thema erstmals im März 1929 eingehend auf einem Studientag in Nürnberg. Während die Entwicklung seiner Schöpfungstheologie aus den Anfängen seiner Erlanger Zeit noch ganz davon geprägt waren, dass er sich ausdrücklich von einer absoluten Vormachtstellung *eines* Volkes vor dem anderen distanzierte – seine Wunschvorstellung einer temporären Vormachtstellung des Deutschen Volkes begründete er mit der gottgewollten Geschichtsdynamik –, setzte er nun in der theologischen Auseinandersetzung mit dem Judentum eine solche absolute Vormachtstellung a priori voraus. Indem er also die völkische Frage zur theologischen erhob, gelang es ihm, seinen Absolutheitsanspruch quasi durch die Hintertür in seine Schöpfungstheologie einzuführen.

Gleich zu Beginn seines Nürnberger Vortrages, den Althaus ein Jahr später in der *Zeitschrift für systematische Theologie* abdruckte – in der Forschungsliteratur über Althaus wurde der Text bisher offensichtlich übersehen – stellte er klar, dass gerade das moderne Judentum nicht nur eine volkspolitische Aufgabe stelle, sondern auch eine theologische:

> »Das Judentum bedeutet eine völkische Frage, ohne Zweifel. Aber wichtiger ist es heute zu betonen: das Judentum stellt eine theologische Frage! Beide Fragen sind voneinander wesentlich verschieden. Die theologische hören heißt nicht: die völkische verneinen, humanitär-liberal das völkische Problem, das uns durch das Wohnen jüdischen Volkstums unter uns gestellt ist, übersehen. Und doch ist wichtiger im Augenblicke wiederum die Betonung des Umgekehrten: es wäre schlimm für die deutsche Christenheit, wenn sie vor lauter Benommenheit durch die völkische Frage des Judentums die theologische überhörte! Beide wollen gehört und behandelt sein.«[390]

Schon an dieser kurzen Textstelle zeigt sich Wesentliches der rhetorischen Verfahrensweise von Althaus: Durch die verneinenden Formulierungen, die häufige Verwendung des Konjunktiv und die Entpersonalisierung seiner Aussagen erlaubte er dem Zuhörer, seine eigenen Fantasien in den Text hineinzuinterpretieren und tritt als Urheber der Denkvorlagen in den Hintergrund. Überdies suggerierte er: *Die Juden* schafften selbst das völkische Problem.

---

[390] ALTHAUS, Frage des Evangeliums, 1930, S. 196.

In seinem Vortrag beschäftigte er sich daraufhin mit jüdischen Autoren, die sich tiefgreifend mit dem Verhältnis von Judentum und Christentum auseinandersetzten: Constantin Brunner, Martin Buber, Max Brod und Franz Rosenzweig, die er als »durchaus moderne, literarisch und philosophisch geschulte Denker« bezeichnete. Was führte Althaus dazu, an dieser Stelle die Auseinandersetzung mit Vertretern der geistig-religiösen Elite des Judentums zu suchen? Sozusagen als Kompliment und Grund, warum er sich überhaupt mit diesen Schriften beschäftigte, attestierte er ihnen, dass es sich nicht um »ritualistisch-orthodoxe Ostjuden« handle, sondern um Persönlichkeiten, die mitten in der deutschen Geisteswelt stünden, mit dem Idealismus und zum Teil sogar mit Sören Kierkegaard vertraut seien:

> »Moderne und doch in ganz neuem Ernste Juden, nicht im profan-völkischen Sinne nur, sondern im religiösen, theologischen Sinne. Sie bekennen sich zu ihrem Jüdisch-Sein in seiner religiösen Bedeutung und rücken weitab von dem modernen Kulturjudentum.«[391]

Althaus rechtfertigte die Deklassierung des Judentums gegenüber dem Deutschtum zum einen damit, dass er die Judenfrage aus dem profanhistorischen Kontext auf die theologische Ebene hob, die er als fundamentaler betrachtete (Schöpfungstheologie!) und die den Absolutheitsanspruch bereits seit der Menschwerdung Christi a priori enthält. Zweitens übertrug er diesen theologischen Absolutheitsanspruch durch eine Art Abwertungskette zurück auf die völkische Ebene. Er wählte Vertreter des Judentums, die er zunächst als absolute Elite des jüdischen Volkes auswies, um sie schließlich theologisch – Kraft des genannten Absolutheitsanspruches – zu demontieren. Damit entsteht eine absolute hierarchische Bewertung. Althaus selbst – als Vertreter deutschen Christentums – inszenierte sich als der jüdischen Elite überlegen, die er ja wiederum als Spitze des gesamten Judentums deklarierte. Dadurch wird indirekt die Minderwertigkeit des Judentums theologisch »belegt«. Indem Althaus sein Überlegenheitsgefühl theologisch abstrahierte, vermied er, selbst zu den »profanhistorischen« Konsequenzen dieser Deklassierung zu stehen. Das überließ er seinen »radikaleren« Kollegen, während er selbst seinem Image des ausgleichenden »Sowohl-als-auch« treu bleiben konnte.

Auch wenn der Lutheraner Althaus das Dialogangebot von jüdischer Seite scheinbar aufnahm, meinte er doch, in allen Schriften der jüdischen Autoren Überlegenheitsgefühle gegenüber dem Christentum

---
[391] Ebd., S. 195.

und in ihren Texten Entstellungen und Verzerrungen der christlichen Theologie zu erkennen.[392] Die Aufgabe der Theologie in einem solchen Dialog sah er jedoch darin, das zu tun, was der »schlichteste Frontdienst der Judenmission« seit langem unternommen habe. Es gelte dem modernen Judentum die Frage des Evangeliums hörbar zu machen. Darunter verstand Althaus,

> »der modern-jüdischen Erfassung des Judentums und Jesu sorgfältig und ernst nachgehen, sie in das Licht der Entscheidungsfrage rücken; untersuchen, wieweit sich das Judentum dieser Entscheidungsfrage gestellt hat oder inwiefern es ihr auf allerlei Weise ausweicht; dieses Ausweichen so herausstellen, dass die Frage mit neuer Gewalt dasteht.«[393]

Mit seinem christlichen Absolutheitsanspruch ließ sich Althaus nicht wirklich auf ein christlich-jüdisches Gespräch ein, sondern sah es immer nur als eine Konfrontation des Judentums mit seiner Verkennung des durch Jesu verkündeten Evangeliums. Seinen Vortrag schloss er dementsprechend auch mit einem Zitat aus dem Matthäusevangelium (23,29):

> »Darum wissen wir das innere Schicksal des Judentums auch heute noch beschlossen in Jesu Wort des Gerichtes und der Verheißung über Israel: ›Ihr werdet mich hinfort nicht sehen, bis ihr sprecht: Gelobt sei, der da kommt im Namen des Herrn.‹«[394]

In der weiteren Auseinandersetzung mit den vier genannten jüdischen Religionsphilosophen verwendet Althaus diese Argumentationsstrategie immer wieder. Um die politische Dimension von Althaus' Argumentation sichtbar zu machen, ist der Diskurs in den jeweiligen biografischen und zeitgeschichtlichen Kontext eingebettet, den Althaus wohlweislich marginalisiert, um im theologisch Abstrakten bleiben zu können.

9.1 Gegen eine mystische Annäherung an Christus bei Constantin Brunner

Zunächst widmete sich Althaus in seinem Vortrag zur Judenfrage dem 1921 erschienene Buch *Unser Christus* von Constantin Brunner. Als Enkel Akiba Wertheimers, des Oberlandesrabbiners von Altona und

---

[392] Ebd., S. 195f.
[393] Ebd., S. 197.
[394] Ebd., S. 215.

Schleswig-Holstein, wurde der spätere Philosoph 1862 als Leopold Wertheimer geboren und im orthodox jüdischen Glauben erzogen.[395] Nach dem Studium am Kölner jüdischen Lehrerseminar, wechselte er zum Studium der Philosophie und Geschichte nach Berlin und Freiburg. Judenhass und Antisemitismus, wie sie ihm während seines Studiums begegneten, wurden zu seinem zentralen Thema.[396] Insbesondere die Aufname des Antisemitismus in Kreisen des deutschen Bildungsbürgertums irritierte die jüdischen Intellektuellen und setzte zum Ende des 19. Jahrhunderts einen Prozess jüdischer Selbstreflexion und Neuorientierung in Gang.[397]

Der moderne Antisemitismus, wie er Brunner an den Universitäten begegnete, warf nicht nur viele Juden durch seine negativen Stereotype und sozialen Ausgrenzungsstrategien auf sich selbst zurück. Er rief zugleich auch Bestrebungen und Institutionen hervor, die im Zuge der Bekämpfung antijüdischer Vorurteile und der Reflexion über die Stellung des Judentums in der deutschen Gesellschaft insgesamt zu einer Neuformulierung jüdischen Selbstbewusstseins beitrugen. In der Wilhelminischen Zeit herrschte in der jüdischen Gemeinschaft jedoch noch eine deutliche Ablehnung gegen eine offensive Verteidigung der eigenen Interessen, um nicht den Eindruck einer gescheiterten Integration zu erwecken. So stellte Leo Wertheimer sein erstes Manuskript zwar bereits 1882 fertig, worin er sich mit Antisemitismus, Religionsgeschichte, der Möglichkeit einer jüdischen Emanzipation in Deutschland und mit philosophischen Fragen beschäftigte. Das Buch konnte allerdings erst 1918 unter dem neuen Namen Constantin Brunner veröffentlicht werden, ein Name, den der Autor seit den 1890er Jahren benutzte. Inzwischen hatte sich eine kollektive Abwehrbewegung gegen den Antisemitismus entwickelt, die sich allmählich wirkungsvolle und dauerhafte Verteidigungsorganisationen schuf und damit in ganz neuer Weise eine öffentliche Darstellung jüdischer Identität dokumentierte. So wurde beispielsweise 1893 der »Centralverein deutscher Staatsbürger jüdischen Glaubens« (C.V.) mit dem Ziel der Abwehr des Antisemitismus gegründet.[398]

---

[395] Zur Biografie von Brunner vgl. STOLTE, Feuer, 1990.
[396] BRUNNER, Judenhass, 1918.
[397] Zur Rückbesinnung auf die jüdische Identität vgl. WIESE, Wissenschaft, 1999, insbesondere S. 42–58.
[398] Die neuere jüdische Historiographie kann zeigen, dass die eigentliche Bedeutung der Abwehrbewegung weniger in ihren tatsächlichen politischen Erfolgen als in ihrem Einfluss auf die Mentalität der deutschen Judenheit lag. Aus der Perspek-

Constantin Brunners philosophischer Ansatz war inspiriert von Baruch Spinoza, an dem er die »wahre« und »aktive« Philosophie und deren Umsetzbarkeit ins praktische Leben schätzte. Es sah in Spinoza ebenso wie in Moses, Sokrates, Buddha und Jesus Menschen, die er als Genies beziehungsweise als »Geistige« bezeichnete, da sie Leben und Werk vereinten und dabei die eine, immerwährende und überall gleiche absolute, geistige Wahrheit vermittelten. Seine mystische Christusauffassung – die schon in seinem Buch *Judenhass* formuliert war – stellte einen Versuch dar, den gemeinsamen geistigen Gehalt des Judentums und Christentums neu herauszuarbeiten. Er erhoffte sich damit eine Befreiung vom »verkehrten Weltbewußtsein«, wozu er den Judenhass zählte, ohne die gesellschaftliche Dimension des Antisemitismus dabei zu übersehen.[399]

Die mystische Christusauffassung von Brunner fegte Althaus mit der Behauptung weg, dass Mystik kein Judentum sei. Die Ablehnung eines gegenständlichen Gottes, eines Gottes außer uns, wie sie die Mystik formulierte, widerstrebte Althaus' theistischer Glaubenshaltung grundlegend. Mystik war für ihn weder Judentum noch Christentum. In seinen Missions-Vorträgen bezeichnete Althaus die Mystik als außerchristlich; sie verfehle die Wirklichkeit der Liebe Gottes, die den Menschen in dem Gegenüber von Ich und Du begegne.[400] Mit seiner mystischen Haltung und seiner Anknüpfung an Spinoza fiel Brunner weit aus dem von Althaus akzeptierten Weltbild und Glaubensverständnis heraus:

> »Es wäre lehrreich und bedeutsam, wie hier ein Jude Christus sich aneignet und in den Mittelpunkt des Lebens stellt – wenn er es als Jude täte. Aber er tut es als Mystiker. Und Mystik ist nicht Judentum«.[401]

Althaus nahm sich dabei selbstverständlich heraus, zu bestimmen, wer sich auf eine jüdische Identität berufen könne und wer nicht. Althaus' Rezept gegen den Mystiker Brunner lautete denn auch: »Gegen diesen Juden müssen wir die Wirklichkeit des ganz unmystischen Judentums aufrufen; gegen diesen Versuch, Jesus als Mystiker in Anspruch zu nehmen, die ganz unmystische Wirklichkeit des Lebens Jesu.«[402] In-

---

tive nach der Shoah stand zunächst vor allem das Scheitern der jüdischen Selbstverteidigung im Zentrum der Diskussion. Vgl. WIESE, Wissenschaft, 1999, S. 50, Anm. 109. Zum C.V. vgl. BARKAI, Centralverein, 2002.
[399] BRUNNER, Judenhass, 1918, insbesondere S. 421.
[400] ALTHAUS, Mission, 1928, S. 724.
[401] ALTHAUS, Frage des Evangeliums, 1930, S. 198.
[402] Ebd., S. 198.

dem er Brunner absprach, mit seinem mystischen Ansatz die jüdische Identität zu repräsentieren, schnitt Althaus seine theologische Auseinandersetzung mit Brunner völlig von einem möglichen Dialog mit dem Judentum ab. Auf ähnliche Weise schlug er jedes mal die von jüdischer Seite zum Diskurs geöffnete Tür gleich wieder zu.

Während Althaus im abstrakten Diskurs die theologische Judenfrage abhandelte, warnte Brunner schon früh vor den Gefahren des Nationalsozialismus, da sein Augenmerk längst auf die ganz unmystische politische Wirklichkeit des Nationalsozialismus gerichtet war.[403] Nicht nur wegen seiner jüdischen Herkunft, sondern auch wegen seiner Äußerungen gegen den Nationalsozialismus wurde er zum erklärten Feind der Nazis und flüchtete 1933 ins Exil nach Den Haag, wo er 1937 verstarb. Seine Bücher wurden verbrannt und verboten, sein Freundeskreis durch die Nationalsozialisten brutal zerschlagen.

9.2 Abwehr Martin Bubers mystischer Gottesauffassung und Betrachtung des Urchristentums

Im Anschluss an Brunner beschäftigte sich Althaus in seinem Vortrag mit Martin Bubers 1915 publizierten Buch *Vom Geist des Judentums,* dem er etwas mehr Aufmerksamkeit widmete.[404] 1878 geboren wuchs Buber im galizischen Lemberg bei seinem Großvater Salomon Buber auf, der zu seiner Zeit einer der wichtigsten Forscher und Sammler auf dem Gebiet der chassidischen Tradition des osteuropäischen Judentums war.[405] Buber studierte in Wien, Leipzig, Zürich und Berlin und besuchte Veranstal-

---

[403] Als hochgeachteter Philosoph löste Brunner 1930/31 in den Reihen des C.V. eine provokante Diskussion aus, die wohl kaum von Althaus zur Kenntnis genommen wurde. Mit seinem Buch *Von den Pflichten der Juden und von den Pflichten des Staates* (1930) versuchte er die jüdische Gemeinschaft aufzurütteln, ihre Rolle in der Judenemanzipation neu zu reflektieren, damit Juden wirklich »freie Menschen unter den wirklich freien Völkern« werden können. Er vertrat darin die Ansicht, dass Judenhass nur ein Aspekt des unaustilgbaren Menschenhasses sei. Die meisten Vertreter des C.V. distanzierten sich vehement von Brunners Ansichten, der ihrer Ansicht nach Juden schuld am Antisemitismus gab. Die Orthodoxen störten sich vor allem an Brunners mystischer Christusauffassung. Brunners Provokation spielte eine bedeutende Rolle in der ideologischen Reorientierung des C.Vs. BARKAI, Centralverein, 2002, S. 238–245.
[404] ALTHAUS, Frage des Evangeliums, 1930, S. 199; BUBER, Geist, 1915.
[405] Als Quelle für die Lebensdaten dienten vor allem Grete Schaeders biografischer Abriss in Bubers Briefwechsel, SCHAEDER, Briefwechsel, 1972; sowie WEHR, Buber, 1991.

tungen in Philosophie, Germanistik, Kunstgeschichte sowie in Psychiatrie und Psychologie. In Wien lernte er Theodor Herzl kennen und schloss sich dessen zionistischer Bewegung an. Die Rückbesinnung auf jüdische Tradition und Eigenart innerhalb der Abwehrbewegung gegen den Antisemitismus verdankte der zionistischen Bewegung, als deren Vertreter Buber galt, sicherlich wichtige Impulse zur jüdischen Identitätsdebatte. Das nationaljüdische Bewusstsein entstand in den achtziger Jahren des 19. Jahrhunderts als Reaktion auf die angesichts der russischen Pogrome 1881/82 und des verschärften Antisemitismus in Deutschland erschütterte Hoffnung auf einen friedvollen Prozess der jüdischen Integration in Europa. Für Buber war mit seiner zionistischen Ausrichtung immer die Besinnung auf die geistig-religiösen Wurzeln des Judentums verbunden. Die Verwirklichung des Judeseins in Palästina, im Land der Väter, bedeutete zugleich die Arbeit an der Verwirklichung sozialer Gerechtigkeit, wie sie die Propheten in der Bibel angemahnt hatten. 1923 wurde er Lehrbeauftragter für Religionslehre und Ethik an der Universität Frankfurt am Main. Als Althaus seine bereits 15 Jahre zuvor verfasste Schrift *Vom Geiste des Judentums* zur Kenntnis nahm, wurde Buber gerade zum Honorarprofessor ernannt und hatte neben seiner breiten Publikationstätigkeit als Philosoph und Religionswissenschaftler zusammen mit Franz Rosenzweig schon zehn Bände ihrer Neuübersetzung der hebräischen Bibel ins Deutsche veröffentlicht.

In knappen Worten fasste Althaus die Grundgedanken Bubers zusammen. Er betreibe im Anschluss an die Kabbalah eine »mystische Theurgie«, also eine Art Magie, wenn er behaupte, Gottes Wirklichkeit werde durch den Menschen gesteigert.[406] Bubers Aussagen im Zusammenhang mit dem Urchristentum, dass er dieses den prophetischen Bewegungen des Judentums zuordne, konnte Althaus noch gelten lassen. Aber Bubers Vorstellung, jeder könne durch ein unbedingtes Leben Gottes Sohn werden,[407] provozierte Althaus zur rhetorischen Frage an Buber: »Ob er nicht mit dem Sinn des Judentums zu einfach fertig wird.«[408] Althaus fragte weiter, ob es denn noch Judentum sei, wenn Buber seinem »Ethizismus« mit Sätzen verkünde wie »In der Unbedingtheit seiner Tat erlebt der Mensch die Gemeinschaft mit Gott.«[409] An

---

[406] ALTHAUS, Frage des Evangeliums, 1930, S. 199.
[407] BUBER, Geist, 1915, S. 56.
[408] ALTHAUS, Frage des Evangeliums, 1930, S. 201.
[409] Buber zitiert in: Ebd.

dieser Stelle bemerkte Althaus in einer Fußnote, dass er nicht wisse, ob Buber noch zu seinen Anschauungen von 1915 stehe, doch auch wenn er sie hinter sich gelassen habe, würden seine Texte typischen Wert haben und allemal eine Auseinandersetzung rechtfertigen. Althaus ging es nicht um eine Antwort auf das jüdische Gesprächsangebot, sondern er gab vielmehr sein Urteil über den großen jüdischen Religionswissenschaftler kund:

> »Selbst wenn man ganz absieht von der mystisch-theurgischen Art dieses Ethizismus – wie unjüdisch ist er [Buber], indem er den Anspruch erhebt, das Ganze zu sein.«[410]

Althaus vermisste schließlich ein Wort zu Sünde und Schuld bei Buber und unterstellte ihm gleichermaßen, sowohl das Judentum zu verzeichnen als auch das Urchristentum zu entstellen, wenn er darin nur den Kampf zwischen Religiosität und Religion sehe. Das seien lediglich idealistische Kategorien, meinte Althaus und kanzelte Buber weiter ab mit den Worten:

> »Wer Jesu ethischen Radikalismus betont, verzeichnete sein Bild, wenn er nicht zugleich von dem Radikalismus der Vergebung redet, der mit jenem unlöslich zusammenhängt. Hier entstand das Ärgernis an Jesus, um dessentwillen die Juden ihn ausstießen: an dem Kampfe gegen den ewigen Pharisäer und an dem Inanspruchnehmen der Vergebungsvollmacht. Das Judentum hat Jesus verflucht; Jesus war ihm das Skandalon. In Bubers humaner Würdigung Jesu ist von diesem Skandalon und Fluche nichts mehr zu spüren. Bedeutet das wirklich einen Fortschritt in der jüdischen Stellung zu Jesus, dessen wir Christen uns freuen sollten? Ich glaube nicht. Es muss gesagt werden: die Jesus verfluchen, stehen dem Ernste der entscheidenden Frage näher als M. Buber und die anderen, die heute meinen, Jesus ohne Schwierigkeiten für das prophetisch verstandene Judentum in Anspruch nehmen zu können.«[411]

Althaus inszenierte hier für die Juden ein unlösbares Paradox: Verfluchen sie Jesus, grenzen sie sich selbst aus, würdigen sie ihn, sind sie noch schlimmer. Das Judentum war für Althaus offensichtlich prinzipiell nicht integrationsfähig!

Martin Buber legte die Professur für Religionswissenschaft 1933 nieder, bevor ihm die Lehrerlaubnis im Oktober des gleichen Jahres offiziell entzogen wurde. Er gründete daraufhin die »Mittelstelle für jüdische Erwachsenenbildung bei der Reichsvertretung der Juden in

---

[410] Ebd., S. 201.
[411] Ebd., S. 203.

Deutschland«, die er auch leitete und sorgte er für die Neueröffnung des Freien Jüdischen Lehrhauses in Frankfurt am Main. 1935 aus der nationalsozialistischen Reichsschrifttumskammer ausgeschlossen, musste Buber die Arbeit an seiner Bibelübersetzung für lange Jahre unterbrechen. Im März 1938 – noch vor der Pogromnacht vom 9./10. November – konnte Buber mit seiner Frau aus dem nationalsozialistischen Deutschland nach Jerusalem entkommen, wo er bis 1951 an der Hebräischen Universität Anthropologie und Soziologie lehrte. Martin Buber starb am 13. Juni 1965 in Jerusalem.

9.3 Mit Peinlichkeit des Körperlichen gegen Max Brod

Dem aus Prag stammenden jüdischen Kulturphilosophen Max Brod gestand Althaus im weiteren Verlauf seines Vortrages immerhin zu, dass er vom Christentum, Sören Kierkegaard und anderen gelernt habe, die entscheidenden Fragen zu stellen – dies im Gegensatz zu Buber, wie er meinte – doch auch er habe die volle Tiefe der Theologie nicht erkannt. Althaus stützte sich auf seine Lektüre von Brods zweibändigem Werk *Heidentum, Christentum, Judentum*, das 1921 in München erschienen war.[412]

Schon vor dem Ersten Weltkrieg wurde der 1884 geborene Max Brod in Berliner Literaturkreisen enthusiastisch für seine expressionistischen Romane gefeiert und gehörte zu den bekanntesten Persönlichkeiten der deutschsprachigen Literatur.[413] Die Vorträge und Begegnungen von und mit Martin Buber im Prag der Jahre 1909 bis 1910 vertieften sein Verständnis des Judentums, und er wandelte sich von einem einst hinsichtlich seiner jüdischen Identität indifferenten zu einem bewussten Juden, der – wie sein engster Freund Franz Kafka – mit dem zionistischen Projekt von Theodor Herzl sympathisierte. Der ungemein vielseitige Poet, der auch als Übersetzer, Komponist und Publizist tätig war und mehrere umfangreiche philosophische Werke veröffentlichte, trug mit seinem Bekenntnisbuch *Heidentum, Christentum, Judentum* zur jüdischen Selbstbesinnung bei. Max Brod offenbarte damit zugleich seine religionsphilosophische Einstellung, die er in seinen belletristischen und historischen Romanen und Essays erweiterte und abstrahierte. Diese philosophische Grundeinstellung vertrat er bis zu seinen beiden

---

[412] BROD, Heidentum, 1921; ALTHAUS, Frage des Evangeliums, 1930, S. 204.
[413] Zur Biografie und Werk BÄRSCH, Brod, 1992; siehe auch WESSLING, Brod, 1969.

letzten kulturpolitischen Büchern *Diesseits und Jenseits* (1947/48) und *Das Unverlierbare* (1968). Für Max Brod konnte der Mensch nur mit Hilfe seines Willens den kausalen Zusammenhang zwischen Sünde und Tat beherrschen und überwinden. Die Tat im Verständnis des Judentums und die ethische Verpflichtung des Menschen waren für Brod von großer Bedeutung, sein literarisches Schaffen kann als das Streben nach »Verwirklichung« als ethisches Postulat begriffen werden, das die Durchsetzung eines ethischen Effekts in der Realität zur Folge hat.

Der konservative Lutheraner Paul Althaus scheint sich indes kaum eingehend mit Brod beschäftigt zu haben und glaubte dennoch pauschal in dessem Bekenntnisbuch von 1921 ein einziges Missverständnis des Christentums zu erkennen. Aus jüdischer Perspektive betrachtet, sah es Brod nicht als Fortschritt des Christentums, wenn darin die Idee vorherrschte, dass der Mensch ohne die geringste Fähigkeit, aus sich selbst heraus das Gute zu wollen, sondern nur aus Gehorsamkeit Gottes Wille gegenüber kultiviert werde.[414] Für Brod zählte das Gemüt, das Gefühl, welches erst die Liebe zu Gott ermöglichte und den Abstand zwischen Gott und dem Menschen verringerte. Daran nahm Althaus Anstoß, denn für ihn galt, dass im Christentum die Gnade an Christus und seinen Opfertod gebunden und damit eine Mittlerschaft gegeben sei.[415] Während Brod das subjektive Glaubensdogma des Apostels Paulus hervorhob, das zu einer bestimmten Kanonisierung des christlichen Glaubens führte und letztlich im Namen der Kirche »namenlose Schmach, grauenhaftes Elend«[416] über die Juden gebracht habe, warf Althaus dem jüdischen Gelehrten historische Unzulänglichkeit vor. Althaus hielt an der Verallgemeinerung fest, dass ein Individualismus in der Gnadenfrage unhaltbar sei.[417]

Geradezu anstößig empfand Althaus schließlich, wie Brod das Erlebnis göttlicher Gnade beschrieb und dabei konkret die physischen und seelischen Empfindungen schilderte, die ein Mensch erleben könne, wenn er durch Gnade von göttlicher Liebe ergriffen werde. »Gott lieben und von Gott geliebt zu werden, ist nämlich das selbe«, weiß Brod und fühlte diese innerliche Ergriffenheit gleichsam als somatischen Vorgang, als eine ins Unendliche weisende Erschütterung. Für den gefühlskontrollierten Althaus war das nichts als peinlich:

---

[414] BROD, Heidentum, 1921, Band 1, S. 133.
[415] ALTHAUS, Frage des Evangeliums, 1930, S. 205.
[416] BROD, Heidentum, 1921, Band 2, S. 164ff.
[417] ALTHAUS, Frage des Evangeliums, 1930, S. 206 und 209.

> »Ein in den primitivsten sexuellen Vorstellungen ausdrückbares mystisches Erlebnis, bei dem die Gewissheit der Unsterblichkeit aufleuchtet – wo ist Gott dabei, der Gott der jüdischen Propheten oder auch Rabbinen, die Brod so gerne zitiert? Welchen Sinn hat es hier von Gnade zu reden? [...] Wüsste Brod wirklich, was er sagt, wenn er von der Erlösung zur Liebe Gottes, den man aus sich selbst nur fürchten könnte, redet, wäre bei ihm diese Furcht Gottes mehr als eine allgemeine numinose Stimmung, hätte sie den Ernst der Psalmisten und Propheten, als Furcht vor dem Herrn und Richter, der töten kann – dann würde er auch anders reden von der Gnade, die uns nach der Furcht die Liebe zu Gott ins Herz gibt. Das Enden in einem mystischen Gnadenbegriff zeigt verräterisch, wie wenig ernst das Beginnen im prophetischen Ernste des Willens um das Gebot und die Sünde gemeint war.«[418]

Wenn Althaus von der Unmittelbarkeit der göttlichen Erfahrung sprach, dann ist das immer eine geistige Erfahrung und keinesfalls ein körperlich spürbare. Die körperliche Abspaltung ist so tief, dass das Körperliche bei ihm notwendig auch als das Sündige begriffen wird. Gerade an diesem Beispiel der Gotteserfahrung zeigt sich deutlich, wie sehr Althaus den ganzen Diskurs völlig aus seiner genuin lutherischen Perspektive führte und gar nicht mit der Möglichkeit rechnete, dass es eine ganz andere Erlebnisebene der Religiosität geben könnte als die der theologischen Abstraktion.

An dieser Stelle holte Althaus zu einer pauschalen Kritik gegen das moderne Judentum aus, das fälschlicherweise glaube, über den Opferkultus hinaus geschritten zu sein und das Problem der Vergebung viel zu leicht zu nehmem. Das Judentum gehe damit nicht nur an der Botschaft Jesu vorbei, sondern verstehe die Tiefen des Alten Testamentes nicht:

> »Was weiß das moderne Judentum mit dem alttestamentlichen Mittlertum, dem Priester- und Fürbittertum anzufangen? Kann überhaupt das Alte Testament durch das heutige Judentum ganz ernst genommen werden außer von Christus her? Das ist die Frage des Evangeliums an das moderne Judentum.«[419]

Hier zeigt sich besonders deutlich, wie Althaus seinen eigenen Überlegenheitsanspruch implizierte, indem er eigentlich mitteilte: Ich als Christ verstehe das Judentum in seiner ganzen Tiefe, aber selbst die geistige Elite des Judentums ist weit davon entfernt, ihre eigene Heilige Schrift zu verstehen.

---

[418] Ebd., S. 208.
[419] Ebd., S. 209.

Als deutsche Truppen im März 1939 die restlichen Gebiete der Tschechoslowakei besetzten und das so genannte »Protektorat Böhmen und Mähren« errichteten, gelang es Max Brod mit seiner Frau noch rechtzeitig ins damalige Palästina auszuwandern. Unter dem Eindruck der Shoah beschäftigte sich Brod wieder besonders intensiv mit theologischen Themen und es entstanden auch literarische Texte der persönlichen Erinnerung, unter anderem der Roman *Der Sommer, den man zurückwünscht* (1952), gewidmet seinem Bruder Otto Brod, der 1944 im Vernichtungslager Auschwitz ermordet wurde. 1947 erschien das zweibändige Werk *Diesseits und Jenseits*, das sich vor allem mit der Frage nach der Ursache des Leidens und dem Kampf gegen das Leiden befasst. Als Historiograf des *Prager Kreises* setzte Brod auch der vernichteten deutschjüdischen Kultur ein literarisch-kulturgeschichtliches Denkmal. In Tel Aviv arbeitete Brod bis zu seinem Tod im Jahre 1968 als Dramaturg am Nationaltheater *Habimah* und gleichzeitig auch als Musik- und Theaterkritiker.

9.4 Keine »gemeinsame Entdeckungsreise« mit Franz Rosenzweig

Zuletzt beschäftigte sich Althaus in seinem Vortrag zur Judenfrage mit dem vielleicht bedeutendsten jüdischen Religionsphilosophen des 20. Jahrhunderts, mit Franz Rosenzweig. Gemeinsam mit Martin Buber arbeitete dieser an der Übertragung der hebräischen Bibel ins Deutsche und war maßgeblich beteiligt an der Förderung der Wissenschaft des Judentums. Seine innovative Umdeutung traditionellen jüdischen Ideenguts beeinflusste nicht nur die jüdische Theologie in erheblichem Maße, sondern auch das Selbstverständnis des Christentums aus seinen jüdischen Wurzeln.[420] Franz Rosenzweig war kein Zionist, sondern zutiefst in der deutsch-jüdischen Kultur verwurzelt. 1886 in Kassel geboren, wuchs er als Fabrikantensohn in gut situierten Verhältnissen auf. Nach zwei Jahren Medizinstudium wechselte er 1907 zum Studium der Philosophie und Geschichte in Freiburg, später Berlin, das er mit einer Habilitationsschrift zu Hegel abschloss.

Jüdische Gelehrte haben es in der wilhelminischen Zeit als äußerst schmerzlich empfunden, dass sie sich durch die herrschende Bildungsstruktur in der Begegnung mit dem Protestantismus gezwungen fühlten, ständig auf negative Werturteile zu reagieren. Dabei setzten sie sich

---

[420] Eine Einführung zu Rosenzweig bei: RÜHLE, Rosenzweig, 2004.

immer wieder dem unübersehbaren Risiko aus, der protestantischen Polemik ausgeliefert zu sein, statt in ihrer wissenschaftlichen Arbeit selbstständig zu akzentuieren und darin geachtet zu werden. Diesem Problem widmete sich Rosenzweig in seinen 1923 niedergeschriebenen Überlegungen über *Apologetisches Denken*, mit denen er die Stärke und Chance der wissenschaftlichen Absicherung und Rechtfertigung des Glaubens zu würdigen, zugleich aber die Gefahren der Apologetik schonungslos zu benennen vermochte. Nachdem die Vertiefung in die europäische und deutsche Kultur und die religiöse Anziehungskraft des Christentums bei ihm 1913 selbst beinahe zur Konversion zum Protestantismus geführt hatten, war er prädestiniert dazu, sich der Identitätskrise des deutschen Judentums zu stellen und Leitlinien einer Bildungskonzeption zu entwickeln, die der Entfremdung von der eigenen Tradition und einseitigen Fixierung auf die Fragen der äußeren Gleichberechtigung entgegenwirken sollten. Er setzte sich für eine deutliche Abkehr von dem assimilatorischen Selbstverständnis der Wissenschaft des Judentums ein, zugunsten einer auf die Wiedergewinnung der jüdischen Identität ausgerichteten Bildungspolitik.[421]

Wiederum scheinbar anerkennend führte Althaus ihn erst als den »geistvollen Hegelforscher und Bibelübersetzer, den kabbalistisch, philosophisch, geschichtlich durchgebildeten religiösen Denker« ein.[422] Der Sytematiker Althaus lobte die geistige Kraft und den Gedankenreichtum von Rosenzweigs großem Werk *Der Stern der Erlösung* (1921)[423], das als eines der klassischen Werke der deutschen Philosophie des 20. Jahrhunderts gilt, zunächst einmal in jeglicher Hinsicht:

> »Wir können hier die Fülle der geistreichen (aber auch gewagten) Bemerkungen über das Judentum, der zum Nachdenken zwingenden Sätze über das Christentum, der Vergleiche und Ausblicke, der großen Linien und kleinen Striche nicht einmal andeuten. Rosenzweigs Buch ist die glänzendste Philosophie und Apologetik des Judentums, die wir überhaupt besitzen.«[424]

---

[421] Diese Politik wurde von anderen jüdischen Gelehrten mit Begeisterung aufgegriffen und führte – unter maßgeblicher Beteiligung des Historikers Eugen Täubler – im Mai 1919 zur Gründung der Akademie für die Wissenschaft des Judentums. Diese Institution hat viel zur Entwicklung einer eigenständigen, professionellen jüdischen Historiografie beigetragen und Leistungen und Selbstbewusstsein der Wissenschaft des Judentums in der Weimarer Zeit entscheidend geprägt. Zur Bedeutung Rosenzweigs für die Wissenschaft des Judentums vgl. WIESE, Wissenschaft, 1999, insbesondere S. 358f. und S. 365f.
[422] ALTHAUS, Frage des Evangeliums, 1930, S. 210.
[423] ROSENZWEIG, Stern der Erlösung, 1921.
[424] ALTHAUS, Frage des Evangeliums, 1930, S. 210.

Nach dieser beinah überschwänglichen Einführung folgt das berühmte »Aber«. Rosenzweig sei aber viel weiter als etwa Brod davon entfernt, die entscheidende Frage zwischen Judentum und Christentum zu begreifen. Das Problem liege darin, dass Rosenzweig mit seinen überaus abstrakten Gedanken Judentum und Christentum in einer tolerant ausgewogenen geschichtsphilosophischen Theorie in ein dialektisches Verhältnis setze.[425] Rosenzweig verkenne mit seinen geistreichen Abstraktionen den Ernst des Verhältnisses zwischen Judentum und Christentum und weiche damit der eigentlichen Frage aus.

> »Wo bleibt der schwere Ernst des Kampfes und des Todes Jesu, die Frage, die der Bruch des Paulus mit dem Judentum und die jüdische Verfluchung Jesu stellt? Das alles geht in dem dialektisch aufgefassten Verhältnis unter. Da sind Franz Werfel, in seinem ›Paulus unter den Juden‹, und Brod wahrlich radikaler!«[426]

Als Rosenzweig auf die Christologie zu sprechen kam und dabei den Gegensatz zwischen Judentum deutlich markierte, schien Althaus erleichtert und beinah dankbar. Rosenzweig sah in der christlichen Annäherung an Gott über Christus als Vermittlungsinstanz ein heidnisches Relikt, welches das Judentum so nicht kenne. Im Judentum suchte der einzelne Gläubige die Vertrautheit mit Gott unmittelbar. Althaus dazu:

> »Die Sätze wider die Christologie, in denen das alte Skandalon des Judentums durchbricht, sind uns darum in aller ihrer Ungerechtigkeit lieber als jene tolerante Theorie. Wir sind hier dem wirklichen Verhältnis der beiden Religionen näher als dort. Man braucht im übrigen über die schlimme Verkennung und Verzerrung der Christologie nicht viel zu sagen.«[427]

Wenn der Religionswissenschaftler Christian Wiese zu recht festhält, dass die protestantische Theologie die Möglichkeit des Entdeckens und Verstehens jüdischer Religion, Geschichte und Kultur noch lange nicht hinreichend verfolgt hat, so lässt sich für Althaus festhalten, dass er es nie ernsthaft versucht hat.[428]

---

[425] Rosenzweigs Denken vermittelt eben auch Ansätze zur Überwindung totalitärer Denkstrukturen – eine Bewusstheit, die Althaus nicht zugänglich ist. KIRCHNER, Rosenzweig, 2005.
[426] ALTHAUS, Frage des Evangeliums, 1930, S. 211.
[427] Ebd., S. 212.
[428] WIESE, Wissenschaft, 1999, S. 370.

Das Bemühen Rosenzweigs und anderer jüdischer Gelehrter durch ihre Veröffentlichungen zur jüdischen und christlichen Theologie ein Gespräch mit den protestantischen Gelehrten in gegenseitiger Achtung zu entwickeln, schmetterte Althaus nieder. Gershom Scholem hoffte, dass das Wesen des Gesprächs in der Bereitschaft liege, »den andern in dem, was er ist und darstellt, wahrzunehmen und ihm zu erwidern.« Grundform eines solchen Dialogs sollte dabei, wie Franz Rosenzweig es 1918 in einem Brief an seinen Vetter Hans Ehrenberg ausdrückte, nicht der theologische »Zweikampf«, sonder eine gemeinsame »Entdeckungsreise« sein.[429] Althaus blieb seinem Absolutheitsanspruch des Christentums treuster Soldat, wenn er die Bitte der jüdischen Wissenschaftler zurückwies, das Evangelium so zu verstehen und zu verkündigen, dass dabei die Wahrheit im Judentum nicht verschüttet werde:

»Es ist das Evangelium selbst, das uns so fragt angesichts des Judentums, angesichts unserer Verantwortung, ihm das Evangelium zu sagen.«[430]

Althaus endete seine Ausführungen über Rosenzweig mit der wiederholten Behauptung, dass dem modernen Judentum das Alte Testament nicht mehr zugänglich sein könne:

»Seit es [das Judentum] sich gegen Christus entschied, hat es auch seine heilige Schrift in ihrer Tiefe verloren.«[431]

Was musste in Althaus vorgehen, dass er ausgerechnet dem Übersetzer der Heiligen Schrift in einer unübertrefflichen Arroganz das Verstehen der Bücher absprach?

Rosenzweig war in dem Jahr, als Althaus seinen Vortrag über das moderne Judentum hielt, an einer schweren Krankheit in Frankfurt am Main verstorben. In Würdigung seiner Arbeit für den christlich-jüdischen Dialog wird noch heute jährlich die nach ihm und Buber benannte Buber-Rosenzweig-Medaille verliehen.

Im Vergleich zu dem, was seit den 20er Jahren in der völkischen Bewegung an antisemitischer Abwertung des jüdischen Bezugs zur eigenen Schrift geschrieben wurde – bis hin zu den Deutschen Christen, die das Alte Testament als »jüdisches Buch« komplett ablehnten –, könnte man geneigt sein, Althaus noch als recht moderat zu bezeichnen.[432] Das

---

[429] Beide Zitate aus ebd., S. 370.
[430] ALTHAUS, Frage des Evangeliums, 1930, S. 214.
[431] Ebd., S. 213.
[432] Zur protestantischen Diskussion um das Alte Testament lohnenswert: WEBER, Testament, 2000. Johannes Hempel argumentierte gegen die Ablehnung der alt-

ist wesentlich auf die Radikalisierung der Debatte um das Alte Testament in der deutsch-völkischen Bewegung zurück zu führen, die darin einen unverhohlenen rassistischen Antisemitismus zum Ausdruck brachte. Gleichfalls 1930 forderte Alfred Rosenberg in seinem *Mythus des 20. Jahrhunderts* die Distanzierung des Christentums vom *Alten Testament*. Für ihn beinhaltete es nur »Zuhälter- und Viehändlergeschichten« und war Zeugnis der »jüdischen Lohnmoral. Juden waren für Rosenberg ein »rassisch unterwertiges Volk«, das nicht mehr Gegenstand der Bewunderung sein und keinen Platz im deutschen Gottesdienst haben dürfe.[433]

Althaus hingegen vermied geschickt und wirkungsvoll, selbst mit diesem radikalen Ende des politischen Spektrums identifiziert zu werden. Damit haben seine potenziell kritischen Hörer das Problem, die Diskriminierung und den Vorschub, den Althaus damit radikaleren Entwicklungen leistete, nicht wirklich greifen zu können. Gegen die Deutschen Christen ließ sich eben viel leichter Stellung beziehen als gegen den ja so vermittelnden Althaus. Mit der Machtübernahme der Nationalsozialisten bekam der teilweise verdeckte Absolutheitsanspruch solcher »moderater« Aussagen jedoch eine neue politische Qualität insbesondere mit dem Renommee eines Universitätstheologen. Die radikale Ablehnung des *Alten Testaments* war denn auch ein zentrales Thema des theologischen Streits im Kirchenkampf, in dem Befürworter und Gegner gleichermaßen antisemitische Deutungsmuster tradierten und aktualisierten.[434]

Aus den Schriften von Brunner, Buber, Brod und Rosenzweig las Althaus eine Aufforderung des modernen Judentums an das Christentum heraus. Er glaubte, dass sie das Christentum dazu auffordern wollten, auf die Christologie zu verzichten und sich mit dem Judentum auf dem Boden des »Prophetismus« zusammenzufinden. Das kam für Althaus nicht in Frage: »Gäben wir die Christologie preis, für Jesus würden wir billige Anerkennung aus jüdischem Munde finden.« Doch die wäre nichts als ein »billiger Frieden«.[435] Da verharrte Althaus lieber in

---

testamentlichen Schriften und bezog gleichzeitig die völkische Gesinnung mit ein, was wiederum eine eigene Form von Antisemitismus produzierte.

[433] Zur Haltung der Deutschen Christen zum Alten Testament vgl. NICOLAISEN, Stellung, 1971, S. 198 f. Über den Chefideologen Hitlers siehe PIPER, Rosenberg, 2007, darin ein Kapitel über den »Mythus«, S. 179–231.

[434] Siehe dazu auch meinen Beitrag in: FRIEDLÄNDER U.A., Bertelsmann, 2002, S. 315–318.

[435] ALTHAUS, Frage des Evangeliums, 1930, S. 213.

Kampfstimmung und führt keinen Zweikampf, sondern einen Alleinkampf gegen das Judentum, ohne wirklich in Berührung oder Kontakt mit jüdischen Gelehrten zu treten. Diese radikale Interpretation der jüdischen Auseinandersetzung mit dem Christentum kommt einer totalen Verweigerung jedweden Zwiegespräches gleich. Die Konsequenz kann nur die völlige Ausgrenzung des Judentums und – in Verbindung mit der Schöpfungstheologie – am Ende sein Niedergang sein. Althaus schlug auf abstrakt theologischer Ebene gewissermaßen dem Judentum die Tür zu, bevor die Nationalsozialisten die Ausgrenzung in die praktische politische Realität umsetzen konnten.

10 Schöpfungstheologie und Antisemitismus

10.1 Ethik und Ordnung der Volksgemeinschaft

Der Zentralausschuss für Innere Mission rief 1921 in Berlin die Apologetische Centrale als kirchliche Dokumentations- und Informationsstelle für Weltanschauungsfragen ins Leben. Sie zeichnete sich in der Weimarer Republik durch eine äußerst umfangreiche publizistische Arbeit sowie durch Tagungen und Schulungen des kirchlichen Personals aus.[436] Für ihr große Darstellung über *Das religiöse Deutschland der Gegenwart* gewann der Leiter der Centrale, Carl Gunther Schweizer, den damals als führend geltenden Systematiker der protestantischen Theologie Paul Althaus als Verfasser zu einem Beitrag über die Lage der Theologie in Deutschland.[437]

Darin gab Althaus nicht nur einen Überblick über den Stand aller theologischen Disziplinen, sondern bekräftigte erneut und gegen alle Kritik von Karl Barth das Recht auf eine Neuorientierung der Theologie. Im Zuge dieser Neuorientierung wollte Althaus auch alle extremen Äußerungen ernst nehmen, die sich auf die gegenwärtige Lage beziehen und so an der »kranken Zeit« – so bezeichnete der Theologe die Weimarer Republik – teilnehmen. Die Kritik an den vorigen Generation wollte Althaus nicht wie die dialektische Theologie in einen

---

[436] Die Apologetische Centrale wurde 1937 auf Betreiben des Reichskirchenministeriums geschlossen, das in dem Institut eine illegale Fortbildungsstätte der Bekennenden Kirche sah. Seit 1933 hatte der Leiter der Centrale Walter Künneth zunächst einen Anpassungskurs gegenüber den neuen Machtverhältnissen verfolgt und noch 1936 in einem persönlichen Schreiben dem »Stellvertreter des Führers«, Rudolf Heß, seine »politische Zuverlässigkeit« versichert. Ein Jahr zuvor hatte sich der bayerische Theologe auch ziemlich unkritisch mit dem Werk *Der Mythus des 20. Jahrhunderts* des NS-Ideologen Alfred Rosenberg auseinandergesetzt, vgl. Piper, Rosenberg, S. 219ff. Unter Künneths Führung geriet die Centrale mit dem von den »Deutschen Christen« dominierten Centralausschuß des Kirchenministeriums zunehmend in Konflikt, der das NS-Reichskirchenministerium schließlich zum Einschreiten aufforderte. Mit der Schließung der Spandauer Stelle fiel der Gestapo das gesamte Archiv in die Hände. 1960 wurde das Institut in Stuttgart wieder neu unter dem Namen *Evangelische Zentralstelle für Weltanschauungsfragen* gegründet, heute hat sie ihren Sitz wieder in Berlin. Der Begriff »Apologetik« hatte zu dieser Zeit keinen guten Klang mehr. Zur Geschichte der Apologetischen Zentrale: PÖHLMANN, Kampf, 1998

[437] ALTHAUS, Theologie, 1929.

»Rausch der Selbstzerstörung«[438] ausufern lassen. Er beklagte aber sehr wohl, wie wenig Wille und Kraft in der Kirche und unter Theologen zu spüren sei, sich in die Lebenswelt der Menschen »unserer gottlosen Zeit« einzufühlen. Die Theologie müsse in Deutschland genauso wie die Missionare in andern Ländern die Sprache des Volkes lernen. »Wie wenige ahnen etwas von der Schwere der Übersetzungsarbeit, die hier gefordert ist, von dem Ernste der Entäußerung, von dem Maße der Geduld, auf die es ankommt!«[439] Der tiefe Riss zwischen Kirche und Bildungswelt, der seit etwa 150 Jahren klaffe, stelle die eigentliche Herausforderung für die Theologie dar, die sich nicht im Monolog zurückziehen, sondern im Dialog den Fragen der Zeit zu widmen habe.

Althaus hatte seine apologetischen Forderungen in diesen und in den folgenden Jahren sowohl dogmatisch als auch ethisch zu realisieren versucht. Schließlich sah er es als dringliche ethische Aufgabe der Theologie, sich mit der Frage nach Lebensordnungen zu befassen: »Eine neue Ethik des Geschlechterverhältnisses und der Ehe, des Wirtschaftslebens, der Volksgemeinschaft, des politischen Lebens muss erarbeitet werden.«[440]

Der Theologe Althaus nahm sich dieser Fragen nach Lebensordnungen selbst an und hatte die für ihn charakteristische Ethik der Ordnungen nicht erst anlässlich des Machtwechsels 1933 ausgearbeitet, auch wenn der Titel *Theologie der Ordnungen* erst 1934 erschien. Die einzelnen Ausführungen hatte Althaus bereits Jahre davor mehrfach in Vorträgen an die Öffentlichkeit gebracht. Sie stellten die Grundlage für seine Ethik der Ordnungen dar. Bemerkenswert ist dann allerdings, dass er diese Sammlung zur *Theologie der Ordnungen* im August 1934 in Buchform veröffentlichte, also ein paar Monate nach der Zusammenkunft der bekennenden Kirche in Barmen, wo sich die lutherischen Fronten innerhalb der kirchenpolitischen Auseinandersetzungen um die Positionierung zum nationalsozialistischen Regimes verhärtet hatten. Die theologische Erklärung, die im Mai 1934 auf der Synode in Wuppertal-Barmen als theologisches Fundament der Bekennenden Kirche verabschiedet wurde, verteidigte ein kirchliches Selbstbestimmungsrecht gegenüber der staatlichen Autorität des NS-Regimes dar. Dies lehnten der Dogmatiker Paul Althaus theologisch und politisch ab – seine Antwort war die Theologie der Ordnung.[441]

---

[438] Ebd., S. 141.
[439] Ebd., S. 148.
[440] Ebd., S. 149.
[441] Zur Barmer Synode vgl. NICOLAISEN, Weg, 1985.

Rückblickend lässt sich also erkennen, dass schon in seinem 1931 veröffentlichten Buch *Grundriss der Ethik*, das wiederum an seine 1928 in Erlangen gehaltenen und im selben Jahr unter dem Titel *Leitsätze zur Ethik* erschienenen Vorlesungen anknüpfte, diese Fragen behandelt waren.[442] Es beinhaltete zum einen eine Ausarbeitung über die Erkenntnis und die tätige Erfüllung des Willens Gottes und eine Skizze des christlichen Lebens in der Gemeinschaft mit Gott. Zum anderen schrieb Althaus darüber, wie er sich das christliche Leben in den »überindividuellen Lebenseinheiten« vorstellte. Schon hier bezeichnete er nicht nur die Ehe, sondern auch das »Volksein«, das Recht und der Staat sowie die Wirtschaft als »Schöpferwille« und »Schöpfungsordnung« Gottes. Schon während des Krieges hatte er die in Kongress-Polen seit 1905 geltende Neutralität der evangelischen Kirche gegenüber der völkischen Frage abgelehnt; schon 1922 zählten für ihn die im Regelfall mit einem Volk identischen Nationalstaaten als »letzte Einheiten in der Geschichte«.[443] Dennoch hatte sich Althaus 1923 noch von einer Schöpfungstheologie abgegrenzt, in der die »gegebenen geschichtlichen Bindungen, etwa die vaterländische, unkritisch als Schöpfungsordnung und damit als Wille Gottes«[444] hingenommen wurden.

Nunmehr bekräftigte er Ende der 20er Jahre in den *Leitsätzen zur Ethik*, dass die auch aus der Vernunft erkennbare »natürliche Liebe zum Volkstum und Vaterlande« aus der Erkenntnis des Schöpferreichtums erwachse. Die Schöpfung habe die völkische »Besonderung« der Menschheit hervorgebracht. Unter Volkstum verstand Althaus »die über Familie, Sippe und Stamm hinausgehende, durch körperliche und geistige Fortzeugung über die Jahrhunderte reichende Lebenseinheit von Menschen gemeinsamer seelischer Art«. Dadurch entstehe also nicht nur ein besonderes Volk im biologischen Sinn, sondern auch ein »besonderes Seelentum«.[445]

Althaus' Begriff der Schöpfungsordnungen wollte auch hier keine vormoderne, ständische Ethik wiederbeleben, keinem paternalistischen Untertanengehorsam das Wort reden. Ganz im Gegenteil: Er verstand sich als modern, wenn er die sittliche und sogar gefühlsmäßige Identifikation des Einzelnen mit diesen »überindividuellen Lebenseinheiten« propagierte. Daher beschrieb er diese Ordnung, mit denen Gott als

---

[442] ALTHAUS, Leitsätze zur Ethik, 1929; ALTHAUS, Grundriss der Ethik, 1931; ALTHAUS, Theologie der Ordnung, 1934.
[443] ALTHAUS, letzten Dinge, 1922, S. 69f.
[444] ALTHAUS, Theologie und Geschichte, 1923/24, S. 749.
[445] ALTHAUS, Leitsätze zur Ethik, 1929, S. 53.

»Gabe« und als »Gesetz« jeden einzelnen Menschen sittlich in Anspruch nehme, nicht als statisches, naturrechtliches System, sondern als geschichtliche, wandelbare Ordnung. Althaus folgte hier Luther, wenn er die Schöpfung als ein fortwährendes und gegenwärtiges Geschehen Gottes begriff.[446]

Die Gottesordnung verwirkliche sich immer nur in einer bestimmten menschlich-geschichtlichen Gestalt, der die Menschen genauso Gehorsam schuldeten wie der Gottesordnung. Denn auch in der jeweils menschlich-geschichtlich bedingten Gestaltung – die auch willkürlich und böse sein möge – ließe sich wieder Gottes Wille erkennen.

> »Aber die Gestaltung vollzieht sich durch Menschen – und sie werden in ihrem Gestalten nicht immer durch den Gehorsam gegen die Anforderung des Hier und Jetzt, die der Ordnung ihre Gestalt gibt, bestimmt sein. Sondern auch durch Willkür und Sinnes der betreffenden Ordnung. Auch hier freilich müsse das erste Wort sein: es gelte, Gottes Ordnung gehorsam zu sein auch in der von Menschen willkürlich und böse gestalteten Ordnung«[447]

In Althaus' Glaubensvorstellung waren Ordnungen, unbeschadet dessen, dass sie in ihrem Wesen Schöpfung Gottes waren und blieben, auch zugleich ein Teil des Bösen. Alle Ordnungen auf der Welt seien gar der Sünde verfallen, da sie von der menschlichen Bosheit des Einzelnen und der Gesamtheit in der Geschichte immer wieder entstellt und missbraucht würden.[448] So würden Menschen beispielsweise das Amt des Regierens zu ihrem eigenen Vorteil benutzen, anstatt in den ihnen anvertrauten Ämtern zu dienen. Dabei werde der Mensch an diesen Ämtern schuldig, indem er sie für sich missbrauche. Aber für die Ordnungen ansich gelte, so Althaus, nichtsdestoweniger was im Römerbrief gesagt sei: »Das Gesetz ist ja heilig, und das Gebot ist heilig, recht und gut« (Röm.7,12)[449]

Diese Gegebenheit führe nun dazu, dass der Mensch beispielsweise in einer »verlogenen Welt internationaler Politik« politisch handeln müsse oder dass er Mittel anwenden müsse, die durch die Verfassung gegeben seien.[450] Da Ordnung und Sünde unentwirrbar ineinander verflochten seien, müssten viele Menschen gerade indem sie pflichtgemäß einer Ordnung dienten wider ihr Gewissen handeln. Althaus ging noch einen Schritt weiter, wenn er feststellte, dass die »Entstel-

---

[446] Dies und das folgende ALTHAUS, Theologie der Ordnung, 1934, S. 9–13.
[447] Ebd., S. 14.
[448] Ebd., S. 20.
[449] Ebd.
[450] Dies und das folgende in: Ebd., S. 23.

lung der Ordnungen durch menschliche Sünde weithin in den Ordnungen selber begründet liegt.« Am Beispiel von Staat und Politik führte Althaus die politischen Konsequenzen seiner Ordnungstheologie aus: Der Staat sei seinem Wesen nach Macht, führte Althaus an. Die Macht sei das unentbehrliche Mittel für seinen Dienst am Leben des Volkes. Aber dieses Mittel nun trage eine eigene dämonische Dynamik in sich, das habe der Historiker Jakob Burckhardt erkannt, als er geschrieben hatte: »Und nun ist die Macht an sich böse, gleichviel, wer sie ausübe. Sie ist kein Beharren, sondern eine Gier und eo ipso unerfüllbar.« So schloss auch Althaus mit Bezug auf Augustinus' Bemerkung »Was sind große Königreiche anders als große Räuberhöhlen?«, dass alles Handeln nach Staatsräson eine Seite in sich habe, die dem Machttrieb folge. Denn der Staat als Machtwesen trüge immer auch eine »Dynamik dämonischer Art in sich, die aus der Politik niemals auszutilgen« sein werde.[451]

Hier schwenkte Althaus nun zum Staatsrechtler Carl Schmitt und folgte seiner Idee, dass das Wesen des Politischen im Freund-Feind-Verhältnis liege. Das Gebiet des Politischen beginne dort, wo der Gegensatz Freund-Feind erscheine. Und umgekehrt setze Politik quasi voraus, dass die Menschheit in diesen Gegensätzen lebe.[452] Im Einklang mit einem weiteren Kampfgefährten für eine Ordnungstheologie, mit dem ebenso deutsch-national orientierten Publizisten Wilhelm Stapel[453], deklarierte Althaus, dass das Freund-Feind-Schema ein Teil des Sündenfalles der Schöpfung sei. Der Versuch, diesem Schema zu entrinnen, sei doppelte Sünde, ja gar eine Anmaßung der Hoheit Gottes, denn nur Gott alleine könne diese Dualität auflösen.[454] Das Freund-Feind-Schema beziehungsweise die Gegenüberstellung von Gut und Böse stellte für Althaus eine der wesentlichen Grundlagen seines Glau-

---

[451] Ebd., S. 24.
[452] Zu Schmitts bekannten Freund-Feind-Terminologie und deren Zusammenhang mit seinem Antisemitismus vgl. GROSS, Schmitt, 2000.
[453] Der 1882 geborene Stapel wurde als promovierter Kunsthistoriker nach dem Ersten Weltkrieg Chefredakteur und Herausgeber der Monatszeitschrift *Deutsches Volkstum*, welche unter seiner Leitung zu einem der führenden antisemitischen Organe der Weimarer Republik wurde. Stapels christlich begründete Volkstumsideologie bildete die Grundlage für sein Staatsverständnis und kirchenpolitische Haltung ebenso wie für seinen Antisemitismus. Stapels Wirken SCHMALZ, Kirchenpolitik, 2004, S. 28–73; zum Antisemitismus im *Deutschen Volkstum* GOSSLER, Publizistik, 2001, S129–140.
[454] ALTHAUS, Theologie der Ordnung, 1934, S. 25.

benssystems dar, wie er auch in den *Leitsätzen zur Ethik* ausführte.[455] Sittliches Leben bedeutete in diesem Glauben immer ein Entscheiden zwischen gut und böse, zwischen gehorchen und verlieren. Aus diesem Grund lehnte Althaus die Idee der Entwicklung eines sittlichen Lebens zum Ideal hin ab. Eine solche Entwicklung würde anstelle des unbedingten Anspruchs Gottes an den Menschen das Ideal zum Orientierungspunkt nehmen.

Den Schöpferreichtum Gottes schließlich glaubte Althaus auch in der Gliederung der »Menschheit in Rassen und Völker« zu erkennen. Dass die Völker miteinander in Widerstreit stünden, sei dieser Ordnung gleichsam immanent:

> »Antipathie trennt die Rassen und Völker und ist durch keine bewusste Verdrängung im Namen der Menschenliebe, der Bruderschaft aller Menschen aus dem Empfinden auszutilgen. [...] Die Liebe zum Volkstum und Vaterland trägt scheinbar eindeutig und rein den Adel göttlicher Schöpfergabe und göttlichen Willens an uns. Und doch ist diese Liebe unentrinnbar gebunden an Antipathie, Zorn und Hass. Ich kann nicht für mein Volk empfinden, ohne an den Grenzen wider andere zu empfinden.«[456]

Wenn Antipathie, Zorn und Hass Menschen in einen Kampf gegeneinander bringt, dann ist auch dies für Althaus ein Teil der Schöpfung Gottes, ein unvermeidlicher Kampf also. Diese Härte anzuerkennen, gestand Althaus ein, falle den Menschen schwer. Es zeuge jedoch von Idealismus, wenn man versuche, die »Sünde- und den Fluchcharakter« der Ordnungen zu verharmlosen. Für Althaus stand fest, wo Schöpferreichtum ist, da ist auch der Tod, das unentrinnbare Gesetz der Feindschaft, des »Widereinander«. Mit einem Beispiel aus der »Geschlechtlichkeit« unterstrich er seine Ideologie und nahm dabei erneut Bezug auf Luther: Zeugungsdrang (instinctus procreandi) sei Gottes Schöpfung, geschlechtliche Liebe (furor ille libidinis) hingegen Sünde. Auch wenn diese Unterscheidung glasklar sei, ließe es sich an der »Wirklichkeit jetziger menschlicher Sexualität weder theoretisch noch praktisch konkret scheiden«.[457] Die Libido sei aber nicht nur Missbrauch des Zeugungstriebes, sondern auch wesenhaft mit ihm verbunden. Somit stellte der geschlechtliche Akt für Althaus zugleich Erfüllung von Gottes Schöpferwille wie auch Ausdruck sündhafter, maßloser Gier dar.

---

[455] ALTHAUS, Leitsätze zur Ethik, 1929, S. 2–4.
[456] ALTHAUS, Theologie der Ordnung, 1934, S. 25f.
[457] Ebd., S. 29.

Wie sollte ein Mensch es nun aushalten, im Dienen Gottes gleich auch dem Dämon zu dienen? Die Lösung lag für Althaus natürlich im Evangelium, das dafür Vergebung und Erlösung verkündige und bereithalte.[458] Konkret hieße das für den Menschen: Solange er im Dienst an der Ordnung handele, also beispielsweise eine Ehe eingeht, die zu den göttlichen Ordnungen zählt, werden seine Sünden – in der Ehe: die Libido – von Gott um seiner Ordnung willen vergeben. Die Vergebung bleibe jedoch aus, wenn er sich außerhalb der Ordnung stelle.[459] Analoges machte Althaus mit einem Zitat von Luther für den Staat geltend:

> »Staat und Recht sind nicht ohne Ungerechtigkeit und Sünde; aber um der hohen Bedeutung des Staates willen für das geschichtliche Leben der Menschheit ›sieht Gott durch die Finger und duldet selbst böse Verfassungen und Gesetzte, damit der politische Friede erhalten bleibe‹.«[460]

Der Mensch sei nun dazu aufgerufen, seinem Volk und seinem Staat zu dienen, so wie sie sich momentan für ihn präsentieren. Innerhalb dieser Ordnungen sei er angehalten, gegen die Sünde zu kämpfen, darin zeige sich die sittliche Existenz des Menschen.

Einer Vergötzung des Volkstums wollte Althaus keinen Vorschub leisten. Jedoch verlange das Dienen an der Schöpfungsordnung eine »Volksliebe«, auch im Kampf gegen »biologische Verwahrlosung« und »Überfremdung«, postulierte Althaus in seinem *Grundriss der Ethik* von 1931 weiter. Dies habe allerdings nichts mit Wertvergleich und folgender Geringschätzung anderer Völker, nichts mit einem Erwählungsanspruch und nichts mit der Gleichsetzung der eigenen vaterländischen Sache mit der Sache Gottes zu tun. Die Aufforderung der Treue gegenüber dem eigenen Volkstum wollte er allein in der schöpfungsmäßigen Wirklichkeit des Volkstums begründet wissen.[461] Aus dieser Theologie heraus formulierte Althaus eine politische Forderung, einen Aufruf zur Vaterlandstreue. Mit der Integration des Volkstumsgedankens in seine Sozialethik kam Althaus zu einer empathischen Bejahung der konkreten geschichtlichen Ordnung. Zwei Jahre später konnte er dann auch das im Nationalsozialismus zur Staatsideologie erhobene Volkstum als die konkrete Wirklichkeit des Lebens, als Ort der Selbstbezeugung Gottes identifizieren.

---

[458] Ebd., S. 33.
[459] Ebd., S. 35.
[460] Auch die folgenden Zitate ebd.
[461] ALTHAUS, Grundriss der Ethik, 1931, S. 94f, 103.

10.2 Seelsorge am Antisemitismus

Doch bleiben wir noch einen Moment in der Weimarer Republik, denn schon bevor die Nationalsozialisten die sogenannte Judenfrage in das Zentrum ihres politischen Programms rückten, griff auch Althaus über den bereits behandelten theologischen Rahmen der Judenfrage hinaus verschärfend in diese schon länger währende Debatte ein.[462] Die Judenfeindschaft kam aber nicht nur in einer akademischen und publizistischen Debatte zum Ausdruck, sondern spielte sich in der Weimarer Republik vor dem Hintergrund stark zunehmender judenfeindlicher Straftaten ab.[463] So kam es in den Jahren 1919/20 zu antisemitischen Schlägereien in den Großstädten, im Krisenjahr 1923 zu pogromartigen Ausschreitungen in ostdeutschen Städten sowie zu gezielten Geiselnahmen von Juden während des Hitlerputsches. Mitte der 20er Jahre wurde auch eine Welle von Friedhofs- und Synagogenschändungen beobachtet, und Ende der 20er Jahre stieg die Anzahl physischer Gewalttaten der SA gegen Juden erheblich. Auch juristisch verfolgbare Beleidigungen und voyeuristische Diffamierungskampagnen, in denen Juden des Ritualmordes oder des Mädchenhandels bezichtigt wurden, lassen sich für den gesamten Zeitraum nachweisen.

Mitte der zwanziger Jahre war nun das Verhältnis des deutschen Protestantismus zur völkischen Frage noch in vieler Hinsicht ungeklärt. So sehr beispielsweise die lutherische Theologie das »nationale Wollen« in der völkischen Bewegung mit unterstützte, ihr Bekenntnis zu Recht, Zucht und Ordnung gut hieß und den Kampf gegen Marxismus und Mammonismus mitkämpfte, so sehr wurde gerade das bildungsbürgerliche Milieu von dem gewalttätigen Antisemitismus abgestoßen. Die universitäre Theologie und Vertreter der Kirche verurteilten in zahlreichen Äußerungen diese Praxis des politischen Kampfes und bestritt nachdrücklich ihre religiösen Ansprüche und Ideen.[464] Dem völkischen Antisemitismus begegneten aber viele Theologen und Kirchenmänner mit einer für sie typischen einerseits-andererseits Haltung: Einerseits seien die »Auswüchse« der völkischen Bewegung zu bekämpfen, nämlich die ungerechten Angriffe auf das Alte Testament, auf Paulus und Luther, die Ablehnung der jüdischen Herkunft von Jesus, der hasserfüllte Antise-

---

[462] Dokumente zur »Judenfrage« im deutschen Protestantismus vgl. RAYMOND, Konzepte, 1994.
[463] Grundlegend dazu: WALTER, Kriminalität, 1999.
[464] Das folgende vgl. SCHOLDER, Kirchen 1, 2000, S. 147–176.

mitismus und die Vergötterung der Rasse. Andererseits müsse man es doch für etwas Wertvolles halten und dürfte sich durch die Auswüchse den Blick dafür nicht trüben lassen, wenn der Sinn für völkische Würde und Heimatliebe, wenn Verantwortung gegenüber der eigenen Rasse, Gemeinsinn, Heldenmut und selbstlose Güte gestärkt würden.

In Nürnberg tagte im Jahr 1925 der bayerische Landesverband des Evangelisch-Sozialen Kongresses. Gemäß seiner Tradition verfolgte der Kongress die Ideen des Berliner Hofpredigers und dezidierten Antisemiten Adolf Stoecker und verfügte über personelle Verbindungen mit der Inneren Mission.[465] Stoeckers Tätigkeit im Kaiserreich war durch die Ideen getragen, die sozialen Aktivitäten des Protestantismus zu bündeln und zu aktivieren, sie aber gleichzeitig zu einem Kampf gegen die Moderne, gegen den Kapitalismus und Sozialismus, gegen die Großstadt und Industrialisierung, gegen den Egoismus und Liberalismus sowie gegen den Individualismus umzudeuten. Als Träger all dieser Tendenzen identifizierte Stoecker den »modernen Juden«. Dieser Geist war auch in den zwanziger Jahren im Evangelisch-Sozialen Kongress präsent und offensichtlich aktivierbar. Auf der Nürnberger Tagung hielt Oberkirchenrat und späterer Landesbischof von Bayern Hans Meiser einen Vortrag zur Judenfrage.[466] Die völkisch gesonnenen Teilnehmer der Tagung beanstandeten die Berichterstattung in der evangelischen Sonntagsblattpresse über diesen Kongress, da diese keinerlei antisemitische Aussagen enthielte. Die Redaktion bat daraufhin Meiser im Sinne einer Klärung und Richtungsgebung zu einer grundsätzlichen Ausführung zur Judenfrage, die in drei Teilen im Jahr 1926 im Nürnberger Evangelischen Gemeindeblatt erschien. Meiser befasste sich darin mit der Frage, wie sich Christen Juden gegenüber zu verhalten haben und beklagte die »Verjudung unseres Volkes«.[467] Er erklärte »die Rassenfrage als den Kernpunkt der Judenfrage« und forderte das

---

[465] Der Evangelisch-Soziale Kongress war eine 1890 von Theologen, Volkswirtschaftlern, Politikern, Juristen und anderen gegründete Vereinigung, die auf ihren jährlich stattfindenden Tagungen soziale Problem vom Standpunkt der protestantischen Ethik aus erörterte. Bedeutenden Gründungsmitglieder waren so unterschiedlich politisch und theologisch ausgerichtete Personen wie Adolf Stoecker, aber auch der liberale Theologe Adolf von Harnack. POLLMANN, Kongress, 1982.
[466] Das folgende ausführlicher bei: JASPER, Gutachten, 2006, S. 223.
[467] Die Äußerungen entstammen dem wöchentlich erscheinenden Evangelischen Gemeindeblatt Nürnberg 33, 1929, Nr. 33–35 (26.8., 2. und 9.9.1933) S. 394–397, S. 406/407 und S. 418/419. Die neuste Interpretation dazu: HERMLE, Bagatellisierung, 2006.

»Zurückdrängen des jüdischen Geistes im öffentlichen Leben« sowie die »Reinhaltung des deutschen Blutes«. Statt zu Pogromen rief er zur Judenmission auf und meinte damit mäßigend zu wirken:

> »Gerade wer von der Minderwertigkeit der jüdischen Rasse überzeugt ist, dürfte, wenn er nicht ein blinder Fanatiker ist, mit dem nicht zu rechten ist, nicht das Judenpogrom predigen, sondern müßte zur Judenmission aufrufen, weil in ihr die Kraft liegt, die Juden auch rassisch zu veredeln«.[468]

Aber die Stimmung gegenüber dem Judentum und der jüdischen Bevölkerung sollte sich im deutschen Protestantismus deutlich verschärfen und daran hatte Althaus einen wesentlichen Anteil. Eine Zäsur bedeutete der Vortrag, den der inzwischen 39jährige Erlanger Theologieprofessor Paul Althaus auf dem zweiten evangelischen Kirchentag von 1927 im preußischen Königsberg hielt, und die »Vaterländische Kundgebung«, die in diesem Zusammenhang verabschiedet wurde.[469] Zusammen mit Wilhelm Kahl, DNVP Reichstagsabgeordneter, war Althaus als Hauptreferent ins preußische Königsberg eingeladen worden. Allein die Tatsache, dass sich die Gesamtvertretung des deutschen Protestantismus entschlossen hatte, einen Vortrag zu dem Thema Kirche und Volkstum anzuhören, wies darauf hin, dass die völkische Frage inzwischen vom Rand der Kirche in die Mitte gerückt war.[470] *Führt ein Weg vom völkischen Wollen zur Kirche* lautete der Titel des Vortrags

---

[468] Im Jahr 2006 beantragten die Grünen im Nürnberger Stadtrat, die Rolle und das Handeln des früheren bayerischen Landesbischofs Meiser vor, während und nach der Zeit des Nationalsozialismus zu beleuchten, und lösten damit eine heftige Debatte aus. Die Verdienste und das Versagen von Meiser seien abzuwägen und die Frage zu beantworten, ob es gerechtfertigt sei, dass Straßen und Plätze nach im benannt sind. Einer der Hauptgegenstände der Diskussion war Meisers Artikel zur Judenfrage von 1926. Diese waren auch schon in einer Gedenkschrift zu Meisers 40. Todestag Gegenstand einer kritischen Erörterung: NICOLAISEN, Meiser, 1996; zur Begleitung der Meiser-Ausstellung zum 50. Todestag erschien ein perspektivenreicher Sammelband HEROLD/NICOLAISEN, Meiser, 2006; im Zusammenhang mit dem Antrag auf Umbenennung der Straßen verfasste Gotthard Jasper im Auftrag des Oberbürgermeisters von Nürnberg Ulrich Maly ein Gutachten zu Landesbischof Meiser unter Einbezug der evangelischen Kirchengemeinde Nürnberg. JASPER, Gutachten, 2006; eine erste Arbeit zu Meiser, welche die ganze Problematik des Antisemitismus schon Mitte der 70er Jahre aufgriff, wenn auch recht vorsichtig, blieb unveröffentlicht und kann im LAElKB eingesehen werden: MÜNCHENBACH, Meiser, 1976. In Nürnberg und München sind alle Meiser-Straßen inzwischen umbenannt oder die Umbenennung beschlossen; in Ansbach wird der Name beibehalten.
[469] Vaterländische Kundgebung des Königsberger Kirchentages, in: DEUTSCHER EVANGELISCHER KIRCHENAUSSCHUSS, Verhandlungen, 1927, S. 339.
[470] SCHOLDER, Kirchen 1, 2000, S. 164.

von Althaus, der 1928 auch als Einzelpublikation bei C. Bertelsmann veröffentlicht wurde.[471] Darin trat Althaus in provokativer Haltung dem von ihm als »Vernunftrepublikaner« empfundenen Berliner Kirchenrechtler Kahl entgegen, der den deutschen Protestantismus auf die Weimarer Republik verpflichten wolle.[472] In sorgfältig abgesicherten Formulierungen entfaltete Althaus in seinem Vortrag die Grundzüge einer neuen politischen Theologie.

Althaus' Art, die Dinge – für die damaligen Verhältnisse – vorsichtig und abgewogen zu formulieren, führte dazu, dass die Versammlung offenbar weithin dem Irrtum erlag, es werde hier nur die alte, nationale und konservative Theologie neu vorgetragen.[473] Sogar Karl Barth geriet bei der Lektüre dieses Vortrages in Zweifel und schrieb an Althaus, dass er darin alles gefunden habe, was ihn an ihm imponiere und zugleich unheimlich sei: die Fähigkeit, nach allen Seiten offen zu sein und bewegt mitzugehen, aber auch die Fähigkeit, allzu Vieles zu schlucken und gutzuheißen, so dass Barth darin die Stimme von Althaus nicht mehr immer erkennen könne.[474]

Aller Ungewißheit Barths zum Trotz, zielte Althaus in seinem Königsberger Kirchen-Vortrag auf nichts weniger als eine neue Ausrichtung der Theologie auf den völkischen Gedanken und eine politisch manifestierte Gottesordnung ab, die als theologische Legitimation des staatlich organisierten Antisemitismus ein Jahrzehnt später ihre ganze fatale Zerstörungskraft entfalten sollte. In seinem Vortrag verwendete Althaus gängige Topoi konservativer Kultur- und Zeitkritik und malte die deutsche Gegenwart in drastischen Farben »als schmerzliche Entartung« aus.[475] Das deutsche Volk habe sich in der Zivilisation und der Fremde verloren, zwei Konzepte, die für Althaus Inbegriff allen Übels waren. Zivilisation bedeutete für ihn die Orientierung am Rationalen und Zersetzung zur Masse, Dominanz von Individualisten in der Gesellschaft statt organischer Gemeinschaft, sowie die innere als auch äußere Entwurzelung und »Entheimatung«. Sinnbild für diese Art von Leben sei die Großstadt. Mit der Fremde verband Althaus nicht nur die Schwierigkeiten, unter denen Deutsche im Ausland und in Grenzgebieten lebten. Auch in Deutschland gäbe es eine Macht des Fremden:

---

[471] ALTHAUS, Kirche und Volkstum, 1928, S. 12. Seinen Vortrag hatte Althaus bereits 1927 in: ALTHAUS, Evangelium und Leben, 1927, S. 113–143 aufgenommen.
[472] NOWAK, Kirche, 1981, S. 173f.
[473] SCHOLDER, Kirchen 1, 2000, S. 165.
[474] Zit. in: SCHOLDER, Kirchen 1, 2000, S. 165.
[475] Auch das folgende ALTHAUS, Kirche und Volkstum, 1928, S. 8f.

> »Die Überfremdung unserer Literatur, des Theaters, der Künste, der Mode und der Feste, des Parteiwesens und der öffentlichen Dinge, die Preisgabe an volkslose Geldmächte ist quälend zum Bewusstsein gekommen. Zivilisation und Überfremdung miteinander sind schließlich auch schuld an der Zerrissenheit unseres Volkes, an dem Geist des Klassenkampfes, der die Volksgemeinschaft zersetzt.«[476]

Ohne das Wort Jude hier nur einmal zu benutzen, zeichnete Althaus den zersetzenden Feind der Volksgemeinschaft in den kulturellen Codes der Zeit, die alle mit Juden in Verbindung brachten.[477] Er forderte die »Wiedergeburt des Volkslebens aus seinen eigenen Quellgründen« im Anschluss an eine völkische Bewegung, deren Ausgangspunkt das »hohe, ergreifende Volkserlebnis des August 1914« gewesen sei.[478] In diesem Appell vermischten sich die mit der »Schmach« des Versailler Friedens verbundenen Gefühle mit Zivilisationskritik.

Der junge Theologe traf genau die Stimmung der Mehrheit der Kirchenführer, die dem Weimarer Parteienstaat äußerst reserviert gegenüberstanden. Der deutschen Kirche sei das ganze Volk anvertraut, und zwar nicht nur als Inbegriff einzelner Seelen, sondern als »Volkstum, als Stämme, in seinen Lebensordnungen, in seinem Gesamtgeiste«.[479] In diesem viel beachteten Vortrag wies Althaus der Kirche dann auch die Aufgabe zu, sich nicht nur um das Familien- und das Gemeindeleben zu kümmern, sondern ihre Worte an das »ganze Volksleben« zu richten: Das Volk erwarte von der Kirche Antworten zu den brennenden Fragen der Zeit, zu denen auch die sogenannte »Judenfrage« zähle.[480] Ungeachtet dessen, was über »antisemitischen Pharisäismus und über die von Deutschen selber ausgehende Entartung und Überfremdung des Volkstums« schon gesagt worden sei, müsse sich die Kirche auch zur »jüdischen Bedrohung« des Volkstums äußern, denn es sei notwendig, den »wilden Antisemitismus« zu überwinden. Auch wenn er an dieser Stelle nicht weiter ausführt, was er unter »wildem Antisemitismus« versteht, darf man annehmen, dass er damit den radikalen völkischen Antisemitismus meinte. Die Überwindung dieses »wilden Antisemitismus« könne aber nicht gelingen, wenn die »vorhandene Volksnot«, die durch die »jüdische Bedrohung« verursacht werde, übersehen oder verschwiegen werde. Die

---

[476] ALTHAUS, Kirche und Volkstum, 1928, S. 9.
[477] Zum Konzept des kulturellen Codes und dessen Funktion für den Antisemitismus grundlegend: VOLKOW: Antisemitismus, 2000.
[478] ALTHAUS, Kirche und Volkstum, 1928, S. 6.
[479] Ebd., S. 32.
[480] Auch das folgende ebd., S. 33f.

Kirche solle sich »deutlicher und ernster« mit dieser Not befassen, denn dem Versuch, das deutsche Volk mit Kräften des Evangeliums zu durchdringen, stehe eine durch »jüdischen Einfluss in Wirtschaft, Presse, Kunst und Literatur geschaffene Gesinnung« entgegen.[481] Die Christen fordert Althaus auf, bewusst gegen solche »entsittlichte Einflüsse« zu kämpfen; die Kirche habe hier »offen zu sprechen« und »tapfer zu handeln«. Es ginge dabei, so Althaus, nicht um Judenhass; es ginge auch nicht um das Blut oder den religiösen Glauben des Judentums, sondern um die Bedrohung durch eine »ganz bestimmte zersetzte und zersetzende großstädtische Geistigkeit, deren Träger nun einmal in erster Linie jüdisches Volkstum sei«. Die Aufgabe der Kirche sei es, dem Volk zu zeigen, welche »Mächte« immer wieder versuchten, das deutsche Volk in seiner »Selbstbesinnung« und »Reinigung« aufzuhalten. »Erst wenn die Kirche hier die Dinge beim rechten Namen nennt, hat sie die innere Vollmacht zur wirksamen Seelsorge am Antisemitismus.«

Unter dem Wesen des Volkes – Althaus nannte es auch »Volkheit« – verstand er nicht etwa wie Wilhelm Stapel die »biologische Selbstentfaltung eines Volkes«, sondern eine Norm, die anzustreben sei und der man unbedingte Treue schulde.[482] Im Volkstum sei die »Selbstbezeugung des Schöpfergottes an uns« sichtbar.[483] Antisemitismus wurde somit theologisch legitimiert und gleichsam zu einem Vollzug des göttlichen Willens stilisiert, das eigene, deutsche Volk zur Entfaltung zu bringen. Oder mit anderen Worten: Auch im Antisemitismus offenbare sich Gottes Wille und Gerechtigkeit.

Während Althaus in seinem Vortrag auf dem Kirchentag weitgehend mit kulturellen Codes arbeitete und den direkten offenen Antisemitismus vermied, können seine 1929 erstmals erschienen *Leitsätze zur Ethik* als Dechiffrierung dieser Codes gelesen werden. Darin formulierte Althaus in einem Kapitel mit der Überschrift »Volk« unverblümt seine Haltung zum Judentum:

> »Die Gefahr des Judentums besteht vor allem darin, daß es [...] Hauptträger des rational-kritizistischen Geistes der Aufklärung und damit weithin Vormacht im Kampfe gegen die irrationalen geschichtlichen Bedingungen und idealen Überlieferungen unseres Volkes geworden ist.«[484]

---

[481] ALTHAUS: Evangelium und Leben. S. 131.
[482] ALTHAUS, Kirche und Volkstum, 1928, S. 13.
[483] Vgl. TILGNER, Volksnomostheologie, S. 185; ALTHAUS, Kirche und Volkstum, 1928, S. 21.
[484] Grundlage des Buches sind seine Vorlesungen an der Erlanger Universität im Jahre 1928. ALTHAUS, Leitsätze zur Ethik, 1929, S. 54f.

Althaus ist der Ansicht, dass die »jüdische Frage« zu den »schwersten Volkstumsfragen« der Deutschen gehöre, denn »trotz aller Assimilation« bestünde eine »recht stark empfundene Fremdheit jüdischer und deutscher Volksart.«[485] Eine Lösung der »jüdischen Frage« sieht er einzig darin, dass sich das Judentum ebenfalls seines Volkstums bewusst werde:

> »Wenn das Judentum sich offen zu seinem jüdischen Volkstum und Schicksal bekennt, dann wird auch die Schranke anerkannt werden, deren Achtung erst eine würdigere Gemeinschaft herstellt. Gegenüber dem Ernste des hierin wirksamen völkischen Lebensgesetzes hat der aufklärerische Appell an die Ideen der Toleranz, Gleichberechtigung und allgemeinen Menschenwürde keinen Sinn.«[486]

Hier verschränkte Althaus seine Volkstumsideologie mit seinem konservativen Antiliberalismus und war mit dieser Haltung sicherlich im Konsens mit der Deutsch-christlichen Bewegung.[487] Althaus ergänzte diesen weltlichen Antisemitismus noch durch eine theologische Perspektive, wenn er schrieb:

> »Aber auch bei relativer Lösung bleibt die jüdische Frage im tieferen Sinne ungelöst. Diese Ungelöstheit, d. h. das Geheimnis des jüdischen Schicksals unter den Völkern und für sie, hat für das Urteil des Glaubens einen ernsten Sinn. Die Frage des zerstreuten, heimatlosen Judentums weist auf die offene Frage der Geschichte überhaupt, erinnert an die Grenzen völkischer Sonderung und Geschlossenheit und richtet den Blick auf Gottes kommendes Reich. Versteht die Christenheit das jüdische Schicksal und die jüdische Gefahr von der Begegnung des jüdischen Volkes mit Christus her, so wird ihr der Beruf zum Christuszeugnis an dieses Volk, so gewiß er einzigartig schwer ist, auch einzigartig ernst.«[488]

Althaus führt so die »Ungelöstheit« der »jüdischen Frage« auf die Entstehungsgeschichte des Christentums zurück und intendiert, dass nur die vollkommene Bekehrung der Juden zum Christentum die »jüdische Frage« auflösen und die »jüdische Gefahr« für das Christentum bannen könne.[489]

---

[485] Ebd.
[486] Ebd.
[487] WEILING, Bewegung, 1998, S. 211f.
[488] ALTHAUS, Leitsätze zur Ethik, 1929, S. 55.
[489] Der Theologe Walter Sparn interpretiert diese Textstellen in seinem Porträt über Althaus anders. Er betont, dass sich Althaus entschieden und öffentlich gegen den Rassenantisemitismus gewandt habe. Zugleich habe Althaus die »Fremdheit zwischen jüdischer und deutscher Art« betont, schreibt Sparn weiter. Ohne historische Kontextualisierung vorzunehmen, betrachtet Sparn die Beschäftigung Althaus' mit der »jüdischen Frage« als »Nagelprobe« der Ethik der Schöpfungsordnung, also als theologisches Problem. SPARN, Althaus, S. 9.

Bei Althaus ist exemplarisch zu beobachten, wie der Volksbegriff zum neuen ethischen Bezugspunkt der Theologie wurde.[490] Damit veränderte sich auch das Verständnis der Sozialethik, wie sie im deutschen Protestantismus der frühen zwanziger Jahre unter Berufung auf Luther zunächst konzipiert worden war. Für diese Veränderung spielte Paul Althaus eine wichtige Rolle, denn er gab der Ausrichtung auf das Volkstum die zentralen Impulse. Seinen nationalen Volksgedanken hatte Althaus auch auf das neue politische Staatswesen übertragen.[491] Der nationalsozialistische Staat erfuhr dabei seine Legitimation in der »Unmittelbarkeit«, die direkt von Gott ausgehe.[492] Die Schöpfungstheologie mit ihrer Vorstellung von Volk, Kirche und Staat lieferte dann auch die theologische Begründung für die von Paul Althaus und Werner Elert 1933 verfasste politische Stellungnahme der Erlanger Fakultät für Theologie zum »Arierparagrafen«.

Die Erklärung der »Vaterländischen Kundgebung« auf dem zweiten Kirchentag folgte der von Althaus gewiesenen Ausrichtung auf das Volk. Die Kirchenführung würdigte darin noch den Gedanken einer »Gemeinschaft des Glaubens und der Liebe, die über Völker und Rassenunterschiede hinweg alle verbindet«.[493] Doch auch wenn das Reich Gottes weltweit Gültigkeit habe, so habe Gott die Völker in Verschiedenheit geordnet und so habe auch jedes Volk seine besondere Gabe und Aufgabe im Ganzen der Menschheit. Gerade die Deutschen hätten die Pflicht, das eigene Volkstum hochzuhalten, weil hier Christentum und Deutschtum seit mehr als einem Jahrtausend eng miteinander verwachsen seien. Die Überparteilichkeit der Kirche schließlich bedeute nicht Trennung vom Staat. Im Gegenteil: Die Kirche würdige den Staat als eine Gottesordnung mit eigenen wichtigen Aufgaben. Mit der Formel »Vaterlandsdienst ist auch Gottesdienst« bereitete sich ein Wandel vor. Die Ideen der völkischen Bewegung hatten nun Eingang in die protestantischen Kirchenleitung und damit in den Mainstream des Protestantismus gefunden.

---

[490] BESIER, Kirchen, 2000, S. 18.
[491] Bereits besprochen: ALTHAUS, Theologie der Ordnung, 1934; später auch in ALTHAUS, Obrigkeit und Führertum, 1936.
[492] Vgl. TILGNER, Volksnomostheologie, S. 187.
[493] DEUTSCHER EVANGELISCHER KIRCHENAUSSCHUSS, Verhandlungen, 1927, S. 338, im folgenden S. 339f.

11 In politischer Mission

Das Dritte Reich war vom ersten Tag seines Bestehens an ein terroristisches System. Adolf Hitler hatte schon in den zwanziger Jahren offenkundig auf die Macht der Gewalt gesetzt, und er hatte dabei seinen Gegnern, vor allem Juden und Kommunisten, so unmissverständlich die Vernichtung angedroht, dass dies allein genügte, um nach der Machtübernahme vom 30. Januar 1933 unter vielen Betroffenen ein Klima der Furcht und des Schreckens zu verbreiten.[494] Während die Ausschaltung politischer Gegner und Gegnerinnen in den ersten Wochen zum Teil im Verborgenen geschah und nur einzeln und gerüchtweise bekannt wurde, begann in aller Öffentlichkeit die systematische Entrechtung und Verfolgung von Juden.[495]

11.1 Eine deutsche Stunde

Die geradezu euphorische Aufbruchsstimmung, die sich nach der Machtübernahme Hitlers an den Universitäten ausbreitete, war keineswegs auf Nationalsozialisten beschränkt. Die in der fränkischen Kleinstadt fest verankerte deutsch-vaterländische Grundstimmung innerhalb der Professorenschaft und die schon längst etablierte Vorherrschaft des NS-Studentenbundes ließen eine nationalsozialistische Revolution gar nicht erst stattfinden, sondern ermöglichte einen Übergang ohne Bruch.[496] Noch im Sommersemester 1933 veröffentlichte der Rektor, der Jurist Eugen Locher, im Namen der Professoren und Studenten eine überschwängliche Huldigungsadresse an den Führer.

Der Erlanger Theologe Althaus schrieb derweil neue kirchenpolitische Aufsätze, die er noch im Oktober 1933 unter dem Titel *Die deutsche Stunde der Kirche* bei Vandenhoek & Ruprecht veröffentlichte und tat

---

[494] SCHOLDER, Kirchen 1, 2000, S. 365.
[495] Die ständig sich verschärfende Verfolgung der Juden nach der Machtergreifung durch die Nationalsozialisten stellt Saul Friedländer in einem detailreichen Überblick dar. Er zeigt das Zusammenspiel von Planung und Zufall, von klar erkennbaren Absichten und wechselnden, zum Teil nicht voraussehbaren Umständen. Dabei sind in seinem Buch immer auch die Wahrnehmung und Leidensgeschichte der Opfer präsent. FRIEDLÄNDER, Reich, 1998.
[496] Diese Einschätzung erstmals bei JASPER, Universität, 1999, S. 269.

Die »deutsche Wende« von 1933 beschrieb Paul Althaus in seinem Buch Die deutsche Stunde der Kirche *als »Geschenk und Wunder Gottes«.*

Nach der Reichstagswahl vom 5. März 1933 kam es auch in Erlangen zu spektakulären Aufmärschen der SA, zum Hissen der Hakenkreuz- und zum Verbrennen der schwarz-rot-goldenen Fahne, zu Misshandlungen führender Sozialdemokraten und Gewerkschaftsführer und zu ersten Verhaftungen. Am 10. März wehten an allen öffentlichen Gebäuden die »Blutfahnen«, so auch an Schloss und Kollegiengebäude. Von einem Protest der Universität ist nichts bekannt.

darin seine Haltung zum neuen Regime kund.[497] Die Gabe Gottes, die er in der »deutschen Wende« begrüßte, veranlasste ihn, das Kirchenvolk mit Nachdruck aufzufordern, an der Gestaltung des neuen Staates mitzuwirken. In einem Absatz fasste er seine Haltung zur Überwindung der von ihm verhassten Weimarer Republik und der Hoffnung in einen kraftvollen Neubeginn mit Hitler zusammen:

> »Wir erfahren, wie dem Staate neue Würde zurückgegeben wird. Die Auflösung des Strafrechtes in Sozialtherapie und Pädagogik, die schon weit gediehen war, hat ein Ende; Strafe soll wieder im Ernste Vergeltung sein. Der neue Staat wagt es wieder, das Richtschwert zu tragen. Er hat die schauerliche Verantwortungslosigkeit der Parlamente zerschlagen und lässt wieder sehen, was Verantwortung heißt. Er kehrt den Schmutz der Korruption aus. Er wehrt den Mächten der Zersetzung in Literatur und Theater. Er ruft und erzieht unser Volk zu starkem neuen Gemeinschaftswillen, zu einem ›Sozialismus der Tat‹, der die

[497] ALTHAUS, deutsche Stunde, 1933.

Starken der Schwachen Lasten mittragen heißt. [...] Aber darf sie [die Kirche] dabei die Wende von 1933 verkennen? Und muss sie zu ihr nicht ein ›dankbares Ja‹ sprechen? [...] Die Verkündigung des Evangeliums kann niemals gleichgültig machen gegen die Aufgabe, auch das Gesetz und die Ordnungen zu verkündigen – der Kirche ist nicht nur das Evangelium, sondern auch das Gesetz und die Ordnungen befohlen.«[498]

Wie schon viele seiner Texte zeigen, blieb Althaus im Konkreten immer auch ein Stück unkonkret, wohl wissend, dass er mit einer Formulierung wie beispielsweise »Mächte der Zersetzung in Literatur und Theater« bei den Lesern und Leserinnen die Assoziation zu dem entsprechenden, fest verankerten antisemitischen Stereotyp weckte.

In dieser *deutschen Stunde* pointierte der Systematiker Althaus die Rolle des Theologen auf der Basis seiner Offenbarungslehre:

»So kann unsere erste Aufgabe gegenüber den deutschen Volksgenossen, die von der Wirklichkeit des Vaterlandes, des Volkes, des Führers ergriffen sind als von dem unbedingten Anspruch und Sinn ihres Lebens, nur diese sein: ihnen ihre Erfahrung zu deuten, zu bezeugen als eine Begegnung mit dem einen lebendigen Gott und Herrn, von dem die Heilige Schrift redet.«[499]

Treu seiner Lehre galt es nun also, als Theologe dem deutschen Volk die religiöse Dimension von Hitlers Führerstaat zu offenbaren. Damit trug Althaus dazu bei, das politische Geschehen durch die Offenbarungslehre religiös und die politische Macht bis zur Unangreifbarkeit zu überhöhen. Selbst der Führer Adolf Hitler wurde von Althaus heilsgeschichtlich gedeutet:

»Und wenn die Bestimmung unseres Volkes zum wahrhaften und würdigen Leben in Zeiten des Wahns und des Vergessens durch eines Führers Fordern den vielen neu zum Gesetz wird, dann haben sie in Wahrheit mehr als eines Menschen Stimme gehört.«[500]

Boykott und Gewalt gegen Juden

Hitler hatte aus seinem stets gegenwärtigen Judenhass nie ein Geheimnis gemacht, sondern geißelte von Anfang an unentwegt mit einer heute schier unvorstellbar brutalen und barbarischen Sprache Juden. Die Deutschen sollten bereit sein, einen Pakt mit dem Teufel zu schließen, um das

---

[498] Ebd., S. 7.
[499] Ebd., S. 12.
[500] Ebd.

»Übel des Judentums auszulöschen«, verkündete er.⁵⁰¹ Die »Internierung in Konzentrationslager«, um das »jüdische Unterhöhlen unseres Volkes« zu verhindern, war eine seiner Forderungen. In einem Brief an seinen Vorgesetzten vom 16. September 1919 hatte Hitler zwischen einem »Antisemitismus aus rein gefühlsmäßigen Gründen« unterschieden, der seinen letzten Ausdruck in Pogromen finden werde, und einem »Antisemitismus der Vernunft«, der zur »planmäßigen gesetzlichen Bekämpfung und Beseitigung der Vorrechte des Juden«, zu einer »Fremdengesetzgebung«, führen müsse. »Sein letztes Ziel aber«, so schrieb der junge Hitler damals, »muss unverrückbar die Entfernung des Juden überhaupt sein.« Nun, vierzehn Jahre später, begann er seine Pläne zu verwirklichen.⁵⁰² Als das nationalsozialistische Regime Antisemitismus und Rassismus zur Staatspolitik erhob, wurde die Kirche gleich zu Beginn an einem empfindlichen Punkt herausgefordert: Verstand sich das Christentum noch als eine Bekenntnisreligion, die durch die Taufe allen Menschen den Zugang zur Glaubensgemeinschaft erlaubte? Oder zog sie mit dem Regime gleich und grenzte auch aus dem kirchlichen Raum alle Nicht-Arier aus?

Der Boykott der jüdischen Geschäfte am 1. April 1933 war der erste große landesweite Test für die Einstellung der christlichen Kirchen zur Lage der Juden unter der neuen Regierung. Antijüdische Gewalttaten nahmen nach den Wahlen vom 5. März zu. Am 9. März nahmen SA-Leute im Berliner Scheunenviertel Dutzende von osteuropäischen Juden fest.⁵⁰³ Diese Ostjuden, die erste Zielscheibe deutschen Judenhasses, waren auch die ersten, die als Juden in Konzentrationslager abtransportiert wurden. Am 13. März 1933 erzwang die SA in Mannheim die Schließung jüdischer Geschäfte; in Breslau wurden jüdische Anwälte und Richter im Gerichtsgebäude tätlich angegriffen; und in Gern in Hessen brach die SA in jüdische Häuser ein und schlug unter Beifall einer rasch anwachsenden Menschenmenge die Bewohner zusammen. Die Liste vergleichbarer Vorfälle ist lang. Es gab auch erste Morde.

Ein großer Teil der ausländischen Presse behandelte die Gewalttaten der Nationalsozialisten ausführlich. Eben diese Proteste nahmen die Nationalsozialisten zum Vorwand für den berüchtigten Boykott jüdischer Geschäfte am 1. April 1933. Am 29. März unterrichtete Hitler das Ka-

---

⁵⁰¹ Dies und die folgenden Zitate von Hitler in: KERSHAW, Hitler, 1998, S. 198f.
⁵⁰² MASER, Hitlers Briefe, 2002, S. 225; zum Kontext der Schrift vgl. auch KERSHAW, Hitler, 1998, S. 169 und 198f.
⁵⁰³ Das folgende vgl. FRIEDLÄNDER, Reich, 1998, S. 30–32.

binett über den geplanten Boykott von Geschäften in jüdischem Besitz. Er erklärte, ein zugelassener Boykott würde »gefährliche Unruhen« in der Bevölkerung vermeiden.[504] Auch wenn der Aprilboykott einige Zeit angedroht und geplant war, blieb er doch eine improvisierte, allerdings gewalttätige Aktion von SA-Trupps und radikalen Parteimitgliedern, bei der sich zumindest die breite Bevölkerung nicht beteiligte.

Vielmehr drangen Stimmen des Protests und der Klage in diesen Tagen aus verschiedenen Bevölkerungsschichten und Gruppierungen zu den Kirchenbehörden.[505] Der rheinische Sozialpfarrer Wilhelm Menn etwa, der den Religiösen Sozialisten nahestand, trug in einem Briefwechsel dem Koblenzer Generalsuperintendenten Ernst Stoltenhoff seine Einschätzung der Lage offen vor. Hellsichtig wie wenige hatte Menn begriffen, dass »mit der sogenannten Boykottbewegung die seit Jahrhunderten erste Judenverfolgung« begonnen hatte. »Es zeigte sich«, schrieb er, »dass man nicht jahrelang Massen schreien lassen kann: ›Juda verrecke!‹ ohne daß man einmal diesem brutalen Verfolgungswillen Raum gibt. Und unser ›christliches Volk‹ jubelt.« Wenn doch in dieser Zeit niemand mehr seine Meinung sagen dürfe, so könne und müsse doch wenigstens die Kirche reden.[506]

Aber so sehr all diese Stimmen aus der Bevölkerung auch drängten, die Kirche als ganzes blieb stumm. Kein Bischof, keine Kirchenleitung, keine Synode wandte sich in den entscheidenden Tagen um den 1. April 1933 öffentlich gegen die Verfolgung der Juden in Deutschland. Zwei Wochen später – inzwischen war auch das »Gesetz zur Wiederherstellung des Berufsbeamtentums« erlassen – sprach Althaus in seiner Predigt zu Ostern in der Neustädter Kirche in Erlangen über das Erlebnis der Wiedergeburt. Im christlichen Sinne ist der Wiedergeborene derjenige, der durch das Wirken Gottes eine grundlegende geistliche Erneuerung erlebt hat. Althaus wählte eine für ihn typische Formulierung:

> »Neuer Anfang, neues Leben – das ist noch herrlicher als das Leben überhaupt. Wiedergeburt – wir denken an die großen Stunden der Völker: ein Volk, das sich verloren hatte, das in Schatten und Schande dahinlebte, findet sich selbst wieder, kehrt zu den Quellen seiner Kraft zurück und will einen neuen Anfang machen. Glücklich das Geschlecht, das solche Stunden erleben darf.«[507]

---

[504] Ebd.
[505] SCHOLDER, Kirchen 1, 2000, S. 384.
[506] Menn an Stoltenhoff, 1.4.1933, in: NORDEN, Kirche, 1963, S. 59ff.
[507] ALTHAUS, Predigten, 1935, Predigt vom 16. April 1933 (Ostern), S. 110f.

Kennt man Althaus' Schriften, so ist es naheliegend, die Wiedergeburt auf das Deutsche Volk in der gegenwärtigen Situation zu beziehen. Die vagen Formulierungen ermöglichten es dem Kirchgänger, den politischen Gegenwartsbezug selbst vorzunehmen oder ihn zu überhören. In der Mitte seiner Predigt wurde Althaus selbst doch noch etwas konkreter:

> »Wir hoffen für Volk und Vaterland, dass es nun wirklich zu einem neuen Tage erwacht sei, in neuer Kraft und Gemeinschaft aufstehe und seine ungenützten Gaben auswirke.«[508]

Was könnten die Gründe dafür sein, dass die offizielle Kirche zu den gewalttätigen Maßnahmen und diskriminierenden Gesetzen gegen Juden schwieg? Beides – die grundsätzliche Zustimmung zu den neuen Machthabern und die Unsicherheit über die kirchenpolitischen Lage – reichen wohl nicht, um das Schweigen der Kirchenleitung zu begründen. Ein ganzes Bündel von Motiven dürfte dabei eine Rolle gespielt haben. Gleichermaßen für die katholische wie für die protestantische Seite gab es zum einen einen kirchenpolitischen Opportunismus, der auf die Legalität der Machtergreifung, die Rettung Deutschlands vor der vermeintlich bevorstehenden bolschewistischen Revolution und die Erlösung von der verhassten Weimarer Republik abhob. Zum anderen hatten viele Kirchenvertreter und Theologen schon lange Verständnis für Maßnahmen signalisiert, die zur Zurückdrängung von Juden aus dem wirtschaftlichen Leben führten – ja selbst für gewalttätige Maßnahmen, wie in den vorangegangenen Kapiteln auch anhand der Schriften von Paul Althaus in der Weimarer Zeit deutlich wurde. Aus diesem antisemitischen Klima erst erwuchsen Boykott und Verfolgung; unter seinem Eindruck sahen und hörten auch die Kirchen nicht das, was doch unter ihren Augen, vor ihren Türen, ja in ihren Mauern geschah. Vorbereitet wurde dieses Schweigen in einer ideologischen Übereinstimmung in der antijüdischen Grundhaltung.

In einer Rede, die am 4. April 1933 über Kurzwelle nach Amerika gerichtet wurde, rechtfertigte Bischof Otto Dibelius, der prominenteste deutsche protestantische Geistliche, die Aktionen des neuen Regimes; er leugnete selbst, dass in den Konzentrationslagern irgendwelche Brutalitäten vorkämen, und behauptete, der Boykott – den er als vernünftige Verteidigungsmaßnahme bezeichnete – verlaufe in »Ruhe und Ordnung«. Die Aktionen gegen jüdische Beamte dienten nur der

---

[508] Ebd., S. 115.

Wiederherstellung gerechter Verhältnisse, weil Juden nach dem Kriege gewisse Stellen weit überproportional besetzt hätten. Die Kirche, so erklärte Dibelius dazu,

> »kann und darf den Staat nicht daran hindern, mit harten Maßregeln Ordnung zu schaffen. Aber sie hat den dringenden Wunsch, daß bald die Stunde schlagen möchte, in der die Gewalt nicht mehr nötig ist, sondern eine neue, gefestigte Ordnung im Staatsleben Raum läßt für Liebe und Gerechtigkeit. Das wird davon abhängen, ob draußen in der Welt die Agitation gegen Deutschland aufhört oder nicht.«

Dibelius bat die amerikanischen Zuhörer am Schluss seiner Radioansprache, den Sensationsmeldungen nicht zu glauben, sondern Vertrauen zu haben:

> »Sie werden es erleben, daß das, was jetzt in Deutschland vor sich geht, zu einem Ziele führen wird, für das jeder dankbar sein kann, der deutsches Wesen liebt und ehrt.«[509]

Wenige Tage später schickte Dibelius an alle Pastoren der preußischen Landeskirche ein vertrauliches österliches Sendschreiben:

> »Meine lieben Brüder! Für die letzen Motive, aus denen die völkische Bewegung hervorgegangen ist, werden wir alle nicht nur Verständnis, sondern volle Sympathie haben. Ich habe mich trotz des bösen Klanges, den das Wort vielfach angenommen hat, immer als Antisemiten gewusst. Man kann nicht verkennen, dass bei allen zersetzenden Erscheinungen der modernen Zivilisation das Judentum eine führende Rolle spielt.«[510]

(Selbst-)Arisierung der Universität Erlangen

Während die Kirchenleitung noch mit der Reaktion aus den eigenen Reihen auf den Boykott beschäftigt war, hatte Hitler bereits neue Tatsachen geschaffen: Am 7. April wurde das »Gesetz zur Wiederherstellung des Berufsbeamtentums« verkündet, ein gewichtiger Schritt in der nationalsozialistischen Ausnahmegesetzgebung für die Juden.[511] Nach Paragraph 3 dieses Gesetzes, dem sogenannten Arierparagrafen, waren »Beamte, die nicht arischer Abstammung sind« in den Ruhestand zu versetzen. Ausgenommen von dieser Bestimmung waren Beamte »die bereits

---

[509] Zit. in: SCHOLDER, Kirchen I, 2000, S. 386.
[510] Zit. in: GERLACH, Zeugen, 1993, S. 42.
[511] WALK, Sonderrechte, 1996, S. 12 vgl. auch die »Verordnung zur Durchführung des Gesetzes zur Wiederherstellung des Berufsbeamtentums«, Ebd., S. 13.

seit dem 1. August 1914 Beamte gewesen sind oder die im Weltkrieg an der Front für das Deutsche Reich [...] gekämpft haben oder deren Vater oder Söhne im Weltkrieg gefallen sind.« Der Anwendung dieses Gesetzes fielen in Berlin, Hamburg, Frankfurt und Heidelberg zahlreiche Professoren zum Opfer, nicht jedoch in Erlangen: Hier waren bereits alle Professoren »arischer Abstammung«.[512] Tatsächlich hatte die Universität Erlangen seit den 1860/70er Jahren keinen jüdischen Wissenschaftler mehr berufen – ein einziger stieg noch 1888 zum Ordinarius auf.[513]

Nach Paragraf 6 des Gesetzes konnten Beamte außerdem »zur Vereinfachung der Verwaltung« ohne Angabe von Gründen in den Ruhestand versetzt werden. Die freiwerdenden Planstellen sollten nicht wieder besetzt werden. Schon in der Weimarer Republik hatte es vergleichbare Maßnahmen gegeben, um durch Stellenabbau die öffentlichen Haushalte zu entlasten. Die Nationalsozialisten nutzten diese Möglichkeit vor allem als Entlassungsgrund für Regimegegner. In Erlangen traf dies Anfang November 1937 Professor Friedrich Ulmer, der Religionspädagogik lehrte, und sich laut seinem Kollegen Wolfgang Trillhaas »an Loyalität gegen das Regime nicht hatte übertreffen lassen«.[514] Ulmer hatte sich öffentlich über den Reichsleiter der Deutschen Arbeitsfront Robert Ley beschwert:

> »Wir bitten als Deutsche und als Christen alle amtlichen Redner, uns nicht das Anhören von Reden zuzumuten, welche wir als Zerstörung unseres Heiligsten und der Volksgemeinschaft ansehen müssen.«[515]

Es half dann auch nichts, dass sein Frau kurz zuvor in die NSDAP eingetreten war.

In ganz Deutschland blieben die wenigen Fälle von Wissenschaftlern an theologischen Fakultäten, die von diesem Gesetz betroffen waren, von Seiten der Fachkollegen unkommentiert; die Betroffenen wurden weder geschützt noch unterstützt.[516] Die Bedeutung dieses Gesetzes für die Politik des Dritten Reiches und besonders für die Judenpolitik kann kaum hoch genug eingeschätzt werden. Es stellte den ersten

---

[512] Nach Paragraf 3 des Gesetzes betraf die Entlassung »Beamte nichtarischer Abstammung«. Entlassen wurde allerdings der Privatdozent für wirtschaftliche Staatswissenschaften Ernst Meier WENDEHORST, Geschichte, 1993, S. 185.
[513] BLESSING, Universität, 1993, S. 88.
[514] Zit. in: WENDEHORST, Geschichte, 1993, S. 186. Weitere Entlassungen aufgrund Paragraf 6 an anderen Fakultäten der FAU Ebd., S. 186f.
[515] Ebd.
[516] Vgl. MEIER, Theologische Fakultäten, 1996, S. 62f.

entscheidenden Schritt zu einer Ausnahmegesetzgebung dar, an deren Ende die Vernichtung der Juden in Deutschland und Europa stand. Zugleich war es ein deutlich sichtbarer Hinweis, dass Hitler entschlossen war, die völkische Ideologie auch rechtlich zur Grundlage des neuen Staates zu machen.

Wider undeutschen Geist

An den Hochschulen hatten vor allem die Studentengruppen zu einer Radikalisierung des politischen Klimas beigetragen. Reichsstudentenführer Oskar Stapel verkündete kurz vor dem Boykott vom 1. April 1933, an diesem Tage würden studentische Streikposten an den Eingängen zu den Vorlesungssälen und Seminarräumen postiert werden, um jüdische Professoren vom Betreten der Räume abzuhalten. Anfang April richtete die Deutsche Studentenschaft – die Reichsvertretung der auf Universitätsebene gewählten einzelnen Studentenvertretungen – eine Abteilung für Presse und Propaganda ein. Deren allererste Maßnahme, die am 8. April beschlossen wurde, sollte als Reaktion auf die »schamlose Hetze« des Weltjudentums gegen Deutschland die »öffentliche Verbrennung jüdischen zersetzenden Schrifttums« durch Universitätsstudenten sein.

In Erlangen, wo schon 1929 der nationalsozialistische Studentenbund die Mehrheit in der Studentenvertretung erobert hatte und die Universität rückwärtsgewandt und voller antirepublikanischer Vorbehalte demonstrativ und unter schwarz-weiß-roter Beflaggung jährlich den Reichsgründungstag feierte, bedurfte es keines großen Aufwandes, die Bücherverbrennung auf den Weg zu bringen.[517] Bereits am 13. April 1933 erschien in der Erlanger Presse der Aufruf der Erlanger Studentenschaft mit den zwölf Thesen, die in volksnaher Sprache und in der Form an Luthers Thesenanschlag erinnernd, die Bevölkerung über die geplante Aktion informieren sollte. »Unser gefährlichster Widersacher ist der Jude«, war darin zu lesen und »der Jude kann nur jüdisch denken. Schreibt er deutsch, dann lügt er.« Gefordert wurde der Einsatz für eine deutsche Hochschule als »Hort des deutschen Volkstums und als Kampfstätte aus Kraft des deutschen Geistes.«[518] Mit einer Liste von inkriminierten Autoren und Büchern wurden dann im April private Haushalte, öffentliche Bibliotheken und Leihbüchereien aufgefordert, ihre Bestände von dem »undeutschen Geist« zu reinigen und für die

---

[517] Zur Darstellung der Bücherverbrennung in Erlangen vgl.: JASPER, Bücherverbrennung, 2004.
[518] JASPER, Bücherverbrennung, 2004, S. 31f.

Verbrennung abzugeben. Die Thesen brachten die vorherrschende Stimmung in den konservativ-deutschnationalen Schichten und der verbindungsorientierten studentischen Jugend zum Ausdruck. Dieses Gemisch von deutschtümelndem Bekenntnis, antisemitischer Propaganda und antiliberaler Vorurteile war weit über die Parteigenossen des nationalsozialistisch orientierten Studentenbundes hinaus geeignet, Zustimmung oder zumindest nachsichtiges Verständnis finden. Mag sein, dass die Formulierungen einigen Akademikern zu grob waren, doch man nahm das hin, nach dem Motto »wo gehobelt wird, da fallen Späne«.[519] Dass der jüdische Einfluss zu groß sei und zurückgedrängt werden müsse, war nicht nur ein weitverbreitetes Vorurteil, sondern wurde ja beispielsweise gerade von den Erlanger Theologen selbst seit einigen Jahren in Veröffentlichungen kund getan.

Für die zeitgenössische politische Wirkung von Althaus und seinem Kollegen Elert auf dem Weg der Universität Erlangen in den Nationalsozialismus dürfte gerade das Ineinandergreifen der politischen und theologischen Gedanken und Argumentationsfiguren von nicht zu unterschätzender Bedeutung sein. Die Hörer konnten das zum Teil abstrakt »theologisch« Formulierte auf ihre Situation beziehen. Die Wirkung solcher Gedanken war daran abzulesen, dass der nationalsozialistische Studentenbund unter den Erlanger Theologiestudenten überproportional Erfolge errang, während zum Beispiel die Juristen resistenter waren.[520]

Am 7. Mai 1933 rief auch Paul Althaus in seiner sonntäglichen Predigt auf, kirchliches Leben aktiv zu gestalten. Ein Bekenntnis zur Kirche bedeute, dass man mit ihr in »gegenwärtige Kämpfe« ziehe und zu den heutigen Fragen eine Antwort gebe.[521] Althaus' Fragen der Zeit lauteten:

> »Was ist es denn um Blut und Rasse, um Volk und Geschichte; was ist es um den Staat, seine Würde und seine Grenze, um Staat und Kirche; was ist es um Krieg und Frieden, um gottgebundene oder verkrampfte Vaterlandsliebe? Was ist es um das Judenvolk – hat die Kirche hier nicht ein Wort zu sagen, hinaus über das, was der Staat sagen muß und darf?«

---

[519] Die treffende Formulierung übernommen von JASPER, Bücherverbrennung, 2004, S. 32.

[520] Diesen Zusammenhang formuliert erstmals JASPER, Universität, 1999, S. 264. Hier auch der Hinweis, dass die Wirkung dieser Theologie auf Pfarrschaft und Gemeinden veranschlagt werden müsse, wenn nach Ursachen dafür gesucht wird, weshalb die ländlichen kleinstädtischen protestantischen Gebiete Mittel- und Oberfrankens zu den frühesten Hochburgen der NS-Bewegung gehörten. Dieser Zusammenhang ist empirisch belegt bei: MENSING, Pfarrer, 1998.

[521] Predigt von Althaus: Jubilate, 7. Mai 1933, in: ALTHAUS, Predigten, 1934, S. 18.

Erneut überließ er es dem Zuhörer, darüber nachzudenken, wie er auf diese Fragen antworten würde. In der Funktion des Universitätspredigers redete er dafür seiner Kirchengemeinde umso mehr ins Gewissen, wenn er fragte, ob sie denn das Wort Gottes so ernst nehme, wie die deutsche Bewegung ihres Führers Wort.[522]

Am Abend des 10. Mai 1933 fanden in 22 Universitätsstädten Deutschlands exorzistische Rituale unter dem Motto »Aktion wider den undeutschen Geist« statt, wobei Zehntausende von Büchern von Juden, Marxisten, Pazifisten und anderen zum Feind des deutschen Volkstums deklarierten Autoren ins Feuer geworfen wurden.[523] Zwei Tage später karrten in Erlangen nationalsozialistische Studenten auf zwei Pferdewagen ca. 1500 »jüdisch-marxistische Werke« und rund 500 Zeitschriften heran, begleitet wurde der Umzug von einer Reichswehrkapelle.[524] Der Zug sammelte sich in der Nähe des damals noch stehenden Nürnberger Tors, zog vorbei an den Verbindungshäusern und Instituten – die Universität zählte fünf Fakultäten – um den Schlossgarten herum, um dann von Norden her auf dem Schlossplatz – direkt vor dem Kollegiengebäude – zu enden. In Anwesenheit des Rektors Eugen Locher und einiger Professoren sowie vor Repräsentanten der Stadt und der Garnison sprachen, nach einem Gedichtvortrag aus der Hitlerjugend, der Gauleiter des Kampfbundes für deutsche Kultur, der Sprecher der Studentenschaft und zum Schluss der Kreisleiter des NS-Studentenbundes. In einer vorbereiteten Feuerstelle wurden dann die Bücher verbrannt, begleitet von Feuersprüchen. Die Resonanz dieser politischen Manifestation in der Presse war bescheiden; möglicherweise interpretierten die Zeitgenossen den symbolträchtigen Vorgang nur als typisch studentisches Spektakel, es sei denn, sie waren selbst betroffen. Die Haltung der Professoren im einzelnen zur Bücherverbrennung ist schwer abzuschätzen, nur weniges ist aktenkundig: Zumindest demonstrierte die Universitätsleitung mit ihrer Anwesenheit ein grundsätzliches Einverständnis mit der Aktion.

Als einziger Ordinarius der Theologen beteiligte sich Hans Preuß, der prominente Ordinarius für Kirchengeschichte und christliche Kunstarchäologie, aktiv an der Bücherverbrennung. Er war seit 1919 in Erlangen, hatte 1923 als Rektor amtiert und damals eine spontane

---

[522] Ebd., S. 20.
[523] Grundlegend dazu TRESS, Bücherverbrennung, 2003 sowie SCHOEPS/TRESS, Orte, 2008.
[524] In den meisten Universitätsstädten geschah die Bücherverbrennung schon am 10. Mai. Für den weiteren Verlauf vgl. JASPER, Bücherverbrennung, 2004, S. 33.

»Schlageterfeier« für den von der französischen Besatzungsmacht wegen Sabotageakten im besetzten Ruhrgebiet hingerichteten Freikorpskämpfer und Verbindungsstudenten Schlageter organisiert. Als Kirchenhistoriker arbeitete Preuß intensiv über Luther und interpretierte ihn ähnlich wie Althaus als »Luther den Deutschen«.[525] Noch 1933 trat er mit Schriften hervor, in denen er Hitler in einen historischen Zusammenhang mit großen Deutschen wie Luther und Friedrich den Großen stellte.[526] Folgerichtig hatte der Kirchenhistoriker auch als einer von sechs Erlanger Professoren den Aufruf unterzeichnet, bei der Wahl vom 5. März 1933 für Adolf Hilter und seine NSDAP zu stimmen.[527]

Preuß legte nun bei der studentischen Aktion selbst Hand an: Er beteiligte sich im »Kampfausschuss« an den Vorbereitungen der Bücherverbrennung und half aktiv mit, aus dem akademischen Lesezimmer des Kollegienhauses – gegen den Willen des Universitätsbibliothekars Eugen Stollreihter – die inkriminierten Bücher auszusondern.[528] Noch im selben Monat wurde der 57jährige Preuß vom bayrischen Kultusminister Hans Schemm zum Vertrauensmann zwischen NSDAP, Kultusministerium und Erlanger Universität ernannt.[529]

Das Bedeutsame an der Bücherverbrennung war, dass die durchaus spontane Aktivität der Deutschen Studentenschaft vor Ort überall willige Helfer oder zumindest schweigende Dulder fand und auf keinen öffentlichen Protest stieß, wie dies auch in Erlangen deutlich wurde.

---

[525] LOEWENICH, Theologische Fakultät, 1975, S. 648. Elert und Althaus tauchen in den Unterlagen zur Bücherverbrennung nicht auf, weil es wohl auch nicht zu ihrem viel tiefer als Preuß im Bildungsbürgertum verwurzelten Stil gepasst hätte, sich an einer solchen hemdsärmligen Aktion selbst zu beteiligen. Vgl. auch JASPER, Bücherverbrennung, 2004, S. 39.

[526] PREUSS, Luther und Hitler, 1933.

[527] Reichsweit wurde der Aufruf von 300 deutschen Professoren unterzeichnet. In Erlangen unterzeichneten aus der medizinischen Fakultät Albert Haßelwander, Gustav Hauser, Hans Molitoris und Johannes Reinmöller (Rektor von 1933–35) sowie der Privatdozent an der Philosophischen Fakultät Helmut Weigel. WENDEHORST, Geschichte, 1993, S. 180f.

[528] Professor Preuß war im Sommer 1933 auch an den öffentlichen Attacken gegen den Erlanger Bibliotheksleiter Professor Eugen Stollreihter beteiligt. Er versuchte den missliebigen Kollegen aus dem Amt zu drängen, denn dem Bibliothekar wurde vorgeworfen, das Lesezimmer nicht genügend mit nationalsozialistischer Literatur ausgestattet zu haben. Vermutlich wurde er dank seiner anerkannten Verdienste um die Modernisierung des Erlanger Bibliothekswesens nicht entlassen. KEUNECKE, Stollreither, 2004, S. 51. Dazu auch WENDEHORST, Geschichte, 1993, S. 184f.

[529] SANDWEG, Verrat, 1993, S. 105.

Die Skrupellosigkeit und Gewalt, mit welcher die nationalsozialistischen Agitatoren die neue Staatsmacht in Anspruch nahmen, wurden nicht expressis verbis abgelehnt. Die Universitätsleitung hat mit ihrer Präsenz und mit der Zurverfügungstellung der Örtlichkeit die Bücherverbrennung eindeutig mit getragen. Die Gleichschaltung war eben zu einem großen Teil eine Selbstgleichschaltung. Sie fiel auf fruchtbaren Boden, der ideologisch längst vorbereitet war.

Die Mehrheit der deutschnationalen Professorenschaft war dem lärmenden Mob der braungelb Uniformierten mit ihrem offen brutalen und zuweilen kriminellen Vorgehen eher abgeneigt. Umso mehr erhofften sie sich nach der Machtübernahme ein kontrolliertes Vorgehen in der Partei. In Erlangen war es vor allem die Medizinische Fakultät unter Einschluss der ihr benachbarten naturwissenschaftlichen Fächer Biologie und Zoologie, die zum Ruf der Friedrich-Alexander Universität als »braune Universität« wesentlich beitrug.[530]

Bayern hatte als zweites der deutschen Länder (nach Baden) im Oktober 1933 das Führerprinzip auf die Universitäten übertragen und damit ihre korporative Autonomie beseitigt. Die drei bayerischen Landesuniversitäten standen seitdem unter der Führung eines nicht mehr vom Senat gewählten, sondern vom Kultusminister ernannten Rektors. Alle Kompetenzen des Senats wurden auf den Rektor übertragen, der nun vielmehr ein politisches anstatt wissenschaftliches Amt inne hatte. Zu Beginn des Wintersemesters 1933/34 übernahm der Zahnmediziner Johannes Reinmöller, ein unerschrockener Vorkämpfer des neuen Deutschland, dieses Amt und wählte seinerseits den bereits durch sein Engagement für die Bücherverbrennung bekannten Theologen Hans Preuß als Stellvertreter, den er auch als Dekan für die Theologische Fakultät einsetzte.[531]

---

[530] Alfred Wendhorst meint, dass die »Hemmschwelle für den Eintritt in die NSDAP« für viele Erlanger Professoren nach 1933 sank, weil »der Nationalsozialismus in den ersten Jahren seiner Herrschaft noch nicht zur vollen Entfaltung seiner terroristischen Energien gelangt war.« Es ist nicht klar, was Wendhorst mit »nicht zur vollen Entfaltung« meint angesichts der rücksichtslosen Härte der Tagesereignisse bis zum Mord. Daraus kann m.E. eher geschlossen werden, dass die Professoren den Terror, der gegen Regimegegner unmittelbar in voller Brutalität umgesetzt wurde, in ihrem Elfenbeinturm entweder nicht wahrnahmen oder mit der Ausschaltung dieser Menschen aus dem öffentlichen Leben einverstanden waren. WENDEHORST, Geschichte, 1993.

[531] Dazu ausführlich: WENDEHORST, Geschichte, 1993, S 189ff. Hier auch die schwülstige und nationalistische Antrittrede von Reinmöller in voller Länge.

11.2 Ein Arierparagraf für die Kirche: (Selbst-)Gleichschaltung?

Kirchliche und theologische Kreise waren in diesen ersten Monaten unter Hitler mit einem anderen Problem der Gleichschaltung befasst. Das »Gesetz zur Wiederherstellung des Berufsbeamtentums« vom 7. April 1933 spornte die Kirchen zu einem eigenen Diskurs über die Frage an, wie mit konvertierten Juden umzugehen sei.

Frage nach Rasse oder Bekenntnis

Während die katholische Kirche mit einer Reihe von kritischen Erklärungen antwortete, reichte die Wirkung des Gesetzes zur »Wiederherstellung des Berufsbeamtentums« in der evangelischen Kirche sehr viel tiefer. Die evangelische Kirche war ihrer Natur nach auch viel staatsnäher als die katholische. Hier wurde sogar der Versuch unternommen, eine entsprechende Gesetzgebung auf die Kirche zu übertragen, also einen eigenen kirchlichen Arierparagrafen zu schaffen, mit dem konvertierte Juden aus kirchlichen Ämtern hätten entlassen werden sollen. Zudem wurde verhandelt, ob von konvertierten Juden die Gründung separater »judenchristlicher« Gemeinden verlangt werden sollte. Insbesondere die Deutschen Christen setzten sich für einen solchen Schritt ein.[532] Daraus entstand eine Debatte, die sich über Monate hinzog und eine tiefe Spaltung innerhalb der protestantischen Kirche produzierte, eine Spaltung, die als Kirchenkampf in der Geschichtsschreibung bekannt wurde. Der Kirchenkampf richtete sich nicht, wie im nachhinein vielfach fälschlicherweise angenommen, grundsätzlich gegen die NS-Führung. Er war vielmehr eine Auseinandersetzung verschiedener protestantischer Lager um kirchenpolitischen Einfluss und um die Deutung des Bekenntnisses: Auf der einen Seite standen die sogenannten Deutschen Christen mit Reichsbischof Ludwig Müller an ihrer Spitze, die u. a. für die Anwendung des Arierparagrafen auch in der kirchlichen Selbstverwaltung eintraten. Dem gegenüber stand die im September 1933 mit der Gründung des Pfarrernotbundes ins Leben gerufene Bekennende Kirche. Die entscheidende Frage lautete: Stellt eine rassistische und antisemitische Argumentation das christliche Glaubensbekenntnis mit dem Sakrament der Taufe in Frage oder nicht?

Die Verpflichtungserklärung des Pfarrernotbundes enthielt als einziges konkretes Beispiel die feierliche Erklärung, »daß eine Verletzung

---

[532] Zur Geschichte der Deutschen Christen BERGEN, Cross, 1996.

des Bekenntnisstandes mit der Anwendung des Arierparagrafen im Raum der Kirche Christi geschaffen ist«.[533] Auch wenn die Theologische Fakultät Erlangen zusammen mit dem bayerischen Landesbischof Hans Meiser klar gegen die Deutschen Christen Stellung nahm, waren sie nicht so eindeutig in ihrer Argumentation wie der Pfarrernotbund und schon gar nicht frei von Antisemitismus, wie sich weiter unten noch zeigen wird. Während die katholische Kirche so zwischen christlichem Bekennen, schwankendem Urteil und taktischer Anpassung ihren Weg ging, begann im deutschen Protestantismus die Suche nach einer grundsätzlichen Klärung der sogenannten Judenfrage. Daran beteiligte sich die Theologische Fakultät Erlangen maßgeblich, auch wenn sie angesichts dieses Kirchenkampfes einen vom Fakultätentag aller Theologischen Fakultäten 1932 in Halle für den Oktober 1933 in Erlangen geplanten und schon vorbereiteten Theologentag vorsichtigerweise absagte.[534]

Prominente Theologen – nicht nur Deutsche Christen – und Kirchenvertreter verfassten Gutachten für ihre Universitäten, in denen sie den Nachvollzug des Arierparagrafen in der Kirchengesetzgebung forderten und unterzeichneten Stellungnahmen. Als erstes veröffentlichte der Leiter der Apologetischen Zentrale und junge Berliner Privatdozent Walter Künneth für den Präsidenten des protestantischen Kirchenausschusses Hermann Kapler eine Dokumentation mit dem Titel *Die Kirche und die Judenfrage in Deutschland*.[535] Der Grundge-

---

[533] SCHOLDER, Kirchen 1, 2000, S. 391.
[534] Archiv der Theo. Fak., Akte Nr. 331 (Fakultätentag) zit. in: SANDWEG, Verrat, 1993, S. 105. Leider gelang es mir nicht, den gegenwärtigen Verantwortlichen, Prof. Otto Merk, davon zu überzeugen, mir persönlichen Einblick in das Fakultätsarchiv zu geben. Er meinte, zu meinem Thema sei »praktisch kaum etwas« vorhanden, was für meine Arbeit neu und von Interesse sein könnte. Gespräch mit Merk, 20.9.2006 an der theologischen Fakultät der Universität Erlangen.
[535] Zitiert in: SCHOLDER, Kirchen 1, 2000. Die gleiche Aufzeichnung lag dem evangelischen Kirchenausschuß bei seiner Sitzung am 25./26.4. 1933 vor. In erweiterter Form veröffentlichte Künneth die Aufzeichnung unter dem Titel *Das Judenproblem und die Kirche* in KÜNNETH/SCHREINER HELMUTH, Nation vor Gott, 1934; 1934 erreichte sie schon eine 3. Auflage. Matthias Pöhlmann widmet dem Inhalt dieses Aufsatzes von Künneth in seiner umfangreichen Geschichte der Apologetischen Centrale lediglich eine Fußnote. PÖHLMANN, Kampf, 1998, S. 227, Anm. 200. Pöhlmanns starke Ausrichtung auf die Binnengeschichte der Centrale lässt streckenweise einen kritischen Blick auf den größeren zeitgeschichtlichen Kontext und eine ideologiegeschichtlichen Rahmen vermissen. Formulierungen wie die Centrale »geriet in den Sog der ›nationalen Revolution‹« (S. 223) tragen dazu bei, ein Bild zu festigen, als wäre die Centrale mit ihrer Ausrichtung auf die Inneren Mission nicht selbst auch Träger und Begründer einer national orientierten Ausrichtung des deutschen Christentums gewesen.

danke dieser Aufzeichnung, die er später unter dem Titel *Nation vor Gott* veröffentlichte und die als viel gelesene Schrift bekannt wurde, lag in der strikten Unterscheidung zwischen dem staatlichen und dem kirchlichen Aspekt der Judenfrage. Dieser Grundgedanke war lutherisches Erbe und wurde aufgrund der lutherischen Tradition im deutschen Protestantismus fast durchwegs akzeptiert. Entscheidend war dabei für die Beurteilung des staatlichen Aspektes, dass die Ausnahmegesetzgebung grundsätzlich als ein Akt »harter aber notwendiger Gerechtigkeit« verstanden wurde. Das wichtige Argument in diesem Zusammenhang war das viel zitierte »prozentuale Missverhältnis zwischen der Besetzung öffentlicher Ämter durch Juden und ihrem Anteil an der Bevölkerungszahl«. Dieses Missverhältnis stelle, so erklärte Künneth, »eine Ungerechtigkeit für die deutschen Beamten, Ärzte usw. dar«, so dass die Neuregelung darum »prinzipiell den Charakter einer Schutzmaßnahme zur Sicherung des deutschen Volkes« trage. Man kann davon ausgehen, dass dies im deutschen Protestantismus tatsächlich allgemeine Überzeugung war. Sie verbot nicht nur den Widerspruch gegen die Ausnahmegesetzgebung, sondern ließ diese geradezu als staatliche Notwendigkeit erscheinen, eben als Schutzmaßnahme fürs deutsche Volk.[536] Mit dieser Argumentation knüpfte Künneth an die völkische Ideologie an, die die sogenannte *Judenfrage* als *Rassenproblem* behandelte und folgte exakt der Haltung, wie sie Paul Althaus auf dem zweiten Kirchentag in Königsberg 1927 vorgetragen hatte. Was hier geschah, und was die Stellung der evangelischen Kirche zur Judenfrage noch lange Zeit entscheidend bestimmen sollte, war eine durch die politische Theologie begründete und durch den herrschenden Antisemitismus unterstützte verhängnisvolle Verknüpfung von staatlichem Handeln und völkischer Ideologie.

Für den 25. und 26. März 1933 rief nun Hermann Kapler als Präsident des Deutschen Evangelischen Kirchenausschuss zu einer außerordentlichen Sitzung nach Berlin. Zur Verhandlung waren die kirchenpolitische Lage und die Judenfrage vorgesehen; dazu lagen die Aufzeichnungen Künneths vor. Aus Bayern war Wilhelm von Pechmann angereist. In einer bewegenden Erklärung versuchte dieser den Ausschuss zu einem Votum für die getauften Juden zu veranlassen. Er schilderte einleitend,

---

[536] Dies übersieht Pöhlmann. Mehr Raum gibt er Künneths Opposition gegen Rosenbergs *Mythus des 20. Jahrhunderts*. Damit stilisiert er Künneth als Leiter der Centrale in einer oppositionellen Rolle zum NS-Regime. PÖHLMANN, Kampf, 1998, S. 227, Anm. 200 und S. 228.

> »wie ihm Hilferufe von Männern jüdischer Abstammung, die mit Überzeugung Christen geworden seien, nahegebracht worden seien und welche Seelennot ihm dabei begegnet sei. Er sei davon durchdrungen, dass wir diesen Gliedern unserer Gemeinden und unserer Kirchen Schutz schuldig sind. Wir dürfen sie nicht dem Gefühl überlassen, dass sie von der Kirche, der sie seit langem angehören, in der Zeit der fürchterlichsten Not wort- und lautlos im Stich gelassen werden.«[537]

Doch der Ausschuss folgte schließlich Kaplers Vorschlag, keine öffentliche Verlautbarung herauszugeben.

Ein Wort aus Erlangen

Die Generalsynode der Evangelischen Kirche der Altpreußischen Union, in der die nationalsozialistisch orientierten Deutschen Christen die Mehrheit hatten, übernahm die staatlichen Vorschriften in ihrem »Gesetz über die Rechtsverhältnisse der Geistlichen und Kirchenbeamten« vom 5. September 1933, ohne dazu von staatlicher Seite genötigt zu sein.[538] Daraufhin wandten sich oberhessische Lutheraner an die Theologischen Fakultäten Marburg und Erlangen und baten sie um eine Stellungnahme, ob eine solche Vorschrift über die Anstellungsbedingungen für Geistliche und Beamte der kirchlichen Verwaltung mit dem Evangelium Jesu zu vereinbaren sei. Sie wollten nicht nur wissen, ob diese Gestalt des Kirchengesetzes mit der Heiligen Schrift, sondern auch mit den ökumenischen Bekenntnissen und der Lehre der Reformation sowie mit der Verfassung der Deutschen Evangelischen Kirche in Einklang zu bringen sei oder all diesem widerspreche. Denn es sei zu erwarten, dass das Gesetz der altpreußischen Union für die gesamte – 1933 neu gebildete – Deutsche Evangelische Kirche verbindlich gemacht werden würde. Aus Marburg kam eine klare Antwort: Das Gutachten, das von deren Dekan Hans von Soden unterschrieben worden war, hielt fest, dass »eine Beschränkung der Rechte nichtarischer Christen in der Kirche« aus theologischen Gründen nicht vertretbar sei.[539]

Die Erlanger Fakultät entschied anders: Die beiden Systematiker Paul Althaus und Werner Elert wurden beauftragt, ein Gutachten zu verfassen. Das Gutachten unter dem Titel *Theologische Gutachten über die Zulassung von Christen jüdischer Herkunft zu den Ämtern*

---

[537] So im Protokoll der Sitzung, zit. in SCHOLDER, Kirchen 1, 2000, S. 398; dazu auch Anm. 101 ebd.
[538] Zur Geschichte der Deutschen Christen BERGEN, Cross, 1996.
[539] Abgedruckt in: SCHMIDT, Bekenntnisse, 1934, S. 178–182.

der Deutschen Evangelischen Kirche war auf den 25. September 1933 datiert.⁵⁴⁰ Grundsätzlich entspreche es der Tradition der christlichen Kirchen aller Zeiten, leiteten die beiden Theologen ihre Stellungnahme ein, die Zulassung zu ihren Ämtern von der Erfüllung bestimmter Voraussetzungen abhängig zu machen. In den deutschen Landeskirchen sei bislang die deutsche Reichsangehörigkeit Voraussetzung zur Zulassung, aber auch biologische Kriterien wie Alter, Geschlecht und körperliche Eignung. In ihrem Gutachten wollten Elert und Althaus theologisch beurteilen, ob das neu hinzugekommene Kriterium »arische Abstammung« in Einklang mit der Haltung der christlichen Kirche gegenüber völkischen Unterschieden übereinstimmte.

In acht Abschnitten entfalteten Althaus und Elert vor dem Hintergrund ihrer Schöpfungs- und Ordnungstheologie die Voraussetzung für eine Befürwortung der Anwendung des Arierparagrafen in der Kirche. So hieß es gleich zu Beginn, auch wenn es vor Gott keine Unterschiede zwischen Juden und Nichtjuden gäbe, so hebe dies die biologischen und gesellschaftlichen Unterschiede nicht auf, sondern binde jeden an den Stand, in dem er berufen sei. Die »biologische Bindung« an ein bestimmtes Volk sei von Christen auch mit »Gesinnung und Tat« anzuerkennen. Gemäß der reformatorischen Lehre – im Unterschied zur römisch-katholischen – solle die christliche Kirche nicht nur der Universalität des Evangeliums, sondern auch der historisch-völkischen Gliederung der christlichen Menschen entsprechen. Die »völkische Mannigfaltigkeit« betrachten die Autoren als notwendige Folge der »schicksalhaften wie ethisch zu bejahenden völkischen Gliederung« überhaupt und schlossen daraus, dass jeder Träger eines geistlichen Amtes mit seiner Gemeinde auch völkisch verbunden sein müsse. Für die Christen jüdischer Herkunft stelle sich die Frage, ob die in Deutschland ansässigen Juden dem deutschen Volke angehörten oder ein »Gastvolk« seien. Das Bekenntnis der Kirche zur Heilsbedeutung der Taufe schließe ein Urteil der Kirche über diese Frage grundsätzlich aus. Die Frage nach dem »völkischen Verhältnis« zwischen Deutschtum und Judentum hingegen sei »biologisch-geschichtlicher Art« und könne deshalb nur vom deutschen Volk im Blick auf seine besondere »biologisch-geschichtliche Lage« hin beantwortet werden. Das deutsche Volk empfinde die Juden mehr denn je als »fremdes Volkstum«. Es fühle sich gerade durch das emanzipierte Judentum bedroht und wehre sich mit rechtlichen Ausnahmebestimmungen. Ganz in der Linie der lutherischen »Zwei-Reiche-Lehre« forderte das

---

⁵⁴⁰ Abgedruckt hier im Anhang.

Erlanger Gutachten nun, dass die Kirche nicht nur das grundsätzliche Recht des Staates zu solchen gesetzgeberischen Maßnahmen anerkenne, sondern sich auch auf ihre Aufgabe, »Volkskirche der Deutschen« zu sein, besinne. Dazu gehöre auch, dass sie gegenwärtig ihren Grundsatz von der völkischen Verbundenheit der Amtsträger mit ihrer Gemeinde bewusst neu geltend mache und ihn auch auf die Christen jüdischer Herkunft anwende. Da es die Aufgabe der Kirche sei, eine »Volkskirche der Deutschen« zu sein, bedeute es für sie eine schwere Belastung und Hemmung, »ihre Ämter mit Judenstämmigen« zu besetzen.

Damit forderte das Erlanger Gutachten, fortan keine Christen jüdischer Herkunft mehr für kirchliche Ämter zuzulassen, doch vorerst von einer generellen Entlassung von Geistlichen und Amtsträgern »jüdischer oder halbjüdischer Abstammung, die schon im Amte stehen« abzusehen. Im Unterschied zum Gesetz der Altpreußischen Union meinten die Erlanger: Nicht die »Belassung im Amte«, sondern die Entlassung sollte »von Fall zu Fall besonderer Begründung« bedürfen. Scheinbar pragmatisch wurde dazu noch angeregt:

> »Die Fälle, in denen aus Anlass der jüdischen Abstammung des Geistlichen unüberwindbare Schwierigkeiten zwischen Pfarrer und der Gemeinde entstehen, sind nach den kirchlichen Vorschriften zu behandeln, die auch sonst für Fälle der Zerrüttung des Vertrauensverhältnisses zwischen Pfarrer und Gemeinde gelten.«[541]

Unter den gegebenen gesellschaftlichen Umständen war dies wohl eine höchst wahrscheinliche Prognose für die betroffenen Gemeinden.

Landesbischof Meiser wandte sich daraufhin in einem Brief an den Dekan der Fakultät – im September 1933 noch der Neutestamentler Hermann Strathmann – in dem er diplomatisch, aber zugleich deutlich Kritik äußerte. In seinem Schreiben vom 4. Oktober 1933 meinte Meiser,

> »daß in weiten völkischen Kreisen der Ausschluß von Juden und Christen jüdischer Herkunft von der Bekleidung öffentlicher Ämter nicht bloß aus rein ras-

---

[541] Schwer fällt es Martin Meiser in seiner theologischen Studie zum Lebenswerk von Paul Althaus, das Gutachten zum Arierparagrafen in sein Bild des großen Systematikers einzuordnen. Ein »Fehlgriff« sei es gewesen, dass Althaus mit Bibelzitaten den Arierparagrafen begründete. Das Gutachten gehöre zu den »unerfreulichen, den Nachgeborenen mit Scham erfüllenden Veröffentlichungen«, bekennt Meiser und er meint gar erkennen zu können, dass Althaus' kirchenpolitische Einstellung doch zu einer »Marburger Position hätte führen sollen«. Die kontrafaktische Überlegung marginalisiert aber die seit Jahren von Althaus entwickelte Schöpfungstheologie mitsamt seiner völkischen und antisemitischen Ausrichtung. MEISER, Althaus, 1993, S. 222–226.

sebiologischen Erwägungen gefordert wird, sondern daß mit dem Begriff der rassischen Andersartigkeit zugleich der Begriff der Unterwertigkeit, und zwar in jeder Form, verbunden wird.«[542]

Er fuhr fort, dass ihm in völkischen Kreisen vielfach ein übersteigerter Nationalismus« begegne, »der dem Bekenntnis der Christenheit zu Christus als dem Herrn aller Völker widerstreite.« Diejenigen, die sich zum Arierparagrafen bekannten, schienen auch dem Nationalismus zuzustimmen. Meiser äußerte Verständnis dafür,

> »daß für viele evangelische Christen, Theologen wie Laien, mit der Annahme des Arierparagrafen der *status confessionis* gegeben ist. Diesen Kreisen wäre es eine Hilfe gewesen, wenn das Gutachten der Fakultät noch etwas stärker, als es geschehen ist, die Irrtümer abgewiesen hätte, die in einer Überspitzung des Arierparagrafen liegen.«

Der Landesbischof ermahnte hier seine beiden prominentesten Theologen, dass sie dafür Verantwortung trugen, was die Christen als *status confessionis* annahmen, denn für die Gläubigen sei die Interpretation des Arierparagrafen eben eine Glaubens- und nicht eine Ermessensfrage. Dies sei – so die bischöfliche Kritik – nicht genügend deutlich gesagt worden. Einen ernsthaften Konflikt entstand aus dieser Meinungsverschiedenheit allerdings nicht.

Tatsächlich war der Status der Erlanger Theologen außerordentlich. In Bayern gab es 1933 nur eine einzige evangelisch-theologische Fakultät, nämlich die lutherische in Erlangen. Die Mehrzahl der bayerischen Pfarrer wurden in Erlangen ausgebildet. Das forderte eine gute Zusammenarbeit zwischen Landesbischof und theologischer Fakultät, zumal diese einen großen Zulauf hatte. Im Wintersemester 1933/34 waren 661 Studenten zum Theologiestudium eingeschrieben, was immerhin 29 Prozent der gesamten Studentenschaft ausmachte.[543] Die Hochschullehrer waren nicht nur Staatsbeamte, sie wirkten gleichzeitig in der Kirche. Sie nahmen die kirchlichen Prüfungen ab und besaßen sogar das Recht zur Ordination.

Ablehnung und Zuspruch

Die Reaktionen auf das Gutachten von Althaus und Elert waren zahlreich. Innerhalb der Fakultät distanzierte sich der Kirchenhistoriker Hermann Sasse, der seine Arbeit an der Fakultät erst zum Sommerse-

---

[542] Meiser an Strahtmann, 4. Oktober 1933, Landeskirchliches Archiv in Nürnberg, Personen XXXVI Meiser 115; zitiert in: MÜLLER, Zusammenarbeit, 2006, S. 92.
[543] ELERT, Hörer, 1938, S. 122.

mester 1933 aufgenommen hatte. In einem Brief vom 22. Januar 1934 an seinen Kollegen Hermann Strathmann sprach er von dem »fatale[n] Ansehen, das uns allen das ›Erlanger Gutachten‹ eingetragen hat«.⁵⁴⁴ Auch wenn die Gründe seiner Ablehnung nicht überliefert sind, so schließen sie an seine scharfe Kritik am Rassismus des Parteiprogramms der NSDAP an, die er 1932 im Kirchenjahrbuch veröffentlicht hatte.⁵⁴⁵ Sasse hatte auch bereits im August 1933 zusammen mit Dietrich Bonhoeffer sowie den Betheler Dozenten Georg Merz und Wilhelm Vischer das sogenannte »Betheler Bekenntnis« ausgearbeitet, das möglichst zahlreichen Bekenntnisgruppen als theologische Grundlage dienen sollte, um auf der Nationalsynode der Altpreußischen Union im September die Einführung des Arierparagrafens zu verhindern, was nicht gelang.⁵⁴⁶ Sasse, der von Anfang an sich für die Bekennende Kirche einsetzte, war zugleich ein treuer Lutheraner. Mit seine Haltung gegenüber dem NS-Regime blieb er in der Theologischen Fakultät isoliert.

Zahlreiche öffentliche Reaktionen sind in der Forschungsliteratur zitiert, überwiegend sind die ablehnenden Zuschriften aufgeführt. Es gab aber beides. Hier sollen einige persönliche Zuschriften an Althaus verdeutlichen, dass das Spektrum von klarer Distanz bis zu deutlicher Zustimmung reichte. Der Systematiker und Religionswissenschaftler Heinrich Frick schrieb am 16. Oktober aus Marburg einen Brief an Althaus, worin er seine Stellungnahme ablehnte:

> »So leicht ich die Mitgliedschaft bei den Deutschen Christen in vielen Fällen nehme, so schwer nehme ich die konkrete Entscheidung in der Arierfrage und möchte ganz offen sagen, daß ich allerdings Ihrem Gutachten gegenüber nicht mehr die Möglichkeit sehe, ein verknüpfendes tolerantes ›in unserem Sinne‹ an-

---

⁵⁴⁴ Sasse an Strathmann, 22. Januar 1934, Universitätsbibliothek Erlangen-Nürnberg, Handschriftenabteilung, Nachlass Strahtmann, Kiste 5.
⁵⁴⁵ Töllner meint dagegen, man könne keine Rückschlüsse auf Sasses Begründung ziehen. TÖLLNER, Frage, 2007, S. 57, Anm. 205. Sasses Stellungnahme zum Parteiprogramm der NSDAP in: Kirchliches Jahrbuch, 1932; wieder abgedruckt im Kirchlichen Jahrbuch von 1948, S. 2–4. Das Geistliche Ministerium der Deutschen Evangelischen Kirche forderte 1934 die Ablösung von Sasse als Herausgeber des Kirchlichen Jahrbuches durch DC Pfarrers Walter Birnbaum. Da das Jahrbuch vom Bertelsmann Verlag mit dem Band von 1933 eingestellt und erst 1948 wieder neu aufgelegte, hatte es keine weiteren Konsequenzen. FRIEDLÄNDER U.A., Bertelsmann, 2002, S. 88.
⁵⁴⁶ SCHOLDER, Kirchen I, 2000, S. 647 f. Auf der darauf folgenden sog. »Braunen Synode« der Altpreußischen Union (5. September 1933) wurde nicht nur Ludwig Müller, Mitglied der Deutschen Christen, zum Reichsbischof gewählt, sondern auch – wie in andern Landeskirchen – für die preußische Landeskirche der Arierparagraf eingeführt.

zuerkennen. Ich bin fest davon überzeugt und die Zukunft wird mir darin Recht geben, daß an dieser Stelle es nur ein Entweder-oder gibt. Und Sie stehen eben auf der anderen Seite. Wir lehnen ihn prinzipiell ab. [...] Es handelt sich überhaupt nicht um ein abstraktes Prinzip, sondern um das Grundverständnis des Evangeliums von Jesus. Und in dieser Hinsicht sehen wir in Ihnen und anderen Irrlehrer und Irreführer.«[547]

Interessanterweise benutzte Frick hier nicht das Wort »Judenfrage«, sondern ersetzt es durch »Arierfrage«. Frick versicherte Althaus höflich, dass diese Positionierung für ihn nichts an der persönlichen Verbundenheit verändern werde.

Einer von Althaus' Studenten, Waldemar Link, schlug in einem Brief vom 22. Mai 1934 einen sehr direkten und erstaunlich unverblümten Ton an. Als erstes nahm er die Ordnungstheologie von Althaus beim Wort und leitete daraus sein Recht auf Individualität entgegen einer Ideologie des Volkstums ab:

> »Gott hat auch die Stämme geschaffen. Warum soll denn ein Stamm innerhalb eines Volkes nicht gelten? [...] Ist aber ein Stamm nach Willen Gottes entstanden, so ist sicherlich auch meine Familie innerhalb dieses Stammes nicht gegen den Willen Gottes da. [...] Ist meine Familie nach Gottes willen vorhanden, so fühle ich mich gleichfalls berechtigt, Anspruch darauf zu erheben, nach Gottes Willen auf der Welt zu sein. Somit hat Gott mich geschaffen, so, wie ich bin mit allen meinen Fehlern und guten Eigenschaften. [...] Wenn ich als Individuum da bin, so habe ich nach Gottes Willen genau dieselbe Existenzberechtigung, wie auch die Gesamtheit, genannt Volk.«[548]

Aus diesen Gründen lehnte der Theologiestudent die seiner Ansicht nach noch »defekte« Volkstumsideologie ab. Er fand es unangenehm, wenn in öffentlichen Reden das Deutsche so unterstrichen werde, denn niemand greife das Deutsche an.

> »Mit der Ariergeschichte in der Kirche hat das Kirchenregiment der ganzen Welt eine Posse geliefert, wie sie durch Ritter von Posselt nicht hätte besser dargestellt werden können. Sechs Mann in der preußischen Kirche, die nicht Arier sind! Und dabei ein Geheul, als ob die Welt unterginge und das ganze

---

[547] Eingangs hält Frick fest, dass er die Mitgliedschaft bei den DC genau wie Althaus für irrelevant halte – in seinem eigenen Bekanntenkreis seien viele DC's – für ihn komme es nur darauf an, wie jemand im konkreten Fall urteile und handle. Frick an Althaus, 16.10.1933, Korrespondenz, NL Althaus, Universitätsarchiv Erlangen-Nürnberg. Ausgewählte Briefe aus dem Nachlass von Althaus sind auch im Unternehmensarchiv der Bertelsmann AG in Kopie überliefert, Sinatur IV 3/6.
[548] Link an Althaus, 22.5.1934, Korrespondenz, NL Althaus, Universitätsarchiv Erlangen-Nürnberg.

deutsche Volkstum in höchster Gefahr wäre! Wenn die geistigen und körperlichen Potenzen dieser sechs Mann so gewaltig sind, dass sie das ganze Volk gefährden können, so wäre es besser, das Volk hörte gleich auf, ein Volk zu sein.«

Wir kennen die Antwort von Althaus auf dieses Schreiben nicht. Für ihn sprach, dass der Student offenbar ordiniert wurde, denn von 1944 sind zwei weitere Briefe im Nachlass von Althaus erhalten, die Link als Pfarrer aus Altheim schrieb und worin er seinen ehemaligen Lehrer höflichst zu einem freundschaftlichen Besuch einlud.[549] Ähnlich wie bei Frick bleibt hier die persönliche Beziehung unangetastet, trotz ideologischer Differenzen.

»Von Haus zu Haus« sandte ein Freund namens G. Nestle, aus Stuttgart am 31.12.1933 Grüße und bedankte sich für die Zusendung des »Judengutachtens«, das offensichtlich seine volle Zustimmung fand:

»Jeder Vernünftige im In- u. Ausland muß einsehen – u. im Ausland können sie ja jetzt an den Flüchtlingen eigene Studien machen –, daß es mit der bei uns herrschenden Verjudung des öffentlichen Lebens so einfach nicht weiter gehen konnte. [...] Wie würde Treitschke sich freuen, daß diese vaterlandschädigende Frucht eines falsch verstandenen Liberalismus nun in ihrem fauligen Zustand beseitigt wird.«[550]

Ob die »Säuberung« des öffentlichen Lebens von den Juden im einzelnen »immer taktisch klug durchgeführt« werde, war sich Nestle nicht so sicher. Er kritisierte lediglich, dass die Übertragung der staatlich »gebotenen Grundsätze« wohl kaum mit dem Wesen des Christentums vereinbar seien. Zudem träfe es ja nur eine geringe Zahl von jüdischen Geistlichen. Anders als der Student Link aber bemerkte der Stuttgarter Freund von Althaus weiter: »Jedenfalls hätte man in Staat u. Kirche wie so manches andere auch die Judenfrage vielmehr in der Stille erledigen sollen.« Mit der Hoffnung auf ein Zusammentreffen übersandte Nestle seinem Freund herzliche Grüße. Althaus hatte sich mit seiner völkischen und antisemitischen Haltung wohl auch einen gleich gesinnten Freundeskreis geschaffen.

---

[549] Link an Althaus, 21.11.1944 und 31.11.1944, Korrespondenz, NL Althaus, Universitätsarchiv Erlangen-Nürnberg.
[550] Nestle an Althaus, 31.12.1933, Korrespondenz, NL Althaus, Universitätsarchiv Erlangen-Nürnberg.

Praxis der Entlassungen

Zur allgemeinen Überraschung verzichtete der preußische Landesbischof Ludwig Müller, nach seiner Wahl zum Reichsbischof, auf der Nationalsynode in Wittenberg am 27. September 1933 auf die Einführung des Arierparagrafen in der gesamten Reichskirche. Mehrere Gründe können zur Erklärung dienen.[551] Neben all den kritischen Stellungnahmen, die ihre Wirkung nicht verfehlt zu haben schienen, dürfte auch die Gründung des Pfarrernotbundes, der sich zum »geistlichen Widerstand« schon Anfang September im Rheinland und in Berlin zusammengeschlossen hatte, den Reichsbischof dazu bewegt haben. Dieser hatte sich auf Initiative von Martin Niemöller zusammengeschlossen, nachdem auf der Synode der Evangelischen Kirche der altpreußischen Union am 6. September in den von Deutschen Christen dominierten Teilkirchen ein Arierparagraf eingesetzt wurde.[552] Die Mitglieder unterzeichneten eine Verpflichtungserklärung, in der sie bezeugten, dass mit der Anwendung des Arierparagrafen innerhalb der Kirchen eine »besonders offenkundige Verletzung von Schrift und Bekenntnis« vorliege.

Ein endgültiges Aus zur Einführung des Arierparagrafen in der gesamten Reichskirche bewirkte die viel beachtete Kundgebung der Deutschen Christen im Berliner Sportpalastrede am 13. September 1933, bei der Gauleiter Reinhold Krause die Ziele der Deutschen Christen deutlich aussprach. Krause ließ in seiner Rede seinem kruden Antisemitismus freien Lauf, was in der Kirche eine überraschend starke Protestwelle auslöste. Die Ideen von Krause, dem Führer der Deutschen Christen in Berlin, waren an sich weder neu noch überraschend. Es gehörte in den breiten Strom völkischer Religiosität, der im 19. Jahrhundert mit Johann Gottlieb Fichte, Richard Wagner und Paul de Lagarde begonnen hatte, den die völkische Bewegung in den 20er Jahren fortgesetzt und aus dem auch Alfred Rosenberg seinen »Mythus« geschöpft hatte. Neu und überraschend war aber, dass diese völkische Religion jetzt inmitten der

---

[551] Auch der Druck von Protestanten der Kirchen im Ausland trug dazu bei. Dazu mehr bei: RÖHM/THIERFELDER, Juden, 1990–2004, Bd. 1, S. 215–220.

[552] Die Synode verschärfte die staatliche Bestimmung noch dahingehend, dass selbst die Ehe mit »Nichtariern« ein Nichtberufungs- oder Entlassungsgrund von Geistlichen und Kirchenbeamten war. In Sachsen, Schleswig-Holstein, Braunschweig, Lübeck, Mecklenburg, Hessen-Nassau, Thüringen und Württemberg versetzte die Kirchenleitung ihre Pfarrer und Kirchenbeamten in den Ruhestand, wenn sie einen jüdischen Großelternteil hatten. MEHLHAUSEN, Nationalsozialismus, 1994, S. 53f.

evangelischen Kirche auftrat mit dem Anspruch, die zukünftige religiöse Basis eben dieser Kirche und die Vollendung der Reformation zu sein. Auch Ludwig Müller zeigte sich über Krauses Auftritt entsetzt. Um der Unruhe im Land einigermaßen Herr zu werden, rückte der Reichsbischof nun endgültig vom Plan ab, den Arierparagrafen für die gesamte Reichskirche einheitlich einzuführen.[553]

Trotz empörter Zuschriften an die Adresse von Althaus und Elert hat sich der Erlanger Vorschlag in der Praxis aber auch in den andern Gebieten durchgesetzt.[554] Fast überall, wo sich Kirchenleitungen bei der vorzeitigen Entlassung von Pfarrern jüdischer Herkunft nicht ausdrücklich auf den kirchlichen Arierparagrafen berufen wollten, vollzog sich die Entlassung mit der Begründung »Zerrüttung des Vertrauensverhältnisses zwischen Pfarrer und Gemeinde«.[555] Den Opfern von Hetzkampagnen blieb ohnehin kaum etwas anderes übrig, als die Gemeinden früher oder später zu verlassen. Wo die Kirchenleitung nicht aktiv einem Verleumdeten zur Seite stand, arbeitete die Zeit immer gegen das Opfer.

11.3 Streit um theologische Wahrheit und kirchenpolitischen Einfluss

Die Bekennende Kirche formiert sich in Barmen

Der neue Reichsbischof Ludwig Müller versuchte in den ersten Monaten, die an Autonomie gewohnten Landeskirchen in die Reichskirche einzugliedern.[556] Vor diesem Hintergrund erfolgte im Frühjahr 1934 die Konstituierung der Bekennenden Kirche; hier ging es in erster Linie um Bewahrung der kirchenpolitischen Autonomie in den Landeskirchen und nicht etwa um generelle Opposition zum NS-Regime. Bis dahin hatte die kirchliche Opposition – ein weitverzweigter, lockerer Verband der nicht-deutschchristlichen Kirchenführer, des Pfarrernotbundes, einiger Vertreter kirchlicher Werke sowie einer Reihe von Theologieprofessoren – versucht, den Reichsbischof auf dem Verhandlungsweg von der Notwendigkeit der Wiederherstellung verfassungsmäßiger Zustände

---

[553] SCHOLDER, Kirchen 1, 2000, S. 781–792.
[554] RÖHM/THIERFELDER, Juden, 1990–2004, Bd. 1, S. 213. Einzelfälle ebd., S. 224 bis 254.
[555] Dem Schicksal der bayerischen Pfarrerfamilien mit jüdischen Vorfahren widmet sich die Studie: TÖLLNER, Frage, 2007.
[556] Zum Wirken Reichsbischof Ludwig Müller vgl. SCHNEIDER, Reichsbischof, 1993.

in der Deutschen Evangelischen Kirche zu überzeugen.[557] Nun rief die Opposition zu ihrer ersten Bekenntnissynode vom 29. bis 31. Mai 1934 in Barmen zusammen. An ihr nahmen sowohl Landesbischof Meiser als auch Hermann Sasse, Mitglied der Erlanger Theologischen Fakultät, teil. Bereits vor Zusammentritt der Synode gab es einen Entwurf für eine Theologische Erklärung, die maßgeblich vom Schweizer Karl Barth, damals noch Professor in Bonn, ausgearbeitet und dem von seinem Amt bereits suspendierten schleswig-holsteinischen Pfarrer Hans Asmussen erläutert wurde. Sasse waren ebenfalls angefragt worden, konnte aber aus Krankheitsgründen an der Vorbereitung nicht teilnehmen.

Paul Althaus, der von dem Entwurf erfahren hatte, übte schon im Vorfeld scharfe Kritik und drohte, dass es zu einer Gegenerklärung kommen werde, wenn es bei dem vorgesehenen Text bleibe. Landesbischof Meiser hingegen stand voll hinter der Barmer Erklärung, die sich entschieden gegen die Theologie der Deutschen Christen wandte, aber auch eine Ablehnung bestimmter lutherischer Offenbarungslehren enthielt. Damit zielte die Erklärung auf die Haltung von Werner Elert und Paul Althaus ab, wie sie im Gutachten zum Arierparagrafen zum Ausdruck kam. Die Barmer Erklärung beinhaltete sechs Thesen, die alle den gleichen Aufbau hatten: Sie begannen mit ein oder zwei Zitaten aus dem Neuen Testament der Bibel. Dann folgte ein Absatz, der in wenigen Sätzen positiv ein Bekenntnis formulierte. Zum Abschluss folgte ein ebenso kurzer Absatz, der Auffassungen benannte, die als »falsche Lehre« abgelehnt wurden.[558] Mit der Barmer Theologischen Erklärung distanzierte die Bekennende Kirche sich nicht nur von der Theologie der Deutschen Christen als Irrlehre, sondern bekräftigte auch als innerkirchliche Minderheit ihren Anspruch, einzig legitime und rechtmäßige evangelische Kirche zu sein. Auf die Diskriminierung und Entrechtung von Juden ging die Bekenntnissynode allerdings mit keinem Wort ein.

Mit lutherischer Stimme dagegen

Die angedrohte Gegenerklärung ließ nicht lange auf sich warten. Aus Bayern meldeten sich einen Monat später die Offenbarungstheologen mit dem »Ansbacher Ratschlag« zu Wort:[559] Verfasst hatten die politisch und theologisch begründete Ablehnung der Barmer Erklärung Paul Althaus

---

[557] Vgl. SCHOLDER, Kirchen 2, 2000, S. 159ff; zur Entstehungsgeschichte auch NICOLAISEN, Weg, 1985.
[558] Abgedruckt in: SCHMIDT, Bekenntnisse, 1935, S. 91–98.
[559] Dies und die folgenden Zitate hier im Anhang abgedruckt.

und Werner Elert, wobei bayerische Deutsche Christen und Mitglieder des Pfarrernotbundes das Schriftstück mitunterzeichnet hatten. Im Ansbacher Ratschlag kam ihre völkische Argumentation erneut pointiert zum Ausdruck: Die von Gott geschaffene »natürliche Ordnung« umfasse Familie und Volk sowie Rasse im Sinne eines »Blutzusammenhangs«. Es sei der Wille Gottes, dass jeder seiner Ordnung unterworfen bleibe. In dieser Gegenerklärung zu Barmen erhielt die völkische Ordnung den religiös überhöhten Rang einer »Uroffenbarung« und gleichzeitig wurde das bereits bekannte historische Argument aufgeführt:

> »Indem uns der Wille Gottes ferner stets in unserem heute und hier trifft, bindet er uns auch an den bestimmten historischen Augenblick der Familie, des Volkes, der Rasse, d. h. an einen bestimmten Moment ihrer Geschichte.«

Während es zu allen Zeiten die Aufgabe der Kirche sei, das Gesetz Gottes zu verkünden, komme jeweils auch eine spezifisch historische Aufgabe hinzu. Die gegenwärtige Verpflichtung erhalte die Kirche in Deutschland durch die völkische Staatsordnung. Und jede Obrigkeit – selbst in ihrer Entstellung – verdiene von den gläubigen Christen Verehrung, da die Obrigkeit »Werkzeug göttlicher Entfaltung« sei. Gott habe dem deutschen Volk in seiner Not nun aber mit dem Führer einen »frommen und getreuen Oberherrn« geschenkt und mit der nationalsozialistischen Staatsordnung ein »Regiment mit ›Zucht und Ehre‹« bereitet. Als Christ sei jeder vor Gott verantwortlich, zu »dem Werk des Führers« in seinem Beruf und Stand mitzuhelfen.

Die Verbindung eines religiösen und überzeitlichen Arguments mit einem entwicklungsgeschichtlichen Moment ermöglichte es den Autoren des Ansbacher Ratschlages einerseits Bekenntnis zum Evangelium zu bewahren und gleichzeitig die Anforderungen des neuen politischen Systems zu integrieren. Die Taufe als höchstes Sakrament und Grundlage der christlichen Glaubensgemeinschaft wurde nicht angetastet. Die völkischen Konzepte über Rasse und Volk wurden als historische Entwicklung in einem gottgewollten Ordnungssinne verstanden und als Aufforderung begriffen, sie nicht nur als Ordnungskonzept des staatlichen Bereiches zu respektieren, sondern sie auch im kirchlichen Bereich nachzuvollziehen.

Theologen von Weltruf in einer unheilvollen Allianz

Die Deutschen Christen griffen den Ansbacher Ratschlag begeistert auf und druckten ihn unter dem Titel »Führende Theologen widerlegen Barmen« am 1. Juli vollständig in der deutsch-christlichen Zeitschrift *Evangelium im Dritten Reich* ab. »Theologen von Weltruf« – damit waren Elert und Althaus gemeint – hätten den Barmener Thesen für alle Zeit den Boden entzogen.[560] Die Zeitschrift wandte sich an die Mitglieder im Nationalsozialistischen Evangelischen Pfarrerbund mit dem Bestreben, endlich die »genuin lutherische Stimme« zu erheben. Wenige Tage später bekräftigte Elert in Nürnberg bei einer Tagung des Pfarrerbundes, was er zuvor beim Ansbacher Ratschlag und in seiner unter dem Titel *Confession Barmensis* am 29. Juni veröffentlichten Fundamentalkritik der Barmer Erklärung zum Ausdruck gebracht hatte.[561] Durch die Rückendeckung der bedeutenden Erlanger Theologen fühlten sich die Deutschen Christen so bestärkt, dass sie gegenüber Landesbischof Meiser das Treuegelöbnis aufkündigten.[562]

Als am 9. September jedoch sieben fränkische Pfarrer zur Eingliederung der bayerischen Landeskirche in die Reichskirche aufriefen, erklärten Althaus und Elert umgehend ihre Trennung vom Ansbacher Kreis. Althaus distanzierte sich schließlich inhaltlich vom Ansbacher Ratschlag, und zwar am 19. Oktober 1934 bei der zweiten Bekenntnissynode in Berlin-Dahlem. Elert hielt dagegen an seiner Position fest. Bei Befürwortern und Unterzeichnern der Barmer Erklärung stieß die Kooperation zwischen den geachteten Erlanger Theologen und Deutschen Christen auf Unverständnis.[563]

Karl Barth etwa bezeichnete Althaus 1934 als »halben oder dreiviertel ›Deutschen Christen‹«[564]. Ein halbes Jahr vorher hatte er Althaus gegenüber noch seiner Freude darüber Ausdruck verliehen, dass er nicht den Deutschen Christen beigetreten sei. In jenem Brief entschuldigte er sich gar, dass er ihm diesen Schritt Althaus zugetraut hatte.

> »Verzeihen Sie mir! Du liebe Zeit, es sind in diesem merkwürdigen Sommer so Viele umgekippt, bei denen ich mich darüber wunderte, daß ich Ihnen den, wie ich dachte, kleinen Ruck in jener Richtung nicht einmal bes. übel genommen, sondern wohl nur mit einem grimmigen: ›Natürlich!‹ vermerkt haben würde.«[565]

---

[560] Evangelium im Dritten Reich, Die Kirchenzeitung der evangelischen Nationalsozialisten, Jg. 3, 1. Juli 1934, S. 331f.
[561] ELERT, Confessio, 1934.
[562] Auch das folgende TÖLLNER, Frage, 2007, S. 108.
[563] Im Einzelnen dazu ebd., S. 108–113.
[564] BARTH, Nein, 1934, S. 8f.
[565] Barth an Althaus, 3.8.1933, Korrespondenz, NL Paul Althaus, Universitätsarchiv Erlangen-Nürnberg.

1934 war sich Barth nicht mehr so sicher, wo Althaus eigentlich steht.
Die Massivität der Kritik mag Althaus und Elert überrascht haben, aber gerade Elert wich nicht von seiner Gegenposition zur Barmer Erklärung zurück. Er protestierte über den Ansbacher Anschlag hinaus mit besonderer Heftigkeit gegen die theologische Erklärung von Barmen.[566] Dieses Ja zur nationalsozialistischen Volks- und Staatsordnung ist End- und Höhepunkt einer langen volkstheologischen Entwicklung innerhalb der deutsch-protestantischen Theologie und entsprach Elerts Staatspositivismus, dem ein Obrigkeitsverständnis in lutherischer Tradition zugrunde lag. In seiner Gesetzeslehre Confessio Barmensis von 1934 – seiner Rechtfertigungsschrift des Ansbacher Ratschlags – erörterte Elert die Entgegensetzung von Gesetz und Evangelium. Hier behauptete er, dass die erste Barmer These das Gesetz Gottes und das Alte Testament nicht ernst nehme, weil sie keine Wahrheit außer der Botschaft durch Jesus Christus anerkenne. Nach Elert wurden durch »Barmen« die völkischen Lebensgesetze und das Alte Testament ausgeklammert und um ihre theologische Bedeutung gebracht. Denn Elert war der Auffassung, dass in der Schöpfungsordnung ein Gesetz Gottes verborgen liege und dass Gesetze niemals »gottlos« seien, vielmehr drücke sich darin der »unwandelbare Wille Gottes« aus.[567] Gerade die Bedeutung der Gesetze aber ist im Alten Testament festgehalten, auf das sich Elert in seiner Ordnungstheologie bezog. Damit begründete er die hohe Bedeutung von Volk und Volkstum für die deutsche Volkskirche im nationalsozialistischen Staat, den er selbstverständlich voll unterstützte.[568]

Elerts Bekenntnis zu Blut und Boden

In der Barmer Erklärung hatten sich Lutheraner, Unierte und Reformierte zu einer Resolution zusammengefunden, die sich in erster Linie gegen die kirchenpolitischen Ziele der Deutschen Christen und der Partei wandte. Mit seiner Polemik gegen Barmen zielte Elert vor allem gegen die dialektischen Einflüsse in der Barmer Erklärung. Aber er handelte sich damit nicht nur aus den eigenen lutherischen Reihen massive Kritik ein, sondern rückte sich selbst in die ideologische Nähe der Deutschen Christen.[569] Elerts schöpfungstheologische Äußerungen über Rasse, Volkstum

---

[566] ELERT, Confessio, 1934, Sp. 603.
[567] Ebd., Sp. 606; ähnlich argumentiert Elert in: ELERT, Führertum, 1934.
[568] Ebd., S. 103.
[569] LOEWENICH, Erlebte Theologie, 1997, S. 174f. Elerts kirchengeschichtlicher Ansatz und seine Rezeption des Alten Testaments stehen allerdings im Gegensatz

und Nation waren denn auch praktisch identisch mit Aussagen der Deutschen Christen. Joachim Hossenfelder hielt in seinen 1932 verfassten Richtlinien der Glaubensbewegung der Deutschen Christen fest:

> »Wir sehen in Rasse, Volkstum und Nation uns von Gott geschenkte und anvertraute Lebensordnungen, für deren Erhaltung zu sorgen uns Gottes Gesetz ist.«[570]

Diesem Satz, der völlig im Einklang mit der Schöpfungstheologie stand, folgte dann bei Hossenfelder die deutliche Aufforderung, der »Rassenmischung« entgegenzutreten. Solche Äußerungen waren in Elerts Texten natürlich zurückhaltender formuliert: Elert benutzte Worte wie »Pflicht« und »Volksgesetz«, wenn er davon sprach, dass es Gottes Ordnung einzuhalten gelte.[571]

In seinen Vorträgen zu *Bekenntnis, Blut und Boden* von 1934 verstieg sich Elert noch deutlicher in eine Blut- und Boden-Ideologie. Der Mensch war nach Elert seinen irdischen Existenzbedingungen von »Blut und Boden« unentrinnbar unterworfen. Diese Bedingungen betrachtete er als »präexistente Mächte«.[572] Für den gläubigen Christen sei in den irdischen Bindungen an Blut, Boden und Volk der Wille Gottes erkennbar: »Durch das offenbare Gesetz werden die natürlichen Ordnungen ausdrücklich unter Garantie Gottes gestellt.«[573] Elert setzte den Begriff »Ordnungen« mit dem Gesetz Gottes gleich und prägte damit eine eigene neulutherische Ordnungstheologie, die religiöse und nationale Anliegen miteinander verband. Die Bindung ans Volk verstand Elert eindeutig biologisch. So heißt es in seinem Aufsatz zum »völkischen Wehrwillen«:

> »Deutsch sind wir, weil eine deutsche Mutter uns geboren hat, weil das deutsche Blut in unseren Adern fließt, weil wir durch unser Blut den Charakter unseres Volkes an uns tragen. Wir können das deutsche Blut in uns vergiften, wir können den deutschen Charakter in uns verderben, aber die Tatsache der schicksalsmäßigen Bindung an unser Volk können wir nicht rückgängig machen. Durch diese Bindung war über uns verfügt, bevor wir geboren wurden.«[574]

zur Ideologie der Deutschen Christen, die beispielsweise das Alte Testament als heiliges Buch des Volkes Israel komplett ablehnten.
[570] Joachim Hossenfelder: Richtlinien der Glaubensbewegung »Deutsche Christen«, 26. Mai 1932, SCHMIDT, Bekenntnisse, 1934, S. 136.
[571] ELERT, Barths Index, 1935, S. 38.
[572] ELERT, Bekenntnis, 1934, S. 19.
[573] Ebd., S. 28f.
[574] ELERT, Wehrwille, 1937, S. 7.

In Elerts Theologie war der Mensch Gott durch sein »Schicksal« verhaftet. Er erkannte darin die Freiheit des göttlichen Handelns und begriff alle menschlichen Beziehungen und Erfahrungen, gerade auch die leidvollen, als Werke des verborgenen Gottes. Daraus resultierte Elerts spezifisches Verständnis der Offenbarung, das sich sowohl von einem traditionellen Biblizismus abgrenzte, wie auch von einer Theologie, welche die Offenbarung auf das Wirken Christi beschränkte.[575] Gottes Handeln drückte sich in Elerts Verständnis – ganz im Geiste des Alten Testamentes – nämlich auch durch Zorn aus. Gottes Zorn geschehe durch das Gesetz und treffe die Menschen in ihrer Menschlichkeit:

> »Was menschliche Ohnmacht, was Sünde, was Schuld, was Gesetz, was Bindung, was Verborgensein, Zorn, Strafe, Herrschaft Gottes, was Vorsehung und Vergeltung, was Zweifel und Verzweiflung ist, das lernt man nicht aus Büchern.«[576]

Hier wird deutlich, dass Elert sich von einer Theologie im Sinne der Aufklärung längst verabschiedet hatte und auf die Theologie im Sinne der Anfechtung Luthers zurückgriff.

Althaus' Bekenntnis in alle Richtungen

Paul Althaus brachte seine eigene Position, die im Ansbacher Ratschlag nicht so deutlich erkennbar war, in einem Aufsatz mit dem Titel *Bedenken zur ›Theologischen Erklärung‹ der Barmer Bekenntnissynode* nochmals eigenständig zum Ausdruck.[577] Er erklärte dort seine Übereinstimmung mit vorrangigen Zielen der Barmer Erklärung. Die Wahrung der reinen kirchlichen Verkündigung und die Frage nach dem richtigen Kirchenregiment war auch sein Anliegen. Er kritisierte aber theologische Unzulänglichkeiten in der Argumentation, die sich durch die bloße Abwehrhaltung gegenüber den Deutschen Christen ergeben hätten. Althaus betonte demgegenüber in inzwischen vertrauter, aber etwas zurückhaltender Manier, dass für die Lutheraner »die Ordnung der Kirche immer auch durch die Ordnung des Volkes, in das die Kirche eingeht, also durch politische *Wirklichkeiten*« mitbestimmt sei und die Gestalt der Kirche im Unterschied zum Gehalt ihrer Botschaft durch »den Wandel der Weltanschauung und des politischen Denkens« mit-

---

[575] MAURER, Elert, 1954, S. 379.
[576] ELERT, Barths Index, 1935, S. 20.
[577] Die folgenden Zitate ALTHAUS, Bedenken, 1934.

geprägt werde.[578] An den Deutschen Christen kritisierte Althaus dann nicht etwa den Inhalt ihrer Forderungen, sondern lediglich dass sie ihre Ziele »unter Benutzung politischer Mittel, mit Gewalt« erzwingen wollten. Auch wenn der Erlanger an der zweiten Bekenntnis-Synode im Oktober 1934 teilnahm, ließ er sich dann in den folgenden Jahren zusammen mit Elert in die Theologische Kammer des Reichskirchenausschusses berufen.[579]

Unwertes Leben aus Sicht der Schöpfungstheologie

In Einzelfragen vertrat Althaus vereinzelt auch einen vom Nationalsozialismus abweichenden Standpunkt, beispielsweise in seinem Vortrag über »unwertes Leben«, den er am 12. Juli 1933 im Studentenhaus Erlangen hielt.[580] In seinem Vortrag bezog Althaus eine eindeutige Haltung zu Eugenik: »Gott ist Schöpfer und Herr des Lebens.«[581] Damit wandte er sich gegen die Ideen der westeuropäischen eugenischen Bewegung, die vom NS-Regime in einer Radikalität umgesetzt wurde, die bis hin zum systematischen Krankenmord – der sogenannten Euthanasie – führte.[582]

Nachdem Althaus in all seinen bisherigen völkisch ausgerichteten Texten immer auf das Volkstum als entscheidende Ordnungskategorie verwiesen hatte, legte er in seinem Vortrag über die Eugenik einen neuen Maßstab an. Zwar stehe der Einzelne mit seinem Leben in vielerlei »Bindungen« – hier wieder das bekannte ordnungstheologische Argument –, aber er stehe in diesen Bindungen eben vor Gott. Deshalb könne die Frage nach dem Sinn des Lebens nicht abgeschoben werden, indem man auf des »Volkes Stimme« verweise. Im Sinne der christlichen Ethik bekannte sich Althaus zu der »Würde« des Lebens und wollte nicht nach dem Wert des Lebens ansich fragen:

> »Das Leben hat immer und überall die eine und selbe, die gleich große unantastbare Würde, weil Gott es schuf, weil es die Voraussetzung ist für die Geschichte mit ihm, die seine Liebe will. Das Leben würdigen, es in seiner Würde anerkennen und ehren, fordert: es nicht antasten, es pflegen, es zu der ganzen möglichen Kraft und Tüchtigkeit bringen.«[583]

---

[578] ALTHAUS, Bedenken, 1934, S. 120 (Hervorhebungen im Original).
[579] MEIER, Theologische Fakultäten, 1996, S. 145.
[580] ALTHAUS, »Unwertes Leben«, 1933.
[581] Dies und die folgenden Zitate: ALTHAUS, »Unwertes Leben«, 1933, S. 80.
[582] Grundlegend zur Euthanasie: BURLEIGH, Tod, 2002.
[583] Ebd., S. 82.

Althaus verwies dabei auf die Bibel, die nicht nur ein ausdrückliches Ja zum Leben in Gesundheit beinhalte, sie bejahe auch Schwachheit und Krankheit. Für Althaus stand fest, dass es Menschen nicht erlaubt war, von sich aus die »Sinnhaftigkeit eines Menschenlebens mit biologischen Maßstäben begrenzen zu wollen«[584]. Denn von »unwertem Leben« zu reden, bedeute einen Eingriff in Gottes Recht. In tiefer Überzeugung für die Unantastbarkeit des Lebens lehnte Althaus alle Vorschläge, die auf die Vernichtung gebrechlichen Lebens zielten ebenso rigoros ab wie Abtreibung von »erbkrankem« ungeborenen Leben. Selbst bei Sterilisationen aus eugenischer Indikation empfindet er große Schwierigkeiten.[585] Althaus' empathischer Blick auf Menschen mit geistigen und körperlichen Behinderungen, der in seinem Aufsatz spürbar wird, dürfte nicht unwesentlich von seinem persönlichen Bezug geprägt sein. Eine seiner Töchter lebte aufgrund ihrer Behinderung in Bethel.[586] Wie auch immer motiviert, Althaus widersprach damit der nationalsozialistischen Rassenhygiene öffentlich.

Mit diesem Vortrag handelte sich der Theologe Althaus Ärger mit dem bayerischen Innenministerium ein. In einem Schreiben vom 4. August 1933 wurde ihm verboten, über Themen zu sprechen, die mit »Rassenhygiene« zu tun haben. Er wurde angewiesen, zukünftig »jegliche Erörterungen rassenhygienischer, erbbiologischer, bevölkerungspolitischer usw. Fragen, die niemals die Angelegenheit der theologischen Wissenschaft sein kann, in Wort und Schrift zu unterlassen«.[587] Dieses Verbot wollte

---

[584] Ebd., S. 84–93. Althaus wendet sich insbesondere gegen die Vorschläge des Eugenikers Fritz Lenz in seinem 1931 publizierten Buch *Menschliche Auslese und Rassenhygiene* (1931), der beispielsweise die Sterilisation für den »untüchtigen« Teil der Bevölkerung forderte, den er auf 1/3 schätzt, und durch die negative Eugenik eine »Höherzüchtung« der Menschheit erhofft. Ebd., S. 90 und S. 97. Althaus bezeichnet dies als »Orgien der Eugenik«. Ebd., S. 91. Lenz war ab 1933 Mitglied im »Sachverständigenbeirat für Bevölkerungs- und Rassenpolitik beim Reichsinnenminister«. In dieser Funktion war er 1933 an der Formulierung des »Gesetzes zur Verhütung erbkranken Nachwuchses« beteiligt, das Sterilisation auch gegen den Willen der Betroffenen vorsah. Vgl. BECKER, Sozialdarwinismus, 1990.

[585] Ebd., S. 90.

[586] Auf diese familiäre Situation machte mich Gotthard Jasper aufmerksam.

[587] Schultze, Staatskommissar für das Gesundheitswesen, Staatsministerium des Innern an Althaus, 4. 8. 1933, NL Althaus, Korrespondenz mit staatlichen Stellen, Universitätsarchiv Erlangen. Althaus hatte bereits etwa im Frühjahr 1933 in Bremen einen Vortrag mit ähnlichem Titel gehalten und diesen in den Bremer Beiträgen zur Naturwissenschaft publiziert: ALTHAUS, ›Unwertes Leben‹, 1933; ausführlicher und zum verlegerischen Hintergrund vgl.: FRIEDLÄNDER u.a., Bertelsmann, 2002, S. 222–224.

Althaus keineswegs akzeptieren. Er schrieb zurück, dass er als Professor für systematische Theologie auch einen Lehrauftrag für das Gebiet der Ethik habe.[588] Seit Jahren behandle er in Vorlesungen und Schriften auch Fragen des völkischen und staatlichen Lebens in ethischer Hinsicht. Diese Arbeit sei gerade auch von der nationalen Bewegung gewürdigt worden.

> »Ich habe unter den alten Regierungen, in einer Zeit, als es eine sehr undankbare und unzeitgemäße Aufgabe war, auf dem Katheder und in meinen Büchern für vieles gekämpft, was jetzt Gott sei Dank wieder selbstverständlich in Deutschland wird: z. B. gegen die Erweichung des §218 [betr. Abtreibung], für rassenhygienische Verantwortung, gegen den Pazifismus, für die Todesstrafe, für den Gesichtspunkt der Vergeltung im Strafrecht. Alle diese Dinge habe ich von der Grundhaltung des christlichen Glaubens aus erörtert – habe ich damit wirklich die Grenzen der theologischen Ethik, die in Erlangen zu vertreten ich berufen bin, überschritten? Es würde mich in schwerste Konflikte mit meinem Lehrauftrage, mit meiner Verpflichtung als evangelischer Ethiker bringen, wenn ich gezwungen würde, die Mitarbeit an den großen Fragen der Zeit, soweit sie eine ethische Seite haben, aufzugeben.«

In seinem Schreiben hob er ausdrücklich hervor, dass er sich mit seinem Referat vor allem gegen die übertriebene Eugenik wende, wie sie das preußische Gesundheitsministerium 1932 propagierte. Rassenhygieniker hatten einen Entwurf veröffentlicht, worin erstmals die Sterilisation für bestimmte Menschengruppen nicht nur erlaubt, sondern eine behördlich angeordnete Zwangssterilisation vorgesehen war.[589] Althaus verzichtete auf »ein grundsätzliches Nein zur negativen Eugenik«, und versuchte gleichzeitig klar zustellen, dass er eine positive, geburtenfördernde Rassenhygiene, die den völkischen Kriterien entsprach, für sinnvoll hielt. Damit versuchte er den Staatskommissar von einer Einschränkung seiner Tätigkeit als Ethiker taktisch klug abzubringen.[590]

11.4 Im Einsatz für den völkischen Auftrag der Kirche

Sein Selbstverständnis und Renommee als Ethiker baute Althaus in den Jahren nach der Machtergreifung aus. 1935 erscheint die zweite, erweiterte *Theologie der Ordnungen*, deren die erste Auflage hier be-

---

[588] Schultze, Staatskommissar für das Gesundheitswesen, Staatsministerium des Innern an Althaus, 9. August 1933, NL Althaus, Korrespondenz mit staatlichen Stellen, Universitätsarchiv Erlangen.
[589] Bock, Zwangssterilisation, 1986, S. 55.
[590] Ebd.

reits besprochen wurde. Auch wenn Althaus einschränkte, dass es nie gelingen werde, die ethischen Bindungen des Menschen mit seinem Volkstum und der Nation unmittelbar biblisch zu begründen, war er unbeirrbar davon überzeugt, dass die Gesetze, die aus dieser Ordnung hervorgehen, »allen Menschen ins Herz geschrieben« seien.[591]

Dennoch radikalisierte er die zweite Auflage, die im August, also drei Monate nach der Barmer Theologischen Erklärung, erschien hinsichtlich seiner Ideen über das Freund-Feind-Schema. Hier hieß es nun, dass die Liebe zum Volkstum erst »in Gegensatz und Feindschaft ihrer selbst« ganz bewusst werde.[592] Er sprach Klartext: »Daher können wir dem Leben unseres Volkes nicht dienen, ohne – mindestens dem Willen nach – töten zu müssen und schuldig zu werden.«[593] Sinnlos erschien ihm denn auch das Bemühen um eine »Versittlichung« der Politik, denn das hieße für ihn, »die Politik zum Tode der Blutarmut, der Bleichsucht verurteilen. Es gibt keinen ganzen Einsatz für mein Volk ohne heiße Leidenschaft und wilden Zorn.« Auch wenn Althaus Schöpfung und Sünde streng unterschied, waren diese beiden Seiten der Medaille der göttlichen Schöpfungsordnung in Wirklichkeit sowohl für das Denken als auch für das Handeln in seinen Augen nicht unterscheidbar. Der Mensch könne deshalb »in den Ordnungen der Geschichte nicht dienen, ohne zugleich auch an dem Reiche der Sünde mitzubauen«.[594]

Als Vermittler zwischen den Fronten

Paul Althaus nutzte seinen landesweiten Ruf, um in den folgenden Jahren mit seiner Volkstumsideologie Einfluss auf die kirchenpolitische Entwicklung zu nehmen. Die Barmer Erklärung rief zunächst vor allem in den Landeskirchen Württemberg mit Bischof Wurm und in Bayern mit Meiser verstärkten Widerstand gegen die Politik des Reichsbischofs Müller hervor, die Landeskirchen auf Reichsebene zusammenzufassen. Dieser Umstand führte letztlich zu einer Kirchenspaltung: Die Deutsche Evangelische Kirche (DEK) zerfiel in mehrere Gruppen, die mit ungeklärter Rechtslage nebeneinander bestanden. Daraufhin bildete Ende 1934 die Bekennende Kirche zusammen mit den Landesbischöfen Hans Meiser (Bayern), Theophil Wurm (Württemberg) und August Friedrich Karl Marahrens (Hannover) eine Vorläufige Kirchenleitung (VKL).

---

[591] ALTHAUS, Theologie der Ordnungen, 1935, S. 17.
[592] Ebd., S. 48.
[593] Dies und die folgenden Zitate: ALTHAUS, Theologie der Ordnungen, 1935, S. 54ff.
[594] Ebd., S. 61.

Doch auch in der VKL traten rasch Gegensätze im Verhalten zu den staatlichen Kirchenbehörden auf. Während die Führer der sogenannten »intakten« Landeskirchen, Meiser, Marahrens und Wurm, die Kontinuität zu den noch gültigen preußischen Staatsverträgen wahren wollten und sich um staatliche Anerkennung mühten, wollten die Anhänger der Bekennenden Kirche um Dietrich Bonhoeffer herum, den Bruch mit der staatlichen Bevormundung als Konsequenz aus der Barmer Erklärung.

Mit ihrer Denkschrift vom 26. Januar 1935 setzte sich in der VKL die Bischöfe Maharans, Wurm und Meiser durch, die das bisherige Kirchenregiment ablösen und auf der Grundlage der DEK-Kirchenverfassung vom 11. Juli 1933 eine zentral geführte Reichskirche aufzubauen beabsichtigten. Eine Trennung von Staat und Kirche wurde eindeutig abgelehnt, die zunächst abwartenden Haltung des Staates für berechtigt erklärt und strikte Loyalität zugesichert.[595] Trotz aller Anstöße aus dem Raum der Kirche an den Staat, in kirchlichen Angelegenheiten zu handeln, verhielt sich Hitler dem ganzen Komplex gegenüber abwartend. Alle Vorschläge wurden zu den Akten gelegt, was dazu führte, dass verschiedene kirchliche Gruppen immer neue Vorschläge einreichten.

Nachdem der braunschweigische Landesbischof Helmuth Johnsen am 26. Februar 1935 seinen Austritt aus der deutschchristlichen Bewegung erklärte, reichte seine Kirchenregierung einen Neuordnungsvorschlag beim Innenministerium ein. Das leitende Gremium der Reichkirche sollte die genannten Bischöfen Marahrens und Meiser auch Paul Althaus sowie Helmuth Johnsen (Braunschweig) und Adalbert Paulsen (Kiel), den Juristen Wilhelm Flor, den Oberkonsistorialrat Walter Gustavus und den Berliner Kirchenhistoriker Erich Seeberg umfassen.[596] Die drei letzteren waren Parteimitglieder und standen auch der Glaubensbewegung der Deutschen Christen ideologisch nahe.[597] Dies war ein Ausdruck der Vermittlungstätigkeit von Althaus die darin bestand, gerade diejenigen Vertreter der Deutschen Christen einzubinden, die sich eine Einheitkirche unter lutherischer Führung (unter Landesbi-

---

[595] Für folgende vgl. Besier, Kirchen, 2001, S. 58ff.
[596] Es fehlten aus der VKL nicht nur Präses Karl Koch, Thomas Breit und Paul Humburg, sondern auch Bischof Wurm (Württemberg). Ebd., S. 60.
[597] Erich Seeberg war nie Mitglied der DC, vertrat als Dekan der theologischen Fakultät der Friedrich-Wilhelms-Universität Berlin eine enge Staatsanbingung und beschwor die Zusammengehörigkeit von Christentum und Nationalsozialismus. Gleichzeitig glaubte er – ähnlich wie Althaus – als Vermittler zwischen DC und BK einen Ausgleich finden zu können. vgl. Meier, Theologische Fakultäten, 1996, S. 140 sowie 331–351.

schof Mararens) vorstellen konnten und sie zu einer gemeinsamen Ausrichtung in der DEK zu gewinnen.[598]

In der Kirchengeschichtsschreibung der Nachkriegszeit werden zum Teil bis heute diejenigen Landeskirchen als »intakt« bezeichnet, die als Landeskirche eine anerkannte bischöfliche Leitung hatten, eine lutherische Einheitskirche anstrebten, aber Reichsbischof Müller ablehnten: Bayern, Hannover, Württemberg. Als Gegengewicht gelten die Landeskirchen, in denen die Deutschen Christen die Leitung übernommen hatten und ebenfalls eine Einheitskirche anstrebe, zum Teil mit Reichsbischof Müller an der Spitze, zum Teil mit Interesse an einer lutherischen Kirchenführung. Hingegen werden diejenigen, in denen sich die Bekennende Kirche der Einheitskirche verweigerten, als »zerstört« klassifiziert. Die Begrifflichkeiten »intakt« versus »zerstört« orientieren sich vorrangig an der kirchlich-organisatorischen Kategorien, aber nicht an der inhaltlichen Position gegenüber dem NS-Regime, die in den verschiedenen Landeskirchen vertreten wurde.[599] Damit übernimmt die Geschichtsschreibung die Bewertungsperspektive der damaligen vorherrschenden Kirchenleitung und marginalisiert in Nachhinein noch einmal den mutigen Schritt der Bekennenden Kirche in die Opposition.

Auch wenn sich die Glaubensbewegung der Deutschen Christen nach der Sportpalastversammlung vom 13. September 1933 zersplitterte, verfolgten deren Mitglieder und Sympathisanten weiterhin aktiv eine Synthese von Christentum und Nationalsozialismus. Über eine halbe Million vorwiegend evangelische Laienchristen und Kleriker propagierten im ganzen Reich eine Volkskirche, die auf Blut und Rasse beruhte.[600] Sie verlangten den Ausschluss sogenannter Nicht-Arier von der Kanzel und aus den Gemeinden und begannen eine Offensive gegen die jü-

---

[598] SCHNEIDER, Reichsbischof, 1993, S. 215f.
[599] Manfred Gailus kritisiert dieses innerkirchliche Begriffskonzept in seiner sozialgeschichtlichen Studie über die nationalsozialistische Durchdringung des protestantischen Milieus und entwickelt ein neues methodisches Konzept. Er teilt in seiner Regionalstudie die Kirchengemeinden Berlins in vier Gruppen, nämlich nazifizierte, angepasste, gespaltene und resistente Gemeinden. Mit diesem Raster gelingt es Gailus zumindest für die regionale Ebene, die innerkirchliche Auseinandersetzung zwischen DC und BK detailliert nachzuzeichnen. Darüber hinaus wird deutlich, dass es im Kern um einen Streit über den richtigen Glauben ging und nicht um einen Kampf für oder gegen das NS-Regime. GAILUS, Protestantismus, 2001, S. 122ff.
[600] Die Zahl der Mitglieder wird auf 600000 geschätzt. Vgl. BERGEN, Deutsche Christen, 2001, S. 65, Anm. 3.

dischen Wurzeln des Christentum. So wollten sie beispielsweise das Alte Testament abschaffen, versuchten aus Jesus einen arischen Krieger und Helden zu machen und die Kirchenmusik von der »Sprache Kanaans« zu säubern. Die meisten Deutschen Christen blieben – wie ihre kirchenpolitischen Gegner der Bekennenden Kirche – gleichzeitig Mitglied der offiziellen evangelischen Kirche.[601]

Im Lager der Deutschen Christen wurde weiter die Frage einer Lutherischen Reichskirche diskutiert. Landesbischof Johnsen, der formal aus der DC ausgetreten war, hatte Interesse, diese Vertreter der DC in eine Einheitskirche einzubinden.[602] So lud er zu einer zweitägigen Zusammenkunft mit stärken und kündigte dabei die Präsenz des Erlanger Theologen Paul Althaus an. Eingeladen waren der Leipziger Theologieprofessor Ernst Sommerlath sowie die Landesbischöfen Adalbert Paulsen aus Kiel und Franz Tügel aus Hamburg ein, beides Mitglieder der Deutschen Christen. An der Tagung wollten sie die Frage der lutherischen Landeskirche erörtern. Der Erlanger Althaus stand Johnsen persönlich sehr nahe, wie der Bischof in einem Brief an Sommerlath äußerte.

Johnsen, seit Mai 1933 in der Partei, war zwar nach dem Sportpalastskandal mit Rücksicht auf sein kirchenpolitisches Konzept einer lutherischen Landeskirche aus der DC ausgetreten. Dennoch blieb er in Sachen Kirchenpolitik gegenüber seinen bischöflichen Kollegen aus der Reihe der DC loyal. So beispielsweise Paulsen, der schon 1932 der Partei beigetreten war und 1933 auf der sogenannten Brauenen Synode der schleswig-holsteinischen Landeskirche am 12. September 1933 das Amt des alleinigen Landesbischof der Evangelisch-Lutherischen Landeskirche Schleswig-Holsteins übernommen hatte, nachdem die Deutschen Christen die Bischöfe Eduard Völkel (Schleswig) und Adolf Mordhorst (Holstein) mit Mehrheitsbeschluss zum Rücktritt gezwungen hatten. Trotz wachsender Widerstände konnte Paulsen sich in diesem Amt bis zu seinem Rücktritt 1945 halten.[603] Tügel, der 1934 als Bischof

---

[601] BERGEN, Deutsche Christen, 2001, S. 65.
[602] Das folgende vgl. BESIER, Kirchen, 2001 S. 98ff.
[603] Im Jahre 1939 wurde Paulsen Mitarbeiter am »Institut zur Erforschung und Beseitigung des jüdischen Einflusses auf das deutsche kirchliche Leben«. Das Institut lieferte die theologische Ideologie für die Radikalisierung des kirchlichen Antisemitismus bis zum Ausschluss der »nichtarischen« Christen aus der evangelischen Kirche, die am 10.2.1942 für die Landeskirche Schleswig-Holstein verfügt wurde. Dies geschah in Kenntnis und auch als Reaktion auf die Deportationen der deutschen Juden, die im Herbst 1941 begonnen hatte und von der auch evangelische Christen jüdischer Herkunft betroffen waren. Zur Entwicklung des Eisenacher Instituts vgl. HESCHEL, Theologen, 1994.

die Hamburger Landeskirche führte, war im Juni 1934 der NSDAP beigetreten, wurde Gauredner und bezog sich in seiner antisemitischen Haltung auf die Tradition von Stoecker.[604]

In der ersten Jahreshälfte lässt sich ein zähes Ringen um die Ausrichtung der Einheitskirche beobachten, die detailreich bei Gerhard Besier dargestellt ist.[605] Liest man diese Fülle von Anträgen und Verhandlungen, könnte man nachträglich fast übersehen, dass gleichzeitig auf politischer Ebene das NS-Regime sich konsolidierte und es in der Tagespolitik ganz andere Themen virulent waren. Während hier ein Ringen zwischen den Lutheranern und den Deutschen Christen um die Führung in der Kirchenpolitik die ganze Aufmerksamkeit ihrer Vertreter zu binden schien, wirkte sich der Terror des Regimes auf die Pfarrer der Bekennenden Kirche bereits in aller Härte aus. Nachdem nämlich die in Berlin-Dahlem tagende altpreußische Bekenntnissynode am 4. und 5. März ein Wort gegen das Neuheidentum verabschiedet hatte, das mit seiner Relativierung von Blut, Rasse und Volkstum auch die Grundlagen der NS-Ideologie in Zweifel zog, griff das Reichsinnenministerium ein, um die für den 17. März geplante Verlesung der Kundgebung von den Kanzeln zu verhindern. Innenminister Wilhelm Frick drohte, Pfarrer in »Schutzhaft« zu nehmen, wenn sie den Text in der Kirche verlesen würden. Missliebige Pfarrer wurden daraufhin in »Schutzhaft« genommen oder ins KZ Dachau verbracht. Karl Koch, der Leiter der Westfälischen Bekenntnissynode, versuchte in einer Unterredung mit Frick und gemeinsamen Sitzungen des Reichsbruderrates und der VKL schlichtend zu wirkend.[606] Über diese Kompromissbereitschaft beklagte sich Freiherr von Pechmann in einem Brief an Koch, der verdeutlicht, dass es auch möglich war, innerhalb der Kirche eine dezidierte Position zu entwickeln:

> »Statt zum einmütigen, entschlossenen, unbeugsamen Widerstand gegen den Versuch des Staates, unserer Kirche zu seinem Werkzeug zu degradieren, alle erreichbaren Kräfte zusammenzufassen, [...] halten sie [die Lutheraner] es jetzt an der Zeit, ihre Hauptkraft auf den Kampf gegen die Union zu konzentrieren, und sie sind bereit, dem totalen Staate die von ihm gewollte Einheitskirche zur Seite zu stellen, wenn es nur eine *lutherische* Einheitskirche ist.«[607]

---

[604] Manuel Ruoff arbeitete eine auf historisch-politische Aspekte ausgerichtete Biografie über Landesbischof Tügel, dessen Überzeugung für das NS-Regime von Beginn bis zu seinem Tod am 15. Dezember 1946 auf. Seine antisemitische Haltung in der Tradition Stoeckers ist darin nur am Rande bemerkt: RUOFF, Tügel, 2000. Letzeres deutlicher bei JOCHMANN, Bischof, 1988.
[605] BESIER, Kirchen, 2001, S. 57–113.
[606] Ebd., S. 61–64.
[607] Ebd., S. 66.

Die Wiederherstellung der kirchlichen Ordnung und die Einigung unter lutherischer Führung war auch das Anliegen von Althaus. Am 22. Juni 1935 erklärte er sich – unbeschadet verschiedener Terminprobleme – in einem Brief an Johnsen gerne bereit, dem Braunschweiger Bischof »als theologischer Berater« zur Verfügung zu stehen. Auch wenn Landesbischof Meiser selbst zum lutherischen Teil der Bekennenden Kirche zählte, hatte er durchaus Interesse daran, dass sich über Althaus eine Annäherung an Bischof Johnsen und die Vertreter der Deutschen Christen anbahnen ließ. Dadurch erhoffte es sich doch noch eine Reichskirche zu erschaffen[608]

Die Bischöfe Tügel, Johnsen und Paulsen trafen sich dann am 1. und 2. Juli 1935 in Hamburg um über die Gestaltung einer lutherischen Reichskirche zu verhandeln.[609] Und auch hier tauchte Althaus wieder als Redner auf und sprach treu seiner Mission fürs deutsche Volkstum über die Zusammenhänge von Staat und Kirche:

> »Der Staat ist Volksstaat und als solcher mehr als nur Rechtsstaat. Er ist nicht nur Werkzeug Gottes zum Niederhalten des Bösen, er bewahrt nicht nur die Welt vor dem Chaos, er ist nicht nur ›Erhaltungsordnung‹, sondern er dient auch dem Schöpferwillen Gottes, der durch ihn ein Volk zu dem machen will, was es sein kann und soll.«[610]

Nach diesen allgemeinen Ausführungen über sein Staatsverständnis bezog er sich konkret auf die politische Gegenwart.

> »Als Christen schulden wir jeder Regierung und Ordnung, die diesen Namen noch verdienen, die Ehre und den Gehorsam, der ihnen als Werkzeug Gottes zukommt [...]. Wir spüren, daß solche Ordnung uns Christen mit ganz neuem Nachdruck ruft, damit Leben werde, was zunächst nur Ideal, Gesetz, Organisation ist. Wir wissen aber auch, daß diese neue Volksordnung uns Christen ganz neue Gelegenheit gibt, brüderliche Gemeinschaft und opfernde Liebe im Alltag zu leben. Die neue Ordnung hat Türen aufgestoßen quer durch die Stände hindurch. Wir Christen wissen uns durch Gottes Willen gebunden an die Forderungen des nationalen Sozialismus, daß alle Glieder und Stände des Volkes zum Dienste und Opfer füreinander bereit seien.«[611]

---

[608] Ebd., S. 934, Anm. 654 sowie S. 99.
[609] BESIER, Kirchen, 2001, S. 105–107.
[610] Vortrag in erweiterter Fassung: ALTHAUS, Kirche und Staat, 1935.
[611] Ebd., S. 29. Die Schriftenreihe *Theologia militans* begleitete Althaus zusammen mit seinem Kollegen Werner Elert und Adolf Köberle aus Basel. Die thematischen Hefte erschienen mehrmals jährlich in der Deichertschen Verlagsbuchhandlung in Leipzig. Althaus wendet sich in diesem Referat auch gegen die Thüringer Deutschen Christen. Sie vertreten am radikalsten die Idee der Deutschen Christen, die eine theologisch und organisatorisch vielschichtige kirchenpolitische Glaubensbe-

Althaus stellte seine Ordnungstheologie hier ganz in den Dienst der neuen politischen Verhältnisse und lieferte damit theologische Argumente für die Loyalität gegenüber dem NS-Regime.

Die Besprechung war in den Augen der Beteiligten ein voller Erfolg, weil sie den gemeinsamen Willen nach einem Zusammenschluss der lutherischen Kirchen manifestierte und so einen Gegenpol bildete gegen den radikalen Flügel der Deutschen Christen, die sich nach wie vor hinter dem Reichsbischof Ludwig Müller vereinigt wissen wollten.

Eine Woche später traf sich die andere Fraktion der Lutheraner im Alten Rathaus zum »Deutschen Lutherischen Tag«. Dazu hatten erstmals die lutherischen Bischöfe und der Lutherische Rat gemeinsam eingeladen. Ziel des Treffens vom 2. bis 5. Juli 1935 war die »Aufbauarbeit an der lutherischen Kirche deutscher Nation.«[612] Nicht eingeladen waren allerdings ehemals deutschchristlich orientierte lutherische Kirchenleitungen, also Tügel und Paulsen. Doch Althaus kam auch hier wieder als Vermittler angereist, fand wiederum regen Anklang mit seinem Vortrag und wurde gleich in den Ausschuß »Kirche und Staat« gewählt.[613]

Mit im Boot: Das »Befriedungswerk« des Reichskirchenministers

Am 16. Juli 1935 setzt Hitler Hans Kerrl als Minister für kirchliche Angelegenheiten ein, eine Maßnahme, die die faktische Entmachtung des Reichsbischofs Müller bedeutete. Das Reichskirchenministerium blieb jedoch eine eher schwache Behörde mit unklaren Zuständigkeitsbereichen.[614] So befasste sich beispielsweise das Reichsministerium für Volksaufklärung und Propaganda mit der kirchlichen Presse und dem kirchlichen Schrifttum, ohne dass der Reichskirchenminister hier eine offizielle Möglichkeit der Einwirkung besaß. Auch bei der Besetzung von theologischen Lehrstühlen konnte Kerrl nicht mitreden, dies oblag dem Reichserziehungsministerium. Zudem bestand eine Kompetenzbegrenzung gegenüber den Länderbehörden. Die strukturelle und personelle Änderung durch die Einsetzung von Kerrl ermöglichte eine stärkere Einbindung der – aus Sicht des Regimes – gemäßigten theologischer Kreise. Ein neu eingerichteter Reichskirchenausschuss (RKA) unter Wilhelm Zoellner übernahm

---

wegung innerhalb des Protestantismus darstellten. Gemeinsam ist ihnen, dass sie eine Synthese von Christentum und Nationalsozialismus beabsichtigen. Vgl. BERGEN, Cross, 1996. Gegen die Thüringer Deutschen Christen widmet er das nächster Heft dieser Reihe: ALTHAUS, Politisches Christentum, 1935.
[612] BESIER, Kirchen, 2001, S. 105–107.
[613] Ebd., S. 107.
[614] Dazu ausführlich: Ebd., S. 287ff.

schließlich die Leitung der DEK anstelle des abgesetzten Reichsbischofs Müller und erhielt daher im Folgejahr zunehmend Unterstützung seitens der Landeskirchen Württemberg, Hannover und Bayern sowie einiger BK-Bruderräte. Die radikalen Mitglieder der Bekennenden Kirche schließen sich in Opposition dagegen zum Reichsbruderrat zusammen.

Um sein »Befriedungswerk« erfolgreich durchzuführen, brauchte der Reichskirchenminister Kerrl das Vertrauen der verschiedenen kirchlichen Lager. Er begann gleich nach Amtseinsetzung sofort mit einer Reihe von Einzelgesprächen mit wichtigen Persönlichkeiten aus der Kirche. Auch Althaus gehörte dazu. Mit ihm erörterte er die Frage, wie die Spaltung zwischen den Deutschen Christen und der lutherischen Fraktion zu kitten sei. Althaus, bester Kenner der Deutschen Christen, vertrat die Auffassung, dass die Deutschen Christen »allmählich wieder zurückkehrten«.[615] Doch Mitte 1936 spitzt sich die Polarisierung nochmals durch ein vernichtendes Gutachten zu, das Zoellner für das Reichskirchenministerium über die Thüringer Deutschen Christen, die den radikalen Flügel hinsichtlich der Glaubensbewegung verkörperten, verfasst hatte.

Die Thüringer Landeskirche war mit dem Aufstieg der Glaubensbewegung der Deutschen Christen von Anfang an verbunden.[616] Die am 6. Juni 1932 vom Berliner Pfarrer Joachim Hossenfelder gegründete Glaubensbewegung der Deutschen Christen wirkte als evangelische Kirchenpartei im ganzen Land, bekam aber vor allem in Thüringen großen Zulauf. In ihren Richtlinien betrachteten die Deutschen Christen »Rasse, Volkstum und Nation« als »von Gott geschenkte und anvertraute Lebensordnungen«, für deren »Erhaltung« zu sorgen als Gottes Gesetz galt. Ihren Rassismus propagierten sie auf der Basis einer schöpfungstheologischen Argumentation.[617] Nebst ihrer Vorstellung, die Reichskirche nach dem Führerprinzip zu struktuieren, fokussierten sie sich vor allem auf die »Reinerhaltung des Völkskörpers« und hatten antisemitische Forderungen auf ihrem Programm gesetzt. Anfang 1933 trat die DC-Gruppe in Thüringen in die Thüringer Landeskirche ein und benannte sich um in die »Kirchenbewegung deutsche Christen«. Ihr folgten fast eine Million Mitglieder, darunter ein Drittel der Pfarrerschaft.

Mit dem bereits erwähnten Rede von Gauleiter Reinhold Krause am 13. September 1933 im Berliner Sportpalast, zu der sich 20 000 Zuhörer

---

[615] Ebd., S. 325.
[616] Das folgende bei BERGEN, Cross, 1996.
[617] Die »Richtlinien der Glaubensbewegung ›Deutscher Christen‹« vom 26. Mail 1932 wurde von Hossenfelder verfasst. Nachdruck in: SCHMIDT, Bekenntnisse 1933, S. 135f.

versammelt hatten, zersplitterte sich die Glaubensbewegung, viele traten wieder aus.[618] In der Thüringen Landeskirche behielten sie aber die Führung. Dort versammelte sich die radikale Ausrichtung der Deutschen Christen, die sich durch eine starken Zusammenhalt von der Basis her auszeichneten.

Das vernichtende Gutachten Wilhelm Zoellners über die Thüringer Deutschen Christen, das er fürs Reichskirchenministerium verfasst hatte, brachte ihm natürlich auch Zustimmung vom Lutherrat.[619] Er hatte darin der nationalkirchlichen Bewegung vorgeworfen, sie habe ein falsches Kirchenverständnis und nehme eine falsche Gleichsetzung von »Volk und Kirche« wie von Volks- und Heilsgeschichte vor. Auch ihre Auffassung vom christlichen Glauben und ihr Verständnis von Jesus Christus – sie waren der Meinung, er sei »arischer« Abstammung – beruhe auf falschen, weil unbiblischen Voraussetzungen.[620]

Der sächsische Landeskirchenausschuss lud daraufhin im Februar 1936 zu einem Theologengespräch nach Dresden ein. Eingeladen waren die beiden Führer der Thüringer Deutschen Christen, Erich Fascher und Julius Leutheuser und einmal mehr – Paul Althaus.

Zwar scheiterten die Gespräche hinsichtlich der Absicht des Kirchenministeriums, auch in Thüringen und Mecklenburg Ordnungsgremien zu schaffen, die neben den Deutschen Christen auch bekenntniskirchliche Organe in der Kirchenleitung des Landes zuließen. Doch Althaus politische Theologie erwies sich in den Verhandlungen als wirkungsvoll – über diesen illustren Kreis hinaus.[621] Seine Ideologie zeugte von einer beachtlichen Übereinstimmung mit der NS-Bewegung und dürfte der Grund gewesen sein, warum Zoellner den Erlanger Lutheraner zum informellen Chef-Theologen des Reichskirchenministeriums machte. Im Jahr der Olympischen Spiele half Althaus das Problem zu lösen, vor dem die Mehrheit der Protestanten in Deutschland standen: Sie wollen gute Nationalsozialisten und gute Christen zugleich sein. Dazu Althaus:

---

[618] Doris Bergen kritisiert die Kirchenkampfforschung, die die Geschichte der Glaubensbewegung nach der Sportpalastversammlung vernachlässigt. Auch wenn die Fragmentierung und internen Machtkämpfe zum Teil schwer nachvollziehbar sind, war die Zeit danach genauso entscheidend für die Bewegung der Deutschen Christen. Mangels eines landesweiten Sprachrohrs verlagerten sich die Initiativen auf die Regionalebene. DC-Pfarrer predigten weiterhin, Gemeindepräsidenten, Synodale und regionale Bischöfe verbreiteten unvermindert ihrer DC-Ideologie. Dazu BERGEN, Deutsche Christen, 2001, S. 65–83.
[619] Das folgende bei BESIER, Kirchen, 2001, S. 510ff.
[620] Ebd.
[621] Das folgende ebd., S. 511ff.

»Gott hat uns durch den Führer gerufen und geweckt. Das alles sage ich mit Ihnen. In diesem Sinne glaube ich an die Sache meines Volkes. Ich weiß, daß es kein Geschäft ist, aus dem ich ausscheiden kann. Vielleicht können wir uns heute einig sein, daß keine Gefahr bei uns so groß ist wie die der falschen Theologisierung des Großen, was Gott uns im Nationalsozialismus geschenkt hat. Es darf hier die zarte Grenze nicht verschoben werden, die Luther gezogen hat. [...] Unter Theologisierung verstehe ich, daß aus den Schöpfungsordnungen Gottes ein Mythos wird, [...] daß ein großer Mann ein zweiter Christus wird.«[622]

Diese Vorstellung konnten die Gemäßigten der Reichsbewegung der Deutschen Christen, der Lutherrat und die breite, sogenannte Mitte teilen. Sie kooperierten mit dem Reichskirchenministerium und hielten auch bei der Zusammenarbeit untereinander keine grundsätzlichen Vorbehalte mehr aufrecht.

Althaus' Schöpfungstheologie als Vorbild für die Mission

Als Herausgeber der *Zeitschrift für Systematische Theologie* hatte Althaus regelmäßig zu unterschiedlichen Themen wie *Mission und Religionsgeschichte*, *Zum Verständnis der Rechtfertigung* und *Zur Lehre von der Sünde* in der *Zeitschrift für systematische Theologie* – schon zu Weimarer Zeit – publiziert.[623] Ergänzend zu den inhaltlich bereits oben besprochenen Themen sei hier ein Augenmerk auf Althaus' Haltung zur Mission gelegt, der in der NS-Zeit ein besondere Bedeutung zu kommt. Auf der Hochschulwoche für christliche Weltanschauung hatte Althaus im Oktober 1926 eine Vortragsreihe zu Fragen der Mission, die dann in der *Zeitschrift für systematische Theologie* 1928 abgedruckt wurde. Er wandte sich damals gegen jegliche Religionsvergleiche wie sie die modernen Religionswissenschaften, etwa vertreten durch den liberalen Theologen Ernst Troeltsch, vertreten wurde. Damit strebe die Religionswissenschaft eine Kultursynthese an, relativiere das Evangelium und gebe die Missionskraft des Christentums preis, so die Ansicht des Lutheraners Althaus.[624] Das Interesse an anderen Religionen machte für Althaus aber nur Sinn, um erfahrbar zu machen, dass alles letztlich auf das Evangelium hinführe: »Die Gewissheit um die Universalität der Sendung ist kein irgendwie rationaler Schluss, sondern ein Urteil des Glaubens.«[625] Daraus folgte für Althaus ein »unbedingter

---

[622] Zitat ebd., S. 512.
[623] ALTHAUS, Mission, 1928; ALTHAUS, Verständnis der Rechtfertigung, 1923/24; ALTHAUS, Gestalt dieser Welt, 1923/24; ALTHAUS, Lehre, 1923/24.
[624] ALTHAUS, Mission, 1928, S. 553 und S. 562f.
[625] Ebd., S. 578.

Missionsanspruch«, der für das »Wahrheitsbewusstsein des Glaubens an das Evangelium« bezeichnend sei.[626]

Gerade die in der evangelischen Kirche verbreitete Judenfeindschaft und der unter Theologen als gerechtfertigt geltende Antijudaismus bildete kein Hindernis, sondern eher einen Motor für die Tätigkeit verschiedener Judenmissionsgesellschaften, die seit Anfang des 19. Jahrhunderts tätig waren.[627] In der Weimarer Zeit geriet die Judenmission in eine Krise. Ausbleibende Spenden und die antisemitische Propaganda der völkischen Bewegung, die die Taufe von Juden strikt ablehnte, schränkten die »Missionserfolge« ein.[628] Die Judenmissionare waren sich – nicht zuletzt aufgrund der Kritik von jüdischer Seite[629] – durchaus bewusst, dass sie selbst eine antisemitische Position vertraten.[630] Die Judenmission glaubte aber dem gewalttätigen völkischen Antisemitismus einen »besseren«, einen christlichen Antisemitismus entgegensetzen zu können.[631]

Nach 1933 verschärfte sich die Kritik an der Judenmission. Nun distanzierte sich auch die völkisch geprägte allgemeine, äußere Mission gänzlich von der Judenmission.[632] Der Dachverband der deutschen Ju-

---

[626] Ebd., S. 585.

[627] Zum Antisemitismus in der Judenmission mein Beitrag: FRIEDLÄNDER/HETZER, Antisemitismus, 2002, S. 299–308. Eine motivgeschichtliche Darstellung zum Kaiserreich mit einer detaillierten Übersicht zur Quellenlage bietet: HEINRICHS, Judenbild, 2000.

[628] Im Durchschnitt führten sämtliche Bemühungen zur Konversion von etwa 500 Juden pro Jahr. BESIER, Kirchen, 2001, S. 825.

[629] Ein durch die Einbeziehung der Perspektive und Reaktion jüdischer Gelehrter auf die Judenmission aufschlussreicher Paradigmenwechsel, der die Wirkungsgeschichte erhellt, findet sich bei: WIESE, Wissenschaft, 1999, insbesondere S. 88–130.

[630] Der Königsberger Pastor Otto Rehfeldt schrieb dazu: »Ein Rasse-Antisemit wird in der Regel auch ein Gegner der Judenmission sein, weil er in jedem Anhänger der Judenmission ohne weiteres einen Judenfreund sieht, der für die Juden Partei ergreift und sie in Schutz nimmt.[...]. Es ist ein Irrtum seitens der Rasse-Antisemiten und eine Böswilligkeit auf jüdischer Seite, daß man Antisemitismus und Christentum, bzw. Antisemitismus und Judenmission für unvereinbar erklärt.« REHFELDT, Recht, 1918, S. 32..

[631] CLARK, Missionary, 1995, S. 287. Christopher Clark gibt einen historisch-politischen Gesamtüberblick zur Judenmission seit ihren Anfängen im 18. Jahrhundert.

[632] Diese Haltung vertraten etwa die Universitätstheologen wie Siegfried Knak, Bruno Gutmann und Christian Kreysser. Zur völkischen Ausrichtung der Missionstheologie siehe: TILGNER, Volksnomostheologie, 1966, S. 221–217. Es wurde zwischen »Äußerer Mission«, die sich der Missionierung von »Heiden« verschrieben hatte, und »Innerer Mission« unterschieden. Letztere versuchte – entgegen den Säkularisierungstendenzen – innerhalb der Deutschen Gesellschaft auf eine Rechristianisierung hinzuwirken. Die Judenmission stand historisch der Inneren Mission näher, da sie sich auch aus dem pietistischen Milieu heraus entwickelt hatte, ursprünglich

denmissionsvereine appellierte deshalb an alle Kirchenregierungen, die Judenmission als eine kirchliche Aufgabe zu legitimieren und zu unterstützen.[633] Der Berliner Missionsdirektor Siegfried Knak, seit 1921 Direktor der Berliner Missionsgesellschaft und sich der Bekennenden Kirche zugehörig fühlend, schaltete sich in die Diskussion ein.[634] Er hatte sich schon in der Debatte um den Arierparagrafen lediglich gegen die rückwirkende Anwendung ausgesprochen, hielt dessen aktuelle und zukünftige Wirksamkeit aber zumindest für erträglich.[635] Grundsätzlich lehnte er die Position ab, dass

> »eine Kirche, in der nationale oder rassische Unterschiede Bedeutung und Gültigkeit behalten, von vornherein schon keine Verkörperung christlicher Kirche mehr sei [...]. Volkstum und Rasse sind zwar nicht Schöpfungsordnungen, aber doch Gottesordnungen innerhalb dieser gefallenen Welt.«[636]

Kurz darauf schrieb Knak an Paul Althaus, das Erlanger Gutachten zum Arierparagrafen habe auf ihn
»wie eine Befreiung gewirkt«. Keines der anderen Gutachten

> »würde die Bedenken dagegen rechtfertigen, dass man christliche Neger bei entsprechender theologischer Vorbereitung zum Führer einer Gemeinde der deutschen evangelischen Kirche machte«.

Althaus antwortete drei Tage später, Knaks Brief sei ihm eine grosse Freude gewesen, da er »sonst aus Berlin nicht grad viel Gutes von seiten derer« zu hören bekommen habe,

> »die nicht Deutsche Christen sind. [...] Ich bin in großer Sorge wegen der Theologie, die in dem Kreis um [Gerhard] Jacobi herrscht. Daß man wegen des ›Arierparagraphen‹ solcher Weise nach dem Bekenntnis rief, war nichts als Ausdruck einer Unklarheit in der Lehre der Kirche«.[637]

---

mit starken sozialen Motiven. Zur Mission im Nationalsozialismus: USTORF, Sailing, 2000. Grundlegend zur Inneren Mission: KAISER, Protestantismus, 1989.
[633] Zitat in: BESIER, Kirchen, 2001, S. 826.
[634] Knak war Mitglied im Bruderrat der »Arbeitsgemeinschaft der missionarischen und diakonischen Werke und Verbände der DEK« und gehörte seit September 1935 auch dem Berliner Provinzialbruderrat an.
[635] Dies geht aus einem Briefwechsel mit Pfarrer von Rechenberg im Herbst 1933 hervor. Zitat und der ganze Vorgang ausführlich in: BESIER, Kirchen, 2001, S. 826f.
[636] Knak an Althaus, 25.10.1933. Dies und die folgenden Zitate ebd. Der Briefwechsel befindet sich im Archiv der Berliner Missionsgesellschaft, Bestand Knak, Akte Kirchenkampf 1933/36.
[637] Althaus an Knak, 28.10.1933, zit. ebd.

Knak blieb dieser Haltung treu, als er eine Stellungnahme mit dem Titel *Ein Wort der Mission zur Rassenfrage* verfasste. Sie wurde vom Deutschen Evangelischen Missions-Rat als offizielle Richtlinie anerkannt und an alle Missionsgesellschaften verschickt.[638]

> »Weil Gottes unerforschlicher Ratschluß dieses Volk erwählt hatte, um in ihm das Kommen des Weltheilandes vorzubereiten, und weil dieses Volk seine Aufgabe, Gottes Knecht an der Völkerwelt zu sein, verkannt und versäumt hat, steht es unter besonderem Gericht. Zu diesem Gericht gehört es, daß es den Völkern, unter die es zerstreut ist, so oft Verderben bringt. Wenn ein Staat diesem Verderben wehrt, so tut er seine Pflicht. Es ist die gottgegebene Aufgabe der Obrigkeit, das Volksleben zu schützen. Christen haben der Obrigkeit dabei zu helfen, besonders wenn der Schade so groß und die Gefahr des Verdorbenwerdens so ernst geworden ist wie in der Zeit nach dem Kriege. [...] Der Staat darf, wo es nottut, harte Maßnahmen nicht scheuen«[639]

Um eine Schließung der Berliner Judenmission, der »Gesellschaft zur Verbreitung des Christentums unter den Juden«, abzuwenden, versicherte nun der Central-Ausschuss für die Innere Mission dem Reichsministerium für kirchliche Angelegenheiten, dass Juden nach der Taufe immer noch dem »jüdischen Volk« angehörten, ganz im Sinne der Schöpfungstheologie also. Die Taufe, so wurde zudem argumentiert, sei ein religiöser Akt, der die staatlichen »Sondergesetze« für Juden nicht in Frage stellen wolle.[640]

> »Ein Jude wird durch Taufe und Glauben nicht ein Deutscher, darum hat die Mission nichts mit der Frage zu tun, ob christliche Deutsche und christliche Juden untereinander heiraten sollen, sondern überläßt das dem Staat.«[641]

Die politische und gesellschaftliche Diskriminierung der jüdischen Menschen betrachtete Knak ganz im Sinne Althaus Ordnungstheologie als in den Zuständigkeitsbereich des Staates fallend, in den man sich nicht einmischen sollte.

---

[638] Dieser antisemitische Text erschien 1935 erst im September Heft der *Berliner Missionsberichte* und wurde im Januar 1936 nahezu wortgleich in der im Hause Bertelsmann erscheinenden *Neuen Allgemeinen Missionszeitschrift* aufgenommen.
[639] KNAK, Wort der Mission, 1936, S. 38.
[640] CLARK, Missionary, 1995, S. 295f.
[641] KNAK, Wort der Mission, 1936, S. 38. Die Berliner Gesellschaft war mit dieser Strategie immerhin bis 1941 erfolgreich, als auch sie als letzte der Missionsgesellschaften geschlossen wurde. CLARK, Missionary, 1995, S. 302.

11.5 Volksgemeinschaft und Staatspositivismus

Althaus hat sich als Theologe mit seinen Gutachten zu Beginn des NS-Regimes und seinen engen Allianzen mit dem Reichsministerium für kirchliche Angelegenheiten eine feste Position im Dritten Reich geschaffen. Als Vermittler zwischen den konservativen Lutheranern der Bekennenden Kirche und dem gemäßigten Flügel der Deutschen Christen bis hin zu den radikalen Thüringer Glaubensbewegung kam sein Potenzial des »Sowohl-als-auch« wirkungsvoll zum Einsatz. Er war ein viel gefragter Mann. Er reiste zu Besprechungen mit Wilhelm Zoellner im Reichskirchenausschuss nach Berlin und nahm an diversen nationalen und internationalen Tagungen und Konferenzen teil.

Im Zusammenhang mit den Feierlichkeiten zum 450. Lutherjubiläum fuhr er beispielsweise mit Carl Stange vom 13. bis zum 20. Oktober 1935 zum dritten Lutherischen Weltkongress nach Paris. Sein Fakultäts-Kollege Hermann Sasse aus Erlangen musste zuhause bleiben, da ihm das Reichsministerium für kirchliche Angelegenheiten die Bewilligung für eine Auslandsreise verweigerte: Seine Einstellung biete bei dieser Tagung »keine Gewähr für eine den Interessen des Reiches förderliche Haltung«.[642] Anders bei Althaus, an dessen politischer Loyalität zum Regime nie Zweifel bestand. Noch 1939 zollt das Reichskirchenministerium seiner nationalen Haltung in einem Schreiben an die Luthergesellschaft besonderes Lob.[643]

Beispielsweise nahm er im Jahr der Olympischen Spiele im Sommer 1936 an einem Ökumenischen Seminar in Genf teil. Im Vorfeld beschwerte sich Althaus beim Generalsekretär des Lutherischen Weltkonventes Hanns Lilje darüber, dass auf dieser Tagung auch der in die USA emigrierte sozial-religiöse Theologe Paul Tillich als Referent vorgesehen sei: »Tillichs Ablehnung des neuen Deutschland und nicht zuletzt auch der ›bischöflichen‹ Richtung im deutschen Luthertum ist bekannt und durch recht provozierende Worte in England jüngst noch erhärtet.«[644] Lilje beschwichtigte Althaus, dass jeder Dozent für seinen Vortrag selbst verantwortlich sei. Er wies ihn darauf hin, dass das Auswärtige Amt wert auf die Vertretung »reichsdeutscher« Theologen lege, die damit die Möglichkeit nutzen sollten, Verständnis und Anteilnahme an der geistigen Entwicklung Deutschlands im Ausland zu

---

[642] Bundesarchiv Berlin, R 5105, Band 23189.
[643] RMfKA an Luthergesellschaft, 3.3.1939, Bundesarchiv Berlin, R 5105, Band 23139.
[644] Zitat und der ganz Vorgang in: BESIER, Kirchen, 2001, S. 557.

wecken. Außerdem wies er Lilje an, den Plan der Tagung so umzugestalten, dass Tillichs Vorträge zu Beginn der Tagung lägen, so dass die deutschen Teilnehmer die Möglichkeit hätten, dem »Emigranten und Gegner des Nationalsozialismus aus dem Weg zu gehen, indem sie später zur Tagung anreisten«.

Althaus' kirchenpolitische Vernetzung war unter anderem getragen von verschiedenen wissenschaftlichen Publikationsprojekten, von denen einige hier schon besprochen wurden. Auch in der NS-Zeit griff er noch neue Initiativen auf. Althaus hatte schon 1926 das Präsidium der Luthergesellschaft übernommen, das er durchgehend bis 1964 inne hatte. So eignet er sich hervorragend als Mitherausgeber der Zeitschrift *Luthertum* (Luth), die von 1934 bis 1944 als Nachfolge der *Neuen Kirchlichen Zeitschrift* (NKZ) erschien.[645] Es ist das dritte große Zeitschriftenprojekt, dem sich Althaus widmete. Allein durch den Herausgeberkreis verband die Zeitschrift *Luthertum* Kirchenpolitik und Theologie: Die lutherischen Bischöfe Simon Schöffel (Hamburg), Hans Meiser (München) und August Marahrens (Hannover) – die sich alle drei für eine lutherische Reichskirche stark machen – edierten die Zeitschrift gemeinsam mit den Erlanger Theologen Werner Elert und Paul Althaus. In seinem Eröffnungsartikel über *Das deutsche Luthertum an der Wende der Zeit* forderte Bischof Schöffel, dass sich das Luthertum zum deutschen Volk und zum politischen Weg dieses Volkes bekenne. Schöffel deutete die Zeichen der Zeit als Gericht Gottes und Errettung des deutschen Volkes.[646] Paul Althaus unterstrich die *theologische Verantwortung* in der politischen Gegenwart in einem Artikel der gleichen Ausgabe von 1934. Darin formulierte er die neue politische Aufgabe der Theologie: Sie müsse den vermehrten Zulauf zur Kirche, der sich in diesen Jahren zeige, unbedingt stabilisieren. Obwohl er sich vom thüringischen Flügel der Deutschen Christen distanzierte, räumte er gleich ein, dass dies aber nicht auf eine destruktive Art geschehen

---

[645] Die NKZ war selbst wiederum die Nachfolgerin der Erlanger ZPK und erschien zwischen 1809 und 1933. Unter den Herausgebern zeichneten von Beginn an Kirchenvertreter und Theologen gemeinsam, was die Verbindung von Kirche und Theologie betonte. Im Programmartikel der ersten Ausgabe von 1890 beschwor der Herausgeber und Kirchenmann Franz Hermann Frank die Erweckungsbewegung als Ursprung dieser kirchlich orientierten Theologie. Die Zeitschrift wandte sich programmatisch gegen die Aufklärung, den sog. »Positivismus«, die »exakten Wissenschaften« und den Rationalismus, durch die sie die geistigen Erfahrungen marginalisiert sahen. Theologisch setzte sie sich demzufolge auch von der bibelkritischen Schule Albrecht Ritschls ab. Vgl. MILDENBERGER, Geschichte, 1981, S. 245.
[646] SCHÖFFEL, Luthertum, 1934, S. 9.

dürfe, wie es Karl Barth vornehme. Denn die Theologie müsse sich vor die Aufgabe stellen, »mit dem Volke seine Geschichte vor Gott zu bedenken und nach Gottes Willen zu fragen.«[647]

Eine göttliche Volksgemeinschaft

Zu ordnungstheologischer Hochform lief Althaus schließlich mit seinem 1936 publizierten Werk *Obrigkeit und Führertum* auf.[648] Dieses Buch kostete ihm 10 Jahre später im Entnazifizierungsverfahren 1946 beinahe den Lehrstuhl. Er legitimierte darin die autoritäre Herrschaft des Führers des Volkes theologisch.

In einem theologiegeschichtlichen Abriss zeigte er darin, wie sich seine Sichtweise auf die Obrigkeit verändert hatte. In Althaus Theologie gab es keine allgemeingültige Ethik der Ordnungen, denn diese selbst wandelte sich durch den Lauf der Geschichte. Und wie er bereits in anderen Texten ausgeführt hatte, war gerade auch die Geschichte selbst wieder Ausdruck des göttlichen Willens. Bei Paulus und im Neuen Testament gäbe es zwar ein Konzept von Volk und Volkstum, dies beziehe sich aber nicht auf den politischen Bereich. Selbst in Luthers Zeit spiele das Volk noch nicht die Rolle einer verpflichtenden Ordnung. Auch wenn Luther vom Nationalgefühl bewegt gewesen sei und um das deutsche Volk als Lebensgemeinschaft mit gemeinsamer Art und Geschichte gewusst habe, so fehlte aber in der Staatslehre des alten Luthertums noch die Beziehung des Staates zum Volk.[649]

> »Damals war das Thema des Volkes und der Nation noch nicht gestellt. Daher konnte eine Staatslehre ohne den Volksgedanken ihrer Zeit genugtun. Aber sie reichte nicht mehr aus, als die deutschen Staaten in eine neue Geschichte hineingerissen wurden, deren Thema die Existenz und Freiheit der Deutschen als Nation war.«[650]

Mit Schleiermacher komme erstmals eine Verbundenheit der Obrigkeit mit dem »Geist des Volkes« in den Blick, der von Gott geschaffen sei. Das Volk selbst erhalte die Aufgabe, seine Besonderheit zu bewahren, und dürfe diese auch gegen die Obrigkeit verteidigen.[651] »Die Hingabe an die Obrigkeit ist bei Schleiermacher darin begründet, daß die Ob-

---

[647] ALTHAUS, Verantwortung, 1934, S. 23.
[648] ALTHAUS, Obrigkeit und Führertum, 1936.
[649] Ebd., S. 15.
[650] Ebd., S. 18.
[651] Ebd., S. 23.

rigkeit im ›Geist ihres Volkes‹ handelt.«[652] Bismarck führe schließlich das Existenzrecht des deutschen Volkes in die Staatslehre ein. Mit diesem Gedanken werde das politische Denken nicht nur

> »über den Legitimismus, sondern endgültig auch über die Grenzen der überlieferten lutherischen Staatslehre hinausgewiesen. Der Staat und die politischen Vorgänge werden auf die Existenz der ›deutschen Nation‹ bezogen.«[653]

Seit dem Ersten Weltkrieg und nach der Novemberrevolution habe sich nun ein entscheidender Wandel im deutschen Volkstum vollzogen. »Im Kriege entdeckten wir das Auslandsdeutschtum und damit erst das deutsche Gesamtvolk in seiner Eigenständigkeit dem Staat gegenüber, in seiner Bedrohtheit durch die Staaten.«[654] Damit sei nun das Problem von »Volk und Staat« ganz neu gestellt; die Theologie sei zur Erneuerung ihrer ethischen Lehre vom Staat gerufen. »Für uns heute ist Volk und Volkstum Schicksal und Verantwortung geworden. Das verpflichtet auch unser christliches Denken«.[655] Nun bezog sich Althaus wieder auf Paulus und präzisierte, dass die Obrigkeit das Gute zum Ausdruck bringe, wenn sie die Ordnungen erfülle, in die »Gott die Menschen gesetzt hat«; das »Böse« hingegen zeige sich in der »Verachtung und Durchbrechung der Ordnungen.«[656] Da sich in der »geschichtlichen Führung« – also mit Gottes Wille – das Volkstum als Ordnung für die Deutschen offenbart habe, gehe es um die Erhaltung dieses Volkstums:

> »Es geht nicht um die Erhaltung des menschlichen Lebens überhaupt, sondern um Erhaltung eines jeglichen in seiner Art, das heißt aber: um die Erhaltung des Volkstums.«[657]

Der »wahre Souverän« blieb für Althaus selbstverständlich immer Gott. Der unbedingte Gehorsam galt aber auch dem politischen Führer, sofern er an der Sache des Volkes diene.[658]

In dieser neulutherischen Ordnungslehre wird die Volksgemeinschaft in den Rang einer von Gott geschaffenen Ordnung erhoben, ja im Volkstum selbst wird die Offenbarung erlebt. Diese Volksgemeinschaft erfährt hier gegenüber der rationalen Struktur der rechtsfördernden

---

[652] Ebd., S. 26.
[653] Ebd., S. 33.
[654] Ebd., S. 37.
[655] Ebd., S. 6.
[656] Ebd., S. 39.
[657] Ebd., S. 41–43.
[658] Ebd., S. 19.

Verfassung einer Gesellschaft eine theologische Weihe. Althaus hatte damit wesentlich dazu beigetragen, das Konzept der Volksgemeinschaft – ein Kern der nationalsozialistischen Ideologie – für den Protestantismus theologisch zu untermauern:

> »Das christliche Leben vollzieht sich nicht jenseits des völkischen Ethos und der politischen Ordnungen oder wider sie, sondern in ihnen.«[659]

Schützenhilfe von Elert

Theologische und politische Schützenhilfe bot ihm durch all die Jahre sein Erlanger Kollege, Werner Elert, der seit 1935 bis zum Ende des Krieges als Dekan der Erlanger theologischen Fakultät wirkte. Auch für ihn war ein Interessenskonflikt zwischen Kirche und Staat hinsichtlich der Gesellschaftsform des Staates während des Dritten Reiches kaum vorstellbar. Elert sah die Aufgabe der Kirche darin, dass sie »ihre Glieder in die natürlichen Ordnungen hineintreibt und diesen die Ordnung unserer irdischen Existenz überläßt«.[660] Die theologische Arbeit der Kirche müsse demzufolge »von dem tiefergehenden Geschehen des völkischen Gesamtumbruchs begriffen werden«, und die Kirche könne sich nur dann von ihrem völkischen Auftrag dispensieren, wenn sie »in unserem Volk aufhören will, Volkskirche zu sein.«[661] In der lutherischen Volkskirche sah Elert die Kirche ideal verkörpert. Denn die lutherische Volkskirche sei dem Willen Gottes in Volk und Nation geöffnet, sie bejahe die Verkündigung von »Blut und Boden« und mache ihren Mitgliedern das »Volksgesetz« als »Gottesgesetz« zur unbedingten Pflicht.[662]

> Die Kirche »wendet sich mit ihrer Verkündigung an die durch Blut und Boden gebundenen Sünder. Sie verkündigt ihnen Christus und in ihm die Heilsoffenbarung Gottes, die den Glaubenden von Blut und Boden löst und ihm zugleich alles Irdische, das seine Existenz begründet und erhält, als Geschenk Gottes zurückbringt. Sie predigt ihnen das Gesetz Gottes, das sie in die natürlichen Ordnungen, auch in die durch Blut und Boden begründete Volksgemeinschaft, hineinweist.«[663]

Auch Elerts Theologie führte zu einem ähnlich fragwürdigen Staatspositivismus wie bei Althaus. Das vom Staat verlangte Ethos galt als

---

[659] Ebd., S. 36.
[660] ELERT, Barths Index, 1935, S. 40.
[661] Ebd., S. 52.
[662] Ebd., S. 38.
[663] Ebd.

Gottesordnung, es sei denn, dass es Forderungen enthielt, die den göttlichen Auftrag der Kirche zu unterbinden beabsichtigten.[664]

Prediger des Herrn

So präsent Althaus politisch und publizistisch auf Reichsebene war, ihm war auch die Wirkung in seiner Universitätsstadt Erlangen wichtig. Seine sonntäglichen Gottesdienste als Universitätsprediger hielt er regelmäßig in der Neustädter Kirche und publizierte seine Reden von der Kanzel Jahr für Jahr bei Bertelsmann in Gütersloh, seinem Stammverlag.[665] Während die auch in der historischen Forschung berücksichtigten wissenschaftlichen Bücher und politischen Stellungnahmen von Paul Althaus in den 30er Jahren nur noch vereinzelt Aufschluss geben über seine Haltung zur Judenverfolgung, greift Althaus das Thema in seinen kontinuierlichen Predigten häufiger und vor allem etwas expliziter auf.[666] Diese kleinen Heftchen von Althaus unter dem Titel *Der Herr der Kirche*, in denen jeweils drei, vier Predigten veröffentlicht wurden, erschienen in Auflagen von 3000 bis 10000 Exemplaren. Auch hier verbreitete er seine Vorstellung der Schöpfungsordnung: Blut, Boden und Geschichte sind die Kategorien, die ein von Gott in seiner Schöpfung vorgesehenes Volk ausmachen.[667] Die Überzeugung, dass Gott die Geschichte lenkt, führt bei Althaus schließlich zur Aussage, dass kein Volk schuldlos leide.[668] Dies bezog er 1935 noch auf das deutsche Volk, das zu unrecht glaube, unschuldig am Ersten Weltkrieg zu leiden. Althaus übertrug diese Idee später auf das Schicksal der Juden in Deutschland.[669] So predigte er 1936:

> »Oft trifft Gottes Rache die Schuldigen, Menschen und Völker, bei Leibesleben, hier auf Erden. Wer könnte das jüdische Volk ansehen, ohne zu erbeben vor der Furchtbarkeit der Rache Gottes. ›Sein Blut komme über uns und über unsere Kinder.‹ Ja, sein Blut ist über sie gekommen.«

Und in der gleichen Predigt hielt er apodiktisch fest, dass Gottes Wille »unerbitterlich« und endgültig sei: »In der Stunde, als das jü-

---

[664] ELERT, Führertum, 1934, S. 114.
[665] Althaus war seit den 20er Jahren Hauptautor des Verlagshauses Bertelsmann. Ausführlich dazu: FRIEDLÄNDER u.a., Bertelsmann, 2002.
[666] Die Predigtliteratur ist nach wie vor zu wenig in die Forschung mit einbezogen; auch Ericksen hat in seinem wichtigen Beitrag zu Althaus diese Quellen nicht berücksichtigt. ERICKSEN, Theologen, 1986. Erhellend zum Antisemitismus in den Predigten allerdings der kurze Beitrag: RAU, Predigt, 1980, S. 26–48.
[667] ALTHAUS, Festbetrachtungen, 1936, S. 14, Predigt vom zu Neujahr.
[668] Ebd., S. 23, Predigt zu Ostern.
[669] ALTHAUS, Gericht und Heil, 1937, S. 16, 20, Predigt vom 15. November 1936.

dische Volk schrie: ›Kreuzige, kreuzige ihn!‹, da ward über die ganze weitere Geschichte des Volkes entschieden, bis heute«. Und im Mai 1939 interpretierte er die Judenverfolgung als sichtbares Zeichen und Verheißung Gottes:

»Jesu furchtbare Drohworte an Israel – wie erschütternd sind sie an dem unglückseligen Volke erfüllt! Da können wir es mit Händen greifen: Gottes Verheißung und Drohungen sind kein leerer Schall, sie sind wirkende Macht.«[670]

Darüber, ob Althaus es auch als harte, aber gerechte Maßnahme hinnahm, als die Friedrich-Alexander-Universität von 1938 bis 1944 insgesamt 157 Doktoranden, zum großen Teil Juden, ihren akademischen Grad entzog, lässt sich nur spekulieren.[671] Die deutschen Hochschulen gaben sich widerspruchslos dazu her, den ihnen vom Reichsministerium genannten Personen den Doktortitel oder das Diplom abzuerkennen. Nach 1945 nahm keine Universität die Aberkennung einfach offiziell zurück; sie hüllten sich in Schweigen. Die Rücknahme bedurfte in einzelnen Fällen längerer administrative Verfahren, die von den Betroffenen angestrebt werden mussten.[672]

In Erlangen war – wie an andern Universitäten auch – die gesamte Studentenschaft in den NSDStB eingegliedert und spätestens nach der Ernennung des SS-Obersturmbannführers Gustav Adolf Scheel zum Reichsstudentenführer im November 1936 ein gehorsames Glied des totalitären Staates geworden. Die Professoren beklagten nicht nur den Rückgang der Studierendenzahlen von 2319 im Sommer 1933 auf 807 im Jahr 1939, sondern auch den Leistungsabfall. Die Studierenden wurden seit 1934 zu einem halbjährigen Arbeitsdienst verpflichtet und zu diversen Wehrertüchtigungen herangezogen. Ab 1935 wurde

---

[670] ALTHAUS, Das Geheimnis der Kirche, 1939, S. 12, Predigt vom 7. Mai 1939.
[671] Wendehorst kommentiert: »Da in den allermeisten Fällen in die Emigration gezwungene Graduierte betroffen waren, blieb die Aberkennung praktisch ohne Auswirkung.« Meint der Autor ohne Auswirkung für die Universität Erlangen oder für die Betroffenen? Letzteres wäre wohl ein zynischer Lapsus. WENDEHORST, Geschichte, 1993. Grundlage für die Aberkennung der akademischen Grade bildete Paragraf 2 des Gesetzes über die Aberkennung der deutschen Staatsangehörigkeit vom 14. Juli 1933, das Gesetz über die Führung akademischer Grade vom 7. Juli 1939 und die zweite Durchführungsverordnung zum Gesetz über die Führung akademischer Grade vom 29. März 1943. Das Promotionsverbot (1937) und das Immatrikulationsverbot für Juden traf in Erlangen niemanden mehr; es hatten in Erlangen keine jüdischen Studenten mehr ein Studium angefangen. Ebd.
[672] FRIEDRICH/STADTMUSEUM ERLANGEN, Universität, 1993, S. 351.

zudem die allgemeine Wehrpflicht eingeführt.⁶⁷³ Das Schloss und das Kollegiengebäude wurden bei Beginn des Zweiten Weltkrieges von der Militärverwaltung in Anspruch genommen. Letzteres diente während des gesamten Krieges als Lazarett, das Schloss hingegen wurde nach Ende des Polenfeldzuges wieder frei gegeben. Am 4. November 1943 feierte die Friedrich-Alexander-Universität ihr zweihundertjähriges Bestehen. Mit Glückwünschen des »Führers« und von Reichsmarschall Göring beging die Universität ihren Festakt mit Reden des Reichsministers für Wissenschaft, Erziehung und Volksbildung, Bernhard Rust und Julius Streicher. Der Rektor – 1944/45 war der Philosoph Eugen Herrigel dazu ernannt – mahnte in seiner Festrede zum »Festhalten und Ausharren« in dieser »großen Zeit des Daseinskampfes«.⁶⁷⁴

---

⁶⁷³ Vgl. WENDEHORST, Geschichte, 1993, S. 210–215.
⁶⁷⁴ Zitat ebd., S. 216.

12. Nach Kriegsende: Von der Volksgemeinschaft zur Schicksalsgemeinschaft

Im Januar 1979 wurde innerhalb von wenigen Tagen die vierteilige Fernsehserie *Holocaust – Die Geschichte der Familie Weiss* in den Dritten Fernsehprogrammen der Bundesrepublik ausgestrahlt. Die Hollywood-Darstellung des Holocaust als Familienepos erreichte das Massenpublikum, indem ein auf wenige konkrete Personen zugeschnittenes Melodrama das schier unfassbare Ereignis des Massenmordes an den europäischen Juden vermittelte und in die deutschen Wohnzimmer trug. An einzelnen Tagen sahen zehn bis fünfzehn Millionen die Sendung über das Dritte Reich – der Film *Holocaust* wurde zu einem Medienereignis, das eine ungemein heftige öffentliche Diskussion auslöste.

Als einen Meilenstein in der Mentalitätsgeschichte der Bundesrepublik bezeichnete der Politologe Peter Reichel die Ausstrahlung der Fernsehserie, sie markiere »den Beginn der Bereitschaft nun auch eines Massenpublikums, sich mit der NS-Vergangenheit überhaupt auseinanderzusetzen«.[675] Der große Widerhall, den der *Holocaust*-Film fand, wurde durch parallele politisch-juristische Ereignisse wie die Filbinger Affäre[676] und den langjährigen Majdanek Prozess[677], bei dem 16 ehemalige SS-Angehörige des Lagerpersonals des Konzentrationslagers Majdanek in Düsseldorf angeklagt wurden, noch verstärkt. Ohne dieses spektakuläre

---

[675] REICHEL, Erinnerung, 2003, S. 261.
[676] Hans Karl Filbinger (1913–2007) war von 1966 bis 1978 Ministerpräsident von Baden-Württemberg. Als im Februar 1978 bekannt wurde, dass Filbinger als Ankläger und Richter bei der Kriegsmarine Todesurteile gegen Deserteure beantragt und gefällt hatte, trat er im August als Ministerpräsident und später auch von seinen CDU-Parteiämtern zurück. Er selbst leugnete seine Taten und erklärte seinen Rücktritt als Folge einer Rufmordkampagne. Vgl. VON MIQUEL, Juristen, 2001, S. 235ff.
[677] Im 1941 eingerichteten Konzentrations- und Vernichtungslager wurden etwa 250 000 Menschen ermordet, bis das Lager von der sowjetischen Armee im Juli 1944 befreit wurde. Eine polnisch-sowjetische Kommission verurteilte daraufhin schon 1944 sechs Angeklagte zum Tode; in einem zweiten Verfahren gegen 98 SS-Angehörige wurden sieben weitere Todesurteile und Haftstrafen für die übrigen ausgesprochen. Der Prozess in Düsseldorf – der sogenannte Majdanek Prozess – dauerte von 1975 bis 1981, dabei wurden acht Angeklagte zu Haftstrafen verurteilt. HORN, Erinnerungsbilder, 2009.

Medienereignis wäre die dreißigjährige Verjährungsfrist für Mordtaten in der vierten Verjährungsdebatte des Deutschen Bundestages wenige Monate später sehr wahrscheinlich nicht aufgehoben worden.[678]

Bei aller historisch-sachlicher Kritik ist es diesem Film zu Gute zu halten, dass es ihm gelang, mit seiner emotionalisierenden Wirkung die in weiten Teilen der Gesellschaft bestehende Sprachlosigkeit über die eigene Geschichte zu überwinden.

Der Anstoß von außen ermöglichte das Gespräch über die NS-Vergangenheit zwischen den Großeltern, die als junge Erwachsen durch das »Dritte Reich« und den Zweiten Weltkrieg geprägt worden waren, und ihren Enkelkindern, der um und nach 1960 geborenen, also der nach der Adenauer-Ära aufgewachsenen Generation. Das war neu und anders als noch in der 68er Bewegung. Damals lehnte sich die Generation der zwischen 1940 und 1950 geborenen gegen die herrschenden Autoritäten in Bildung und Erziehung auf, prangerte die nationalsozialistische Vergangenheit der bundesrepublikanischen Eliten öffentlich an und übte Kritik am Kapitalismus. Ende der 70er Jahre verlagerte sich die Debatte einerseits in die Familien und durchdrang in der Öffentlichkeit breitere Schichten.

12.1 Die Enkelgeneration beginnt zu fragen

Auch in Erlangen rüttelte diese Fernsehserie die Bevölkerung auf. Eine Gruppe von jungen Dozenten und Studierenden stellte am 14. Juni 1979 im Rahmen des 18. Deutschen Evangelischen Kirchentages in Nürnberg kritische Fragen zur Vergangenheit.[679] Die Enkel der Theologen von damals hatten ein Forum zur »Evangelischen Theologie im Dritten Reich« initiiert, in der sie eine Stellungnahme der Evangelisch-Theologischen Fakultät zum Thema »Wie war das möglich? Das Erlanger Gutachten zum Arierparagraphen 1933« verlangten. Zur Debatte stand das Gutachten, für das die bereits verstorbenen Erlanger Theologen Paul Althaus und Werner Elert verantwortlich gezeichnet hatten. Damit standen die beiden Theologen im Fokus, nach deren Büchern zu dieser Zeit noch die meisten Studierenden die Protestantische Dogmatik lernten, ohne von diesem Gutachten oder dem Ansbacher Ratschlag

---

[678] BERGMANN, Antisemitismus, 1997, S. 352ff.
[679] Die Veranstaltung inklusive Pressespiegel wurde vom Evangelischen Pressedienst 1980 als EPD Dokumentation veröffentlicht.

gegen die Barmer Erklärung von 1934 zu wissen. An der Veranstaltung, für die 1 ¾ Stunden zur Verfügung standen, nahmen rund 5000 Menschen teil.[680]

Die Veranstaltung hatte schon im Vorfeld für Aufsehen gesorgt, uneingeschränkte Zustimmung bis hin zu scharfer und sogar diffamierender Ablehnung wurde laut. In einem vierseitigen Flugblatt ließen beispielsweise evangelische Repräsentanten – darunter der Vorsitzende der Kirchlichen Sammlung in Bayern, Dekan Friedrich Höfer, und der zweite Vorsitzende der Evangelischen Notgemeinschaft in Deutschland, Joachim Wilhelm Hertz-Kleptow – ihren Beschuldigungen gegenüber den Veranstaltern freien Lauf: Die hier »vorgetäuschte Vergangenheitsbewältigung« sei schlimmer als zu Hitlers Zeiten.[681] Sie warfen den jungen Erlanger Theologen »theologische Leichenfledderei« vor – noch bevor die Veranstaltung überhaupt stattgefunden hatte. Sie waren der Meinung, dass hier vergleichsweise geringfügige Fehler von zwei verdienstvollen Kollegen wie Elert und Althaus aufgebauscht würden. Als »seltsames Spiel aus selbstgerechter und daher unchristlicher Splitterrichterei« bezeichneten sie das Anliegen, die Geschichte der Theologischen Fakultät im Dritten Reich zu beleuchten.

Der Studienleiter der Evangelischen Akademie Bad Boll, Christian Blendiger, eröffnete das Forum in seiner Rolle als Moderator mit einer für diese Zeit typischen Bemerkung: »Eine Gerichtsverhandlung wird hier nicht stattfinden, weder über Vergangenes noch über Gegenwärtiges. Es steht uns nicht zu, zu richten, weder über Handlungen noch gar über Menschen.« Das Publikum stimmte mit Beifall zu.[682] Gleich zu Beginn versicherte er auch, dass hier niemand zur Rechenschaft gezogen werde, es solle nur über Vergangenes nachgedacht werden. »Am Nachdenken über Vergangenes soll und darf niemand von uns gehindert werden,« fuhr der ehemalige Nürnberger Pfarrer Blendinger defensiv fort.

Während schon zur Zeit der amerikanischen Besatzung die Entna-

---

[680] Augsburger Allgemeine, 16./17.6.1979, S. 20, zit. In: EPD Dokumentation, 1980, S. 93. Bereits 1968 hatte Helmut Baier eine kurze Analyse des Gutachtens vorgelegt. Vgl. BAIER, Christen, 1968. Die 1970 von Wolfgang Gerlach fertig gestellte Dissertation *Zwischen Kreuz und Davidstern*, die im Kontext einer ersten Gesamtdarstellung über die »Bekennende Kirche und die Juden« ebenfalls das Erlanger Gutachten behandelter, wurde erst im Jahr 1987 veröffentlicht. Vgl. GERLACH, Zeugen, 1993, S. 7f.
[681] Ebd., S. 103–106.
[682] Ebd., S. 7.

zifizierungsverfahren als »Siegerjustiz« angeprangert wurden, war es noch über 30 Jahre nach Kriegsende wichtig, niemanden zur Verantwortung zu ziehen. Bemerkenswert ist hier, dass die Theologie zwar über Jahrhunderte die Themen Moral und Ethik für sich beanspruchte und lehrte, jedoch bei der Reflexion der Geschichte der eigenen Zunft ein Tabu etablierte, ihre eigenen moralischen Kriterien für Schuld und Verantwortung anzuwenden.

Die Erlanger Studierenden – als Vertretung saßen Waltraud Jäger, Martin Ohst, Sabine Schäfer und Michael Thein auf dem Podium – trugen ihre Fragen selbst vor. Sie wollten von ihren Theologieprofessoren wissen, wie sich das Gutachten von 1933 aus der geschichtlichen Situation erklären ließ und ob die Autoren des Gutachtens mit der Bibel sachgemäß umgegangen seien. Sie fragten, ob das Gutachten als Ausdruck »echter kirchlicher Verantwortung oder Anpassung an den Zeitgeist« zu verstehen sei und wollten eine Antwort darauf, warum dieses Stück Fakultätsgeschichte erst jetzt angesprochen werde und wie die Fakultät heute dazu stehe. Die Studierenden hatten den Wortlaut des Gutachtens nicht nur auf Handzetteln im Publikum verteilt, sie lasen auch ein großen Teil davon vor – damit dürfte der Text von Althaus und Elert nach 1945 erstmalig einer so großen Öffentlichkeit bekannt gemacht worden sein.[683]

Warum haben sich die Studierenden angesichts der laufenden öffentlichen Debatte um den Holocaust auf die Frage nach der Einführung des Arierparagrafen im Kirchenbereich von 1933 beschränkt? Was hinderte sie daran, weiterreichende Fragen zur Verstrickung der Theologen in den Krieg und Völkermord zu stellen? Beispielsweise: Wer hat sich aktiv oder indirekt daran beteiligt? Wer hat dem Völkermord Vorschub geleistet? Wer wusste Bescheid über den Judenmord? Deutlich wird, dass die Solidarität zwischen den Generation in der deutschen Nachkriegsgesellschaft nur in einer Richtung gelebt wird und zwar rückwärts. Rücksichtnahme gilt der vorangegangen Generation, die mit Fragen nach ihrem Tun und nach ihrer Verantwortung im Dritten Reich nicht zu sehr bedrängt werden darf. Hingegen hat es die für das Dritte Reich verantwortliche Generation nicht für notwendig erachtet, die Geschichte von sich aus aufzuklären und zu erhellen, damit die nachfolgenden Generationen wenigstens von dieser Aufgabe entlastet sind.[684]

---

[683] Ebd., S. 18.
[684] Kritisch-theologisch und fundiert reflektiert Eilert Herms den Begriff Schuld

Nachträglich drängen sich zwei Thesen auf: Entweder konnten die Studierenden das Thema selbst noch nicht umfassend einschätzen, oder sie wussten, dass sie mit solchen Fragen nicht zum Kirchentag zugelassen worden wären. Beides bleibt hier hypothetisch.

In der nachfolgenden Diskussion wurden immer wieder Rechtfertigungsversuche unternommen, wobei der damalige Zeitgeist als Erklärung bemüht wurde. Somit konnte sich die Erlanger Theologische Fakultät selbst 46 Jahre danach nicht einhellig vom Gutachten zum Arierparagrafen distanzieren. Aber immerhin sorgten einige Professoren für Transparenz, indem sie öffentlich auf die Frage der Studierenden antworteten, dass die »antidemokratische und antisemitisch gefärbte Haltung weiter protestantischer Kreise« in ihren Fakultäten 1933 ein ähnlich klares Nein verhindert hatte, wie es unter maßgeblicher Beteiligung von Rudolf Bultmann in Marburg ausgesprochen worden sei. Althaus und Elert hätten eine »Theologie der Anpassung« praktiziert, vor der auch heute gewarnt werden müsse. In diesem Zusammenhang wurde als aktuelles Beispiel die auch in der Kirche verbreitete Gleichgültigkeit gegenüber der Apartheidpolitik in Südafrika genannt.[685] Der Neutestamentler Jürgen Rohloff und der Systematiker Christofer Frey räumten schließlich auch mit der Schöpfungstheologie von Althaus und Elert auf. Die völkische und biologische Bindung, die die beiden Theologen von damals als gottgegebene Ordnung und in der Bibel verankert wissen wollten, lehnte die neue Generation von Theologen als Vorurteil der deutsch-nationalen und antisemitischen Strömung ab.[686] Rohloff argumentierte, dass Elert und Althaus die zentrale Stoßrichtung der Bibel verfehlt hätten, indem sie eine schicksalhafte Bindung des Menschseins an Volk und Rasse propagierten und damit die endzeitliche Macht des Evangeliums verkannten. Rohloff präsentierte eine etwas andere Deutung. In Jesus Christus würden sich alle Bindungen auflösen. Auch wenn sein Kollege Frey unterstrich, dass der Glaube nicht zur Absicherung eigener Vorurteile dienen dürfe, so schlich sich in Rohloffs gut gemeinter Erklärung eine christozentrische Weltan-

---

und bezieht aus theologischer Perspektive Stellung im Historikerstreit. Er zeigt, wie gerade die Theologie nach 1945 dazu tendiert, in ihrem Nachdenken über das grundsätzliche Wesen von Schuld das konkrete Hinschauen auf die Verbrechen des Dritten Reiches zu verdecken: Dabei wurden allzu häufig weder die Verantwortlichen und ihren Taten konkret benannt, noch die Verbrechen und das Leid der Opfer gewürdigt. HERMS, Schuld, 1988.

[685] Ebd., S. 35ff.
[686] Ebd., 24–31.

schauung durch die Hintertür wieder ein. Das Christentum wird hier zur Vollendung, indem sich das Judentum darin auflöst. Rohloffs läuft hier einer Variante der Subsitutionstheorie auf.

Unwidersprochen blieb auch die aus heutiger Sicht unhaltbare Beurteilung der Kirchenhistorikerin Fairy von Lilienfeld, die das Erlanger Gutachten als Mittelweg zwischen deutsch-christlicher und den Arierparagrafen ablehnender Haltung wertete. Sie behauptete, dass der Antisemitismus nie ein Grundzug des Protestantismus gewesen sei. Lilienfeld verteidigte Althaus und Elert mit ihren an die Historiker gerichteten Bedenken, die Zeit im Jahre 1933 nur im »Licht des Zusammenbruches des Dritten Reiches und der millionenfachen Vernichtung deutscher und europäischer Juden zu sehen.«[687] Die Deutschen hätten im Jahre 1933 das »katastrophale Ende nicht wissen« können. Und im nächsten Atemzug bemühte sie unreflektiert die Weimarer Republik, die für »den Protestantismus ein Debakel erster Ordnung« dargestellt habe, um die national-konservative Ausrichtung vieler Protestanten zu erklären. Diese seien 1933 von Hitlers »religiösen, christlichen Versprechen« so geblendet gewesen, fuhr sie fort, dass sie durch ihn auf eine Einheit von Volk und Nation hofften. Mit der Idee der »Verblendung« spart von Lilienfeld den aktiven Anteil am Wachsen der nationalsozialistischen Bewegung und Festigung des völkischen Gedankenguts durch die protestantische Theologie und Kirche aus.

Dennoch ermahnte sie die Historiker im Blick zu behalten, dass »angesichts der Entscheidungen, die damals gefällt werden mußten, auch dieser mittlere Weg letzlich in den Abgrund der absoluten Judenverfolgung führte«.[688] Auch wenn von Lilienfeld damit den Zusammenhang zum Holocaust wieder herstellte, so blieb die eigentliche Täterschaft einmal mehr verklausuliert, indem die Kirchenhistorikerin die Protestanten ganz allgemein als von Hitler »verführte« und »geblendete« Zeitgenossen entlastete. Abgesehen davon, dass keine Regierungsstelle von der Kirche 1933 je forderte, sich zur Übernahme des Arierparagrafen im Kirchenrecht zu positionieren, ließ von Lilienfelds Formulierung mit »musste« offen, wer hier Entscheidungen einforderte.

Der Dekan Manfred Seitz schließlich versuchte zu erklären, warum an der theologischen Fakultät so lange über diese Thematik geschwiegen wurde. Da, wo der Versuch gemacht worden sei, berichtete er, sei ihnen entgegengehalten worden, es sei noch nicht an der Zeit oder es

---

[687] Ebd., S. 20.
[688] Ebd., S. 23.

sei zu schwierig und es ließe sich höchstens im kleinen Kreis, im wissenschaftlichen Seminar besprechen.[689] Die Besorgnis für das Ansehen der Professoren wurde ins Feld geführt, außerdem hätten sich auch emotionale Abgründe aufgetan: Mit Schlagwörtern wie »Scherbengericht« und »Nestbeschmutzer« sei eine Diskussion unterdrückt worden. Schließlich hieß es auch: »In anderen Theologischen Fakultäten sei Schlimmeres geschehen, und was in Erlangen geschah, habe keinerlei Auswirkungen gehabt«.[690] Die Ausführungen des Dekans lassen einerseits erahnen, wie stark die Abwehr gegenüber einer verantwortungsvollen Aufarbeitung der eigenen Geschichte war. Sie zeigen aber auch, wie vorsichtig – oder rücksichtsvoll? – noch 1979 über die Akteure dieser Verleugnung und Verdrängung der Aufarbeitung gesprochen wurde. Niemand wurde hier von Seitz namentlich erwähnt, Konkretisierungen vermied er zugunsten vager Formulierungen.

Bislang war man in Erlangen von der konkreten Einsicht in die christliche Mitschuld an dem Holocaust bzw. einer auch nur ansatzweise Revision der christlichen Judenfeindschaft noch weit entfernt. Die traditionellen Vorurteile lebten in kirchlichen Stellungnahmen genauso wie in der gesamten Deutschen Evangelischen Kirche weiter, sie wurden ungebrochen auf Kanzel und Katheder, in Wissenschaft und Unterricht wiederholt. Mit dem Kirchentag schien nun aber auch in Erlangen eine neue Phase der Reflexion der Kirchengeschichte eingeläutet zu sein: Knapp zehn Jahre später, zum 50-jährigen Gedenken an die Pogromnacht vom 9./10. November 1938 erarbeitete das Landeskirchliche Archiv Nürnberg eine Ausstellung, die sich des Themas Christen und Juden in Bayern annahm. Die im dazugehörigen Ausstellungskatalog enthaltenen Texte gewährten auch einen ersten, kurzen Überblick über Schicksale bayerischer Pfarrfamilien mit jüdischen Vorfahren.[691] Allerdings ließ der damalige Archivdirektor Helmut Bayer, der die wesentlichen Recherchen für die Ausstellung von 1989 getätigt hatte, viele Jahr später verlauten, dass er seine ursprüngliche Absicht, die Schicksale der Pfarrer, Vikare und Pfarrfrauen, die von der Judenpolitik betroffen waren, zu erhellen, nicht hätte realisieren können. Er erinnerte sich daran, dass die bayerische Landeskirche damals darauf ausdrücklich keinen Wert gelegt habe, womit auch die praktischen Auswirkungen der Debatten um den Arierparagrafen in der

---

[689] Ebd., S. 19.
[690] Ebd.
[691] AUSSTELLUNGSKATALOG, Landeskirchliches Archiv, 1988, S. 135–142 und S. 153f.

Kirche weiterhin im Dunkeln blieben.[692] Erst 1998 verabschiedete die Landessynode der Evangelisch-Lutherischen Kirche in Bayern eine Erklärung zum Thema »Christen und Juden«. Darin bekundete sie unter anderem auch die Absicht, die nachhaltige Erforschung der Geschichte der Evangelischen-Lutherischen Kirche in Bayern im Dritten Reich zu fördern. Axel Töllner nahm diesen Impuls auf und legte 2007 eine umfassende Studie zur Rezeption des Arierparagrafen in der Evangelisch-Lutherischen Kirche in Bayern und ihre Folgen für die Pfarrfamilien mit jüdischen Vorfahren vor.[693]

12.2 Eine entblößende Verteidigung

An die Ausstellung von 1989 schloss sich auch eine Kontroverse zwischen den Generationen der Lehrstuhlinhaber an der theologischen Fakultät an. Ausgelöst wurde die Debatte in Erlangen 1990 durch einen Aufsatz über *Schuld und Verstrickung der Kirche. Vorüberlegungen zu einer Darstellung der Erlanger Theologie in der Zeit des Nationalsozislamus* von Bernd Hamm. 1945 geboren, studierte Hamm in Heidelberg und Tübingen Evangelische Theologie und wurde 1984 auf den Lehrstuhl für Neuere Kirchengeschichte in Erlangen berufen. In seinem Aufsatz skizzierte er, auf welche Weise sich das Denken von Althaus und Elert mit nationalsozialistischen Vorstellungen berührte.[694] Zwar lag zu diesem Zeitpunkt längst die Studie *Theologen unter Hitler: Gerhard Kittel, Paul Althaus und Emanuel Hirsch* des Amerikaners Robert P. Ericksen in Deutscher Übersetzung vor[695], die ebenfalls die ideologische Verstrickung der protestantischen Theologie mit der NS-Ideologie untersuchte. Doch erst der Beitrag von Hamm veranlasste den emeritierten Kirchenhistoriker Karlmann Beyschlag zu scharfer Kritik.[696] Beyschlag saß schon am Kirchentag 1979 auf dem Podium, hatte sich damals aber nicht öffentlich eingebracht. Nun fuhr er schweres Geschütz auf, um seine ehemaligen akademischen Lehrer

---

[692] BAIER, Verhältnis, S. 96.
[693] TÖLLNER, Frage, 2007.
[694] HAMM, Schuld, 1990.
[695] ERICKSEN, Theologen, 1986. [Englisches Original: *Theologians under Hitler*, New Haven: Yale Univ. Pr. 1985.]
[696] BEYSCHLAG, Sachen, 1990/91. Inzwischen hat Hamm 1992 und 1998 seine Thesen präzisiert und weitere Ergebnisse zu Elerts Verhältnis zum Nationalsozialismus veröffentlicht.

Althaus und Elert gegen den jüngeren Kollegen Hamm zu verteidigen: »Das makabere Unternehmen, gleichsam die Toten aus ihren Gräbern zu holen, um sie noch posthum politisch zur Verantwortung zu ziehen, hat inzwischen Schule gemacht.«[697] Nachträglich beschimpfte er die Veranstaltung des Kirchentages als »NS-Fama«, an der eine »gereizte öffentliche Debatte« in die Mühlen der »Parteipropaganda« zu drohen geriet. Im weiteren Verlauf seines Artikels beschuldigte er seinen jüngeren Kollegen, die Erlanger Theologen und mit ihnen die gesamte lutherische Kirche Deutschlands mit »ungeheuerlichen Schuldzuweisungen« zu unrecht zu belasten.

1923 in Berlin geboren, war Beyschlag in sehr jungem Alter am Krieg in Nordafrika, Russland und Frankreich beteiligt und geriet danach in Kriegsgefangenschaft. Von 1946 bis 1951 studierte er erst in Bethel und später in Erlangen und Marburg Evangelische Theologie. In Erlangen habilitierte er sich als Assistent von Walter von Loewenich 1955 und hatte selbst von 1971 bis 1988 einen Lehrstuhl für Historische Theologie in Erlangen inne. Bei dieser vehementen und emotional engagierten Verteidigung seiner Lehrer liegt die Frage auf der Hand, worin Beyschlags eigene biografische Erfahrung im Nationalsozialismus bestand, wie diese ihn prägte und wie er diese nach 1945 reflektierte.

Allein schon, dass Hamm die deutsch-nationalen Sympathien von Althaus und Elert problematisierte, empfand Beyschlag als ungerechte Zumutung, die die Verstorbenen diskriminiere, da, so argumentierte er, diese Ausrichtung »bis zum 8. Mai 1945 in Deutschland nicht als Verbrechen galt«. Diese Argumentation von Beyschlag zeigt, wie tief die Ordnungstheologie von Althaus im Denken seiner Schüler nach 1945 verankert war und in ungebrochener Kontinuität weiter wirkte, so dass selbst eine intellektuelle Kapazität eines Ordinarius die im Dritten Reich gültigen politischen Bewertungen als Maßstab seiner Reflexion herbeizieht.

Während in der empirische Forschung über die Auswirkungen der nationalsozialistischen Judenpolitik gegenüber den Christen jüdischer Herkunft sowie die Rolle der Kirche einige Lücken geschlossen wurden, blieb die Frage nach der ideologischen Beteiligung der Theologie und die Kontinuität der Wissenschaft nach 1945 weiterhin ein heißes Eisen: Bernd Hamm nutzte seine Rede zum 8. Mai 1995 in der Neustädter (Universi-

---

[697] Dies und die folgenden Zitate in: BEYSCHLAG, Sachen, 1990/91, S. 154f. Diese Debatte war auch Anlass für Beyschlags Gesamtdarstellung der *Erlanger Theologie*, die 1993 erschien.

täts-)Kirche in Erlangen dazu, diesen Missstand über die Fakultät hinaus öffentlich zu benennen und fand zum 50. Jahrestages des Kriegsendes harsche Worte just in der Kirche, in der Althaus so oft gepredigt hatte:

> »Diejenigen, die auf der Täterseite gestanden und Volk, Rasse und Krieg religiös verklärt hatten (als heilige Schöpfungsordnung!) – sie verfügten auch nach Kriegsende wieder über jene religiöse Beredsamkeit, die im Rückblick alles Politische in ihrem Sinne religiös überhöhen konnte, und sie bedienten sich raffinierter theologischer Techniken, um die Schuldfrage zu verdrängen. *Sie redeten, die Opfer schwiegen. Sie* blieben in ihren angesehenen Positionen, wurden Ehrendoktoren, Mitglieder von Akademie [...]. kurz gesagt: Auch in Erlangen herrschten normale bundesrepublikanische Verhältnisse. Die Opfer aber, sofern sie überlebt hatten, mussten in entwürdigender Weise um kärgliche Entschädigung kämpfen. Viele warten noch heute darauf. Erschreckende Kontinuität über den 8. Mail 1945 hinweg! Die Stunde Null, von der so oft die Rede war, ist eine Legende!«[698]

12.3 Der mühsame Weg der Kirche zur Verantwortung

In der Tat ist es aus heutiger Sicht kaum noch zu verstehen, dass die christlichen Kirchen in Deutschland unmittelbar nach dem Krieg nicht in der Lage waren, sich zu dem grauenvollen Geschehen in den Vernichtungslagern des Nazi-Reiches eindeutig zu äußern und dass es dann vor allem noch viele Jahrzehnte dauerte, bis die Aufarbeitung der eigenen Beteiligung am Völkermord konkret begann. Auch in Kenntnis der Shoah brachten die evangelischen Kirchen unmittelbar nach 1945 kein Bekenntnis zur christlichen Mitschuld an der millionenfachen Ermordung von Juden durch Deutsche zustande.[699]

Auf der Kirchenkonferenz in Treysa (August 1945) bespielsweise war nicht von Schuld, sondern vom kirchlichen Widerstand die Rede. Dort, »wo die Kirche ihre Verantwortung ernst nahm«, habe man die »Schuld in den Konzentrationslagern, die Mißhandlungen und Ermordung von Juden und Kranken«[700] beim Namen genannt. Das sogenannte Stuttgarter Schuldbekenntnis (19. Oktober 1945) setzte diese Tradition fort, indem es einerseits vom kirchlichen Widerstand gegen das »nationalsozialistische Gewaltregiment« sprach, doch in seiner all-

---

[698] HAMM, Rede, 1995. *Kursiv* im Original.
[699] Das folgende detaillierter bei: STEGEMANN, Judenfeindschaft, S. 141ff.
[700] Zitiert in SCHWEIKHARDT, Dialog, 1980, S. 21.

gemein gehaltenen Schulderklärung mit keinem Wort die Verfolgung und Ermordung der Juden erwähnte.[701]

Bei aller Bedeutung und Aufrichtigkeit, die sich in diesem Schuldgeständnis widerspiegelte, war dies doch das Äußerste, was im Rahmen der Haltung der evangelischen Kirche offensichtlich zu formulieren möglich war. Die Veröffentlichung des Textes löste auch in dieser Version heftige Kontroversen innerhalb der EKD und der deutschen Bevölkerung aus. Nur vier von 28 evangelischen Landeskirchen – Baden, Hannover, Rheinland, Westfalen – und einige Kreissynoden machten sich die Erklärung ausdrücklich zu eigen. Die übrigen Landeskirchen unterließen dies mit Blick auf zahlreiche Protestbriefe aus den Gemeinden. Stein des Anstoßes war für viele konservative Lutheraner, dass sie darin die traditionelle Unterscheidung von Kirche und Staat vermissten und sie dem Staat allein die Verantwortung für Krieg und Völkermord zuweisen wollten. Die überwiegende Mehrzahl der Kirchenvertreter wollte zu diesem Zeitpunkt keinen Zusammenhang weder zwischen Theologie noch dem Handeln der Kirche und dem Massenmord an den Juden sehen.[702]

Mit der Absicht, einen neuen Antisemitismus zu vermeiden, verfasste am 8. April 1948 der Reichsbruderrat der Evangelischen Kirche in Deutschland das sogenannte Darmstädter »Wort zur Judenfrage«. Heraus kam die Neuauflage einer erschreckend unreflektierten Sammlung altbekannter Vorurteile christlicher Judenfeindschaft.[703] Denn das Dokument enthielt alle theologischen Grundelemente des christlichen Antisemitismus: die Enterbungstheorie, nach der die Verheißungen Israels auf die Kirche übergegangen sind; die Substitutionstheorie, nach der die Kirche als Volk Gottes an die Stelle Israels getreten ist; die These, dass Israel als Volk die Schuld an der Kreuzigung Jesu trage; die These, das Geschick Israels sei Ausdruck der göttlichen Strafe; und schließlich die These, die Juden müssten sich zu dem von der Kirche vertretenen christlichen Glauben bekehren, also die Forderung nach einer christlichen Judenmission. Ihren negativen Höhepunkt fand das »Darmstädter Wort« in folgender Formulierung:

> »Israel unter dem Gericht ist die unaufhörliche Bestätigung der Wahrheit, Wirklichkeit des göttlichen Wortes und die stete Warnung Gottes an seine Gemeinde. Daß Gott nicht mit sich spotten läßt, ist die stumme Predigt des jü-

---

[701] RENDTORFF/HENDRIX, Kirchen, 1989, S. 528f.
[702] Zur kirchlichen Erklärung nach 1945 siehe auch HERMLE, Kirche, S. 263ff.
[703] HUBER, Kirche, 1980, S. 77f.

dischen Schicksals, uns zur Warnung, den Juden zur Mahnung, ob sie sich nicht bekehren möchten zu dem, bei dem auch ihr Heil steht.«[704]

Erst an der Synode der Evangelischen Kirche Deutschlands (EKD) in Berlin-Weißensee im Jahre 1950 wurde eine erste Einsicht in eine Mitschuld am Holocaust hörbar. Unter dem Titel *Wort zur Judenfrage* bekannte sich die EKD erstmals – wenn auch noch leicht verklausuliert – zu ihrer Mitschuld am Holocaust, lehnte das Aufrechnen ab und verpflichtete alle Christen zum Widerstand gegen jeden Antisemitismus. Dass der Terminus »Judenfrage« selber aus dem antisemitischen Wortschatz stammte, war damals offensichtlich niemandem bewusst. Doch auch die Erklärung von Berlin-Weißensee blieb in ihrem Schuldbekenntnis vage:

> »Wir sprechen es aus, daß wir durch Unterlassen und Schweigen vor dem Gott der Barmherzigkeit schuldig geworden sind an dem Frevel, der durch Menschen unseres Volkes an den Juden begangen worden ist.«[705]

Die Schuld der Kirche bestand auch hier ausdrücklich im Schweigen und im Unterlassen. Fragen, was kirchliches Reden und Handeln eigenständig bewirkt hat, blieben auch in dieser Stellungnahme ausgespart. Vor allem aber verkennt auch diese Erklärung noch, dass gerade der von Kirche und Theologie verkündigte und gelehrte Antijudaismus Einstellungen und Verhaltensweisen begünstigt hat, auf deren Basis sich die Judenverfolgung radikalisieren konnte.[706]

12.4 Deutsche Schuld – ein Verhängnis?

Althaus' Nachkriegspredigten sind in vieler Hinsicht repräsentativ für den kirchlichen Umgang mit der eigenen Vergangenheit und spiegeln bestimmte Aspekte der kollektiven Schulddebatte in der protestantischen Kirche wieder.[707] Althaus betrachtete die Nationalsozialisten und ihr Regime im Rückblick als ein von Gott in geheim-

---

[704] Ebd.
[705] Ebd.
[706] Die Aufarbeitung des christlichen Antisemitismus erfolgte bis in die 1980er Jahre vor allem in ausseruniversitären Zusammenhängen, vornehmlich in den »Gesellschaften für christlich-jüdische Zusammenarbeit«. Ebd.
[707] Über Althaus hinaus grundlegend zur Schulddebatte: GRESCHAT, Schuld, 1982; RICHTER-BÖHNE, Schuld, 1989, VOLLNHALS, Kirche, 1989 sowie auch der systematisch-theologische Beitrag von BEINTKER, Erbe, 1989.

nisvollem Ratschluss dem deutschen Volk und der Kirche auferlegtes »Verhängnis«, – eine in seinen Predigten unmittelbar nach Kriegsende häufig wiederholte Formulierung.[708] In der *Deutschen Stunde* begrüßte Althaus Hitler noch als gnädig gesandten Führer, in dessen Stimme er mehr als die Stimme eines Menschen zu hören glaubte, nun erschien er als von Gott verhängter Verführer, in dem Gott sich versagt.[709] Seit 1920 habe das deutsche Volk nur seine Pflicht getan. Nach dem Zusammenbruch sei es aufgestanden und habe um die »Wiedervereinigung der Deutschen« gerungen.[710] Knapp zwei Monate nach Kriegsende predigte er: »Es war doch kein Unrecht, was die deutsche Jugend glaubte und hoffte, wofür sie mit ihrer besten Kraft leben und ringen wollte.« Gelungen sei »es« der deutschen Jugend nicht, weil die Führung »furchtbare Fehler« gemacht und »schweres Unrecht« begangen habe. Dies sei die »Deutsche Schuld«. Gleichzeitig erfahre das deutsche Volk nun das Gericht Gottes, worin ein »tieferes Geheimnis« liege: Gott helfe dem deutschen Volk, durch die Zerstörung und Erschütterung, ihn zu suchen und erneut zu finden.[711] In diesem Erziehungsgedanken Gottes spürte Althaus den »gnädigen Willen Gottes« und sprach von der Schwere des Unrechts und der Schuld nur in Verbindung mit der nationalsozialistische »Führung«.[712] Er blieb über 1945 hinweg seiner Geschichtstheologie treu und verwandelte die Katastrophe für die Deutschen in einen Sinnzusammenhang. Seinen gläubigen Zuhörern bot Althaus in der Kirche zudem eine Entlastung von der eigenen Schuld an. Denn wer sich mit der deutschen Jugend nach 1920 – wie er sie in seiner Predigt beschreibt – identifizierte, dem bescheinigte er ein edles Streben und das Recht auf ein national-völkisches Wollen. Er erinnerte die Kirchgemeinde an das »Blutopfer« von »Millionen toter deutscher Soldaten«, aufgeopfert durch die »Verderber des Vaterlandes« und erwähnte weder die Millionen getöteter Soldaten noch die Millionen getöteter Zivilisten der angegriffenen Völker.[713] Mit großer Empathie sprach er von den »sechs Millio-

---

[708] Zu Althaus' Predigten nach 1945 erstmals ausführlich: HAMM, Schuld, 1990, S. 12ff.
[709] ALTHAUS, Deutsche Stunde, 1934, S. 12.
[710] Dies und die folgenden Zitate in: ALTHAUS, Trost Gottes, 1946, Predigt vom 1. Juli 1945, S. 251–253.
[711] Ebd., S. 254.
[712] Ähnliche Formulierungen zur Verantwortung der Führung ebd., Predigt vom 22. April 1945, S. 224f sowie vom 2. Christtag 1945, S. 297.
[713] Ebd., Predigt vom 14. Okt. 1945, S. 272.

nen aus dem Osten« und meinte damit die deutschen Flüchtlinge und Vertriebenen, während die sechs Millionen ermordeten Juden keine Erwähnung finden.[714] Er erinnerte von der Kanzel, dass polnische »Henker« 1939 bei Thorn 18 Deutsche erschossen haben sollen und lässt unerwähnt, dass deutsche Soldaten Millionen von polnischen Menschen ermordet haben.[715] Althaus vergaß auch die »Engländer und Amerikaner« nicht zu brandmarken, die mit der Bombardierung der deutschen Städte »schuldig sind an viel deutschem Blute«, während er die vorausgegangenen eigenen Bombardements verschwieg.[716] Mit einfühlsamen Worten ging Althaus auf »Leid und Not« im deutschen Volk der Nachkriegsjahre ein, sein Schicksal beschwor er in seinen Predigten.[717] Zweifellos galt Althaus' Empathie in diesen Ausführungen der Volksgemeinschaft und der Kirche mit deren Mitgliedern, er scheint aber gegenüber den nichtdeutschen Opfern der Verbrechen weder Mitgefühl noch Verantwortungsbewusstsein aufzubringen.

Das deutsche Volk und in ihm vor allem die Kirche erscheinen so in der Rolle des geprüften Opfers, des durch die Führung und ausländische Mächte ins Verderben und in unsagbares Leid geführten.[718] Die geschickte Akzentuierung der Ereignisse auf das eigene Leiden – insbesondere durch Auslassungen der Täterschaft – zusammen mit der seelsorgerischen Zuwendung der verunsicherten und desorientierten Menschen, ermöglichte es Althaus, sich seinen Zuhörern als unschuldige oder zumindest weniger schuldige Opfer zu fühlen. Damit bot er ihnen einen emotionalen Ausweg aus der Scham angesichts der Verbrechen von Auschwitz. Entlastend wirkte hier dann auch sein Reden vom geheimnisvollen Geschichtswalten Gottes.

Althaus verschwieg die Täterschaft nicht aus Unwissenheit über die Verstrickung der Kirche in den Nationalsozialismus. In seiner Predigt vom 22. April 1945, sechs Tage nach der Übergabe Erlangens an die Amerikaner, sprach er zu seinen Mitchristen in der Neustädter Gemeinde:

---

[714] Ebd., Predigt vom 2. Dez. 1945, S. 285, vgl. auch S. 282 sowie Predigt vom 14. Okt. 1945, S. 272f..
[715] ALTHAUS, Herrlichkeit Gottes, 1954, S. 127. Diese Predigt wurde schon am 21. April 1940 gehalten, ohne Korrektur und unkommentiert nach 1954 publiziert, obwohl inzwischen bekannt war, dass über sechs Millionen polnische Menschen im Krieg ermordet worden waren. Vgl. HAMM, Schuld, 1990, S. 15, Anm. 11.
[716] ALTHAUS, Herrlichkeit Gottes, 1954, Predigt vom 11. April 1952, S. 105.
[717] ALTHAUS, Trost Gottes, 1946, Predigt vom 1. Juli 1945, S. 252.
[718] Die Argumentation folgt hier HAMM, Schuld, 1990, S. 15.

»Sicher, wir sind nicht alle in gleichem Maße schuldig. Vielleicht könnte die christliche Kirche in Deutschland sagen: wir sind am wenigsten schuldig, wir haben nicht mitgemacht. Aber wir wollen so doch nicht reden. Wir Christen können nicht uns abseits stellen und sprechen: Wir haben es immer schon gesagt ... Hat es uns nicht längst gedrückt, daß wir Christen nicht lauter warnen konnten, daß wir zu viel geschwiegen haben?«[719]

Althaus leugnet die Schuld der Kirche nicht, aber er nimmt sie aus der Sphäre der Täter- oder Mittäterschaft heraus (»nicht mitgemacht«), charakterisiert sie als passive Unterlassung (»nicht lauter warnen«, »zu viel geschwiegen«) und verkleinert sie im Kontext ungleich größerer Schuld der andern. Mit Formulierungen wie »Schicksalsgesetzen«, die Gott über »uns walten« lässt, konnte er als Theologe die Schuld dann hinter dem geheimnisvollen Wirken Gottes zum verschwinden bringen.[720]

Demgegenüber steht die Tatsache, dass nebst der politischen Führung und der des Militärs eine Mehrheit in den Eliten von Kirche, Wissenschaft, Kultur, Wirtschaft, Verwaltung und Justiz für die Verbrechen des Nationalsozialismus mit verantwortlich waren. Unbestritten ist inzwischen, dass auch eine große Zahl von kirchentreuen Christen, besonders aber auch die Kirchenleitungen und theologischen Eliten mitgewirkt haben. Dass dies zu einer kirchlichen Normalität und Alltäglichkeit gehörte, drängte Althaus in den Hintergrund oder ließ es vollends ungesagt. Der Kirchenhistoriker Hamm fasst Althaus' Schulddiskurs treffend zusammen: Verhängnis wird gegen Schuld ausgespielt.[721]

12.5 Von der Ordnungstheologie zur unpersönlichen Schuld

1946 hatte die Beschäftigung mit dem Begriff »Schuld« Konjunktur, allerdings nicht unbedingt in der konkreten Benennung von Verantwortungen, sondern viel häufiger im allgemeinen, eher philosophischen Sinn.[722] In der Betrachtung der Nachkriegsereignisse kommt dem Umgang mit der Schuldfrage in der Theologie und der Kirche eine Schlüs-

---

[719] ALTHAUS, Trost Gottes, 1946, S. 226.
[720] Ebd., S. 266.
[721] HAMM, Schuld, 1990, S. 17.
[722] Grundlegend wurde der Diskurs über Schuld durch den Beitrag des Philosophen Karl Jaspers mit dem Titel Schulddebatte von 1946 geprägt. Aufschlussreich dazu besonders: RABINBACH, Shadow, 1997, S. 129–165. Für den Zusammenhang von Schuld und Moral vgl. GROSS, Nazism, 2007.

selrolle zu: Die Frage, wie Christen ihre Schuld bekennen, verließ dabei das geschützte Areal akademischer Reflexion und erlangte lebensentscheidendes Gewicht.[723] Paul Althaus fühlte sich nicht nur berufen, von der Kanzel aus seiner Gemeinde die Frage nach der Schuld zu erläutern. Er lieferte auch einen akademischen Beitrag mit grundsätzlichen Überlegungen zum Wesen von »Schuld« im Jahr 1946, in der auch seine Haltung über persönliche Verantwortung im gesellschaftlichen Kontext deutlich wird.[724]

Als erstes unterschied Althaus hier die sittlich-religiöse und die geschichtliche Schuld. Im sittlich-religiösen Kontext stünden die Menschen zum einen durch ihr Handeln in einer persönlich zu verantwortenden Urheberschaft und zum andern sind sie in die Gemeinschaft ihrer Familie und des Volkes eingebunden. Dabei forderte der Staat von allen, dass sie das Notwendige tun, um die Gemeinschaft zu erhalten. Wenn der Einzelne das nicht tue, zerbreche die »Ordnung« und es entstehe »Daseinsnot«. Schuldig könne der Einzelne dadurch werden, dass er diesen Anforderungen der Gemeinschaft nicht genüge, aber vor allem, wenn er nicht willentlich und von seinem Herzen her beteiligt sei. Dieser »Schuld der Tat und des Handelns« ist in Althaus' Theologie jedoch ein unbedingter göttlicher Anspruch an die eigene Person übergeordnet, dessen Verletzung eine Schuld höherer Ordnung nach sich zieht. Diesem Willen Gottes zu gehorchen, definierte für Althaus die eigentliche Schuldfrage: Ehrfurcht und Dank, Vertrauen und Gehorsam schulde ein jeder Gott.[725] An dieser Stelle führte er seine Ordnungstheologie über 1945 hinaus weiter. Stand in den zwanziger Jahren das Volk an erster Stelle seiner Ordnungskriterien, schreibt er nun von den »Verhältnissen«, in die Gott die Menschen setzte, zuerst zum »Nächsten«, dann zur Familie, zur Arbeit und zum Volk. Was der Mensch Gott schulde, sei das Leben in diesen Verhältnissen, wobei der Dienst an Gottes Ordnung über den Dienst am Mitmenschen hinausgehe. Liebe zum »Nächsten« bedeutet in dieser Theologie freudiger Gehorsam und Gewahrsein von Gottes Anspruch. Das »Seinsverhältnis zu Gott« fordere den Menschen ganz und sei allgegenwärtig. »Mein Herz macht mich schuldig«[726] und nicht etwa ein äußerer Akt, beschließt Althaus.

Liest man diesen Beitrag vor dem Hintergrund des Nürnberger

---

[723] BEINTKER, Erbe, S. 284.
[724] ALTHAUS, Schuld, 1946.
[725] Ebd., S. 4.
[726] Ebd., S. 7.

Prozesses gegen die Hauptkriegsverbrecher, zu dessen Zeit der Artikel erschien, wird die politische Brisanz dieses theologisch verklausulierten Textes deutlich. Althaus argumentierte streng offenbarungstheologisch, scheinbar auf einer theologisch rationalen Basis. In seiner Logik kann ein Mensch im gesellschaftlichen Bereich für seine Taten für schuldig erklärt werden, gleichzeitig aber – das göttliche System ist dem übergeordnet – in seiner Beziehung zu seinem Tun in Einklang mit dem Willen Gottes stehen. Das problematische dieser Weltanschauung ist, dass Althaus die kulturelle Prägung seines Verständnisses der göttlichen Instanz weder wahrnimmt noch zur Disposition stellt. Sie ist gottgegeben. Damit wird sein Weltbild hermetisch und fokussiert ausschließlich auf die Intention. Deutlich wird dabei, dass in diesem Denken kein Fokus auf die Auswirkung des eigenen Tuns gerichtet ist und keine feedbackorientierte Handlungsoption vorgesehen ist. Nicht Empathie, sondern der Gehorsam unter einem absoluten Prinzip ist die Richtschnur des Handelns.

Die zweite Kategorie von Schuld, die »geschichtliche Schuld« ist in Althaus' Theologie nicht die Sache einer einzelnen Person:

> »Es gibt freilich in unserem Leben auch ein Versagen, das nicht Sache unserer *Person* im strengeren Sinn ist. Es gibt ›geschichtliche Schuld‹, wenn in kritischer Lage Einsicht und Kraft nicht ausgereicht haben, um das Notwendige zu tun. Ein Mann hat nicht richtig zu denken und nicht sachgemäß zu handeln versucht. Aber diese ›geschichtliche Schuld‹ ist keine Schuld im engeren Sinn. Wir können unser Irren und unsere Ohnmacht in einer Entscheidungsstunde, die vollmächtiges politisches Handeln fordert, tief beklagen, aber wir können uns deswegen nicht anklagen – und hören hier auch keine Anklage Gottes. [...] Aber das Versagen als solches befleckt uns als *Person* nicht. Irren und Ohnmacht können ohne Schuld sein. Sie können geschichtliche Schande über uns bringen, aber deswegen nicht auch in jedem Falle persönliche Schande vor Gott. Sie sind Schwachheit, aber nicht Bosheit.«[727]

Althaus ignorierte dabei, dass Schuld in der Geschichte das Zusammenwirken der Handlungen eines sozialen Systems ist. In einem solchen System kann natürlich nicht immer das Geschehen einer jeden einzelnen Tat isoliert zugeordnet werden und der Verursachungszusammenhang ist komplex und schwer zu klären.[728] Althaus löste das Problem anders, denn er wollte den einzelnen nicht allein stehen lassen mit seiner persönlichen Schuld – weder im sozialen Kontext noch

---

[727] Ebd., S. 6.
[728] HERMS, Schuld, 1988, S. 354.

Paul Althaus 1952

gegenüber Gott. Auch wenn die Schuld das »ganz Persönliche« sei, so gebe es auch das »miteinander schuldig« sein.⁷²⁹ In der sogenannten »Schuld-Gemeinschaft« könne ein jeder die Schuld des anderen mit aufnehmen und stünden die Menschen in Gemeinschaft vor Gott.

> »Damit ist nicht gemeint, daß ich alles Konkrete, was an Furchtbarem in der Gemeinschaft, zu der ich gehöre, geschieht, mir auch als meine persönliche Schuld aneignen und zurechnen soll. Es handelt sich um das gemeinsame Wollen und Handeln, in dem ich mit allen anderen ein Wille, ein Akt war; nicht auch um das individuelle Böse der andern. Hier darf und soll ich mich abgrenzen [...] Und doch werden wir in tieferer Besinnung über dieses berechtigte Abstandnehmen auch wieder hinausgeführt. Nämlich dann, wenn wir erkennen, daß alles Böse, das irgendwo in meinem Volke, ja in der Menschheit geschieht, aus dem gemeinsamen Wurzelgrunde des menschlichen Herzen stammt, das überall und zu allen Zeiten das eine und selbe ist. Ich kann mich von den furchtbaren Taten distanzieren, aber nie von der inneren Verfassung, die in solchen Taten nur ausgebrochen ist.«⁷³⁰

Die Schuldgemeinschaft ist einzig Gott Rechenschaft schuldig, glaubt Althaus, niemals könne eine menschliche Instanz über sie richten. »Dem Erkennen und der Justiz einer menschlichen Instanz ist diese Schuldengemeinschaft in ihrer Tiefe und Weite entzogen. Nicht menschliche Richter können und dürfen mit mir über sie reden.«⁷³¹

12.6 Ein theologisches Problem: Verrat, Entweihung und Befleckung

Im Frühjahr 1946 unterrichtete Paul Althaus nicht nur seine Studenten an der theologischen Fakultät, sondern er war bereits als Vorsitzender des Entnazifizierungsausschusses tätig. Das Trinitatisfest am 16. Juni 1946 nahm er zum Anlass, in der Neustädter Kirche über das fünfte Gebot »Du sollst nicht töten« zu predigen und dabei einen direkten Bezug zum Krieg herzustellen:

> »Die Heilige Schrift verkündet, daß Gott dem Staat das Richtschwert gegeben hat, die Hoheit über Leben und Tod. Aber wie furchtbar ist diese Vollmacht mißbraucht worden [...] Wie ist es entartet zum ›Ausmerzen‹, zum ›Liquidieren‹ (o, diese gottlosen Worte!), zur ›Euthanasie‹, das heißt zum Morden geistig kran-

---

⁷²⁹ ALTHAUS, Schuld, 1946, S. 7.
⁷³⁰ Ebd.
⁷³¹ Ebd. S. 8.

kenund schwachen Lebens – als ob jemand anders als die heilige Majestät Gottes selber die Vollmacht hätte, hier die Grenzen zwischen Leben und Tod zu ziehen. Ihm sollten wir auch hier die Ehre geben. Wir sollten auch in dem siechen, verfallenden Leben das Menschenbild ehren, das nach Gottes Bilde gemacht ist, das Geheimnis der Leibe, das Gott auch mit den Allerärmsten hat. [...]«[732]

Unter den Augen der amerikanischen Besatzungsmacht benannte Althaus – ohne dabei jedoch die Täter zu benennen – die verschiedenen Tötungs- und Mordvarianten des NS-Regimes und prangerte besonders die Euthanasie an, die seine Tochter durch die Unterbringung in den Bodelschwinghschen Anstalten überlebt hatte.

»Gott hat der Obrigkeit auch das Kriegsschwert in die Hand gegeben, in Not und Bedrohung ihres Volkes und Landes es zu schützen mit der Waffe. Aber wie furchtbar ist der Krieg entartet, das Kriegsschwert befleckt worden, durch den Mord an fremden Völkern ohne Maß, selbst an den Frauen und Kindern und Greisen! [...] In einem würdigen, gerechten Kriege – es hat solche gegeben – bleibt das Leben des Feindes trotz allem heilig und wird außerhalb des Kampfes geschont. Durch den letzten Krieg, durch seine grauenvolle Entartung zum ›totalen Krieg‹ ist die Menschheit, die Scheu vor dem Bilde Gottes, das jeder Mensch trägt, himmelschreiend verraten worden. Wir bekennen es mit tiefer Scham, mit heißem Schmerz vor Gott und Menschen.«[733]

Ausgehend von einer Not und Bedrohung des Volkes sieht Althaus nach wie vor den Krieg als berechtigt an, bedauerte nur, dass er entartet war. Er glaubte an einen gerechten Krieg, der hier verraten wurde.

»Wir fühlen: da muß doch Sühne geschehen, unser Land und Volk muß gereinigt, entsündigt werden, der Boden, der so viel Blut getrunken oder Asche von Menschen gefressen hat – der Boden der Lüneburger Heide, wie ist er entweiht und befleckt durch Belsen, der Boden unseres Landes durch Dachau, Weimar, die Stadt Goethes und Schillers, durch Buchenwald. Es liegt ein Bann, der Fluch frevelhaft vergossenen Blutes auf dem deutschen Lande. Was soll denn nur geschehen? Die Strafe an den Verantwortlichen – wir fühlen es – ist noch keine rechte Sühne.«[734]

Selten liest man die Namen der Konzentrationslager in einer Predigt. Doch betrauerte er nicht etwa die ermordeten Menschen, sondern fühlte die Entweihung und Befleckung des deutschen Bodens durch das Blut und die Asche der Toten. Angesichts des Leidens der Opfer in den

---

[732] ALTHAUS, Gesetz und Evangelium, 1946, S. 54.
[733] Ebd., S. 55f.
[734] Ebd., S. 56.

Konzentrationslagern wirkt Althaus' Blut- und Bodennostalgie reichlich befremdend. Sollte tatsächlich die Demütigung und Befleckung der Volksgemeinschaft für Althaus auch jetzt noch schwerer wiegen als der Mord an Millionen von Opfern? Mit seinem Ringen um eine rechte Sühne schlug er schließlich ein Brücke zum Neuen Testament. Dabei glaubte er auch gleich beweisen zu können, dass der Schuld- und Sühnebegriff aus dem Alten Testament nicht erhellend sei. Fast beiläufig erklärte er in folgender Passage auch, dass das Neue Testament die einzig richtige Betrachtungsweise sei und das Alte Testament für dieses Thema ausgedient habe, womit er auf subtile Weise gleich noch die jüdische Tradition abwertete:

> »Das Neue Testament spricht im Hebräerbriefe von dem Blut Christi, das da besser redet als das Blut Abels. Abels Blut schreit verklagend gen Himmel (das Blut von Deutschen, der Juden, der Polen, und so weiter), aber Christi Blut sühnt Abels Blut, es ruft: Barmherzigkeit! [...] Wir können nicht anders sühnen als so, daß wir, die Christenheit in Deutschland, zuerst mit unserer Not und Scham über das, was Furchtbares geschehen ist, demütig unter Christi Kreuz treten, stellvertretend für unser ganzes Volk: ›Christi, du Lamm Gottes, der du trägst die Sünde der Welt, erbarme dich unser und nimm den Fluch, den Bann von unserem Lande!‹«[735]

Althaus bemühte schließlich das Gebot der Nächstenliebe und forderte von seiner Gemeinde, sich bewusst zu sein, dass Gott ihnen in den Mitmenschen begegne. Deshalb stehe der Nächste grundsätzlich über einem selbst. Er schärfte seinen Mitchristen ein, dass jeder der Nächste sein könne – und griff dabei auf seine alten rassischen Kriterien zurück:

> »Wir können nicht überall helfen. Nicht jeder ist dein Nächster. Aber jeder kann es werden. Du hast es nicht in der Hand, wen Gott dir zum Nächsten macht. Es kann auch der Rassefremde, der Jude sein. Vor allem: dein Feind, der dir wehe getan hat, den du nicht sehen magst, – er, gerade er ist wahrscheinlich durch Gottes Willen dein Nächster. Nicht nur die Franken und Bayern sind es für uns in Erlangen, sondern auch die Flüchtlinge aus dem Osten, die Schlesier, die Sudentendeutschen.«[736]

Nach seiner zeitweiligen Entlassung aus dem und Wiedereinstellung in den Universitätsdienst beschäftigt ihn die Schuldfrage in einem neuen Kontext. In seinem Aufsatz zum Thema *Recht und Vergebung* kommt er zum Schluss, dass die »Führerschaft« des deutschen Staates die Al-

---

[735] Ebd., S. 56f.
[736] Ebd., S. 58ff..

leinschuld am letzten Krieg trage. Als Deutscher müsse man »demütig ja sagen« zu den Strafprozessen. Althaus akzeptierte aber nicht die Einseitigkeit des Gerichts, die er darin sah, dass nur Siegermächte darin vertreten seien. Da außerdem jeder Mensch Schuld trage, müsse es um »gegenseitiges Vergeben und Vergessen« gehen. Und: »Die wirklich großen Verbrechen im Krieg soll jedes Volk bei sich selber ahnden.«[737] Seinen eigenen Beitrag, das Gutachten zum Arierparagrafen oder den Ansbacher Ratschlag, revidierte Althaus nie öffentlich. Anfangs sicherlich auch aus Kalkül: Keiner seiner Fakultätskollegen hatte offensichtlich diese Dokumente den Amerikanern zur Kenntnis gebracht, denn sie fanden in dem Spruchkammerverfahren keine Erwähnung. Einer größeren Öffentlichkeit wurde die Autorenschaft Althaus' erst mit dem Kirchentag von 1979 bekannt.

---

[737] ALTHAUS, Wahrheit des Evangeliums, 1948, S. 302f. Erstmals in: ALTHAUS, Paul: Zeitwende (20), 1948/49, S. 40ff.

Schluss

Einzug der Pfarrer in die neue Markuskirche (4. Dezember 1955), Paul Althaus geht in der Mitte der zweiten Reihe

Am 16. Mai 1948 erteilte die US-amerikanische Militärregierung für Paul Althaus die Wiedereinstellungsgenehmigung.[738] Paul Althaus blieb bis zu seiner Emeritierung 1956 Professor für systematische Theologie und wurde 1956 Mitglied der Bayerischen Akademie der Wissenschaften. Die Stadt Erlangen verlieh ihm am 2. Mai 1963 für seine Verdienste den Goldenen Ehrenring der Stadt. Es zählt zu den Strukturelementen der gesellschaftlichen Entwicklung in der frühen Bundesrepublik, dass die Eliten des Dritten Reiches – mit Ausnahme der politischen Führung – an ihre einstigen Berufskarrieren anknüpfen konnten.[739]

---

[738] Bayerisches Staatsministerium für Unterricht und Kultus an das Rektorat der Universität Erlangen, 4. Mai 1948, Universitätsarchiv Erlangen-Nürnberg, F2/1, Nr. 2186a, Althaus I.

[739] Zur Kontinuität von Eliten in der jungen Bundesrepublik grundlegend: FREI, Karrieren, 2001; zu den vergangenheitspolitischen Kontroversen in Westdeutschland

An der Rechtschaffenheit seines Verhaltens scheint Althaus selbst nie einen Zweifel gehabt zu haben. Noch im Entnazifizierungsverfahren, das im Jahre 1947 gegen ihn lief und ihn für ein Jahr von allen Lehrverpflichtungen entband, rechtfertigte er die politischen Schriften, die ihm zur Last gelegt wurden. Über *Die deutsche Seele* (1933) urteilte er selbstkritisch: »Von hintenach ist vieles in dieser Schrift als allzu verhaftet an die Stujde [Studie], als vorschnell und irrig erwiesen. Aber ich schäme mich ihrer auch heute trotz allem nicht.«[740] Das Erlanger Gutachten zum Arierparagrafen wurde nie Gegenstand der Anklage.

Die Rückblende auf seinen theologischen und (kirchen-)politischen Werdegang zeigte die mentalen Prägungen von Althaus und die Entwicklung seiner Ideologie im Spiegel des Zeitgeschehens. Sie begann mit der Studienzeit in Tübingen und Göttingen, es folgte sein Einsatz als Gouvernementpfarrer im besetzten Polen während des Ersten Weltkrieges. Die Erfahrungen in der Studentenverbindung und die damit verbundene intellektuelle Reflexion, wie sie in verschiedenen Publikationen zum Ausdruck kam, ließen ihn das (studentische) Gemeinschaftsleben klar im Dienste der deutschen Nation erleben. Es ist ein erstes Signal für sein Engagement für eine deutsche Volksgemeinschaft. Nebst dem sittlichen Anspruch an das deutsche Volkstum, wie er es aus lutherischer Perspektive kennen lernte, bezog er einen kulturethischen Standpunkt, der sich auf die Geschichte berief. Damit konnte er die nationale Idee mit der protestantischen Tradition optimal verbinden.

Althaus trat in die Fußstapfen seines Vaters und entwickelte sich nicht nur zu einem konservativen, der sogenannten Positiven Theologie zugehörigen Akademiker, sondern beschäftigte sich darüber hinaus seit seiner Berührung mit der deutsch-völkischen Bewegung in Łódź eingehend mit dem völkischen Gedankengut. In der bisherigen Forschung wurde eine scharfe Abgrenzung zwischen der völkisch-religiösen Bewegung und der protestantisch-kirchlich orientierten Theologie hervorgehoben. Dass einzelne Theologen die völkische Ideologie antizipierten, wurde durchaus eingeräumt. Althaus aber wurde in Łódź *Teil* der deutsch-völkischen Bewegung, ohne Mitglied eines Vereins oder einer Gruppierung zu sein. Die Grenzen waren fließend. Er

---

um die Reintegration der Täter empfehlenswert: VON MIQUEL, Ahnden, 2004; zu Kontinuitäten in der evangelischen Kirche in den unmittelbaren Nachkriegsjahren: VOLLNHALS, Kirche, 1989.

[740] Die Arbeiten der Erlanger, Stellungnahme Althaus: Die deutsche Stunde der Kirche 1933, o.D. Universitätsbibliothek Erlangen-Nürnberg NL Althaus Entlassung 1947. Vermutlich Protokollmitschrift.

förderte und verbreitete diese Ideologie nicht nur durch seine rege publizistische Tätigkeit in politischen, höchst brisanten Texten, er entwickelte auch eine eigenständige, von seiner Lutherrezeption inspirierte Volkstums-Ideologie. Mit der völkischen Bewegung teilte Althaus eine heilsgeschichtliche Vision der Volks- bzw. Blutzugehörigkeit, die es rein zu halten galt. Mit seiner Schöpfungstheologie lieferte er nicht nur die Rechtfertigung für die Idee der völkischen Abstammung, sie wurde auch die Grundlage für seine Zustimmung zu einem antiegalitären Gesellschaftsmodell. Althaus benutzte für seine Volkstumsideologie eine immer kriegerischere Sprache und theologisierte gleichzeitig den Krieg in affirmativer Weise.

In den Texten aus der Zeit des Ersten Weltkrieges und kurz danach finden sich schon alle Elemente, die er in reiferen Jahren zu einer hermetischen Ideologie über die Ordnung und Obrigkeit ausarbeitete. In diesem Sinne wurde hier sein politisch motiviertes Büchlein über *Pazifismus und Christentum* als Schlüsseltext besonders hervorgehoben.

Seine Unterstützung des Ersten Weltkriegs, an der er auch danach festhielt, entsprang der Idee, dass mit dem nationalen Gemeinschaftserlebnis auch die Überwindung des von ihm vehement abgelehnten Partikularen und Individuellen möglich werde. Opferbereitschaft des Einzelnen stilisierte Althaus zur höchsten Tugend. Durch seine strenge Offenbarungslehre konnte er den Krieg als Verwirklichung des Willens Gottes propagieren und die schreckliche Wirklichkeit – die Kehrseite des Krieges – als das »Böse« identifizieren, das aus dem Reich der Sünden stammte. Im christlichen Glauben eröffnete sich so für den jungen Theologen eine für ihn überaus klärende Perspektive auf das Rätsel des Krieges: Gott löst die Menschheit mit seinem Gericht von der »Herrschaft des Bösen«; durch den Krieg geschah in seinen Augen also auch eine Läuterung.

Die deutsche Niederlage wie auch der Statusverlust der evangelischen Kirche ließen Althaus nicht in einer anklagenden Haltung verharren, er war Optimist. Der Theologe verstand den gesellschaftlichen Umbruch als große Chance für die Kirche, neu um ihr Kirchenvolk zu werben. Indem er den Willen zur nationalen Selbstbehauptung mit theologischen Argumenten untermauerte, leistete er dazu seinen Beitrag. Selbst die Menschenrechte und die Idee der Gleichheit vor dem Gesetz versuchte er mit seiner Ordnungs- und Schöpfungstheologie zu entkräften. Oberstes Gebot blieb die von Gott geschaffene Ordnung und die Bindungen des Einzelnen an sein Volk, und diese galt es unter allen Umständen einzuhalten. Sein antidemokratisches Denken folgte hier letztlich einem ständischen Bewusstsein, worin konkrete Lebens- und Arbeitszusammenhänge den Platz des Einzelnen unverrückbar bestimmten. Er bezog auch explizit politisch Position – gegen die Demokratie und die Weimarer Verfassung – und verpackte dies in ein regelrechtes Dogma. Seine politische Theologie ließ keinen Widerspruch zu, denn er gab den Anschein, mit seiner Weltvorstellung genau im Einklang mit der göttlichen Offenbarung zu sein.

Mit seiner Schöpfungstheologie schuf Althaus auch eine neue theologische Begründung für Antisemitismus. In Abgrenzung zu völkischradikaler oder rassistisch-gewalttätiger Diskriminierung von Juden formulierte er in einem Vortrag von 1927 zu *Kirche und Volkstum* einen im Vergleich dazu »gemäßigten« Antisemitismus. Die darin enthaltenen Härten und Menschenrechtsmissachtungen gegenüber Juden deckte er mit dem beschönigenden Begriff der »Seelsorge am Antisemitismus« zu, die der Festigung der Volksgemeinschaft dienen sollte. Die bürgerliche Zivilgesellschaft in eine rassistische Volksgemeinschaft zu verwandeln, konnte nicht per »Führererlass« oder Gesetz erfolgen. Diese Transformation geschah in einem langen politischen Prozess. Michael Wildt beschreibt in seiner neusten Studie die politische Praxis nicht nur innerhalb der großen Städte, sondern gerade in der Provinz, in den Dörfern und kleinen Gemeinden, die diese Vergemeinschaftung förderte.[741] Theologen wie Althaus – gerade auch in ihrer »moderaten« und nicht gewaltidentifizierten Haltung – trugen schon in der Weimarer Zeit dazu bei, das Konzept der Volksgemeinschaft in kirchlichen Kreisen zu etablieren.

Seine politische Positionierung war immer auch verknüpft mit einer theologischen Haltung. Als lohnenswert für das Geschichtsverständnis von Althaus hatte sich in dieser Arbeit der Blick auf seine Beiträge zur Ethik und zur Eschatologie erwiesen, die in direktem Bezug zur Umbruchsituation der zwanziger Jahre standen. Althaus sah, wie bereits erwähnt, in der Geschichte den Willen Gottes verwirklicht. Entscheidend war nun, dass er gerade im »Bösen« einen heilsgeschichtlichen Aspekt verortete und gerade in der Polarisierung von »Gut« und »Böse« ein Indiz für das baldige Kommen des Reiches Gottes identifizierte. In den Ohren der Opfer der Geschehnisse mag diese Offenbarungslehre wie eine Verhöhnung ihres Leides klingen.

Seine akademische Laufbahn stützte sich auf ein weitverzweigtes intellektuelles Netzwerk. Ein Kennzeichen von Althaus war zum einen

---

[741] WILDT, Volksgemeinschaft, 2007.

seine immense publizistische Tätigkeit als Autor und Prediger, aber auch als Herausgeber verschiedenster, im wissenschaftlichen Bereich bedeutender Zeitschriftenprojekte. Zum anderen stand er nicht nur mit seinen apologetischen Kampfgenossen in regem Austausch, sondern suchte immer auch das Gespräch mit theologischen Kontrahenten wie beispielsweise Karl Barth. Dies darf aber nicht darüber hinweg täuschen, dass sich dies immer in den Bahnen des protestantischen Konservativismus abspielte. Mit dem sozial-religiösen Paul Tillich wollte er beispielsweise 1935 nicht einmal gleichzeitig auf einer internationalen Tagung zum Luthertum auftreten.

Das in der Weimarer Zeit von jüdischer Seite angebotene theologische Gespräch nahm er nicht an, was letztlich kaum überrascht, da er dazu offenbar absolut keinen persönlichen Bezug hatte. Im Gegenteil: Er betrachtete es als Frontdienst, den hegemonialen Anspruch des Evangeliums dem modernen Judentum gegenüber zu verteidigen. Verschanzt hinter dem Katheder seines Lehrstuhls kanzelte er noch in der Weimarer Republik jüdische Gelehrte wie Martin Buber, Franz Rosenzweig, Max Brod und Constantin Brunner schulmeisterlich anmutend und respektlos ab.

Das Klima an der Friedrich-Alexander-Universität Erlangen gab ihm entsprechenden Rückenwind. Die Entwicklung seiner theologischen Auffassung und Gesinnung in Richtung auf eine Verschmelzung von geistlichem mit weltlichem Gehorsam einerseits und dem Aufgehen des individuellen Christen im nationalcharakteristischen Volkstum andererseits traf hier auf einen denkbar fruchtbaren kulturhistorischen Nährboden. Die Verbindung von Universitäts- und Stadtgeschichte ermöglichte es hier herauszuarbeiten, welche Bedeutung Althaus im Zusammenspiel mit seinen Fakultätskollegen zuzumessen war. Da die theologische Fakultät Erlangen im katholischen Bayern die einzige protestantische war, prägt Althaus Generationen von Theologen und Pfarrern als akademischer Lehrer. Ihm gelang es, die Bewunderung und Faszination seiner Schülerschaft auf sich zu ziehen; seine Vorlesungen bildeten Höhepunkte des Curriculums und seine Hörsäle waren stets voll.[742] Die außerordentliche Wirkung des Lehrers, Predigers und Autors lässt erahnen, welche Spuren seine Schriften und Reden in den Herzen und Köpfen der ihn bewundernden Studenten und

---

[742] Sein Schüler Beyschlag berichtet von den brechend vollen Vorlesungen und Sprechstunden, in denen Althaus in geistiger Hingabe seine Studenten betreut haben soll. BEYSCHLAG, Theologie, 1993, S. 184f.

Gläubigen hinterlassen haben. Es gelang Althaus, den Spannungsbogen zwischen seelsorgerischer Grundhaltung und Empathie mit dem ihm Vertrauten einerseits und einem hochaggressiven geistigen Umfeld mit in härtestem Schwarz-Weiß gemalten Feindbildern andererseits zu halten. Dafür dürfte ihm seine Erfahrung als Militärpfarrer in Łódź gedient haben. Seine bevorzugte Balance des Sowohl-als-auch lässt ihn harmonisierend auf den Zeitgeist wirken und gleichzeitig – gelegentlich durchaus aktiv – radikaleren Stimmen das Trittbrett für die Grenzüberschreitung bieten. Die Studentenschaft in Erlangen – fast 30 Prozent davon waren 1933/34 an der theologischen Fakultät eingeschrieben – radikalisierte sich in der Weimarer Zeit. Erlangen wurde zur ersten Hochburg des nationalsozialistischen Studentenbundes, den die Universitätsleitung keineswegs in die Schranken wies.

In der Machtergreifung sah Althaus eine »Gabe Gottes« und erhoffte sich eine »deutsche Wende«. Mit seine Schriften zur Schöpfungstheologie, Ordnungstheologie und Ethik war er bestens vorbereitet, die Machtergreifung als Verwirklichung von Gottes Willen zu erleben. Einen entscheidenden Beitrag zur Legitimierung der Entrechtung von Juden leistete er mit seinem theologischen Gutachten zur Einführung eines Arierparagrafen im kirchlichen Bereich in Analogie zum »Gesetz zur Wiederherstellung des Berufsbeamtentums« vom 7. April 1933.

Während im staatlichen Bereich die »nichtarische Abstammung« als Begründung für die Diskriminierung herangezogen wurde, nahm die Kirche in der analogen Diskussion den Begriff »Judenchristen« auf und knüpfte damit an einen Begriff an, der auf das Neue Testament zurückgeht. Die Verwendung des Begriffes »Judenchristen« im Zusammenhang mit dem Arierparagrafen brachte eine theologische Bedeutungsverschiebung mit sich. Es ging nicht mehr darum, »Judenchristen« als Ausgangspunkt des Christentums zu betrachten und eine Integration bzw. Bekehrung von Juden über das Glaubensbekenntnis zu vollziehen, wie es zu Beginn des Christentums geschah. Der Begriff zielte im neuen politischen Kontext nun vielmehr auf den Ausschluss von Christen jüdischer Herkunft aus einer christlichen Gemeinschaft, die sich nun über das deutsche Volkstum definierte.

Die Frage nach der Übernahme des Arierparagrafen blieb in der lutherischen Landeskirche Bayerns in der Praxis ein Randthema. Weder war es in Bayern akut – die Anzahl von Pfarrern jüdischer Herkunft war verschwindend klein – noch gaben die verschiedenen Stellungnahmen eine eindeutige Richtung vor. Die Diskussion um den Arierparagrafen wurde vielmehr von der kirchenpolitischen Auseinandersetzung zwischen der lutherischen Fraktion mit den Deutschen Christen überlagert. Das Hauptinteresse galt 1934 der Abwehr deutsch-christlicher Usurpationsbestrebungen. Althaus trat als Vermittler auf den Plan: Während er den radikalen Flügel der Deutschen Christen, die Thüringer, publizistisch in die Schranken zu verweisen versuchte, baute er auf der anderen Seite Brücken zwischen dem lutherischen Teil der Bekennenden Kirche, wie sie von Landesbischof Meiser vertreten wurde, und dem gemäßigten Teil der Deutschen Christen, um mit gemeinsamen Kräften eine lutherische Reichskirche zu schaffen. Als Vermittler zwischen den Fronten stieg Althaus auf Reichsebene zu einem einflussreichen Kirchenmann auf. Er war ein willkommener Berater des Reichskirchenministeriums und arbeitete damit dessen »Befriedungspolitik« willig entgegen. In dieser Zeit suchte er sogar den Dialog mit der Thüringer Glaubensbewegung Deutscher Christen.

Auf dem Höhepunkt seiner politischen und wissenschaftlichen Karriere veröffentlichte er im Jahr der Olympischen Spiele *Obrigkeit und Führertum* (1936), das zweite Buch, das ihm später die US-Militärbehörde im Entnazifizierungsverfahren vorgehalten hat. Darin legitimierte Althaus die Herrschaft Hitlers theologisch mit seiner bereits bekannten Ordnungstheologie. Erneut erhob er die Volksgemeinschaft in den Rang einer von Gott geschaffenen Ordnung und glaubte im deutschen Volkstum selbst die Offenbarung zu erkennen. Mit diesem Buch hat Althaus wesentlich dazu beigetragen, das Konzept der Volksgemeinschaft – ein Kern der nationalsozialistischen Ideologie – für den Protestantismus theologisch zu untermauern. Ganz im Sinne seiner über Jahre hinweg aufgebauten heilsgeschichtlichen Ideologie war er 1939 in einer Predigt gar imstande, die Judenverfolgung als sichtbares Zeichen der Verheißung Gottes zu verkünden.

Trotzdem sich Althaus selbst deutlich politisch und theologisch positionierte, bleibt in der Theologiegeschichte nach 1945 die Tendenz bestehen, Althaus nicht als Akteur der Geschichte zu sehen, sondern als Opfer seiner eigenen Ideen. Der Lutheraner und Systematiker Walter Sparn kommt in seinem Porträt verständnisvollen zum Schluss: »Althaus ist zweifellos niemals Nationalsozialist gewesen, gleichwohl ist er angesichts der nationalen Katastrophe und angesichts der Entchristlichung Deutschlands einer politischen Romantik erlegen, die ihn für die Revolution von rechts votieren ließ.«[743]

---

[743] SPARN, Althaus, 1998, S. 24.

Erst die Enkelgeneration wagte Ende der 70er Jahre, ihre akademischen Lehrer öffentlich über wenigstens einen Aspekt der Rolle von Paul Althaus und Werner Elert während des Dritten Reiches zu befragen. Die Debatte am Kirchentag von 1979 in Nürnberg kreiste um das Erlanger Gutachten zum Arierparagrafen. Immerhin wurde das fatale Zusammenspiel zwischen der Schöpfungstheologie mit ihrer Vorstellung über völkische und biologische Bindungen an die gottgegebene Ordnung und den deutsch-nationalen und antisemitischen Vorurteilen erkannt. Wie sich diese Ideologien gegenseitig stützten, ist eine der Erkenntnisse dieser Studie.

Wenngleich manche Theologen und Theologinnen des Kirchentags von 1979 Althaus und Elert noch als vom NS-Regime »verführte« und »geblendete« Zeitgenossen sahen und sie von ihrem Mitwirken an der Ideologie des Nationalsozialismus entlasten wollten, schien mit dem Kirchentag in Erlangen eine neue Phase der Kirchengeschichtsschreibung ihren Anfang zu nehmen. Deren Auftakt machte eine Ausstellung zum 50-jährigen Gedenken an die Pogromnacht vom 9./10. November 1938 im Jahre 1988. Inzwischen liegt nicht nur eine Absichtserklärung der Evangelisch-Lutherischen Kirche Bayerns vor, nachhaltige Forschungen zur Rolle der evangelischen Kirche im Dritten Reich zu fördern, sondern es wurden auch erste empirische Studien veröffentlicht, wie diejenige von Axel Töllner über die Pfarrfamilien mit jüdischen Vorfahren.

Die Frage nach der ideologischen Beteiligung der Theologie an der Ideologie des Nationalsozialismus und die Kontinuität der Wissenschaften nach 1945 bleibt weiterhin ein brisantes Thema, woran sich schnell eine hitzige Debatte entzünden kann. Karlmann Beyschlag steht exemplarisch für eine Generation von Theologen, die offensichtlich nicht nur ihren akademischen Lehrer Paul Althaus von jeglicher Kritik beschützen möchten, sondern auch die Theologie an sich keiner kritischen historischen Reflexion ausgesetzt wissen möchten. Mit der Einbettung in den zeitgeschichtlichen Kontext laufen denn auch manche der theologischen Konzepte des Systematikers Paul Althaus Gefahr, in ihren Grundlagen erschüttert zu werden.

Auch Althaus selbst hat seine Schöpfungs- und Ordnungstheologie nach 1945 keiner kritischen Selbstreflexion unterzogen. Seine Beiträge zum Thema Schuld nutzte er dafür, sein Konzept der »Volksgemeinschaft« in eine »Schicksalsgemeinschaft« umzudeuten und dabei die Ideen der Ordnungstheologie beizubehalten.

Die politische Theologie von Althaus kann nicht über seine fachwissenschaftlichen Publikationen wie Monografien und Zeitschriften alleine erfasst werden. Die brisanten Textstellen für dieses Thema sind in den zumeist populären Druckschriften zu finden: Tages- und Wochenzeitungen, Universitäts- und Kirchenzeitschriften sowie selbstständig erscheinende Kleinschriften, wie beispielsweise Reden, Predigten und Andachten. Dort werden die politischen und ethischen Bezüge zur Zeitgeschichte deutlich und entfalten eine größere Breitenwirkung. Gerade diese populären Schriften sind aber schwer zu erfassen und sind in den Bibliotheken kaum erwähnt. Für Althaus sind nun durch diese Studie und die Arbeit von Roland Liebenberg große Teile dieser Schriften kritisch untersucht und bibliografiert.

Die geistesgeschichtliche Entwicklung, wie sie exemplarisch anhand des Lutheraners Paul Althaus dargestellt wurde, macht deutlich, dass die sogenannte protestantische Mitte – also weder die Bekennende Kirche noch die Deutschen Christen – selbst am ideologischen »Straßenbau« mitgewirkt hat, der Hitler den Weg bereitete: Sie lieferte eine Ideologie, die Gehorsamkeit gegenüber der Obrigkeit verfestigte und einem antiegalitären Gesellschaftsmodell Vorschub leistete. Im Konflikt zwischen der Staatspolitik und einem möglichen Gespür für allgemeine Menschenrechte hatte sich die evangelische Kirche unter der theologischen Wegweisung Althaus' für die Priorität der Gottesordnung und der Volksgemeinschaft über der Empathie für den Einzelnen entschieden. Damit ist sie einem ähnlich unheilvollen Weg gefolgt wie die katholische Kirche, die den Schutz der Menschenrechte der Priorität der Seelsorge und der Rettung der Seelen opferte.[744] Der in der protestantischen Gesellschaft tief verwurzelte Antisemitismus trug sein übriges dazu bei, dass die Entrechtung und Verfolgung von Juden als »nötige«, wenn auch »harte« (staatliche) Maßnahmen akzeptiert wurden.

Trotz aller Befürchtungen, Hitler würde die Kirchen entmachten und gar selbst zur Zielscheibe seiner Verfolgungsmaßnahmen machen – eine Vorstellung, die vor allem in der Nachkriegszeit Konjunktur bekam – trat dies zu keinem Zeitpunkt ein. Auch wenn die Einflusssphäre der Kirche durch staatliche Eingriffe empfindlich gestört wurde, waren theologische Positionen, wie sie Althaus vertrat, nie in Gefahr. Seine Theologie war von Anfang an anschlussfähig.

Über diese Studie hinaus wird deutlich, dass Widerstand gegen die NS-Judenpolitik für Menschen, die sich mit dem christlichen Glauben identifizierten, ein Kampf an zwei Fronten war. Widerstand gegen die

---

[744] WOLF, Kirche, 2008.

NS-Judenpolitik richtete sich nicht nur gegen das Regime, er stand auch ohne Rückhalt in der Kirche da. Denn gläubige Christen standen damit nicht nur im Widerspruch zur NS-Herrschaft und zur offiziellen Kirchenpolitik, sondern auch im Gegensatz zur theologischen Lehrmeinung. Diese forderte von den Christen Gehorsam gegenüber der staatlichen Obrigkeit und eine Unterwerfung unter die durch Gottes Wirken und durch die Kirche vermittelte sittliche Moral. Sich als einzelner Mensch für Juden einzusetzen und gegen den Führerstaat zu handeln, brauchte demzufolge tatsächlich Mut und als Basis eine eigene, individuelle moralische Urteilsfähigkeit, die in der Ethik von Althaus nicht vorgesehen war. Mit dieser abschließenden Bemerkung möchte ich betonen, dass Theologen wie Althaus nicht nur die NS-Judenpolitik gewähren ließen, sondern gleichzeitig auch innerkirchlich für Menschen, die an die Menschenrechte glaubten und Zivilcourage an den Tag legten, eine zusätzliche Hürde installierten.

Dokumente

Paul Althaus: Rede zur Enthüllung des Kriegerdenkmals vom 1. Juli 1930[745]

Magnifizenz! Hochansehnliche Versammlung!
Kollegen! Kommilitonen! Mitbürger!

Warum haben wir dieses Denkmal für die Gefallenen unserer Universität errichtet? In den Familien derer, die starben, und bei den Freunden kränzt man ihr Bild immer wieder mit dem Grün oder den Immortellen unverwelklicher Treue, Dankbarkeit, Sehnsucht. In den Verbindungshäusern künden die Ehrentafeln schmerzlich-stolz die Schar der für das Vaterland gefallenen Bundesbrüder, und in feierlicher Stunde wird ihrer gedacht. Was soll unser Denkmal noch?
Die Toten gehören nicht nur ihren Familien und Freunden und Bünden. Sie gehören auch der Universität. Wir, die Universität, die Lehrer, die alten und die jungen Kommilitonen, sind in Wehmut stolz, daß fast 400 der Unseren, Studenten, Lehrer, Beamte, ihr Leben hingegeben haben. Wir schulden ihnen ein Zeichen dieses dankbaren, ehrfürchtigen Stolzes. Eine Hochschule ist stolz, wenn ihre Hörsäle gefüllt sind. Aber stolzer noch gedenkt sie der Leere ihrer Auditorien im ersten Kriegssemester, als die akademische Jugend wie ein Mann kriegsfreiwillig unter die Fahnen geeilt war. Stolz sind wir auf den Geist unserer Verbindungen, der sich damals in der Bereitschaft zum Opfer und Tode bewährt hat. In den »Blättern der Erinnerung«, jenem den Erlangen Gefallenen 1920 von der Hand des verstorbenen Professors Hermann Jordan errichteten Ehrendenkmal, lesen wir von einem jungen Theologen, Mitglied der Burschenschaft Frankonia, der sich vor dem letzten Sturmangriff das Band seiner Verbindung umlegte mit den Worten: »So, als Franke stirbt sich's leichter!« Das war der Geist, der Geist aller Verbindungen. Lesen wir in den Briefen und Aufzeichnungen der Gefallenen, hör'n wir, wie sie starben – bei so manchem geht uns das Dichterwort durch

---

[745] Abschrift im Nachlass Paul Althaus, Universitätsarchiv der Universität Erlangen. Eine gekürzte Fassung wurde am 2. Juli 1930 im Fränkischen Kurier abgedruckt. Diesen Hinweis verdanke ich Gotthard Jasper.

den Sinn: »Er war unser – mag das stolze Wort den lauten Schmerz gewaltig übertönen!«

Das Geschlecht der akademischen Frontkämpfer hat gewiß starke seelische Wandlungen in den vier Jahren durchlebt; es wandelte sich mit dem Kriege selbst, der immer härter, unerbittlicher, grauenvoller wurde. Das Antlitz der Toten von 1914 und das Antlitz der Toten von 1917 und 1918 – wie verschieden waren sie. Die Begeisterung des Anfangs, das leuchtende Heldentum der Jünglinge hatten sterben müssen in Schlamm und Blut, in Gas und Grauen: die singende Jugend von 1914 wurde schweigsam und einsam, reif und herb und wissend über die Jahre, in tausend Todeshöllen erfahren.

Eins aber blieb: unsere Brüder waren auch zuletzt, als nur noch die gehorsame Treue und das eiserne Pflichtbewußtsein das Handeln und Harren und Dulden trugen, innerlich wahrhaft Kriegsfreiwillige. Eins blieb als leuchtender Adel diese Jugend bis zum letzten Tage des Krieges: die Bereitschaft zu sterben, bei aller heißen Liebe zum Leben und zur Heimat. Sie haben – das zeigen ihre Briefe – ihr Leben nicht verloren, sondern eingesetzt und, ob auch immer wieder durch schweren inneren Kampf hindurch, innerlich hingegeben.

Das Bild dieser Jugend, die sterben konnte, bleibe unter uns lebendig! Dazu richten wir das Denkmal auf. Unsere toten Brüder schweigen. Das Geheimnis der Grenze, der rätselvolle Abgrund des Todes liegt zwischen ihnen und uns. Aber ihr vergossenes Blut redet. Aber damit ich die ganze Wahrheit sage: aus ihrem Sterben dringt eine Stimme zu uns, die gewaltige Stimme dessen, der allein einem Menschenherzen von innen her gebieten kann. Was redet die Stimme? »Wer sein Leben hingibt, der gewinnt es in Wahrheit. Wer sein Leben festhält, der verliert es.« Man lebt in Wahrheit nur so viel, als man sterben kann.

Kollegen und Kommilitonen, gegenüber unseren Arbeitsräumen steht das Denkmal unserer toten Brüder. Daß sein Schatten mächtig hineinfalle in alle unsere freie Geistigkeit, in unser Forscher- und Spezialistentum, in Erkenntnisfreud und Erkenntnisstolz! Daß es uns immer wieder mahne: unsere Geschichte, unser Volk fordert aus seinen Hochschulen ein Geschlecht, das mehr hat als einen Schulsack (so hochnötig er ist) und freie Bildung und Geist, ein Geschlecht, das sterben kann, auch mitten im Frieden sterben kann, das heißt: sterben sich selber, den Eitelkeiten und Selbstsüchten und Interessen und hingegeben dient am deutschen Leben! Daß uns das Denkmal ständig erinnere an das wahre Geheimnis von Leben und Sterben – sub specie aeternatis! Daß wir nie vergessen: es gilt für jeden von uns nichts Geringeres als ein Leben zu leben – und des Lebens höchste würde und wahrer Sinn ist, es still hinzugeben – da wo es von uns gefordert wird.

Aber die gewaltige Stimme, die durch das Blut unserer Brüder redet, spricht noch weiter. Sie zeigt uns unser Vaterland, umkränzt von dem Walde der schlichten Holzkreuze vom Elsaß bis ins Baltikum, vom Balkan bis Flandern, rings umflossen von einem Strom des Blutes deutscher Jugend.

»Vaterland«, wahrlich das Wort, in glücklichen Tagen oft nur ein Schatten für uns, hat Blut getrunken und ist zur mächtig verpflichtenden Wirklichkeit für uns geworden. Geflossenes Blut bedeutet Weihe, begründet schwere Verantwortung. Vaterland,

»Heldenblut ist dir geflossen.

dir sank der Jugend schönste Zier –

nach solchen Opfern, heilig-großen –«

Vaterland, wie dürften wir deiner nun vergessen! »Nach solchen Opfern« heißt es doppelt: »nichtswürdig ist die Nation, die nicht ihr Alles freudig setzt an ihre Ehre.« Nach solchen Opfern ist es zehnfacher Ernst, was Ernst Moritz Arndt fordert: »daß keine Liebe dir heiliger sei als die Liebe zum Vaterland und keine Freude dir süßer als die Freude der Freiheit.«

Zur Liebe sind wir gerufen. Wo aber Liebe ist, da muß auch Zorn und Haß sein. Das Blut unserer Brüder ruft uns zum Haß wider die Treulosigkeit und Trägheit, die das Erbe verschleudert, wieder das Gift, das aus den Großstädten zersetzend durch den Volkskörper schleicht, wider das Spiel mit der Heiligkeit der Ehe, das ein Spiel mit dem Leben, ein Tanz mit dem Tode unseres Volkes ist. Nach solchen Opfern, heilig großen – das Vaterland hat ein Recht auf unsere strenge Zucht, auf die völlige Treue, auf die Verantwortung für alles deutsche Blut, für das ungeborene Leben unseres Volkes.

So redet das Blut unserer Brüder – und diese Sprache soll das Denkmal weitergeben. Wir haben das bitter nötig. Vaterland, Freiheit – wie drohen diese hohen Wirklichkeiten uns verschüttet zu werden in unseren bösen Tagen! Wieviel Schutt hat sich darüber gelegt: die brutale Last der wirtschaftlichen Fragen, das Elend des Parteiwesens, der tägliche Kampf ums Dasein, die elende Macht der Gewöhnung, der Schwall großer weltbürgerlicher Worte und Ideen. Fühlen wir nicht oft mit Erschrecken, wie stumpf wir geworden sind, wie wir uns schon gewöhnen an die Armseligkeit von heute? Selbst und gerade die die geringen Erfolge auf unserem mühseligen Wege, die Tage, die eine Entlastung bringen, verführen uns nur, verrücken den Maßstab.

Wir denken heute mit dem ganzen deutschen Volke an die Befreiung des Rheinlandes und der Pfalz von der fremden Besatzung. Kein Feind hatte im Kampfe den rheinischen und pfälzischen Boden betreten – wie bitter war uns danach die zwölfjährige Fremdherrschaft! Unserer Brüder lebendiger Wall hielt die feindlichen Heere fern – wie bitter, daß wir nun über den Gräbern der Unbesiegten um die Freiheit deutschen Bodens mit den Siegern rechten, rechnen, handeln, ein Stück deutscher Zukunft verkaufen mußten! Und dennoch, und dennoch, trotz aller bitteren Empfindungen – unsere Herzen sind von Mitfreude und Freude bewegt: Denn die Glocken am Rhein und Pfälzer Wald läuten heute freudevoll wie seit 12 Jahren nicht. Die Trikolore ist eingezogen. »Deutschland über alles« darf wieder gesungen werden am deutschen Rhein. Die Knaben wachsen nicht mehr auf im schmählichen Anblick fremder Fahnen. Vor allem: Pfalz und Rheinland sind unser geblieben. Der französische Traum vom linken Rheinufer ist für dieses Mal ausgeträumt. Der Separatismus von Frankreichs Gnaden ist zuschanden worden. Deutsches Land ist deutsch geblieben, weil deutsche Herzen nicht verdorben, sondern deutsch geblieben sind. In Bewunderung und Dankbarkeit grüßen wir das tapfere Volk am Rhein. Dank, Dank unseren Brüdern dafür, daß sie unbeugsam gelitten, gerungen, an Deutschland geglaubt haben. Sie selber sind die wahren Befreier ihres Landes geworden!

Aber – es muß gerade heute gesagt werden – daß uns das Wort »Befreiung« nur nicht betöre! Rheinland- und Pfalzbefreiung – bedeutet sie schon deutsche Freiheit? Man verbietet uns die Wacht am Rhein auch fürderhin. Das Recht des freien Volkes, wehrhaft zu sein, bleibt uns unwürdig beschränkt. Man schlägt unsere Volkskraft in Fesseln. Das deutsche Volk jenseits unserer Reichsgrenzen muß es täglich spüren, daß es nicht mehr getragen wird von der weithin wirkenden Macht eines starken Reiches. Wahrlich, das ist nicht die deutsche Freiheit! Die Knechtschaft hat noch kein Ende. Und Friede? Ist es Friede, wenn in dem Friedensdokumente unser guter Name entehrt ward? Heißt ein Völkerbund Friede, in dem wir nicht gleichen Rechts des Freien sind?

Daß wir in unserer Lage zwischen Kampf und Frieden, zwischen Knechtschaft und Freiheit nie vergessen, was Freiheit, was Friede in Wahrheit sind! Daß wir uns das Auge nicht trüben und die Begriffe nicht verfälschen lassen! Daß wir unsere Kinder sich nicht gewöhnen lassen? Daß wir sie ernstlich lehren, was Freiheit und edler Friede, was »Deutschland hoch in Ehren« ist.

Dabei soll uns dieses Denkmal helfen. Noch ist es unser Bild: der nach übermenschlichem Ringen gefesselte Krieger mit dem zerbrochenen Schwerte. »Vergeßt es nicht, daß ihr Fesseln tragt!« – ruft uns das Denkmal zu.

Und doch: wir danken es dem Künstler, daß er nicht nur dies predigt mit seinem Werke.[746] Er ist selber hinausgewachsen über seinen ersten Entwurf, der, aus tiefem vaterländischen Schmerze über die deutsche Tragödie, den germanischen Krieger nur als niedergebrochen zeigte. Nein, nein, das kann nicht alles sein! Der Kämpfer unseres Denkmals ist nicht niedergebrochen und nicht entmannt. Trotzige Entschlossenheit spricht sein stolzes Antlitz. Gewaltige, eiserne Muskeln lassen uns spüren: es kommt der Tag, da wird der Sitzende aufstehen und die Fessel brechen. »Ich werd nicht sinken, sondern aufstehn« – das verkündet die Gestalt.

Das ist der in tausend Toden bewährte Frontgeist, der uns not tut. Daß er von den Gräbern unserer Brüder her uns durchfahre und hinnehme: daß wir deutsche Freiheit unablässig denken und unerschütterlich glauben und unermüdlich, unenttäuscht um sie ringen.

Wann die Freiheit kommt – Gott allein weiß es. Wie sie kommt – Gott allein, der Lebendige, der Herr der Völkergeschicke weiß es.

Uns ist nur so viel gewiß: Unser Ringen um die deutsche Freiheit wird zunächst gar anders sein als das unserer Brüder. An den Gräbern der Gefallenen sterbe alle Phrase, schweige alles hohe tönende Wort, sei aller Romantik und Illusion über unsere Lage, Möglichkeit und Aufgabe der Abschied gegeben. Der Weg ins Freie fängt bei uns daheim an. Das heißt für uns heute in unserer Lage deutscher Freiheitskampf: Darum zu ringen mit alten Kräften, daß wir endlich aus zwei Völkern wieder ein Volk werden, daß die eiternde Wunde am deutschen Leib sich reinige und schließe, daß wir Deutschen uns untereinander in dem, was ein Volk zur Nation macht endlich, endlich wieder verstehen. Wer heute ohne Verrat an deutschem Wesen wirklich sammeln kann, der ist der Mann unserer kommenden Freiheit.

[746] Die Universität hatte sich auf den Denkmalsentwurf des Münchner Bildhauers Eduard Beyrer geeinigt, der andernorts wegen seines martialischen Pathos und mangelnder künstlerischen Qualitäten abgelehnt worden war. Rektor Bruno Fleischer, dem Nationalismus und Militarismus genauso entsprach wie Althaus, beschrieb in seiner Rede zur Enthüllung des Denkmals die Symbolik des gefesselten Kriegers wie folgt: » Niedergezwungen, in Ketten gelegt, mit gebrochenem Schwert, aber in ungebeugtem Trotz angespannt, bereit die Ketten zu sprengen, die ihm die Freiheit rauben« Am 1. November 1946 wurde die Figur auf Befehl der amerikanischen Militärregierung beseitigt; übrig blieben die acht sarkophagähnlichen Gedenkblöcke mit den Namen aller Gefallenen. FRIEDRICH, CHRISTOPH / STADTMUSEUM ERLANGEN, Universität, 1993, S. 331.

Wir wollen alle darum eifern und ringen – jeder an seinem Posten. Und unser Ringen sei dann ein Beten und Anklopfen und Rufen zu dem, der die Völker kommen und gehen heißt. Er fordert die Opfer – und hat doch die Freiheit sie anzunehmen oder sie nicht so anzunehmen, wie sie von den Menschen gedacht waren. Ihn wollen wir fürchten in Demut und Ernst. Gegen Menschen trotzen wir. Er aber läßt sich nicht trotzen, nicht fordern, nicht berechnen, nicht zwingen – nur eines: wir dürfen ihn handelnd anrufen: daß er unser Volk an seiner Lebensenge und Wirtschaftsnot nicht sterben und verderben lasse. Daß er uns neues Geist und echte Führer gebe. Wir bringen vor ihn, den Lebendigen, das Blut unserer Brüder, ihren Glauben an Deutschland, ihre Treue bis zum Tode und bitten ihn: du ewiger Gott, gib uns einen neuen deutschen Tag; laß uns nicht fallen und sinken; Herr mach uns frei!

Theologisches Gutachten über die Zulassung von Christen jüdischer Herkunft zu den Ämtern der Deutschen Evangelischen Kirche (Erlanger Gutachten)[747]

An die Theologische Fakultät der Universität ist folgende Eingabe ergangen:
»Die in Marburg versammelten Pfarrer und geistlichen und weltlichen Abgeordneten des kurhessischen Kirchentages aus den 3 Oberhessischen Kirchenkreisen der Evang. Landeskirche in Hessen-Kassel bitten die hochwürdigen Theologischen Fakultäten zu Marburg und Erlangen um eine feierliche und verantwortliche Belehrung der deutschen evangelischen Christenheit darüber, ob das von der Generalsynode der Kirche der Altpreußischen Union in diesen Tagen beschlossene und für die ganze Deutsche Evangelische Kirche in Aussicht genommene Gesetz über die Anstellungsbedingungen für Geistliche und Beamte der kirchlichen Verwaltung – den Arier-Paragraph enthaltend – der Lehre der heiligen Schrift, dem Evangelium von Jesus Christus und der Lehre der Apostel, dem Wesen der Sakramente, der Taufe und des heiligen Abendmahls, den ökumenischen Bekenntnissen und der Lehre der Reformation von der Erlösung durch Jesus Christus, von der Kirche und ihrem Amt, von Taufe und heiligem Abendmahl, sowie der Präambel der Verfassung der Deutschen evangelischen Kirche gemäß ist oder widerspricht.«

Marburg, den 11. September 1933.
gez. Schmidmann, Kreispfarrer.

Die Theologische Fakultät hat nach eingehender Beratung, welche die völlige Übereinstimmung in den fachlichen Forderungen ergab, ihre Vertreter der systematischen Theologie beauftragt, die Eingabe zu beantworten.

Ihr Gutachten lautet wie folgt:

Die Eingabe bezieht sich auf folgende grundlegende Bestimmungen aus dem von der preußischen Generalsynode angenommenen Gesetze über die Rechtsverhältnisse der Geistlichen und Kirchenbeamten:

---

[747] Die Erlanger Fakultät als solche hat die Anfrage aus Marburg nicht beantwortet, sondern die beiden Professoren der systematischen Theologie, Althaus und Elert, mit der Beantwortung beauftragt. SCHMIDT, Bekenntnisse, 1934, S. 182–186; auch in JUNGE KIRCHE Jg. 1 (1933), S. 271–274.

§ 1, Abs. 2. Wer nichtarischer Abstammung oder mit einer Person nichtarischer Abstammung verheiratet ist, darf nicht als Geistlicher oder Beamter der allgemeinen kirchlichen Verwaltung berufen werden. Geistliche oder Beamte arischer Abstammung, die mit einer Person nichtarischer Abstammung die Ehe eingehen, sind zu entlassen. Wer als Person nichtarischer Abstammung gelten hat bestimmt sich nach den Vorschriften der Reichsgesetze.

§ 3, Abs. 2. Geistliche oder Beamte, die nichtarischer Abstammung oder mit einer Person nichtarischer Abstammung verheiratet sind, sind in den Ruhestand zu versetzen.

Abs. 3. Von der Anwendung des Abs. 2 kann abgesehen werden, wenn besondere Verdienst um den Aufbau der Kirche im deutschen Geiste vorliegen.

Abs. 4. Die Vorschriften des Abs. 2 gelten nicht für Geistliche und Beamte, die bereits seit dem 1. August 1914 Geistliche oder Beamte der Kirche, des Reiches, eines Landes oder einer anderen Körperschaft des öffentlichen Rechtes gewesen sind oder die im Weltkriege an der Front für das Deutsche Reich oder für seine Verbündeten gestanden haben oder deren Vater oder Söhne im Weltkriege gefallen sind.

§ 11. Für die Mitglieder der kirchlichen Körperschaften sowie für die Träger kirchlicher Ehrenämter gelten die Vorschriften der §§ 1 und 3 sinngemäß.

Die preußische Generalsynode folgt mit diesen Bestimmungen formell der Gepflogenheit der christlichen Kirchen aller Zeiten, die Zulassung zu ihren Ämtern von der Erfüllung bestimmter persönlicher Voraussetzungen der Bewerber abhängig zu machen (1.Tim. 3,1–13). Zu diesen Voraussetzungen gehören z.B. für das geistliche Amt bereits in den bisherigen deutschen Landeskirchen außer der deutschen Reichsangehörigkeit auch biologische Merkmale, des Alters, des Geschlechts und der körperlichen Eignung. In den angeführten Bestimmungen ist die Forderung arischer Abstammung neu hinzugekommen. Für die theologische Beurteilung dieser Forderung ist das Verhältnis der christlichen Kirchen zu den völkischen Unterschieden, insbesondere die Wirkung dieses Verhältnisses auf die Zulassung zu den kirchlichen Ämtern zu prüfen.

1. Nach dem Zeugnis des Neuen Testaments ist in Jesus Christus unserem Herrn, in seinem Sterben und Auferstehen der Wille Gottes zur Erfüllung gekommen, daß allen Menschen geholfen werde.

Von der universalen Geltung diese Evangeliums ist kein Mensch, geschweige ein ganzes Volk auszuschließen. Alle zum Glauben gekommen sind nach dem Zeugnis des Apostels Eins in Christo. In der Verbundenheit mit Christus gibt es vor Gott keinen Unterschied zwischen Juden und Nichtjuden. Aber die allen Christen gemeinsame Gotteskindschaft hebt die biologischen und gesellschaftlichen Unterschiede nicht auf, sondern bindet jeden an den Stand, in dem er berufen ist (1. Kor. 7,20). Die biologische Bindung an ein bestimmtes Volk, der wir schicksalhaft nicht entrinnen können, ist vom Christen mit Gesinnung und Tat auch anzuerkennen.

2. Die äußere Ordnung der christlichen Kirche hat nach reformatorischer Lehre im Unterschied von der römischen-katholischen nicht nur der Universalität des Evangeliums, sondern auch der historisch-völkischen Gliederung der christlichen Menschen zu entsprechen. Nach der Conf. Aug. VII ist die Forderung der Einheit auf die Reinheit der Lehre und der Sakramentsverwaltung zu beschränken. Die daneben mögliche Unterschiedenheit in anderen Fragen der Kirchenordnung wird von der Apologie erläutert durch den Hinweis darauf, daß in der alten Kirche die Judenchristen einer anderen Kirchenordnung folgten als die Heidenchristen (Apol. 4,42 ff., Müller, 161). Das Eins-Sein in Christus ist für die lutherischen Bekenntnisse keine Frage der äußeren Organisation, sondern des Glaubens.

Diesen Grundsätzen entsprechen haben sich die aus der Wittenberger Reformation hervorgegangenen Kirchentümer den Grenzen der verschiedenen Völker eingefügt und in ihrer Kirchensprache, in Kultus und Verfassung die nationalen Eigentümlichkeiten nicht nur geschont, sondern zu ihrer Pflege und Erhaltung wesentlich beigetragen. Auch die äußere Mission der lutherischen Kirche war in steigendem Maße darauf bedacht, die Verkündigung des Evangeliums bei fremden Völkern in der Ordnung neuer, ihrer völkischen Art besonders entsprechender Volkskirchen sich vollenden zu lassen.

3. Ist die völkische Mannigfaltigkeit der äußeren Kirchenordnung eine notwendige Folge der sowohl schicksalhaften wie ethisch zu bejahenden völkischen Gliederung überhaupt, so ist ihr auch bei der Zulassung zu den Ämtern der Kirche von dem Zeitpunkt ab Rechnung zu tragen, wo eine Missionskirche zur Volkskirche geworden ist. Der Träger des geistlichen Amtes soll mit seiner Gemeinde in ihrer irdischen Existenz so verbunden sein, daß die ihr daraus erwachsenden Bindungen auch die seinen sind. Dazu gehört die Bindung an das gleiche Volkstum. Die reformatorischen Kirchen haben diesen

Grundsatz in der Regel praktisch befolgt, auch schon ehe er theoretisch formuliert wurde.

4. Ob und wieweit dieser Grundsatz auch gegenüber den unter uns wohnenden Christen jüdischer Abstammung anzuwenden ist, bedarf besondere Erörterung. Es fragt sich zunächst, ob die in Deutschland ansässigen Juden im vollen Sinne dem deutschen Volke angehören oder eigenen Volkstums und somit ein Gastvolk sind. Die Kirche als solche kann das nicht entscheiden. Für sie ist freilich das jüdische Volk auch heute nicht ein Volk wie andere: es bleibt in Erwählung und Fluch das heilsgeschichtliche Volk, das Volk Jesu und der Apostel nach dem Fleisch, als Volk aufbewahrt für eine endliche Geschichte Jesu Christi mit ihm (Matth. 23, 39; Röm 11). In seiner landlosen Zerstreuung durch die Völker erinnert es an die Grenzen aller völkischen Geschlossenheit, die Vorläufigkeit der Sonderung der Völker, an das eine Reich Gottes, das durch den Israel verheißenen Christus kommt. Aber aus diesem Wissen der Kirche um die heilsgeschichtliche Einzigkeit und das Geheimnis des jüdischen Volkes ergibt sich nicht die Möglichkeit, die Frage zu entscheiden, ob das unter uns wohnende Judentum im vollen Sinne zum deutschen Volke gehört oder ein fremdes, ein Gastvolk ist. Auch nicht für die Judenchristen kann die Kirche diese Frage allgemeingültig, etwa durch den Hinweis auf das Sakrament der Taufe, beantworten. Das Bekenntnis der Kirche zur Heilsbedeutung der Taufe schließt als solches z.B. kein Urteil darüber ein, ob Eheschließungen zwischen Deutschen und getauften, christusgläubigen Juden im ganzen erwünscht oder zu wiederraten sind. Die Frage nach dem völkischen Verhältnis von Deutschtum und Judentum ist biologisch-geschichtlicher Art. Sie kann nur von unserem Volke, wie entsprechend von jedem anderen, im Blick auf seine besondere biologisch-geschichtliche Lage beantwortet werden.

5. Das deutsche Volk empfindet heute die Juden in seiner Mitte mehr denn je als fremdes Volkstum. Es hat die Bedrohung seines Eigenlebens durch das emanzipierte Judentum erkannt und wehrt sich gegen diese Gefahr mit rechtlichen Ausnahmebestimmungen. Im Ringen um die Erneuerung unseres Volkes schließt der neue Staat Männer jüdischer oder halbjüdischer Abstammung von führenden Ämtern aus. Die Kirche muß das grundsätzliche Recht des Staates zu solchen gesetzgeberischen Maßnahmen anerkennen. Sie weiß sich selber in der gegenwärtigen Lage zu neuer Besinnung auf ihre Aufgabe, Volkskirche der Deutschen zu sein, gerufen. Dazu gehört,

daß sie heute ihren Grundsatz von der völkischen Verbundenheit der Amtsträger mit ihrer Gemeinde bewußt neu geltend macht und ihn auch auf die Christen jüdischer Abstammung anwendet. Für die Stellung der Kirche im Volksleben und für die Erfüllung ihrer Aufgabe würde in der jetzigen Lage die Besetzung ihrer Ämter mit Judenstämmigen im allgemeinen eine schwere Belastung und Hemmung bedeuten. Die Kirche muß daher die Zurückhaltung ihrer Judenchristen von den Ämtern fordern. Ihre volle Gliedschaft in der Deutschen Evangelischen Kirche wird dadurch nicht bestritten oder eingeschränkt, so wenig wie die anderer Glieder unserer Kirche, welche die Voraussetzungen für die Zulassung zu den Ämtern der Kirche irgendwie nicht erfüllen.

6. Diese grundsätzliche Haltung bedeutet kein starres Gesetz, sondern läßt Raum für Ausnahmen von der Regel. Das staatliche »Gesetz zur Wiederherstellung des Berufsbeamtentums« erkennt in der Feststellung der Ausnahmen von seinen Bestimmungen an, daß Juden z.B. durch die Bereitschaft zum Opfer des Lebens für Deutschland sich dem deutschen Volke eingliedern können. Damit ist zugestanden, daß die Grenze zwischen den Juden und dem deutschen Volke im einzelnen nicht starr, sondern fließend ist. Die Kirche selber weiß, daß auch und gerade die echte Bekehrung zu Jesus Christus einen Juden durch sein Einwurzeln in der Kirche aus der Fremdheit zur Gliedschaft am deutschen Volke führen kann.

Dem allen entspricht es, daß die Kirche in ihrer Ordnung ausdrücklich Raum läßt für die Ausnahme, daß zu ihren Ämtern Christen jüdischer oder halbjüdischer Abstammung zugelassen werden. Die Versehung kirchlicher Ämter durch Judenstämmige ist in unserer Kirche immer selten gewesen und soll auch in Zukunft den Charakter der Ausnahme behalten, muß als solche aber bei besonderen Führungen möglich bleiben.

7. Diese Ausnahme betrifft in erster Linie die Geistlichen und Amtsträger jüdischer oder halbjüdischer Abstammung, die schon im Amte stehen. Es verletzt das Wesen insonderheit des geistlichen Amtes, der Ordination und Berufung zu ihm, wenn die Kirche allgemein Geistliche jüdischer oder halbjüdischer Abstammung, die sich im Dienste bewährt haben, lediglich wegen ihrer Abstammung aus dem Dienste entläßt. Nicht – wie im § 3 des preußischen Kirchengesetzetes – ihre Belassung im Amte, sondern ihre Entlassung bedarf von Fall zu Fall besonderer Begründung. Die Fälle, in denen aus Anlaß der jüdischen Abstammung des Geistlichen unüberwindliche Schwierigkeiten zwi-

schen den Pfarrer und der Gemeinde entstehen, sind nach den kirchlichen Vorschriften zu behandeln, die auch sonst für Fälle der Zerrüttung des Vertrauensverhältnisses zwischen Pfarrer und Gemeinde gelten. Die Kirche kann hier überall nicht einfach die Bestimmungen der staatlichen Gesetzgebung übernehmen, sondern muß nach Regeln handeln, die sich aus ihrem Wesen als Kirche ergeben.

Was schließlich die Fälle künftiger Zulassung von Männern jüdischer Herkunft zu den kirchlichen Ämtern anlangt, so wird die Kirche auch für die Begründung und Begrenzung dieser Ausnahmen eigene Grundsätze kirchlicher Art finden müssen. Sie weist die Entscheidung der einzelnen Fälle am besten ihren Bischöfen zu.

Erlangen, den 25. September 1933.
D. Paul Althaus D. Dr. Werner Elert
Ordentliche Professoren der Theologie

Der »Ansbacher Ratschlag« zu der Barmer »Theologischen Erklärung«[748]

Die in der Deutschen Evangelischen Kirche seit ihrer Bildung im Jahre 1933 entstandene Spaltungen nötigen alle ihre Glieder zur Besinnung auf den Grund und den Umfang ihr eigenen kirchlichen Bindung. Insbesondere sind alle Träger des Pfarramts dazu verpflichtet, um den fragenden oder irre gewordenen Gliedern unserer Kriche kraft ihres Lehramts antworten und helfen zu können. Daher schließen wir uns im Glauben an die Verheißung unsereres Herrn für alle, die sich in seinem Namen versammeln, zu gemeinsamer theologischer Arbeit zusammen. Wir unterscheiden dabei die Grundlagen und die Aufgaben unserer Arbeit wie folgt:

A. Die Grundlagen.

1. Die Kirche Jesu Christi als Werkstatt des heiligen Geistes ist gebunden an Gottes Wort. Daher sind ihre Glieder dem Worte Gottes zum Gehorsam verpflichtet.

   In den Bekenntnissen unserer evangelisch-lutherischen Kirche erkennen wir die reine Darlegung des Inhalts der Heiligen Schrift. Daher sind die Glieder der Kirche auch ihnen zum Gehorsam verpflichtet.

   Wir stimmen überein mit Löhes Verständnis der Reformation: »Sie ist vollendet in der Lehre, sie ist unvollendet in den Folgen der Lehre.«

   Ebenso stimmen wir dem Wort des Erlanger Theologen Gottfried Thomasius zu: »Ich weiß mich überhaupt im Hause meiner Kirche nicht als Knecht, sondern als ein Kind und finde in diesem Stande beides, die Gebundenheit der Pietät und die Kindesfreiheit.«
2. Das Wort Gottes redet zu uns als Gesetz und Evangelium. Die kirchliche Verkündigung hat sich danach zu richten. Das Evangelium ist

---

[748] Mit 8 Unterschriften in: Allg. Ev. Lutherische Kirchenzeitung Jg. 67 (1934), Sp. 584–586, ebenda Sp. 908; ebenso in: SCHMIDT, Bekenntnisse, 1935, S. 102–104. Unter dem Titel *Führende Theologen widerlegen Barmen* druckten die Deutschen Christen am 1. Juli 1934 in ihrer Zeitschrift *Evangelium der Christen* (Jg. 3, 1934, S. 551f.) ebenfalls den »Ansbacher Ratschlag« ab und erklärten, dass hier »Theologen von Weltruf« das sagten, was sich mit der Position der Deutschen Christen decke. In der Mitte des Textes setzten sie in großer Schrift ein antisemitisches Zitat des NS-Jugendführers, Baldur von Schirach, ab: »Christus. Wenn heute er vom Himmel niederstiege, der große Krieger, der die Wechsler schlug, so brüllt ihr wieder euer ›crucifige!‹ und schlagt ans Kreuz ihn, das er selber trug. Er aber lächelt leise eurem Hasse: ›Die Wahrheit steht, wenn auch ihr Träger fällt; der Glaube lebt, da ich das Leben lasse …‹ Und ragt am Kreuz den Kämpfern aller Welt.«

die Botschaft von dem für unsere Sünde gestorbenen und um unserer Gerechtigkeit willen auferweckten Herrn Jesus Christus.
3. Das Gesetz, »nämlich der umwandelbare Wille Gottes« (Form. Conc. Epit. VI, 6), begegnet uns in der Gesamtwirklichkeit unseres Lebens, wie sie durch die Offenbarung Gottes ins Licht gesetzt wird. Es bindet jeden an den Stand, in den er von Gott berufen ist, und verpflichtet uns auf die natürliche Ordnungen, denen wir unterworfen sind, wie Familie, Volk, Rasse (d.h. Blutzusammenhang). Und zwar sind wir einer bestimmten Familie, einem bestimmten Volk und einer bestimmten Rasse zugeordnet. Indem uns der Wille Gottes ferner stets in unserem Heute und Hier trifft, bindet er uns auch an den bestimmten historischen Augenblick der Familie, des Volkes, der Rasse, d.h. An einen bestimmten Moment ihrer Geschichte.
4. Die natürlichen Ordnungen geben uns aber nicht nur den fordernden Willen Gottes kund. Indem sie in ihrer Verbindung unsere gesamte natürliche Existenz begründen, sind sie zugleich die Mittel, durch die Gott unser irdische Leben schafft und erhält. Wer im Glauben an Jesus Christus der Gnade des Vaters gewiß wird, erfährt auch in ihnen »lauter väterliche, göttliche Güte und Barmherzigkeit«.

Als Christen ehren wir mit Dank gegen Gott jede Ordnung, also auch jede Obrigkeit, selbst in der Entstellung, als Werkzeug göttlicher Entfaltung, aber wir unterscheiden auch als Christen gütige und wunderliche Herren, gesunde und entstellte Ordnungen.
5. In dieser Erkenntnis danken wir als glaubende Christen Gott dem Herrn, daß er unserem Volk in seiner Not den Führer als »frommen und getreuen Oberherrn« geschenkt hat und in der nationalsozialistischen Staatsordnung »gut Regiment«, ein Regiment mit »Zucht und Ehre« bereiten will.

Wir wissen uns daher vor Gott verantwortlich, zu dem Werk des Führers in unserem Beruf und Stand mitzuhelfen.

B. Die Aufgabe.

6. Die Kirche hat zu den natürlichen Ordnungen ein dreifaches Verhältnis. Sie hat erstens das Gesetz Gottes zu verkündigen. In dieser Hinsicht ist ihre Aufgabe zu allen Zeiten die gleiche. Das bedeutet Begründung der Ordnungen in ihrer Hoheit und Erinnerung an ihre Aufgabe.

Zweitens sind ihre Glieder selbst den natürlichen Ordnungen unterworfen. Indem sie immer einem bestimmten Volk und einem bestimmten Augenblick zugeordnet sind, empfängt ihre Verpflichtung gegenüber ihrem Volk den konkreten Inhalt durch die gegenwärtige völkische Staatsordnung. In dieser Hinsicht unterliegt die Beziehung der Kirchenglieder auf die natürliche Ordnungen der geschichtlichen Veränderung. Unveränderlich ist dabei nur das Verpflichtetsein als solches.

Drittens trägt die Kirche selbst Ordnungsmerkmale, die auch den natürlichen Ordnungen anhaften. So folgt sie z.B. in der Sprache ihrer Verkündigung der Mannigfaltigkeit der Volkssprachen. In dieser Hinsicht ist ihre Ordnung ebenfalls der geschichtlichen Veränderung unterworfen.

7. Durch die Veränderlichkeit der Beziehungen zu den konkreten Ordnungen im dritten Sinne ist die Kirche vor die Aufgabe gestellt, ihre eigene Ordnung immer aufs neue zu überprüfen.

Der unbedingt gültige Maßstabe für diese Überprüfung ist der Auftrag, den sie von ihrem Herrn erhalten hat. Er erstreckt sich auf den Vollzug und den Inhalt ihrer Verkündigung, auf Verwaltung der Sakramente und der Schlüsselgewalt durch das geordnete Predigtamt. Alle sonstigen Merkmale ihrer geschichtlichen Gestalt, hauptsächlich ihre Verfassung und ihr Kultur, sind zu messen an diesem Maßstab. In diesem Sinne ist die Aufgabe einer Reformation der Kirche in jedem Augenblick neu gestellt.

8. Der Erfüllung dieser Aufgabe in der Kirche unserer Tage soll auch unsere theologische Arbeit und unser kirchlicher Einsatz dienen.

Ansbach, den 11. Juni 1934
Ansbacher Kreis.[749]

Pfarrer und Direktor Sommerer – Bruckberg, D. Althaus – Erlangen, D. Dr. Elert – Erlangen, Studienrat Fikenscher – Ansbach, Stadtpfarrer Fuchs – Ansbach, Pfarrer Grießbach – Ansbach, Pfarrer Seiler – Wildenholz, Pfarrer Werlin – Kleinhaslach über Ansbach.

---

[749] Angeregt und geleitet durch den fränkischen Pfarrer Hans Sommerer bildete sich im Frühjahr 1934 der sogenannte »Ansbacher Kreis«, eine theologische Arbeitsgruppe innerhalb des Nationalsozialistischen Evangelischen Pfarrerbundes (NSEP). Sommerer war der Direktor der Bruckberger Anstalten der Inneren Mission und gleichzeitig Mitglied der SA. Zum Kreis gehörten außer ihm fünf weitere Pfarrer aus Ansbach und der näheren Umgebung sowie die beiden Erlanger Theologieprofessoren Werner Elert und Paul Althaus. HAUSTEIN, Ansbacher Ratschlag, 1999.

Dank

Erste Ideen für diese Arbeit entstanden, als ich von 1999 bis 2002 in München an der Studie zu »Bertelsmann im Dritten Reich« mitwirkte. Damals war es u.a. meine Aufgabe, das Verlagsprogramm auf seinen antisemitischen Gehalt hin zu überprüfen. Zwischen den *bad guys* (Deutsche Christen) und den *good guys* (Bekennende Kirche) gab es eine breite Mitte – man könnte sagen: den *mainstream*. Er überstand nicht nur die Zeit des Dritten Reiches bruchlos, sondern wirkte auch beim Aufbau der Evangelischen Kirche nach 1945 in der Bundesrepublik tragend mit. Das weckte meine Neugier. Ich nahm die konservativen Lutheraner ins Visier, die sich der politischen Theologie verschrieben hatten. Mein Interesse galt der Schnittstelle von Glaube und Politik, der Verknüpfung von Protestantismus und Deutschtum, um der Verschmelzung von Christentum und Volksgemeinschaft auf die Schliche zu kommen. Ich wollte herausfinden, worin der Umschlagpunkt besteht, wo also das Bestreben nach Zugehörigkeit zu einer Gemeinschaft in einen Ausgrenzungs- und Diskriminierungsdiskurs über das für die Gemeinschaft als bedrohlich Empfundene kippt; ich wollte den Moment identifizieren, wo plötzlich Feindbilder benötigt werden, um eigenen Bedrohungsängsten ein Gesicht zu verleihen. Für diese Entwicklungsgeschichte steht Paul Althaus exemplarisch für viele seiner Zeitgenossen. Diese Neugier mündete in einer Studie, die 2007 von der Universität Sussex als Doktorarbeit angenommen wurde. Das vorliegende Buch ist eine überarbeitete Fassung dieser Qualifikationsarbeit.

Prof. Saul Friedländer verdanke ich Vieles. Erst als Mitarbeiterin in der Schweizer Bergier-Kommission und dann als seine wissenschaftliche Assistentin im Bertelsmann-Projekt lernte ich in seinem Umfeld unschätzbar viel. Sein unerschöpfliches Wissen, seine analytische Schärfe und seine einzigartige Fähigkeit, Texte in vielschichtiger Weise zu schreiben, dabei Berührendes und Analytisches zu verbinden und den Sinn für das Wesentliche nicht aus den Augen zu verlieren, gaben mir viele Impulse. Wesentlich für meinen eigenen akademischen Werdegang ist das Vertrauen in meine Fähigkeiten, das ich durch diese Zusammenarbeit erfuhr.

In *Prof. Raphael Gross* mit seinem tiefen Verständnis von *intellectual history* fand ich einen idealen *Supervisor* für meine Disseration. Seine direkte und präzise Art Feedback zu geben und mir weiterführende

Perspektiven und Themen erschließen zu helfen, erlebte ich als äußerst förderlich. Über das rein Wissenschaftliche hinaus konnte er mich über all die Jahre freundschaftlich motivieren, meine Arbeit voranzutreiben. Ich danke ihm besonders, dass er großes Vertrauen in meine persönliche Art zeigte, mit der Herausforderung dieser Qualifikationsarbeit umzugehen.

Das *United Kingdom Scholarship for International Research Students* (ORS Award) eröffnete mir die Möglichkeit, mich an der Universität Sussex, wo *Prof. Gross* damals lehrte, einzuschreiben. Dass ich für einen ORS Award mit meinem Curriculum gute Chancen hatte, erkannte *Prof. Saul Dubow* (Sussex) sofort und gerade noch rechtzeitig. In einer abenteuerlichen Aktion von 24 Stunden half er mir, die entsprechenden Unterlagen zusammen zu stellen und fristgerecht einzureichen. *Prof. Martin von Gelderen* (ehemals Sussex, jetzt Florenz) danke ich, dass er sich verständnisvoll dahingehend für mich verwendet hat, dass ich diese Arbeit in meiner Muttersprache abfassen durfte.

Ich danke der *Gretel und Walter Picard-Weil Stiftung* (Schweiz) für die Anschubfinanzierung und der *Axel-Springer-Stiftung* (Berlin) für das zweijährige Promotionsstipendium und für die Übernahme der Druckkosten dieser Publikation. Dank gebührt auch der Stiftung *Irène Bollag-Herzheimer* (Basel), die für die Übernahme der restlichen Produktionskosten aufkam.

Für die Überarbeitung der Disseration zur Publikation waren die kritischen Hinweisen von *Prof. Christian Wiese* (Sussex) und *Nicholas Stargardt* (Oxford) von großem Wert. Ein unschätzbarer Glücksfall war für mich, im Herausgeber der neuen Reihe »Beträge zur Geschichtswissenschaft«, *PD Dr. Ernst Piper*, dem optimalen Betreuer für die Fertigstellung des Manuskripts begegnet zu sein.

Mitten in meinen Recherchen in Erlangen brach 2006 die öffentlich-politische Debatte um das Andenken an Landesbischof Meiser aus. In dieser hoch brisanten Stimmung, die auch bis in die Universität spürbar war, erfuhr ich eine höchst kollegiale und offene Unterstützung von *Prof. Gotthard Jasper* (Erlangen), *Dr. Roland Liebenberg* (Nürnberg) und *Dr. Axel Töllner* (Nürnberg). Alle drei standen damals kurz vor Veröffentlichung thematisch für mich sehr wichtiger Forschungsergebnisse. Sie ließen mich daran teilhaben und ermöglichten mir Zugang zu Quellenbeständen, die sie zum Teil selbst sich gerade erst zugänglich gemacht hatten. *Gotthard Jasper*, der selbst eine Biografie über Paul Althaus verfasst, erwirkte beim Sohn, *Gerhard Althaus* (München), dass ich erneut Zugang zum Nachlass von Paul Althaus bekam. (Für die Bertelsmann-Publikation hatte ich schon einmal gewisse Teile gesehen). Seine liebenswürdige Unterstützung hätte ich auch in der Zeit der Überarbeitung des Manuskripts für die Publikation nicht missen wollen. *Liebenberg* versorgte mich mit über zehn Kilo Kopien, darunter jede Menge von Althaus' Texten, die er unter großem Aufwand gesammelt hatte und die bisher in keiner Bibliografie zu Althaus aufgeführt waren. *Töllner* half mir in der »heißen« Schlussphase meiner Arbeit mit wertvollen Hinweisen und sogar mit für mich in Berlin nicht zugänglicher Literatur.

In verschiedenen Phasen und zu unterschiedlichen Aspekten meiner Arbeit bekam ich hilfreiche Ideen, Vorschläge und Zuspruch von: *Prof. Heinrich Assel* (Koblenz), *Ben Barkov* (London), *Prof. Ursula Büttner* (Hamburg), *Prof. John A. S. Grenville* (London), *Prof. Martin Geyer* (München), *PD Dr. Werner Konitzer* (Frankfurt), *Dr. Beate Meyer* (Hamburg), *Prof. Jacques Picard* (Basel), *Prof. Monika Richarz* (Berlin), *Prof. Paul Oesterreicher* (Sussex).

In Kolloquien und auf Tagungen konnte ich meine Arbeit in verschiedenen Stadien diskutieren und erhielt wichtige Impulse: Im Doktorandenkolloquium bei *Prof. Michael Brenner* (Historisches Seminar Universität München) und bei *Prof. Aram Mattioli* (Luzern); auf einer Tagung des Leo Baeck Instituts und des Hamburger Instituts für Sozialforschung von *Prof. Raphael Gross und PD Dr. Konitzer* (Hamburg) sowie im Arbeitskreis für Kirchengeschichte bei *Prof. Jochen-Christoph Kaiser und Prof. Martin Greschat (Neudietendorf)*, wo besonders die Gespräche mit *Prof. Rainer Hering* mir wertvolle Anstöße gaben. Schließlich konnte ich mein *work in progress* im Center for German Jewish Studies an der University of Sussex diskutieren und zuletzt die Ergebnisse auf einer Konferenz des Leo Beack Instituts (*Dr. Daniel Wildmann*) und der Wiener Library London (*Ben Barkov*) in London vorstellen. Dort hielt ich v.a. von *Prof. Katharina von Kellenbach* Anregungen.

Mein Dank gilt auch den Archivarinnen und Mitarbeitern von Bibliotheken, die meine Recherchewünsche freundlich und engagiert erfüllten: Bertelsmann-Achiv (*Dr. Helen Müller*), Universitätsarchiv Erlangen-Nürnberg (*Dr. Clemens Wachter*), Handschriftenabteilung der Universitätsbibliothek Erlangen, Landeskirchliches Archiv der Evangelisch-Lutherischen Kirche in Bayern, Bundesarchiv Berlin, Universitätsbibliothek Zweigstelle Theologie der Humboldt-Universität Berlin, Staatsbibliothek Berlin. *Prof. Carsten Nicolaisen* danke ich für die Empfehlung, die mir Zugang zum Nachlass von Landesbischof Meiser verschaffte.

Meinen ersten theologischen Schliff als sogenannte *Profanhistorikerin* erhielt ich in der Tätigkeit für die Kommission zur Geschichte von *Bertelsmann im Dritten Reich* durch den interdisziplinären Dialog mit der gegenwärtigen systematischen Theologie: Dabei traf ich in *Dr. Stefan Pautler* auf einen kraftvollen Mit- und Gegenstreiter, durch den ich tiefere Schichten des Erkenntnisprozesses entdeckt habe. Heute bin ich dafür dankbar. Mit *Lisa Mayerhofer* erlebte ich einen unerschrockenen Zugang durch die Berge von theologischen Schrifttum, die wir zu durchforsten hatten; dabei konnte ich stets auf ihre Unterstützung zählen. Dank *Dr. Sybille Steinbacher* blieb ich trotz der ganzen Theologie immer auf dem Teppich der politischen Zeitgeschichte. Ihre Herangehensweise inspirierte mich. Eine unersetzliche Übersetzungshilfe des theologischen Diskurses gab mir damals *Dr. Beate von Miquel*. Nicht nur ihr kluges und kritisches Feedback, sondern auch ihre freundschaftliche Ermutigung trugen wesentlich dazu bei, das ich die Überarbeitung des Manuskripts für die Publikation zu einem guten Ende brachte.

Meinem Freund *Pfr. i. R. Heinz-Jürgen Blanck-Lubarsch* fühle ich mich besonders verbunden. Er wurde selbst im Kreise der Berliner Bekennenden Kirche groß, und konnte mir in kritischem Rückblick und mit seiner speziellen Prise Humor hervorragend die damalige Zeit vergegenwärtigen.

Durch inhaltliche und methodische Anregungen verschiedenster Art und mit Interesse am Fortgang meiner Arbeit unterstützten mich in all den Jahren freundschaftlich: *Dr. Andrea Brill, Sabine Hansky, Dr. Stefan Jordan, Dr. Thomas Meyer* und *Stefan Roos* zu meiner Münchner Zeit; später in London und Berlin waren es vor allem *Dr. Monika Weis-Danhofer, Dr. Birgit Erdle, Dr. Simone Erpel, Meike Angela Hanelt, Steffen Jacob, PD. Dr. Simone Mahrenholz, Dr. Daniel Schmid* und *Dr. Daniel Wildmann*.

Bei administrativen Fragen im universitären Kontext konnte ich immer auf *Almut Becker* (London) und *Margret Reynolds* (Sussex) zählen. Unersetzlich war der computertechnische Support, den ich in einer frühen Phase von *Andreas Nagel* bekam und später – vor allem, als in der stressigen Endphase mein Computer den Geist komplett aufgab –, von *Sylvia Goeres*.

Zeitgleich wie Dissertation begann ich mit dem Studium in Prozessorientierter Psychologie nach Arnold und Amy Mindell. Ich danke all meinen *Peers*, die mir halfen, Motivationsfragen und Arbeitstechniken bei kognitiven Qualifikationsarbeiten zu erörtern, vor allem *Heijo*

Stroeks, Erik Nagel und *Pao Siermann*. Von Herzen danke ich *Elisabeth Hoffmann* für die behutsame und liebevolle Begleitung meines (Promotions-)Prozesses. Dank *Urs Büttikofer* erkannte ich die Krokodildimension meiner Aufgabe; mit Humor forderte er mich heraus, mich dem rite d'entrée der Alma mater zu stellen.

Meinen Berliner Freundinnen *Meike Ahlers, Francesca Bondy, Dr. Simone Erpel, Ivana Kersting, Silke Nixdorff, Kerstin Rossbander, Meli Solomon* und *Beatrix Solyga* sei an dieser Stelle für ihre diese intellektuelle Arbeit unterstützende Präsenz auf den verschiedensten Kanälen gedankt.

Meinen Eltern, *Siegfried Hetzer* und *Helga Hetzer-Seidelmann* (Uetikon am Zürichsee) gebührt mein allergrößter Dank für die große Investition in meine Ausbildung und ihre stetige und herzliche Bestärkung ihrer Tochter.

Dass die Wirklichkeit als holografisches Prinzip erfahrbar ist, zeigt mir die Beziehung zu meinem Lebenspartner *Dr. Achim Goeres*. Die meisten der genannten Aspekte von Unterstützung gab er mir auch und noch vieles mehr. Er begleitete diese akademische Herausforderung in all den Jahren mit einer unerschöpflichen Quelle von Wissen und Liebe, Kreativität und Humor. Es ist hinreißend, mit ihm den Reichtum des Lebens zu erleben.

Quellen- und Literaturverzeichnis

Unveröffentlichte archivalische Quellen

Unternehmensarchiv der Bertelsmann AG:
  Sammlung UHK (Unterlagen aus der Forschungsarbeit der »Unabhängigen Historischen Kommission zur Erforschung des Hauses Bertelsmann im Dritten Reich«)
Universitätsarchiv Erlangen-Nürnberg:
  Personalakten der Theologischen Fakultät
  Nachlass Strathmann
Handschriftenabteilung der Universitätsbibliothek Erlangen
  Nachlass Althaus
Landeskirchliches Archiv der Evangelisch-Lutherischen Kirche in Bayern
  Nachlass Meiser
Bundesarchiv Berlin
  Bestand Reichministerium für kirchliche Angelegenheiten (R 5101)

Zeitschriften und Heftreihen

Allgemeine Evangelisch-Lutherische Kirchenzeitung
Amtsblatt für die Evangelisch-Lutherische Zeitung
Blätter aus dem Schwarzburgbund
Beiträge zur Förderung christlicher Theologie
Christentum und Wissenschaft
Der Schwarzburgbund
Deutsch-Evangelische Monatsblätter für den gesamten deutschen Protestantismus
Deutsche Lodzer Zeitung
Deutsches Pfarrerblatt
Die Reformation
Geisteskampf der Gegenwart
Glaube und Volksgenossenschaft
Jahrbuch für fränkische Landesgeschichte
Jahrbuch des Deutschen Vereins für Lodz und Umgebung
Kirchliche Zeitgeschichte
Korrespondenzblatt für die evangelisch-lutherischen Geistlichen in Bayern
Lutherische Kirche
Lutherjahrbuch
Luther, Mitteilungen der Luthergesellschaft
Luthertum, Vierteljahrsschrift der Luthergesellschaft
Monatsschrift für Pastoraltheologie
Neue Allgemeine Missionszeitschrift
Pastoralblätter

Neue Kirchliche Zeitschrift
Protestantische Rundschau, hg. vom Generalsekretariat des Protestantisch
 Weltverbandes
Theologische Blätter
Theologische Literaturzeitung
Theologisches Literaturblatt
Theologische Existenz heute
Theologische Realenzyklopädie
Theologia Militans
Unsere Kirche – Amtsblatt des Evangelisch-Augsburgischen Konsistoriums in
 Warschau
Wort und Tat
Zeitschrift für bayerische Kirchengeschichte
Zeitschrift für Neuere Theologiegeschichte
Zeitschrift für systematische Theologie
Zeitschrift für Systematische Theologie
Zeitschrift für Theologie und Kirche
Zeitwende

Lexika

Biographisch-Bibliographisches Kirchenlexikon, online: www.bautz.de.
Religion in Geschichte und Gesellschaft
 - 2. Aufl. Tübingen 1927–1931
 - 3. Aufl. ebd. 1957–1962
 - 4. Aufl. ebd. 1998–2005

Veröffentlichte Quellen und Literatur von Paul Althaus[750]

1907–1913

25 Jahre Schwarzburgbund, in: *Blätter aus dem Schwarzburgbund* 3 (1911/12),
 S. 53f, 77–88, 109–124.
Der Friedhof unser Väter, in: *Allgemeine Evangelisch-Lutherische Kirchenzeitung* 46 und 51 (1913), [Buchausgabe mit Untertitel] *Ein Gang durch die Sterbe-*

---

[750] Die Publikationsliste umfasst alle in der vorliegenden Arbeit zitierten Veröffentlichungen von Althaus. Zur Erleichterung weiterführender Forschung und für einen Gesamteindruck des Werkes sind auch alle wesentliche Publikationen bis 1948 mit aufgeführt, sowie erstmals weitgehend alle veröffentlichten Predigten bis zu diesem Zeitpunkt. Die 1958 von Lohff zusammengestellte Bibliografie ist lückenhaft. LOHFF, Bibliographie, 1958. Liebenberg hat sich die Mühe gemacht, alle Titel bis 1934 – auch kleinste Aufsätze und Zeitungsartikel – vollständig aufzulisten: LIEBENBERG, Gott, 2008.

und Ewigkeitslieder der evangelischen Kirche, Gütersloh 1915; umgearbeitete und erweiterte Aufl. ebd. 1923; 3. Aufl. ebd. 1928; 4. Aufl. ebd. 1948.
Die christliche Studentenverbindung, in: *Blätter aus dem Schwarzburgbund* 4 (1913/14), S. 54–78.
Die Generalvisitation des D. Molanus in der Spezialinspektion Münden 1675. Mitteilungen aus ihren Akten, in: *Zeitschrift der Gesellschaft für niedersächsische Kirchengeschichte* 16 (1911), S. 106–147
Die Generalvisitation des D. Molanus in der Spezialinspektion Münden 1675. Mitteilungen aus ihren Akten, in: *Zeitschrift der Gesellschaft für niedersächsische Kirchengeschichte* 17 (1912), S. 99–148.
Neues von der Freischarbewegung, in: *Der Schwarzburgbund* 17 (1907/08), S. 205f.
S[chwarzburg] B[und] und Freischar, in: *Der Schwarzburgbund* 17 (1907/08), S. 101f.
Vernunft und Offenbarung in der deutschen reformierten Dogmatik um 1600. Dissertation Göttingen 20. Dezember 1913 und Habilitationsschrift 1913. Naumburg a.d. Saale 1913 [63 Seiten, Teildruck]
Zur Geschichte des studentischen Ehrengerichtes, in: *Blätter aus dem Schwarzburgbund* 3 (1911/12), S. 53f.

1914

Aus einem Lazarett im deutschen Osten, in: *Allgemeine Evangelisch-Lutherische Kirchenzeitung*, 49 (1914), SP 1150–1157.
Die Prinzipien der deutschen reformierten Dogmatik im Zeitalter der aristotelischen Scholastik. Eine Untersuchung zur altprotestantischen Theologie, Leipzig 1914.
Gespensterfurcht. Eine Antwort an die Studentenverbindung im S.B. Herminonia, in: *Deutscher Schwarzburgbund* 23/Nr. 8 (1914), S. 127–129.

1915

Der Krieg und unser Gottesglaube, in: *Allgemeine Evangelisch-Lutherische Kirchenzeitung* 48 (1915), S. 602–608, 626–632.
Der Tod ist verschlungen in den Sieg. Predigt zum Gedächtnis der für das Vaterland Gefallenen über I. Kor. 15,55.57, zu Lodz gehalten 1915.
Eindrücke und Gedanken eines Feldgeistlichen aus Lazaretten in Russisch-Polen, in: *Monatsschrift für Pastoraltheologie* 11 (1915), S. 381–393.
Kommt, laßt uns anbeten! Acht Kriegspredigten in Russisch-Polen, Berlin 1915.
Mitten aus Polen. Ein Lebenszeichen an die Freunde, in: *Der Schwarzburgbund*, 6/7 (1915), S. 83–85, 103–104.
Unsere Kinder. Predigt über Matth. 18,2–3.5, zu Lodz gehalten 1915.

1916

Aus der Heimat. Lodzer Kriegspredigten, Leipzig 1916.
Lodzer Kriegsbüchlein. Deutsch-Evangelische Betrachtungen, Göttingen 1916.

1917
Die deutsche lutherische Kirche im Königreich Polen, in: *Der Protestantismus (Kriegshefte)* 15 (1917/18), S. 79–84.
Luther und das Deutschtum, Leipzig 1917.
Um Glauben und Vaterland. Neues Lodzer Kriegsbüchlein, Göttingen 1917.

1918
Sind unsere Brüder vergeblich gestorben? In: *Die Reformation* 17 (1918), S. 354.
Wie sollen unsere Männer predigen? In: *Neue Kirchliche Zeitschrift* 29 (1918), S. 603–637.

1919
Abschied von Polen, in: *Deutsch-Evangelische Monatsblätter für den gesamten deutschen Protestantismus* 10 (1919), S. 163–179.
Das Erlebnis der Kirche, in: *Allgemeine Evangelisch-Lutherische Kirchenzeitung* 52 (1919), S. 839–844, 862–866, 884–888, 906–908. [Buchausgabe:] Leipzig 1919; 2. Aufl. ebd. 1924.
Pazifismus und Christentum. Eine kritische Studie, in: *Neue Kirchliche Zeitschrift* 30 (1919), S. 429–478.

1920
Osiander und Luther, in: *Theologisches Literaturblatt* 41 (1920), Sp. 209–213.

1921
Der Heilige. Rostocker Predigten, Gütersloh 1921; 2. Aufl. ebd. 1922; 3. Aufl. ebd. 1925.
Ewige Jugend, Hannover 1921.
Feuer. Worte an die deutsche Jugend, Flugschrift des mecklenburg-schwerinschen Landesjugenddienstes. Schwerin i.M. 1921.
Luther auf der Kanzel. Beobachtungen über die Form seiner Predigt, in: *Luther* 3 (1921), S. 17–24.
Religiöser Sozialismus. Grundfragen der christlichen Sozialethik, [= Studien des apologetischen Seminars in Wernigerode, Heft 9). Gütersloh 1921.

1922
Die Letzten Dinge. Entwurf einer christlichen Eschatologie, [= Studien des apologetischen Seminars in Wernigerode, Heft 9) Gütersloh 1922; 2. Aufl. ebd. 1924; 3. überarbeitete Aufl. ebd. 1926; 4. neu bearbeitete Aufl. ebd. 1933; 5. durchgesehene Aufl. [Untertitel:] *Lehrbuch der Eschatologie,* ebd. 1949; 6. Aufl. ebd. 1956.

1923/24
Das Kreuz Christi, in: *Zeitschrift für Systematische Theologie* 1 (1923/24), S. 107–152.

Der Lebendige. Predigten, Gütersloh 1924; 2. Aufl. Rostocker Predigten, ebd. 1926.

Die Gestalt dieser Welt und die Sünde. Ein Beitrag zur Theologie der Geschichte, in: *Zeitschrift für Systematische Theologie* 1 (1923/24), S. 319–338.

Heilsgeschichte und Eschatologie, in: *Zeitschrift für Systematische Theologie* 1 (1923/24), S. 605–676.

Theologie und Geschichte. Zur Auseinandersetzung mit der dialektischen Theologie, in: *Zeitschrift für Systematische Theologie* 1 (1923/24), S. 741–786.

Zum Verständnis der Rechtfertigung, in: *Zeitschrift für Systematische Theologie* 1 (1923/24), S. 727–741.

Zur Lehre von der Sünde, in: *Zeitschrift für Systematische Theologie* 1 (1923/24), S. 314–334.

1925/26

Christentum und Geistesleben, in: *Zeitwende 2* (1926), S. 147–158.

Das Heil Gottes. Letzte Rostocker Predigten, Gütersloh 1926.

Die Bedeutung des Kreuzes im Denken Luthers, in: *Luther 8* (1926), S. 97 bis 107.

Die Krisis der Ethik und das Evangelium, [= Stimmen aus der deutschen christlichen Studentenbewegung, Heft 41), Berlin 1926.

Die Unsterblichkeit der Seele bei Luther, in: *Zeitschrift für Systematische Theologie 2* (1925/26), S. 725–734.

Erkenntnis und Leben. Ein Wort an die Kommilitonen, in: *Zeitwende 2* (1926), S. 512–521.

Paulus und sein neuester Ausleger. Eine Beleuchtung von Karl Barths »Auferstehung der Toten«, in: *Christentum und Wissenschaft* (1925), S. 20–24, 97–102.

1927

Das Reich Gottes und die Kirche, in: *Theologische Blätter 6* (1927), Sp. 139–141.

Die sittliche Grundlage des Schwarzburgbundes, in: *Schwarzburgbund 9* (1927), S. 185–190.

Chauvinismus, in: *Religion in Geschichte und Gegenwart 2,* 2. Aufl. Tübingen 1927, Sp. 1496.

Eintrag in das Goldene Buch der Universität Erlangen vom 23.11.1927, in: *Universitätsarchiv Erlangen, Goldenes Buch,* Nr. 139, o.S.

Evangelium und Leben. Gesammelte Vorträge, Gütersloh 1927.

Gehorsam und Freiheit in Luthers Stellung zur Bibel, in: *Luther 9* (1927), S. 74–86.

Glaube und Mystik, in: *Zeitwende 3* (1927), S. 90–93.

Kirche und Volkstum, in: *Vaterländische Kundgebung der Evangelischen Kirche* (Eröffnungspredigt, Festrede, Hauptvorträge und Kundgebungen des 2. Deutsch-Evangelischen Kirchentages zu Königsberg im Juni 1927), Berlin 1927, S. 8–30; [dasselbe in:] Evangelisches Deutschland, Kirchliche Rundschau (1927), S. 198ff.

1928

Aus dem Leben von D. Althaus, Leipzig 1928.
Christentum und Kultur, in: *Allgemeine Evangelisch-Lutherische Kirchenzeitung* 61 (1928), Sp. 952–957, 977–983; [Buchausgabe:] Leipzig 1929.
Die Freiheit des Wortes Gottes. Predigt zum Beginn des 2. deutschen Theologentages zu Frankfurt am Main, gehalten in der Matthäus-Kirche am 9. Oktober 1928. 2. Tim. 2,9: »…aber Gottes Wort ist nicht gebunden«, in: *Geisteskampf der Gegenwart* 64 (1928), S. 441–447.
Eschatologie: IV. Christliche, dogmengeschichtlich, in: *Religion in Geschichte und Gegenwart 2*, 2. Aufl. Tübingen 1929, Sp. 345–353.
Eschatologie: V. Religionsphilosophisch und dogmatisch, in: *Religion in Geschichte und Gegenwart 2*, 2. Aufl. Tübingen 1929, Sp. 353–362.
Ewiges Leben: III. Dogmatisch, in: *Religion in Geschichte und Gegenwart 2*, 2. Aufl. Tübingen 1929, Sp. 459–463.
Grundzüge der gegenwärtigen theologischen Lage, in: *Korrespondenzblatt für die evang.-luth. Geistlichen in Bayern* 53 (1928), S. 191–192.
Hoffnung: III. Dogmatisch, in: *Religion in Geschichte und Gegenwart 2*, 2. Aufl. Tübingen 1929, Sp. 1981f.
Höhen außerchristlicher Religion, in: FAHLING, M. (Hg.): *Die Weltreligionen und das Christentum. Vom gegenwärtigen Stand ihrer Auseinandersetzung*, München 1928, S. 1–20.
Kirche und Volkstum. Der völkische Wille im Lichte des Evangeliums, Gütersloh 1928.
Mission und Religionsgeschichte. Drei Vorlesungen, in: *Zeitschrift für Systematische Theologie* (1928), S. 550–590, 722–726.
Staat und Kirche, in: *Die Schwarzburg* 9 (1928), S. 113–121.
Unsterblichkeit und ewiges Leben, [= Religionskundliche Quellenhefte 48], Leipzig und Berlin 1928.

1929

Communio Sanctorum. Die Gemeinde im lutherischen Kirchengedanken, I Luther [= Forschung zur Geschichte und Lehre des Protestantismus, erste Reihe, Band 1), München 1929.
Das Vaterland, in: MUNTSCHICK, Georg (Hg.): *Der Student vor Gott. Motive zur Neugestaltung des inneren Lebens in der deutschen akademischen Jugend*, Berlin o.J. [wohl 1929[751]]
Der Kampf um die Ehe. Eine Auseinandersetzung evangelischer Führer mit den Verfallserscheinungen heutiger Ehe, Gütersloh 1929.
Die Theologie, in: SCHWEITZER, Carl (Hg.): *Das religiöse Deutschland der Gegenwart, Bd. 2: Der christliche Kreis,* Berlin 1929, S. 114–118.
Grundriß der Dogmatik, Teil I, Erlangen 1929; 2. neubearbeitete Auflage, ebd. 1936; 3. durchgesehene Aufl. Gütersloh 1937.
Kampf, in: *Religion in Geschichte und Gegenwart 3*, 2. Aufl. Tübingen 1929, Sp. 595–597.

---

[751] Nach LIEBENBERG, Gott, 2008, S. 515.

Krieg: II. Krieg und Christentum, in: *Religion in Geschichte und Gegenwart 2*, 2. Aufl. Tübingen 1929, Sp. 1306–1312.
Leitsätze zur Ethik, Erlangen 1929.
Luthers Abendmahlslehre, in: *Jahrbuch der Luthergesellschaft* 11 (1929), S. 2–42.
Macht: II. Ethisch, in: *Religion in Geschichte und Gegenwart 2*, 2. Aufl. Tübingen 1929, Sp. 1815f.
Politik, in: *Religion in Geschichte und Gegenwart 4*, 2. Aufl. Tübingen 1929, Sp. 1320–1327.
Theologische Aufsätze, Band I, Gütersloh 1929.
Zum Verständnis der Rechtfertigung, in: *Zeitschrift für systematische Theologie* (1929), S. 727–741.

1930

Art. Reich Gottes: II. Dogmatisch, in: *Religion in Geschichte und Gegenwart 2*, 2. Aufl., Tübingen 1930, Sp. 1822–25.
Das lebendige Bekenntnis, in: *Zeitwende* 6 (1930), S. 204–214.
Der Geist der lutherischen Ethik, in: *Allgemeine Evangelisch-lutherische Kirchenzeitung* 63 (1930), Sp. 1202–1209.
Die Frage des Evangeliums an das moderne Judentum, in: *Zeitschrift für Systematische Theologie* 7 (1930), S. 196–215.
Die soziale Verpflichtung des Studenten. Ansprache an die Erlanger Studentenschaft am 9.5.1930, in: *Zeitwende* 6 (1930), S. 289–292.
Unsterblichkeit und ewiges Sterben bei Luther. Zur Auseinandersetzung mit Carl Stange, [= Studien des apologetischen Seminars Heft 30], Gütersloh 1930.
Was heißt evangelisches Christentum? in: BREIT, Thomas (Hg.): *Reformation gestern und heute*, München 1930, S. 134–49.

1931

Die Botschaft vom Reiche als Wort an die Gegenwart. Zum Advent 1931, in: *Zeitwende* 7 (1931), S. 481–490.
Die lutherische Abendmahlslehre in der Gegenwart, [= Schriftenreihe der Luthergesellschaft 6], München 1931.
Evangelische Kirche und Völkerverständigung. Eine Erklärung (mit E. Hirsch), in: *Theologische Blätter* 41 (1931), Sp. 177–178.
Glaube und Philosophie, in: *Deutsches Volkstum, Monatsschrift für das deutsche Geistesleben* 13 (1931), S. 915–922.
Gottes Gottheit als Sinn der Rechtfertigungslehre Luthers, in: *Jahrbuch der Luthergesellschaft* 13 (1931), S. 1–28.
Grundriss der Ethik. Neue Bearbeitung der »Leitsätze«, Erlangen 1931; 2. neubearbeitete Aufl. Gütersloh 1953.
Seligkeit, in: *Religion in Geschichte und Gegenwart 5*, 2. Aufl. Tübingen 1931, Sp. 415–417.
Staatsgedanke und Reich Gottes, [= Schriften zur politischen Bildung, 9. Reihe: Christentum, Heft 1., hg. Gesellschaft »Deutscher Staat«], Langensalza 1931.
Vaterlandsliebe (Patriotismus), in: *Religion in Geschichte und Gegenwart 5*, 2. Aufl. Tübingen 1931, Sp. 1441f.

Vergeltung: V Dogmatisch, in: *Religion in Geschichte und Gegenwart* 5, 2. Aufl. Tübingen 1931, Sp. 1540–1542.
Volk, in: *Glaube und Volk* 1 (1931), S. 4–5.
Vom Wesen der Universität und des akademischen Geistes, in: *Theologische Blätter* 10 (1931), S. 362.
Wehrpflicht, in: *Religion in Geschichte und Gegenwart* 5, 2. Aufl. Tübingen 1931, Sp. 1781f.
Wiederbringung Aller, in: *Religion in Geschichte und Gegenwart* 5, 2. Aufl. Tübingen 1931, Sp. 1908–1910.

1932

»Gegen den nationalsozialistischen Bazillus«, in: *Allgemeine Evangelisch-Luherische Kirchenzeitung* 65 (1932), Sp. 62.
Das Evangelium deutsch, in: *Glaube und Volk* 1 (1932), S. 42–43.
Das Reich, in: *Glaube und Volk* 1 (1932), S. 162–163.
Der Brief an die Römer, [= Das Neue Testament Deutsch, Band 6], Göttingen 1932; 2. durchgesehene Aufl. ebd. 1933; 3. durchgesehene Aufl. ebd. 1935; 4. verbesserte Aufl. ebd. 1938, 5. verbesserte und erweiterte Aufl. ebd. 1946; 6. /7. Aufl. ebd. 1949/53; 8. Aufl. ebd. 1954.
Der Gegenwärtige. Predigten, Gütersloh 1932.
Der Wahrheitsgehalt der nichtchristlichen Religionen und das Evangelium, Berlin 1932. [Dasselbe in:] Jahrbuch 1932 der vereinigten deutschen Missionskonferenz, S. 3–16.
Die Gestalt dieser Welt und die Sünde. Ein Beitrag zur Theologie der Geschichte, in: *Zeitschrift für systematische Theologie* 9 (1932), S. 319–338.
Gott und Volk, in: *Allgemeine Evangelisch-Lutherische Kirchenzeitung* 65 (1932), Sp. 722–726, 746–751.
Grundriß der christlichen Lehre [enthält Grundriß der Dogmatik, Teil I und II, Grundriß der Ethik], Erlangen 1929/30; Neuauflage ebd. 1936.
Grundriß der Dogmatik, Teil II, Erlangen 1932; 2. neubearbeitete Aufl. ebd. 1936; 3. verbesserte Aufl. Gütersloh 1949.
Luthers Wort an die Gegenwart, in: *Zeitwende* 8 (1932), S. 321–327.

1933

Die deutsche Stunde der Kirche, Göttingen 1933; 2./3. Aufl. ebd. 1934.
Die Wirklichkeit Gottes, in: *Zeitwende* 9 (1933), S. 81–92.
Luther, in: *Zeitwende* 9 (1933), S. 353–360.
Theologisches Gutachten über die Zulassung von Christen jüdischer Herkunft zu den Ämtern der Deutschen Evangelischen Kirche (Erlanger Gutachten), in: *Junge Kirche* Jg. 1 (1933), S. 271–274; auch in: Schmidt, Bekenntnisse, 1934; sowie hier im Anhang.
Toleranz und Intoleranz des Glaubens, in: *Allgemeine Evangelisch-Lutherische Kirchenzeitung* 66 (1933), Sp. 1017–1027.
»Unwertes Leben« im Lichte christlichen Glaubens, in: BAUR, Erwin (Hg.) ›Von der Verhütung unwerten Lebens.‹ Ein Zyklus von 5 Vorträgen, Bremen 1933, S. 79–97.

Verzehrend Feuer. Gottesdienst am Buß- und Betttag 5. März 1933 in der Neustädter- und Universitätskirche zu Erlangen, in: *Monatsschrift für Pastoraltheologie 29* (1933), S. 163–168.
Vom Beruf der Universität Erlangen, in: *Das Bayerland* 44 (1933), S. 207–210.

1934

Bedenken zur »Theologischen Erklärung« der Barmer Bekenntnis-Synode, in: *Korrespondenzblatt der evang.-luth. Geistlichen in Bayern* 59 (1934), S. 318 bis 329; [dasselbe in:] *Lutherische Kirche* 16 (1934), S. 117–121.
Christus und die deutsche Seele. (Vortrag), Gütersloh 1934.
Der »Ansbacher Ratschlag« zu der Barmer »Theologischen Erklärung« [zusammen mit Werner Elert u. a.; unterzeichnet am 11.6.1934], in: *Allgemeine Evangelisch-Lutherische Kirchenzeitung* 67 (1934), Sp. 584–586; sowie hier im Anhang.
Der Geist der Lutherbibel, in: *Lutherjahrbuch* 16 (1934), S. 1–26.
Theologie der Ordnungen, Gütersloh 1934; 2. erweiterte Aufl. ebd. 1935.
Theologische Verantwortung, in: *Luthertum* 45 (1934), S. 12–26.
Totaler Staat? in: *Luthertum* 45 (1934), S. 129–135.
Vom Glauben und vom Beten [= Der Herr der Kirche, Predigten: Von der Kirche, Band 3] Gütersloh 1934.
Von der Gnade [= Der Herr der Kirche, Predigten: Von der Kirche, Band 2] Gütersloh 1934.
Von der Kirche [= Der Herr der Kirche, Predigten: Von der Kirche, Band 1] Gütersloh 1934.

1935

Die Frage nach der Schuld im Deutschglauben. Zur Auseinandersetzung mit Wilhelm Hauer, in: *Allgemeine Evangelisch-Lutherische Kirchenzeitung* 68 (1935), Sp. 458–466.
Die Gewalt Christi, [= Der Herr der Kirche. Predigten, Heft 6], Gütersloh 1935.
Die hohen Feste, [= Der Herr der Kirche. Predigten, Heft 4], Gütersloh 1935.
Die Wirklichkeit Gottes, [= Der Herr der Kirche. Predigten, Heft 7], Gütersloh 1935.
Gottes Gottheit bei Luther, in: *Lutherjahrbuch* 17 (1935), S. 1–16.
Kirche und Staat nach lutherischer Lehre, [= Theologia militans. Schriften für lutherische Lehre und Gestaltung, Band 4]. Leipzig 1935.
Kirche und Volk. Thesen für die oekumenische Studienkonferenz in Sigtuna, 6.-12. Okt. 1935, in: *Wort und Tat* (vormals: *Geisteskampf der Gegenwart*) 11 (1935), S. 352–358.
Paulus im Kampf, [= Der Herr der Kirche. Predigten, Heft 5], Gütersloh 1935.
Politisches Christentum. Ein Wort über die Thüringer ›Deutschen Christen‹, [= Theologia militans. Schriften für lutherische Lehre und Gestaltung Band 5], Leipzig 1935.
Theologie der Ordnungen, Gütersloh 1935.
Theologische Aufsätze. Band II, Gütersloh 1935.
Ur-Offenbarung, in: *Luthertum* 46 (1935), S. 4–32.

1936

Das Gesetz Christi, [= Der Herr der Kirche, Predigten, Heft 8], Gütersloh 1936.
Der Sinn der Liturgie, in: *Luthertum* 47 (1936), S. 235-245.
Evangelium nach Johannes, [= Der Herr der Kirche, Predigten, Heft 9], Gütersloh 1936.
Festbetrachtungen, [= Der Herr der Kirche, Predigten, Heft 11], Gütersloh 1936.
Festbetrachtungen. Sonnenwende, Anno Domini, Die verlorene Liebe, Das einzige Ostern, Himmel und Erde, in: *Der Herr ist der Geist,* [= Der Herr der Kirche. Predigten, Heft 11], Gütersloh 1936.
Jesus und Paulus, in: *Zeitwende* 13 (1936/37), S. 65-75.
Obrigkeit und Führertum. Wandlungen des evangelischen Staatsethos, Gütersloh 1936.
Praktisches Christentum, [= Der Herr der Kirche, Predigten, Heft 10], Gütersloh 1936.

1937

Christentum, Krieg und Frieden, in: Ders. (Hg.): *Kirche, Volk und Staat. Stimmen aus der deutschen evangelischen Kirche zur Oxforder Weltkirchenkonferenz,* Berlin 1937, S. 167-182.
Der Mensch vor Gott nach Luther, in: *Zeitwende* 14 (1937/38), 721-730.
Der Trost Gottes, [= Der Herr der Kirche. Predigten, Heft 14], Gütersloh 1937.
Er wird segnen, [= Der Herr der Kirche. Predigten, Heft 13], Gütersloh 1937.
Gericht und Heil, [= Der Herr der Kirche. Predigten, Heft 12], Gütersloh 1937.
Glaube und Volkstum in der lutherischen Kirche Polens, in: *Luthertum* 48 (1937), S. 65-73.
Hundert Jahre Universitätsgottesdienst in der Neustädter Kirche zu Erlangen, in: *Korrespondenzblatt für die evangelisch-lutherischen Geistlichen in Bayern* 63 (1937), S. 9-12.
Kirche, Volk und Staat, in: ders. (Hg.): *Kirche, Volk und Staat. Stimmen aus der deutschen evangelischen Kirche zur Oxforder Weltkirchenkonferenz,* Berlin 1937, S. 17-35.
Luther und die politische Welt, [= Schriftenreihe der Luthergesellschaft 9], Weimar 1937.
Verantwortung und Schuld der Kirche, (Vortrag), Berlin 1937. [Dasselbe in:] *Reden und Vorträge der 40. Generalversammlung des Evang. Bundes in Frankfurt am Main, 3. – 6. Sept. 37,* Berlin 1937, S. 34-45.
Volk ohne Christus? in: *Zeitwende* 14 (1937/38), S. 449-457.
Völker vor und nach Christus. Theologische Lehre vom Volke, [= Theologia militans 14], Leipzig 1937.

1938

Adolf Schlatters Gabe an die systematische Theologie, [= Beiträge zur Förderung christlicher Theologie, Band 40, Gütersloh 1938, S. 31-40.
Das alte Testament in der »Naturgeschichte des Glaubens«, in: Ders.: *Werke*

und Tage. Festschrift für Rudolf Alexander Schroeder zum 60. Geburtstag am 26. Jan. 1938, Berlin 1938, S. 11–17.

Das andere Land, [= Der Herr der Kirche. Predigten, Heft 16], Gütersloh 1938.

Das Kreuz und der Böse. Bemerkungen zu Karl Heims Lehre vom Werke Christi, in: *Zeitschrift für systematische Theologie* 15 (1938), S. 166–193.

Deutschland und das Kreuz, in: ders: *Ein deutsches Gewissen. Dank an August Winnig,* Berlin 1938.

Jesus Christus und Deutschland, [= Der Herr der Kirche. Predigten, Heft 15], Gütersloh 1938.

Paulus und Luther über den Menschen. Ein Vergleich [= Studien der Luther-Akademie 14], Gütersloh 1938; 2. erweiterte Aufl. ebd. 1951.

Una sancta, [= Der Herr der Kirche. Predigten, Heft 17], Gütersloh 1938.

Zur religiösen Lage der deutschen Jugend. Ein Hinweis auf Marin Hieronimi, Junger Deutscher vor Gott, 1937, in: *Luthertum* 49 (1938), S. 24–32.

1939

Christus gestern und heute, [= Der Herr der Kirche. Predigten, Heft 22], Gütersloh 1939.

Cruxifixus, [= Der Herr der Kirche. Predigten, Heft 20], Gütersloh 1939.

Das Geheimnis der Kirche, [= Der Herr der Kirche. Predigten, Heft 21], Gütersloh 1939.

Durchbrecher aller Bande, [= Der Herr der Kirche. Predigten, Heft 18], Gütersloh 1939.

Evangelium und Konfession. Zur Auseinandersetzung mit Hellmut Kittel, in: *Luthertum* 50 (1939), S. 273–282, 289–297.

Im Angesicht Christi, [= Der Herr der Kirche. Predigten, Heft 19], Gütersloh 1939.

Natürliche Theologie und Christusglaube, in: *Zeitschrift für systematische Theologie* 16 (1939), S. 417–425.

1940

Dein Reich komme! Predigt zur Jahresfeier der Evang.-luth. Mission in Leipzig am 22. Mai 1940, Leipzig 1940.

Dein Wille geschehe! Predigt in der Neustädter Kirche zu Erlangen, Gütersloh 1940.

Der Heiland, [= Der Herr der Kirche. Predigten, Heft 23], Gütersloh 1939.

Die Liebe ist des Gesetzes Erfüllung, in: *Zeitwende* 17 (1940/41), S. 132–138.

Die Wahrheit des kirchlichen Osterglaubens. Einspruch gegen Emanuel Hirsch, [= Beiträge zur Förderung christlicher Theologie, Band 42,2/Heft 2], Gütersloh 1940.

Gottes Wille, [= Der Herr der Kirche. Predigten, Heft 24], Gütersloh 1939.

Luther in der Gegenwart, in: *Luther* 22 (1940), S. 1–6.

Luther und das Probetestament von 1938, [Gutachten] in: *Luther und das »Probetestament« von 1938* [= Beiträge zur Förderung christlicher Theologie, Band 41/Heft 3], Gütersloh 1940, S. 5–102.

Luthers Wiederkehr, in: *Luther in der deutschen Kirche der Gegenwart. Eine*

Übersicht, Hg. im Auftrage der Luther-Gesellschaft von D. Th. Knolle, Gütersloh, 1940, S. 7–27.

1941

Das Bild Gottes bei Paulus. in: *Theologische Blätter* 20 (1941), Sp. 81–92.
Der Christusglaube und das Sterben, [= Der Herr der Kirche. Predigten, Heft 25], Gütersloh 1941.
Der Heiland. Predigt über Luk. I,10.II am 1. Christustage, in: *Pastoralblätter* 84 (1941/42), Sp. 59–63.
Deutsches Religionsgespräch, in: *Luthertum* 52 (1941), S. 1–16.
Die Inflation des Begriffs der Offenbarung in der gegenwärtigen Theologie, in: *Zeitschrift für systematische Theologie* 18 (1941), S. 134–149.
Luthers Gedanken über die letzten Dinge, in: *Lutherjahrbuch* 23 (1941), S. 9–34.
Noch einmal: Joh. 14,24 im Probetestament, in: *Theologische Blätter* 20 (1941), Sp. 134–135.
Reformation ohne Ende? (Zu Friedrich Parpert, Die endlose Reformation, 1939), in: *Theologische Literaturzeitung* 66 (1961), Sp. 65–70.

1942

Calvins Kampf um seine Lehre vom Leiden Christi, in: *Theologische Blätter* 21 (1942), Sp. 132–136.
Das Jahr des Heils. Predigt am Jahresanfang über Luk. 4,16–21, in: *Pastoralblätter* 85 (1942/43), Sp. 118–122.
Der Aufgang aus der Höhe. Predigt über Luk. I, 78–79 am Ersten Advent, in: *Pastoralblätter* 85 (1942/43), Sp. 19–22.
Der offene Himmel. Predigt über Joh. 17,24 am Himmelfahrtstage, in: *Pastoralblätter* 85 (1942/43), Sp. 287–290.
Die Einheit der Kirche Christi. Predigt am Reformationsfest über Ephes. 4,4–8, in: *Pastoralblätter* 85 (1942/43), Sp. 360–361.
Die Klarheit [Weihnachtliche Besinnung], in: *Eckart* 18 (1942), S. 272–274.
Entdeckung des Deutschtums im ehemaligen Mittelpolen, in: A. KARGEL / E. KNEIFEL (Hg.): *Deutschtum im Aufbruch,* Leipzig 1942, S. 191–197.
Kirche Christi nach dem Verständnis der lutherischen Reformation, in: *Deutsches Pfarrerblatt* 46 (1942), S. 177.
Kraft deiner Angst und Pein. Predigt über Matth. 27,45–50, in: *Pastoralblätter* 85 (1942/43), Sp. 186–189.
Neues Testament und Mythologie. Zu R. Bultmanns Versuch der Entmythologisierung des N.T., in: *Theologische Literaturzeitung* 67 (1942), Sp 337 bis 344.
»Niedergefahren zur Hölle«. Fr. Brundstädt zum 60. Geburtstag, in: *Zeitschrift für systematische Theologie* 19 (1942), S. 365–384.
Oktober 1942, Predigt über Gal. 5,1, in: *Pastoralblätter* 85 (1942/43), Sp. 497.
Problem und Fortschritt in der Theologie, in: *Deutsches Pfarrerblatt* 46 (1942), S. 173.
Selig sind …, Predigt über Matth. 5, 1–6, in: *Pastoralblätter* 85 (1942/43), Sp. 315 bis 317.

Tapfere Leute, Predigt über Luk. 9, 57–62, in: *Pastoralblätter* 85 (1942/43), Sp. 154–157.
Um das Heil unserer Seele, Predigt über Mark. 8,36, in: *Pastoralblätter* 85 (1942/43), Sp. 249–253.

1943
Einheit und Einigung der Kirche, in: *Luthertum* 54 (1943), S. 65–85.
Von der Arbeit der deutschen Theologie im Kriege, in: *Deutsches Pfarrerblatt* 47 (1943), S. 9.

1944
Ethos und Heil, in: *Protestantische Rundschau* 21 (1944), S. 14–22.
Gottesdienst zur 200-Jahrfeier der Universität Erlangen am 14. November in der Neustädter Kirche, Arendal 1944.
Karl Heim. Zu seinem 70. Geburtstag, in: *Forschung und Fortschritt* 20 (1944), S. 23.

1946
Der neue Geist. Zum Pfingstfest 1946. Ein Pfingstgruß der Heimatkirche durch das Evang. Hilfswerk für Internierte und Kriegsgefangene, Erlangen 1946.
Der Trost Gottes. Predigten in schwerer Zeit, Gütersloh 1946.
Luther und das öffentliche Leben. Rede zum 400. Todestag D. Martin Luthers, Erlangen 1946, in: *Zeitwende* 18 (1946/47), S. 129–142.
Schuld, in: *Prisma* 1, Heft 2 (1946), S. 4–8.

1947
Die christliche Wahrheit. Lehrbuch der Dogmatik Bd. I/II Gütersloh 1947/48, 2. durchgesehene Aufl. ebd. 1949, 3. durchgesehene und ergänzte Aufl. ebd. 1952.
Gesetz und Evangelium. Predigten über die Zehn Gebote, Gütersloh 1947.
Vom Sinn und Ziel der Geschichte. Vortrag in der Luther-Kirche zu Bonn am 9.6.1947, Bonn 1947.

1948
Amnestie? Von der Recht-schaffenden Macht der Vergebung, in: *Zeitwende* 20 (1948/49), S. 872–880.
Luthers Sendung an die ganze Christenheit, in: *Evang.-Lutherische Kirchenzeitung* 2 (1948), Sp. 27–30.
Martin Luther über die Kindertaufe, in: *Theologische Literaturzeitung* 73 (1948), Sp. 705–714.
Religion ohne Christus? Hamburg 1948.

ab 1949
Adolf Schlatters Wort an die heutige Theologie. Gedenkrede zur zehnten Wiederkehr seines Todestages, gehalten in der Stiftskirche zu Tübingen am 9.

Mai 1948, in: *Zeitschrift für systematische Theologie* 21/Nr. 1 (1950), S. 95 bis 109.
Die Herrlichkeit Gottes. Predigten zu den Festen und Festzeiten des Kirchenjahres, Gütersloh 1954.
Eschatologie, in: *Religion in Geschichte und Gesellschaft* 3. Aufl. Tübingen 1956–1965, Sp. 8595–8619. Die Bedeutung der Theologie Luthers für die theologische Arbeit, in: *Lutherjahrbuch* 28 (1961), S. 13–19.
Werner Elerts theologisches Werk. Rede bei der Gedächtnisfeier der Theologischen Fakultät in der Aula der Universität Erlangen am 19. Februar 1955, in: HÜBNER, Friedrich (Hg.): *Werner Elert. Gedenkschrift. Beiträge zur historischen und systematischen Theologie,* Berlin 1955, S. 400–410.

Veröffentlichte Quellen und Literatur bis 1945

BARTH, Karl: Der Römerbrief, in: *Zeitschrift für systematische Theologie* 1 (1919), S. 741–786.
BARTH, Karl: *Der Römerbrief,* Zürich 1919.
BARTH, Karl: Nein! Antwort an Emil Brunner, in: *Theologische Existenz heute* 14 (1934).
BONHOEFFER, Dietrich: *Akt und Sein. Transzendentalphilosophie und Ontologie in der systematischen Theologie,* [= Beiträge zur Förderung christlicher Theologie, Band 34/Heft 2) Gütersloh 1931.
BROD, Max: *Heidentum, Christentum, Judentum: ein Bekenntnisbuch,* 2 Bände, München 1921.
BRUNNER, Constantin: *Der Judenhass und die Juden,* Berlin 1918.
BRUNSTÄDT, Friedrich: *Völkisch-nationale Erneuerung.* Rede auf dem dritten Parteitage der Deutschnationalen Volkspartei in München am 2. September 1921, Berlin 1921.
BUBER, Martin: *Vom Geist des Judentums.* Reden und Geleitworte, Leipzig 1915.
BULTMANN, Rudolf: *Neues Testament und Mythologie. Das Problem der Entmythologisierung der neutestamentlichen Verkündigung,* [= Beiträge zur evangelischen Theologie, Band 7], München 1941.
CORDES, JOHANN GOTTLIEB: *Pazifismus und christliche Ethik,* Leipzig 1918.
DEUTSCHER EVANGELISCHER KIRCHENAUSSCHUSS: *Verhandlungen des zweiten Deutschen Evangelischen Kirchentages 1927,* Königsberg i. Pr. 17.-21. Juni 1927, Berlin-Steglitz 1927, S. 338–340.
ELERT, Werner: *Bekenntnis, Blut und Boden.* Drei theologische Vorträge, Leipzig 1934.
ELERT, Werner: Confessio Barmensis, in: *Allgemeine Evangelisch-Lutherische Kirchenzeitung* 67 (1934), S. 602–606.
ELERT, Werner: *Der Christ und der völkische Wehrwille,* [= Theologia militans. Schriften für lutherische Lehre und Gestaltung Band 15], Leipzig 1937.
ELERT, Werner: *Der Kampf um das Christentum. Geschichte der Beziehungen zwischen dem evangelischen Christentum in Deutschland und dem allgemeinen Denken seit Schleiermacher und Hegel,* München 1921.

ELERT, Werner: Die Hörer der Erlanger Theologischen Fakultät in zwei Jahrhunderten. Zum Jubiläum der Friderico-Alexandrina, in: *Luthertum* 42 (1938), S. 97–122.

ELERT, Werner: *Geschichtsphilosophie. Studie zur Grundlegung der Apologetik*, Leipzig 1911.

ELERT, Werner: *Karl Barths Index der verbotenen Bücher*, [= Theologia militans. Schriften für lutherische Lehre und Gestaltung Band 2], Leipzig 1935.

ELERT, Werner: Politisches und kirchliches Führertum, in: *Luthertum* 45 (1934), S. 102–117.

HARNACK, Adolf von: Was wir schon gewonnen haben und was wir noch gewinnen müssen, in: *Deutsche Reden in schwerer Zeit. Gehalten von den Professoren an der Universität Berlin*, hg. von der Zentralstelle für Volkswohlfahrt und dem Verein für Volkstümliche Kurse von Berliner Hochschullehrern, Berlin 1914.

HIRSCH, Emanuel: *Das kirchliche Wollen der Deutschen Christen*, Berlin 1933.

HIRSCH, Emanuel: *Das Wesen des Christentums*, Weimar 1939.

HIRSCH, Emanuel: *Der Pazifismus*, Mühlhausen i. Thür. 1918.

HIRSCH, Emanuel: *Die Auferstehungsgeschichten und der christliche Glaube*, Tübingen 1940.

HOLL, Karl: *Die Rechtfertigungslehre im Licht der Geschichte des Protestantismus*, Tübingen 1906.

JORDAN, Hermann (Hg.): *Wie kam es? Krieg und Zusammenbruch in ihren inneren Zusammenhängen*, Berlin 1919.

JORDAN, Hermann: *Von Deutscher Not und Deutscher Zukunft. Gedanken und Aufsätze*, Leipzig, Erlangen 1922.

KNAK, Siegfried: Ein Wort der Mission zur Rassenfrage, in: *Neue Allgemeine Missionszeitschrift* 13 (1936), S. 36–39.

KÜNNETH, Walter und SCHREINER HELMUTH, (Hg.): *Die Nation vor Gott*, Berlin 1934.

MULERT, Hermann: Paul Althaus 1861–1920, in: *Religion in Geschichte und Gegenwart 3*, 2. Aufl. Tübingen 1928, Sp. 2052.

PREUSS, Hans: Luther und Hitler, in: *Allgemeine Evangelisch-Lutherische Kirchenzeitung* 66 (1933).

REHFELDT, Otto: *Das Recht der Judenmission nach evangelischen Prinzipien*, Gütersloh 1918.

ROSENZWEIG, Franz: *Der Stern der Erlösung*, Frankfurt 1921.

SCHLATTER, Adolf: *Die Entstehung der Beiträge zur Förderung christlicher Theologie und ihr Zusammenhang mit meiner theologischen Arbeit*, [= Beiträge zur Förderung christlicher Theologie, Band 25/Heft 1], Gütersloh 1920.

SCHLATTER, Adolf: *Erlebtes. Stimmen aus der deutschen christlichen Studentenbewegung*, Berlin 1924.

SCHLATTER, Adolf: *Wird der Jude über uns siegen? Ein Wort für die Weihnachtszeit*, Velbert 1935.

SCHMIDT, Karl Dietrich (Hg.): *Die Bekenntnisse und grundlegenden Äußerungen zur Kirchenfrage des Jahres 1933*, Göttingen 1934.

SCHMIDT, Karl Dietrich (Hg.): *Die Bekenntnisse und grundlegenden Äußerungen zur Kirchenfrage des Jahres 1934*, Göttingen 1935.
SCHÖFFEL, Simon: Das deutsche Luthertum an der Wende der Zeit, in: *Luthertum* 45 (1934), S. 1–11.
STANGE, Carl: Die Aufgabe der Religionsgeschichte, in: *Zeitschrift für systematische Theologie1* (1924), S. 301–313.
STRATHMANN, Hermann: Nationalsozialistische Weltanschauung? Nürnberg 1931.
TILLICH, Paul: *Mystik und Schuldbewußtsein in Schellings philosophischer Entwicklung*, [= Beiträge zur Förderung christlicher Theologie, Band 16/Heft 12], Gütersloh 1912.

Literatur seit 1945

ARNDT, Ino: *Die Judenfrage im Lichte der evangelischen Sonntagsblätter von 1918–1933*, [Diss., maschinenschriftlich] Tübingen 1960.
ASSEL, Heinrich: »Barth ist entlassen ...« Emanuel Hirsch Rolle im Fall Barth und seine Briefe an Wilhelm Stapel, in: *Zeitschrift für Theologie und Kirche* 91 (1994), S. 445–475.
ASSEL, Heinrich: *Der andere Aufbruch. Die Lutherrenaissance – Ursprünge, Aporien und Wege. Karl Holl, Emanuel Hirsch, Rudolf Hermann (1910 bis 1935)*, Göttingen 1994.
AUSTELLUNG des Landeskirchlichen Archivs: *... wo ist dein Bruder Abel? 50 Jahre Novemberpogrom. Christen und Juden in Bayern in unserem Jahrhundert*, Nürnberg 1988 [= Ausstellungskatalog].
BAIER, Helmut: Die Bayerische Landeskirche und ihr Verhältnis zu den Juden in der ersten Hälfte des 20. Jahrhunderts, in: KRAUS, Wolfgang (Hg.): *Auf dem Weg zu einem Neuanfang. Dokumentation zur Erklärung der Evangelisch-Lutherischen Kirche in Bayern zum Thema Christen und Juden*, München 1999, S. 79–104.
BAIER, Helmut: *Die Deutschen Christen Bayerns im Rahmen des bayrischen Kirchenkampfs*, Nürnberg 1968.
BARKAI, Avraham: *»Wehr Dich!« Der Centralverein deutscher Staatsbürger jüdischen Glaubens (C.V.) 1893–1938*, München 2002.
BÄRSCH, Claus-Ekkehard: *Max Brod im Kampf um das Judentum: zum Leben und Werk eines deutsch-jüdischen Dichters aus Prag*, Wien 1992.
BAUTZ, Friedrich Wilhelm : *Paul Althaus*, 1958.
BAUTZ, Friedrich Wilhelm: *Paul Althaus der Ältere*, 1990.
BECKER, Peter Emil: *Sozialdarwinismus, Rassismus, Antisemitismus und völkischer Gedanke* [= *Wege ins Dritte Reich*, Band 2] Stuttgart 1990.
BEINTKER, Michael: Das Erbe verleugneter Schuld. Eine Theologische Überlegung, in: *Kirchliche Zeitgeschichte 1* (1989), S. 283–289.
BENZ, Wolfgang (Hg.): *Die ›Judenfrage‹. Schriften zur Begründung des modernen Antisemitismus 1789 bis 1914*. München 2002–2003.

BENZ, Wolfgang: *Was ist Antisemitismus.* München 2004.
BERDING, Helmut: *Moderner Antisemitismus in Deutschland,* Frankfurt am Main 1988.
BERGEN, Doris L.: Die Deutschen Christen 1934–1939, in: BESIER, Gerhard (Hg.): *Zwischen »nationaler Revolution« und militärischer Aggression. Transformationen in Kirche und Gesellschaft 1934–1939,* München 2001, S. 65–83.
BERGEN, Doris L.: *Twisted Cross. The German Christian Movement in the Third Reich,* University of North Carolina Press Chapell Hill, London 1996.
BERGMANN, Werner: *Antisemitismus in öffentlichen Konflikten: kollektives Lernen in der politischen Kultur der Bundesrepublik 1949–1989,* Frankfurt am Main 1997.
BESIER, Gerhard: *Die Kirchen und das Dritte Reich. Spaltung und Abwehrkämpfe 1934–1937,* Berlin, München 2001.
BESIER, Gerhard: *Kirche, Politik und Gesellschaft im 20. Jahrhundert,* München 2000.
BEYSCHLAG, Karlmann: *Die Erlanger Theologie,* Erlangen 1993.
BEYSCHLAG, Karlmann: In Sachen Althaus/Elert – Einspruch gegen Berndt Hamm, in: *Homiletisch-liturgisches Korrespondenzblatt* 8 (1990/91), S. 153–172.
BLESSING, Werner K.: Universität Erlangen im Ersten Weltkrieg, in: *Die Friedrich-Alexander-Universität Erlangen-Nürnberg 1743–1993,* hg. von Christoph FRIEDRICH und STADTMUSEUM ERLANGEN, [= Veröffentlichung des Stadtmuseums Erlangen, Band 43], Erlangen 1993, S. 87–97.
BOCK, Gisela: *Zwangssterilisation im Nationalsozialismus. Studien zur Frauenpolitik und Rassenpolitik* Opladen 1986.
BREUER, Stefan: *Grundpositionen der deutschen Rechten (1871–1945).* Historische Einführungen, Tübingen 1999.
BREUER, Stefan: *Ordnung der Ungleichheit – die deutschte Rechte im Widerstreit ihrer Ideen 1871–1945,* Darmstadt 2001.
BURKHARDT, Johannes: Kriegsgrund Geschichte? 1870,1913, 1756 – historische Argumente und Orientierungen bei Ausbruch des Ersten Weltkrieges, in: BURKHARDT, Johannes u. a. (Hg.): *Lange und kurze Wege in den Ersten Weltkrieg,* [= Schriften der Philosophischen Fakultät der Universität Augsburg, historisch-sozialwissenschaftliche Reihe 49], München 1996, S. 9–86.
BURLEIGH, Michael: *Tod und Erlösung: Euthanasie in Deutschland 1900–1945,* Zürich, München 2002.
BÜTTNER, Ursula und GRESCHAT, Martin (Hg.): *Die verlassenen Kinder der Kirche. Der Umgang mit Christen jüdischer Herkunft im »Dritten Reich«,* Göttingen 1998.
CLARK, Christopher: *The Politics of Conversion: Missionary Protestantism and the Jews in Prussia 1728–1941,* Oxford: Clarendon Press 1995.
CONWAY, John S.: *Die nationalsozialistische Kirchenpolitik 1933–1945. Ihre Ziele, Widersprüche und Fehlschläge,* Weinheim 1969.
DOERRY, Martin: *Übergangsmenschen. Die Mentalität der Wilhelminer und die Krise des Kaiserreichs,* München 1986.

ELERT, Werner: *Morphologie des Luthertums.* Band II: Soziallehren und Sozialwirkungen des Luthertums, München 1953.
EPD Dokumentation: *Frage: »Wie war das möglich?« löst dissontantes Echo aus. Die Veranstaltung beim Kirchentag 1979 über das Erlanger Gutachten zum Arierparagraphen,* zusammengestellt von Georg Künzel, Frankfurt am Main Nr. 5–6 / 1980.
ERICKSEN, P. Robert: *Theologen unter Hitler. Das Bündnis zwischen Dogmatik und Nationalsozialismus,* München, Wien 1986.
ERICKSEN, Robert P. und HESCHEL, Susannah: The German Churches Face Hitler: Assessment of the Historiography, in: DINER, Dan und STERN, Frank (Hg.): *Nationalsozialismus aus heutiger Perspektive,* Gerlingen 1994, S. 433–459.
ERICKSEN, Robert P.: Die Göttinger Theologische Fakultät im Dritten Reich, in: BECKER, Heinrich u.a. (Hg.): *Die Universität Göttingen unter dem Nationalsozialimus.* München 1998, S. 75–101.
EVANGELISCHER PRESSEDIENST (Hg.): *Dokumentation der Veranstaltung bei Kirchentag 1979 über das Erlanger Gutachten zum Arierparagraphen,* Frankfurt 1980.
FAULENBACH, Heiner: *Ein Weg durch die Kirche: Heinrich Josef Oberheid,* Köln 1992.
FISCHER, Hermann: *Systematische Theologie. Konzeptionen und Probleme im 20. Jahrhundert,* Stuttgart, Berlin, Köln 1992.
FOGT, Helmuth: *Politische Generationen. Empirische Bedeutung und empirisches Modell,* Opladen 1982.
FRANZE, Manfred: *Die Erlanger Studentenschaft 1918–1945,* [= Darstellungen aus der fränkischen Geschichte, Band 30], Würzburg 1972.
FREI, Norbert: *Karrieren im Zwielicht. Hitlers Eliten nach 1945,* Frankfurt am Main 2001.
FRIEDLÄNDER, Saul u.a. (Hg.).: *Bertelsmann im Dritten Reich,* München 2002.
FRIEDLÄNDER, Saul und HETZER, Tanja: Antisemitismus im Verlagsprogramm. Theologische Reflexionen und belletristische Stereotypen, in: FRIEDLÄNDER, Saul u.a. (Hg.): *Bertelsmann im Dritten Reich,* Gütersloh 2002, S. 271–334.
FRIEDLÄNDER, Saul: *Das Dritte Reich und die Juden. Die Jahre der Verfolgung 1933–1939,* München 1998.
FRIEDRICH, Christoph und STADTMUSEUM ERLANGEN, (Hg.): *Die Friedrich-Alexander-Universität Erlangen-Nürnberg 1743–1993.* Geschichte einer deutschen Hochschule, Erlangen 1993.
GAILUS, Manfred: *Protestantismus und Nationalsozialismus. Studien zur nationalsozialistischen Durchdringung des protestantischen Sozialmilieus in Berlin,* Köln 2001.
GERLACH, Wolfgang: *Als die Zeugen schwiegen: Bekennende Kirche und die Juden,* Berlin 1993.
GIESEN, Bernhard, JUNGE, Kay und KRITSCHGAU, Christian: Vom Patriotismus zum völkischen Denken: Intellektuelle als Konstrukeure der deutschen Identität, in: BERDING, Helmut (Hg.): *Nationales Bewußtsein und kollektive Identität,* Frankfurt am Main 1994, S. 345–393.
GOSSLER, Ascan: *Publizistik und konservative Revolution. Das »Deutsche*

Volkstum« als Organ des Rechtsintellektualismus 1918–1933, Hamburg 2001.

GRAF, Friedrich Wilhelm: Rettung der Persönlichkeit. Protestantische Theologie als Kulturwissenschaft des Christentums, in: VOM BRUCH, Rüdiger u.a. (Hg.): *Kultur und Kulturwissenschaften um 1900. Krise der Moderne und Glaube an die Wissenschaft*, Stuttgart 1989, S. 103–131.

GRAF, Wilhelm: Protestantische Theologie in der Gesellschaft des Kaiserreichs, in: Ders. (Hg.): *Profile des neuzeitlichen Protestantismus*, Band: 2/1, Gütersloh 1992, S. 12–117.

GRESCHAT, Martin: Krieg und Kriegsbereitschaft im deutschen Protestantismus, in: DÜLFFER, Jost und HOLL, Karl (Hg.): *Bereit zum Krieg: Kriegsmentalität im wilhelminischen Deutschland 1890–1914*, [= Beiträge zur historischen Friedensforschung], Göttingen 1986, S. 33–55.

GROSS, Raphael: *Carl Schmitt und die Juden. Eine deutsche Rechtslehre*, Frankfurt am Main 2000.

GROSS, Raphael: Relegating Nazism to the Past: Expressions of German Guilt in 1945 and Beyond, in *German Historical Vol.* 25 No.2 (2007), S. 192–211.

GUESNET, François: »Die beiden Bekenntnisse leben weit entfern voneinander, sie kennen und schätzen sich gegenseitig nicht.« Das Verhältnis von Juden und Deutschen im Spiegel ihrer Organisationen im Lodz des 19. Jahrhunderts, in: HENSEL, Jürgen (Hg.): *Polen, Deutsche und Juden in Lodz 1820–1939. Eine schwierige Nachbarschaft*, Osnabrück 1999, S. 139–170.

HAMM, Berndt: Rede zum 8. Mai 1995 in der Neustädter (Universitäts-) Kirche Erlangen. [unveröffentlichtes Manuskript].

HAMM, Berndt: Der Christ als »Bürger zweier Welten.« Werner Elerts Stellung zum Nationalsozialismus, in: *WEHrmut 1*. Sonderheft: Werner Elert (1992), S. 5–24.

HAMM, Berndt: Schuld und Verstrickung der Kirche. Vorüberlegungen zu einer Darstellung der Erlanger Theologie in der Zeit des Nationalsozialismus, in: STEGEMANN, Wolfgang (Hg.): *Kirche und Nationalsozialismus*, Stuttgart 1992, S. 13–49.

HAMM, Berndt: Werner Elert als Kriegstheologe. Zugleich ein Betrag zur Diskussion Luthertum und Nationalsozialismus, in: *Kirchliche Zeitgeschichte* 11, Nr. 2 (1998), S. 206–254.

HASS, Otto: *Hermann Strathmann. Christliches Denken und Handeln in bewegter Zeit*, Bamberg 1993.

HAUSTEIN, Jörg: Der »Ansbacher Ratschlag«, in: H. Edelmann u.a.: Nation im Widerspruch. Aspekte und Perspektiven aus lutherischer Sicht heute, Gütersloh 1999, S. 221–227.

HEIL, Johannes: »Antijudaismus« und Antisemitismus – Begriffe als Bedeutungsträger, in: BENZ, Wolfgang (Hg.): *Jahrbuch für Antisemitismusforschung*, Band 6, Frankfurt am Main u.a.: Campus Verlag 1997, S. 92–114.

HEINONEN, Reijo E.: *Anpassung und Identität. Theologie und Kirchenpolitik der Bremer Deutschen Christen 1933–1945*, [= Arbeiten zur kirchlichen Zeitgeschichte, Band 5], Göttingen 1978.

HEINRICHS, Wolfgang: *Das Judenbild im Protestantismus des Deutschen Kai-*

serreichs. Ein Beitrag zur Mentalitätsgeschichte des deutschen Bürgertums in der Krise der Moderne, Köln 2000.
HELMREICH, Ernst: *The German Churches under Hitler. Background, Struggle, and Epilogue*, Detroit/Michigan: Wayne State University Press 1979.
HENSEL, Jürgen (Hg.): *Polen, Deutsche und Juden in Lodz 1820–1939. Eine schwierige Nachbarschaft*, Osnabrück 1999.
HERING, Rainer: Säkularisierung, Entkirchlichung, Dechristianisierung und Formen der Rechristianisierung bzw. Resakralisierung in Deutschland, in: SCHNURBEIN, Stefanie von und ULBRICHT, Justus H. (Hgs): *Völkische Religion und Krisen der Moderne. Entwürfe »arteigener« Glaubenssysteme seit der Jahrhundertwende*, Würzburg 2001, S. 120–164.
HERING, Rainer: *Theologische Wissenschaft und »Drittes Reich«, Studien zur Hamburger Wissenschafts- und Kirchengeschichte im 20. Jahrhundert*, Paffenweiler 1990.
HERMLE, Siegfried: *Evangelische Kirche und Judentum – Stationen nach 1945*, Göttingen 1990.
HERMLE, Siegfried: Zwischen Bagatellisierung und engagierter Hilfe, in: HEROLD, Gerhart und NICOLAISEN, Carsten (Hg.): *Hans Meiser (1881–1956)*, München 2006, S. 53–68.
HERMS, Eilert: Emanuel Hirsch, in: HAUSCHILD, Wolf-Dieter (Hg.): *Profile des Luthertums*, Gütersloh 1997, S. 301–320.
HEROLD, Gerhart und NICOLAISEN, Carsten (Hg.): *Hans Meiser (1881 bis 1956). Ein lutherischer Bischof im Wandel der politischen Systeme*, München 2006.
HESCHEL, Susannah und ERICKSEN, Robert: *Betrayal: German Churches and the Holocaust*, Minneapolis 2000.
HESCHEL, Susannah: Theologen für Hitler. Walter Grundmann und das »Instituts zur Erforschung und Beseitigung des jüdischen Einflusses auf das deutsch kirchliche Leben«, in: SIEGELE-WENSCHKEWITZ, Leonore (Hg.): *Christlicher Antijudaismus und Antisemitismus: Theologische und kirchliche Programme Deutscher Christen*, Frankfurt am Main 1994, S. 125–171.
HOLZ, Klaus: *Nationaler Antisemitismus. Wissenssoziologie einer Weltanschauung*, Hamburg 2001.
HORN, Sabine: *Erinnerungsbilder: Auschwitz Prozess und Majdanek Prozess im westdeutschen Fernsehen*, Essen 2009.
HUBER, Wolfgang: Die Kirche vor der »Judenfrage«, in: RENTDORFF, Rolf und STEGEMANN, Ekkehard (Hgs.): *Auschwitz – Krise der christlichen Theologie*, München 1980, S. 60–81.
JARAUSCH, Konrad H.: *Deutsche Studenten*, Frankfurt am Main 1984.
JASPER, Gotthard: Die Bücherverbrennung im Reich und in Erlangen im Mai 1933, in: *Ich übergebe der Flamme. Vorträge, Ansprachen und Lesungen aus Anlass der Gedenkwoche zur Bücherverbrennung 1933 vom 5.5. bis 12.5.2003 in Erlangen*, hg. von der Friedrich-Alexander-Universität Erlangen-Nürnberg, Erlangen 2004, S. 27–42.
JASPER, Gotthard: Die Friedrich-Alexander-Universität in der Weimarer Republik und im Dritten Reich, in: Ders.: *Erkenntnis durch Erinnern. Aufsätze und Reden, Erlangen und Jena 1999*, S. 249–289.
JASPER, Gotthard: Gutachten zu Landesbischof D. Hans Meiser, in: *Zeitschrift für bayerische Kirchengeschichte* 75 (2006), S. 198–294.

JASPER, Gotthard: Theologiestudium in Tübingen vor 100 Jahren – im Spiegel der Briefe des Studienanfängers Paul Althaus an seine Eltern, in: *Zeitschrift für Neuere Theologiegeschichte* (2006), S. 252-335.

JASPERS, Karl: *Die Schuldfrage*, Heidelberg 1946.

JEISMANN, Michael und WESTHEIDER, Rolf: Wofür stirbt der Bürger? Nationaler Totenkult und Staatsbürgertum in Deutschland und Frankreich seit der Französischen Revolution, in: KOSSELECK, Reinhart und JEISMANN, Michael (Hg.): *Der politische Totenkult*, München 1994, S. 23-50.

JERKE, Birgit: Wie wurde das Neue Testament zu einem sogenannten Volkstestament »entjudet«? Aus der Arbeit des Eisenacher »Instituts zur Erforschung und Beseitigung des jüdischen Einflusses auf das deutsch kirchliche Leben«, in: SIEGELE-WENSCHKEWITZ, Leonore (Hg.): *Christlicher Antijudaismus und Antisemitismus: Theologische und kirchliche Programme Deutscher Christen*, Frankfurt 1993, S. 201-234.

JOCHMANN, Werner: Ein lutherischer Bischof zwischen politischen Hoffnungen und kirchlichen Zielen, in: Ders. *Gesellschaftskrise und Judenfeindschaft in Deutschland 1870-1945* [= Hamburger Beiträge zur Sozial- und Zeitgeschichte, Band 23], Hamburg 1988, S. 282-297.

KAISER, Jochen-Christoph und GRESCHAT, Martin (Hg.): *Der Holocaust und die Protestanten. Analysen einer Verstrickung*, Frankfurt am Main 1988.

KAISER, Jochen-Christoph: *Sozialer Protestantismus im 20. Jahrhundert, Beiträge zur Geschichte der Inneren Mission 1914-1945*, München 1989.

KATZ, Steven Theodore: *Kontinuität und Diskontinuität zwischen christlichem und nationalsozialistischem Antisemitismus*, Tübingen 2001.

KERSHAW, Ian: *Hitler 1889-1936*, Stuttgart 1998.

KEUNECKE, Hans-Otto: »Stollreither muß weg!« – Der Erlanger Bibliotheksdirektor 1933 im Visier der Nationalsozialisten, in: *Ich übergebe der Flamme. Vorträge, Ansprachen und Lesungen aus Anlass der Gedenkwoche zur Bücherverbrennung 1933 vom 5.5. bis 12.5.2003 in Erlangen*, hg. von der Friedrich-Alexander-Universität Erlangen-Nürnberg, Erlangen 2004, S. 43-65.

KIRCHNER, Katrin J.: *Franz Rosenzweigs Theorie der Erfahrung: Ein Beitrag zur Überwindung totalitärer Denkstrukturen und zur Begründung einer Kultur der Pluralität*, Würzburg 2005.

KRAUS, Hans-Joachim: Die evangelische Kirche, in: MOSSE, Werner E. (Hg.): *Entscheidungsjahr 1932. Zur Judenfrage in der Endphase der Weimarer Republik*, Tübingen 1965, S. 249-269.

KRAUS, Wolfgang (Hg.): *Auf dem Weg zu einem Neuanfang. Dokumentation zur Erklärung der Evangelisch-Lutherischen Kirche in Bayern zum Thema Christen und Juden*, München 1999.

KRIEGER, Karsten (Hg.): *Der »Berliner Antisemitismusstreit« 1879-1881. Eine Kontroverse um die Zugehörigkeit der deutschen Juden zur Nation. Kommentierte Quellenedition. 2 Teile.* München 2002.

KRONDORFER, Björn: Nationalsozialismus und Holocaust in Autobiographien protestantischer Theologen, in: Ders. (Hg.): *Mit Blick auf die Täter, Fragen an die deutsche Theologie*, Gütersloh 2001, S. 23-170.

LEHMANN, Hartmut: Hans Preuß 1933 über »Luther und Hitler«, in: *Kirchliche Zeitgeschichte 12* (1999), Heft 1, S. 287-296.

LEHMANN, Hartmut: *Protestantisches Christentum im Prozeß der Säkularisierung*, Göttingen 2001.

LESSING, Eckhard: *Zwischen Bekenntnis und Volkskirche. Der theologische Weg der Evangelischen Kirche der altpreußischen Union (1922–1953) unter besonderer Berücksichtigung ihrer Synoden, ihrer Gruppen und der theologischen Begründungen*, Bielefeld 1992.

LIEBENBERG, Roland: *Der Gott der feldgrauen Männer. Die theozentrische Erfahrungstheologie von Paul Althaus d. J. im Ersten Weltkrieg*, [= Arbeiten zur Kirchen- und Theologiegeschichte, Band 22], Leipzig 2008.

LOEWENICH, Walther von: *Die Erlanger Theologische Fakultät 1922 – 1972. Memorabilia aus 50 Jahren erlebter Geschichte*, Neustadt bei Aisch 1975.

LOEWENICH, Walther von: *Erlebte Theologie: Begegnungen, Erfahrungen, Erwägungen*, München 1999.

LOHFF, Wenzel: Bibliographie der Veröffentlichungen von Professor D. Paul Althaus, in: KÜNNETH Walter und JOEST, Wilfried (Hg.): *Dank an Paul Althaus. Eine Festgabe zum 70. Geburtstag, dargebracht von Freunden, Kollegen und Schülern*, Gütersloh 1958, S. 246–272.

MASER, Werner: *Hitlers Briefe und Notizen. Sein Weltbild in handschriftlichen Dokumenten*, Graz, Stuttgart 2002.

MAURER, Wilhelm: In Memoriam Werner Elert, in: *Evangelisch-lutherische Kirchenzeitschrift* 4 (1954), S. 378–379.

MEHLHAUSEN, Joachim: Nationalsozialismus und Kirchen, in: *Theologische Realenzyklopädie* 24 (1994), S. 43–78.

MEIER, Kurt: *Die deutschen Christen. Das Bild einer Bewegung im Kirchenkampf des Dritten Reiches*, Halle/Saale 1967.

MEIER, Kurt: *Die Theologische Fakultäten im Dritten Reich*, Berlin, New York 1996.

MEIER, Kurt: Evangelische Kirche und »Endlösung der Judenfrage«, in: STEGEMANN, Wolfgang (Hg.): *Kirche und Nationalsozialismus*, Stuttgart 1992, S. 77–94.

MEISER, Martin: *Paul Althaus als Neutestamentler: eine Untersuchung der Werke, Briefe, unveröffentlichten Manuskripte und Randbemerkungen*, Stuttgart 1993.

MENSING, Jörg: *Pfarrer und Nationalsozialismus. Geschichte einer Verstrickung am Beispiel der Evangelisch-Lutherischen Kirche in Bayern*, Göttingen 1998.

MILDENBERGER, Friedrich: *Geschichte der deutschen evangelischen Theologie im 19. und 20. Jahrhundert*, Stuttgart u.a. 1981.

MOHLER, Armin: *Die konservative Revolution in Deutschland 1918–1932. Ein Handbuch*, Darmstadt 1972.

MOSSE, Georg L.: *Ein Volk, ein Reich, ein Führer. Die völkischen Ursprünge des Nationalismus*, Königstein/Ts 1979.

MROCZKA, Ludwig: Die Berufs- und Sozialstruktur der wichtigsten ethnischen Gruppen in Lodz und ihre Entwicklung in den Jahren 1918–1939, HENSEL, Jürgen (Hg.): *Polen, Deutsche und Juden in Lodz 1820–1939. Eine schwierige Nachbarschaft*, Osnabrück 1999, S. 45–66.

MÜLLER, Gerhard: Zusammenarbeit und Konflikte mit der Theologischen Fakultät in Erlangen, in: HEROLD, Gerhart und NICOLAISEN, Carsten (Hg.): *Hans Meiser (1881–1956)*, München 2006, S. 90–104.

MÜLLER, Winfried: Schließung und Wiedereröffnung der Universität nach 1945, in: *Die Friedrich-Alexander-Universität Erlangen-Nürnberg 1743–1993*, hg. von Christoph FRIEDRICH und STADTMUSEUM ERLANGEN, [= Veröffentlichung des Stadtmuseums Erlangen, Band 43], Erlangen 1993, S. 99–126.

MÜNCHENBACH, Siegfried: *Hans Meiser. Sein kirchliches und politisches Denken und Handeln von 1911 bis 1945*, (Zulassungsarbeit zur unveröffentlichte wissenschaftlichen Staatsprüfung für das Lehramt am Gymnasium) o. O. 1976.

NEUER, Werner: *Adolf Schlatter – ein Leben für Theologie und Kirche*, Stuttgart 1996.

NICOLAISEN, Carsten: Bischof Meiser (1881–1956) ein konservativer Lutheraner in den Herausforderungen des Nationalsozialismus, in: HABERER, Johanna (Hg.): *Er liebte seine Kirche. Bischof Meiser und die bayerische Landeskirche im Nationalsozialismus*, München 1996.

NICOLAISEN, Carsten: *Der Weg nach Barmen. Die Entstehungsgeschichte der Theologischen Erklärung von 1934*, Neukirchener 1985.

NICOLAISEN, Carsten: Die Stellung der »Deutschen Christen« zum Alten Testament, in: BRUNOTTE, Heinz und WOLF, Ernst (Hg.): *Zur Geschichte des Kirchenkampfes. Gesammelte Aufsätze*, Band 2, Göttingen 1971, S. 197–220.

NORDEN, Günther van: *Kirche in der Krise. Die Stellung der evangelischen Kirche zum Nationalsozialismus*, Düsseldorf 1963.

NOWAK, Kurt: *Evangelische Kirche und Weimarer Republik. Zum politischen Weg des deutschen Protestantismus zwischen 1918 und 1932*, Göttingen 1981.

NOWAK, Kurt: *Geschichte des Christentums in Deutschland. Religion, Politik und Gesellschaft vom Ende der Aufklärung bis zur Mitte des 20. Jahrhunderts*, München 1995.

PIETROW-ENNKER, Bianka: Auf dem Weg zur Bürgergesellschaft. Modernisierungsprozesse in Lodz (1820–1914), in: HENSEL, Jürgen (Hg.): *Polen, Deutsche und Juden in Lodz 1820–1939. Eine schwierige Nachbarschaft*, Osnabrück 1999, S. 104–129.

PIPER, Ernst: *Alfred Rosenberg. Hitlers Chefideologe*, München 2007.

PÖHLMANN, Matthias: *Kampf der Geister. Die Publizistik der »Apologetischen Centrale« (1921–1937)*, [= Konfession und Gesellschaft. Beiträge zur Zeitgeschichte, Band 16], Stuttgart, Berlin, Köln 1998.

POLLMANN, Klaus Erich: Evangelisch-sozialer Kongreß, in: *Theologische Realenzyklopädie 10* (1982), S. 645–650.

PUSCHNER, Uwe, SCHMITZ, Walter und ULBRICHT, Justus H. (Hg.): *Handbuch zur »völkischen Bewegung« 1871–1918*, München, New Providence, London, Paris 1996.

PUSCHNER, Uwe: *Die völkische Bewegung im wilhelminischen Kaiserreich. Sprach – Rasse – Religion*, Darmstadt 2001.

RABINBACH, Anson: *In the Shadow of Catastrophe: German Intellectuals between Apocalypse and Enlightenment*, Los Angeles, London 2001.

Rau, Gerhard: Die antijüdisch-antisemitische Predigt, in: Rentdorff, Rolf und Stegemann, Ekkehard (Hgs.): *Auschwitz – Krise der christlichen Theologie*, München 1980, S. 26–48.

Raymond, Bernard: Die Konzepte einiger protestantischer deutscher Theologen zur ›Judenfrage‹, in: Nowak, Kurt und Raulet, Gérard (Hg.): *Protestantismus und Antisemitismus*, Frankfurt am Main 1994, S. 127–147.

Reichel, Peter: *Erfundene Erinnerung – Weltkrieg und Judenmord in Film und Theater*, Frankfurt am Main 2007.

Renner, Michael: *Nachkriegsprotestantismus in Bayern. Untersuchung zur politischen und sozialen Orientierung der Evangelischen-Lutherischen Kirche Bayerns und ihre Landesbischofs Hans Meiser in den Jahren 1945–1955*, München 1991.

Rentdorff, Rolf und Henrix, Hans Hermann (Hgs.): Die Kirchen und das Judentum: Dokumente von 1945 – 1985, München 1989.

Rentdorff, Rolf und Stegemann, Ekkehard (Hgs.): *Auschwitz – Krise der christlichen Theologie*, München 1980.

Richter-Böhne, Andreas: *Unbekannte Schuld: politische Predigt unter alliierter Besatzung*, [= Calwer Theologische Monographien, Reihe C, Band 14], Stuttgart 1989.

Röhm, Eberhard und Thierfelder, Jörg: *Juden, Christen, Deutsche 1933 bis 1945*, 4 Bände, Stuttgart 1990–2004.

Rühle, Inken: *Gott spricht die Sprache der Menschen: Franz Rosenzweig als jüdischer Theologe – eine Einführung*, Tübingen 2004.

Ruoff, Manuel: *Landesbischof Franz Tügel*, [= Beiträge zur deutschen und europäischen Geschichte, Band 22], Hamburg 2000.

Rürup, Reinhard: Der »Geist von 1914« in Deutschland. Kriegsbegeisterung und Ideologisierung des Krieges im Ersten Weltkrieg, in: Hüppauf, Bernd (Hg.): *Ansichten vom Krieg. Vergleichende Studien zum Ersten Weltkrieg in Literatur und Gesellschaft*, Königstein/Ts 1984, S. 1–30.

Sandweg, Jürgen: Der Verrat des Geistes: der Fall der Universität Erlangen im »Dritten Reich«, in: *Die Friedrich-Alexander-Universität Erlangen-Nürnberg 1743–1993*, hg. von Christoph Friedrich und Stadtmuseum Erlangen, [= Veröffentlichung des Stadtmuseums Erlangen, Band 43], Erlangen 1993, S. 99–126.

Sandweg, Jürgen: Veritati – Humanitati – Virtuti. Perspektiven einer Erlanger Universitätsgeschichte, in: *Die Friedrich-Alexander-Universität Erlangen-Nürnberg 1743–1993*, hg. von Christoph Friedrich und Stadtmuseum Erlangen, [= Veröffentlichung des Stadtmuseums Erlangen, Band 43], Erlangen 1993, S. 5–22.

Schaeder, Grete (Hg.): *Briefwechsel aus sieben Jahrzehnten – Martin Buber*, Heidelberg 1972.

Schissler, Hanna: Zeitgenossenschaft. Some Reflections on Doing Contemporary German History, in: Biess, Frank u.a. (Ed.): *Conflict, Catastrophe and Continuity: Essays on Modern German History*, New York, Oxford 2007, S 360–377.

Schlatter, Theodor: *Adolf Schlatter: Rückblick auf sein Leben. Zu seinem hundertsten Geburtstag*, [= Beiträge zur Förderung christlicher Theologie], Gütersloh 1952.

SCHMALZ, Oliver: *Kirchenpolitik unter dem Vorzeichen der Volksnomoslehre – Wilhelm Stapel im Dritten Reich*, Frankfurt am Main 2004.

SCHNEIDER, Thomas Martin: *Reichsbischof Ludwig Müller. Eine Untersuchung zu Leben, Werk und Persönlichkeit*, [= Arbeiten zur kirchlichen Zeitgeschichte, Band 19, Göttingen 1993.

SCHOEPS, Julius H. und TRESS, Werner (Hgs.): Orte der Bücherverbrennungen in Deutschland 1933, Hildesheim 2008.

SCHOLDER, Klaus: *Die Kirchen und das Dritte Reich. Band 1: Vorgeschichte und Zeit der Illusion 1918–1934*, München (1. Aufl. 1977) 2000.

SCHOLDER, Klaus: *Die Kirchen und das Dritte Reich, Band 11: Das Jahr der Ernüchterung 1934*, München (1. Aufl. 1977) 2000.

SCHÜMANN, Carl-Wolfgang: Vivat, crescat, floreat, in: VÖLGER, Gisela und WELCK, Karin (Hg.): *Männerbande, Männerbünde – Zur Rolle des Mannes im Kulturvergleich*, Köln, 1990, S. 381-383.

SCHÜTTE, Hans-Walter: Zwei-Reiche-Lehre und Königsherrschaft Christi, in: *Handbuch der christlichen Ethik, Band 1*, Freiburg im Breisgau 1978, S. 339-353.

SCHWABE, Klaus: *Wissenschaft und Kriegsmoral. Die deutschen Hochschullehrer und die politischen Grundfragen des Ersten Weltkrieges*, Göttingen, Zürich, Frankfurt 1969.

SCHWEIKHARDT, Wilfried: *Zwischen Dialog und Mission. Zur Geschichte und Theologie der christlich-jüdischen Beziehungen seit 1945*, [= Studien zu jüdischem Volk und christlichen Gemeinden, Band 2], Berlin 1980.

SIEGELE-WENSCHKEWITZ, Leonore (Hg.): *Christlicher Antijudaismus und Antisemitismus: theologische und kirchliche Programme Deutscher Christen*, Frankfurt am Main 1994.

SIEGELE-WENSCHKEWITZ, Leonore und NICOLAISEN, Carsten (Hg.): *Theologische Fakultäten im Nationalsozialismus*, München 1980.

SIEGELE-WENSCHKEWITZ, Leonore: Adolf Schlatters Sicht des Judentums im politischen Kontext. Die Schrift ›Wird der Jude über uns siegen?‹ von 1935, in: Dies. (Hg.): *Christlicher Antijudaismus und Antisemitismus: theologische und kirchliche Programme Deutscher Christen*, Frankfurt am Main 1994, S. 95-110.

SIEGELE-WENSCHKEWITZ, Leonore: *Neutestamentliche Wissenschaft vor der Judenfrage: Gerhard Kittels theologische Arbeit im Wandel deutscher Geschichte*, München 1980.

SIEGELE-WENSCHKEWITZ, Leonore: Plädoyer für einen Perspektivenwechsel in der Kirchenwissenschaft auf das Verhältnis von Christentum und Judentum, in: MEHLHAUSEN, Joachim (Hg.): *... und über Barmen. Festschrift für Carsten Nicolaisen*, Göttingen 1995, S. 114-135.

SIEGELE-WENSCHKEWITZ, Leonore: Protestantische Universitätstheologie und Rassenideologie in der Zeit des Nationalsozialismus, in: BRAKELMANN, Günter und ROSOWSKI, Martin (Hgs.): *Antisemitismus. Von religiöser Judenfeindschaft zur Rassenideologie*, Göttingen 1989, S. 52-75.

SMID, Marikje: *Deutscher Protestantismus und Judentum 1932/33*, München 1990.

SONNE, Hans-Joachim: *Die politische Theologie der Deutschen Christen. Einheit und Vielfalt deutsch-christlichen Denkens, dargestellt anhand des Bundes für deutsche Kirche, der Thüringer Kirchenbewegung »Deutsche Christen« und der Christlich-deutschen Bewegung*, Göttingen 1982.

SONTHEIMER, Kurt: *Antidemokratisches Denken in der Weimarer Republik. Die politischen Ideen des deutschen Nationalismus*, München 1994.

SPARN, Walter: Paul Althaus, in: HAUSCHILD, Wolf-Dieter (Hg.): *Profile des Luthertums*, Gütersloh 1997, S. 1–26.

STEGEMANN, Ekkehard: Die Stellung Martin Luther und der Evangelischen Christen zum Judentum, in: STEGEMANN, Wolfgang (Hg.): *Kirche und Nationalsozialismus*, Stuttgart 1992, S. 121–138.

STEGEMANN, Wolfgang: Christliche Judenfeindschaft und Neues Testament, in: Ders. (Hg.): *Kirche und Nationalsozialismus*, Stuttgart 1992, S. 139–170.

STOLTE, Heinz: *Vom Feuer der Wahrheit: der Philosoph Constantin Brunner*, Husum 1990.

TANNER, Klaus: *Die fromme Verstaatlichung des Gewissens. Zur Auseinandersetzung um die Legitimität der Weimarer Reichsverfassung in Staatsrechtswissenschaft und Theologie der zwanziger Jahre*, [= Arbeiten zur Kirchengeschichte, Band 15], Göttingen 1989.

TILGNER, Wolfgang: *Volksnomostheologie und Schöpfungsglauben. Ein Beitrag zur Geschichte des Kirchenkampfes*, Göttingen 1966.

TÖLLNER, Axel: *Eine Frage der Rasse? Die Evangelisch-Lutherische Kirche in Bayern, der Arierparagraf und die bayerischen Pfarrerfamilien mit jüdischen Vorfahren im ›Dritten Reich‹*, [= Konfession und Gesellschaft. Beiträge zur Zeitgeschichte) Stuttgart, Berlin, Köln 2007.

TRESS, Werner: *»Wider den undeutschen Geist«. Bücherverbrennung 1933*, Berlin 2003.

TRILLHAAS, Wolfgang: *Aufgehobene Vergangenheit. Aus meinem Leben*, Göttingen 1976.

USTORF, Werner: *Sailing on the Next Tide: Mission, Missiology, and the Third Reich*, Frankfurt am Main u. a. 2000.

VERHEY, Jeffrey: *Der ›Geist von 1914‹ und die Erfindung der Volksgemeinschaft*, Hamburg 2000.

VOLKOV, Shulamit: *Antisemitismus als kultureller Code*, München 2000.

VOLLNHALS, Clemens: Evangelische Kirche und Entnazifizierung 1945–1949. Die Last der nationalsozialistischen Vergangenheit, München 1989.

VON DER OSTEN-SACKEN, Peter (Hg.): *Das missbrauchte Evangelium: Studien zu Theologie und Praxis der Thueringer Deutschen Christen*, Berlin 2002.

VON MIQUEL, Marc: *Ahnden oder amnestieren? Westdeutsche Justiz und Vergangenheitspolitik in den sechziger Jahren*, Göttingen 2004.

VON MIQUEL, Marc: Juristen: Richter in eigener Sache, in: FREI, Norbert (Hg.): *Karrieren im Zwielicht. Hitlers Eliten nach 1945.* Frankfurt am Main/New York 2001, S. 181–241.

VONDUNG, KLAUS: DAS WILHELMINISCHE BÜRGERTUM. ZUR SOZIALGESCHICHTE SEINER Ideen, Göttingen 1976.

WALK, Joseph (Hg.): *Das Sonderrecht für die Juden im NS-Staat. Eine Samm-

lung der gesetzlichen Maßnahmen und Richtlinien – Inhalt und Bedeutung, Heidelberg 1996.

WALTER, Dirk: *Antisemitische Kriminalität und Gewalt: Judenfeindschaft in der Weimarer Republik*, Bonn 1999.

WALZ, Rainer: Der vormoderne Antisemitismus. Religiöser Fanatismus oder Rassenwahn? In: *Historische Zeitschrift* (1995), Heft 260, S. 719–748.

WEBER, Cornelia: *Altes Testament und völkische Frage. Der biblische Volksbegriff in der alttestamentlichen Wissenschaft der nationalsozialistischen Zeit, dargestellt am Beispiel von Johannes Hempel*, Tübingen 2000.

WEHR, Gerhard: *Martin Buber: Leben, Werk, Wirkung*, Zürich 1991.

WEILING, CHRISTOPH: *Die »Christlich-deutsche Bewegung«. Eine Studie zum konservativen Protestantismus in der Weimarer Republik*, [= Arbeiten zur kirchlichen Zeitgeschichte, Band 28], Göttingen 1998.

WENDEHORST, Alfred: *Geschichte der Friedrich-Alexander-Universität Erlangen Nürnberg 1943–1993*, München 1993.

WESSLING, Berndt Wilhelm: *Max Brod – ein Porträt*, Stuttgart, Berlin, Köln, Mainz 1969.

WIESE, Christian: *Wissenschaft des Judentums und protestantische Theologie im wilhelminischen Deutschland. Ein Schrei ins Leere?* [= Schriftenreihe wissenschaftlicher Abhandlungen des Leo-Baeck-Instituts, Band 61) Tübingen 1999.

WILDT, Michael: *Volksgemeinschaft als Selbstermächtigung. Gewalt gegen Juden in der deutschen Provinz 1919 bis 1939.* Hamburg 2007.

WOLF, Hubert: *Die katholische Kirche und das Dritte Reich. Ein Essay. Radio Kultur Berlin*, Fokus Politik, 22.3.09.

Bildnachweis

Seite 22   Entnazifizierungsausschuss 1946, Stadtarchiv Erlangen, Adair-Album.
Seite 34   Paul Althaus als Student, ca. 1906, Privatbesitz.
Seite 49   Paul Althaus 1915, Privatbesitz.
Seite 102 Paul Althaus als Dozent in Rostock, 1920, Privatbesitz.
Seite 118 Zug der Professoren bei der Denkmalenthüllung, 1.Juli 1930, Stadtarchiv Erlangen, VI.F.b. 440, Foto von Paul Falkenstein.
Seite 158 Paul Althaus als Dozent in Erlangen, 1933, Privatbesitz.
Seite 159 Flaggenhissung am Schloss und Kollegienhaus, 10.3.1933, Stadtarchiv Erlangen, VI.F.b. 260, 261.
Seite 230 Paul Althaus 1952, Stadtarchiv Erlangen, Fotoarchiv Gloria Himmer-Falkenstein.
Seite 235 Einzug der Pfarrer in die neue Markuskirche, 4. Dezember 1955, Stadtarchiv Erlangen, Fotoarchiv Stümpel.

Personenregister

Althaus, August (Großvater) 33
Althaus, Augusta (Mutter), geb. Grethen 33
Althaus, Gerhard (Bruder) 68
Althaus, Ingeborg (Tochter) 71
Althaus, Paul Johannes, d. Ä. (Vater) 33, 35, 38, 41
Althaus, Dorothea (Ehefrau), geb. Zielke 48
Althaus, Walter (Bruder) 68
Althaus, Wilhelm (Bruder) 68
Arndt, Ino 12
Arndt, Ernst Moritz 59f., 247
Asmussen, Hans 183
Assel, Heinrich 14

Baier, Helmut 215, 220
Barnett 28
Barth, Karl 74, 91, 97f., 107–109, 142, 152, 183, 185–188, 207, 209, 239
Baumgärtel, Friedrich 30
Benario, Rudolf 113
Bergen, Doris 15, 200
Besier, Gerhard 14, 196
Beyrer, Eduard 249
Beyschlag, Karlmann 18, 220f., 242
Birnbaum, Walter 178
Bismarck, Otto von 96, 208
Blendiger, Christian 215
Bonhoeffer, Dietrich 14, 104, 178, 193
Bonwetsch, Nathanael 38
Bousset, Wilhelm 38
Breit, Thomas 193
Brenner, Eduard 25f.
Brod, Max 126, 133–136, 138, 140, 239
Brod, Otto 136
Brunner, Constantin 126–130, 140, 239
Brunstädt, Friedrich 112
Buber, Martin 126, 130–133, 136, 139f., 239

Buber, Salomon 130
Buddha 129
Bultmann, Rudolf 105f., 217
Burckhardt, Jakob 146

Chamberlain, Houston Stewart 39
Clark, Christopher 202, 204
Clay, Lucius D. 28
Cordes, Johann Gottlieb 82f., 87
Cremer, Hermann 38, 103f.

Dibelius, Otto 19, 43, 163f.
Doehring, Bruno 123
Doerry Martin 41

Ehrenberg, Hans 139
Elert, Werner 17f., 30, 42, 113–116, 156, 167, 169, 174f., 177, 182–189, 197, 206, 209f., 214–218, 220f., 242, 251, 256, 259
Ericksen, Robert P. 9, 11, 15f., 108, 210, 220
Erzberger, Matthias 67
Erzbischof von Canterbury 79

Fascher, Erich 200
Fendt, Franz 27f.
Fichte, Johann Gottlieb 80, 96, 181
Filbinger, Hans Karl 213
Fleischer, Bruno 118f., 249
Flor, Wilhelm 193
Frank, Franz Hermann 206
Franze, Manfred 112
Freud, Sigmund 40
Frey, Christoph 217
Frick, Heinrich 178–180
Frick, Wilhelm 196
Friedländer, Saul 157
Fritz, Lenz 190

Gailus, Manfred 13, 51, 194

Gerlach, Wolfgang 215
Gogarten, Friedrich 107
Göring, Hermann Wilhelm 11, 212
Greschat, Martin 13
Gressner, Hermann 28
Grether, Oskar 30
Gustavus, Walter 193, 221f., 225–227

Hamm, Berndt 18, 220f., 227
Harless, Adolf von 42
Harnack, Adolf von 46, 150
Haßelwander, Albert 169
Hauck, Friedrich 27, 30f.
Hauser, Gustav 169
Hegel, Georg Friedrich Wilhelm 96, 136f., 278
Heim, Karl 107
Heinrichs, Wolfgang 10, 32
Heitmüller, Wilhelm 38
Hempel, Johannes 139
Hensel, Jürgen 50
Hensel, Paul 113
Hering, Rainer 12, 72
Herms, Eilert 108, 216f., 229
Herrigel, Eugen 24, 212
Hertz-Kleptow, Joachim Wilhelm 215
Herzl, Theodor 131, 133
Heschel, Susannah 11
Himmler, Heinrich Luitpold 11
Hirsch, Emanuel 73f., 85f., 90, 96, 105–108, 123, 220
Hitler, Adolf 9, 11f., 21, 25, 31, 42, 119–121, 140, 149, 157, 159–161, 164, 166, 168f., 171, 193, 198, 215, 218, 220, 225, 241, 243
Höfer, Friedrich 215
Holl, Karl 37, 40–42, 70f., 96, 106
Höfling, Johann Wilhelm 42
Heß, Rudolf 11, 142
Hossenfelder, Joachim 187, 199
Humburg, Paul 193

Imehls, Ludwig 42

Jacobi, Gerhard 203

Jäger, Waltraud 216
Jasper, Gotthard 18f., 21, 37, 42, 108, 151, 190, 245
Jaspers, Karl 227
Johnsen, Helmuth 193, 195, 197
Jordan, Hermann 35, 37, 111f., 245

Kafka, Franz 133
Kahl, Wilhelm 106, 151f.
Kähler, Martin 106
Kaiser, Jochen-Christoph 13
Kapler, Hermann 172–174
Kempf, Georg 30
Kerrl, Hans 198f.
Kierkegaard, Sören 126, 133
Kittel, Gerhard 15, 220
Knak, Siegfried 202–204
Köberle, Adolf 197
Koch, Karl 193, 196
Kögel, Rudolf 104
Krause, Reinhold 181f., 199
Künneth, Walter 30, 142, 172f.
Kurz, Roland 19
Kutter, Hermann 80

Lagarde, Paul de 39, 181
Langbehn, Julius 39
Lehmann, Max 44f.
Leutheuser, Julius 200
Ley, Robert 165
Liebenberg, Roland 19, 35, 45, 243, 266, 268
Liermann, Hans 26
Lilienfeld, Fairy von 218
Lilje, Hanns 205f.
Link, Waldemar 179f.
Locher, Eugen 157, 168,
Loewenich, Walter von 26, 30f., 112f., 115f., 169, 186, 221
Lorleberg, Werner 24
Lütgert, Wilhelm 104
Luther, Martin 17, 31, 40f., 45, 55–58, 60, 63, 65, 70–74, 80, 91–93, 96, 103, 106f., 145, 147–149, 156, 166, 169, 188, 201, 207

Maly, Ulrich 151
Marahrens, August Friedrich Karl 192f., 206
Mausbach Joseph 69
Meier, Ernst 165
Meier, Kurt 15,
Meinzolt, Hans 30
Meiser, Hans 150f., 172, 176f., 183, 185, 192f., 197, 206, 241
Meiser, Martin 117
Menn, Wilhelm 162
Merk, Otto 172
Merz, Georg 107, 178
Mohn, Heinrich 104
Molitoris, Hans 196
Mordhorst, Adolf 195
Moses 129
Müller, Ludwig 16, 108, 115, 171, 178, 181f., 192, 194, 198f,

Naumann, Friedrich 69
Nestle, G. 180
Neuer, Werner 37
Niemöller, Martin 27, 29, 181
Noether, Max 113

Oberheid, Heinrich J. 16
Ohst, Martin 216

Paulsen, Adalbert 193, 195, 197f.
Paulus 92, 134, 138, 149, 207f.
Pechmann, Wilhelm von 173, 196
Petrus 65
Pöhlmann, Matthias 172f.
Preuß, Hans 27, 30f., 168–170
Preuß, Hugo 69
Procksch, Otto 30, 114
Puschner, Uwe 39

Ranke, Leopold von 44, 96, 99
Rathenau, Emil 112
Rathenau, Walther 112
Rehfeldt, Otto 202
Reichel, Peter 213
Reinmöller, Johannes 169f.

Ritschl, Albrecht 103, 206
Rohloff, Jürgen 217f.
Röhm, Eberhard 14
Rosenberg, Alfred 140, 142, 173, 181
Rosenzweig, Franz 126, 131, 136–140, 239
Rüdel, Eberhard 115
Ruoff, Manuel 196
Rust, Bernhard 212

Sasse, Hermann 23, 25–28, 30f., 115, 177f., 183, 205
Schaeder, Erich 104
Schaeder, Grete 130
Schäfer, Sabine 216
Schirach, Baldur von 120, 257
Schissler, Hanna 16
Schlatter, Adolf 37–40, 103f.
Schleiermacher, Friedrich 73, 103, 207
Schmidt, Gerhard 30
Schmitt, Carl 146
Schöffel, Simon 206
Scholder, Klaus 12–14
Scholem, Gershom 139
Schornbaum, Karl 30
Schwabe, Klaus 46
Schweizer, Carl Gunther 142
Schemm, Hans 169
Seeberg, Erich 193
Seitz, Manfred 218
Siegele-Wenschkewitz, Leonore 15
Smid, Marikje 13f.
Soden, Hans von 174
Sokrates 129
Sommerer, Hans 259
Sommerlath, Ernst 159, 195
Sparn, Walter 23, 155, 241
Spinoza, Baruch 129
Stählin, Gustav 30
Stange, Carl 41f., 103, 106–108
Stapel, Oskar 166
Stapel, Wilhelm 19, 146, 154
Stoecker, Adolf 37, 93, 124, 150, 196
Stollreihter, Eugen 196
Stoltenhoff, Ernst 162

Strathmann, Hermann 30f, 113, 176, 178
Streicher, Julius 212
Sunkel, Reinhard 118
Süss, Theodor 26, 30

Täubler, Eugen 137
Thein, Michael 216
Thierfeld, Jörg 14
Thurneysen, Edurard 107
Tillich, Paul 104, 205f., 239
Töllner, Axel 18, 178, 220, 242
Thomasius, Gottfried 257
Traub, Gottfried 69
Treitschke, Heinrich von 124, 180
Trillhaas, Wolfgang 165,
Troeltsch, Ernst 40, 71, 73, 201

Ulmer, Friedrich 165

Van Steenberg 27
Verhey, Jeffrey 47, 90

Vischer, Wilhelm 178

Vollrath, Wilhelm 31

Wagner, Richard 181
Wehrung, Georg 106f.
Weigel, Helmut 169
Weiling, Christoph 122
Wendhorst, Alfred 170
Wendland, Heinz-Dietrich 96
Werfel, Franz 138
Wertheimer, Akiba 127
Wertheimer, Leopold 128
Wichern, Johann Hinrich 33
Wiese, Christian 138
Wildt, Michael 238
Wintz, Hermann 24
Wurm, Theophil 192f

Zahn, Theodor 42
Zoellner, Wilhelm 198–200, 205

Digitale Volltextrecherche unter: http://www.librika.de/9783865203281